The Research
on Governmental Procurement of
Educational Services

政府购买教育服务研究

毛明明 著

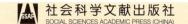

社会科学文献出版社
SOCIAL SCIENCES ACADEMIC PRESS (CHINA)

前　言

随着社会经济的快速发展，在中国教育改革和发展取得辉煌成就与明显进步的同时，公众对教育非均衡发展的担忧、对优质教育资源的追求、对教育公平的期待也与日俱增。为了保持教育服务发展活力，提高教育服务供给品质，提升教育服务管理水平，政府正在改变传统的教育管理思维，打破固化的教育管理模式，通过优化自身职能结构，重新界定政府、社会和市场在教育服务领域中的关系，并试图建构一个能在多元主体间实现资源共享、优势互补和有效对话的教育服务治理体系。

政府购买教育服务，通过教育服务"生产者"和"提供者"的分离，拓展了教育服务供给范围，提升了教育服务供给效率，不仅为化解优质的和多元的教育服务供需矛盾开具了一剂"良方"，更为构建和完善教育治理体系提供了一条现实路径。所以系统研究政府购买教育服务活动，无论是对拓展中国政府向社会力量购买服务的理论探讨空间，还是对丰富和完善政府购买教育服务的理论研究体系，抑或为政府教育职能转变提供可操作性的方案指导与规范性的机制运行范本，都具有重要的理论价值和现实意义。

本书在综合运用公共治理理论、委托—代理理论、公私合作理论和战略管理理论的基础上，以正在发生的中国政府购买公共服务活动为研究背景，以政府购买教育管理服务为研究聚焦点，以上海市浦东新区教育服务委托管理为研究样本，利用政府战略管理"三角模型"中的使命管理、政治管理和运营管理三大维度构建了具体的问题分析框架，同时划分出了三大主题模块：第一，基于发生逻辑和价值目标的购买使命陈述；第二，基于宏观环境现状和微观主体关系的外部购买环境衡量；第三，基于政府资源和能力以及运行机制的内部购买环境审视。通过对内外部战略环境的整体关照和系统评估，本书深入探究了中国政府购买教育服务存在的问题症结，并提出了推进购买进程的具体战略路径。

本书适合作为公共管理学和教育管理学等相关专业学生的研究资料，也可作为教育行政机关、民办学校、教育中介组织等开展和参与政府购买教育服务活动的参考书籍。

目　录

第一章
导论

第一节　选题缘起及研究意旨

一　选题缘起

19世纪80年代后期至20世纪30年代，西方发达国家为了解决伴随自由市场经济的快速发展以及剧烈的工业变革而出现的失业、疾病和贫困等社会问题，纷纷在社会保障和税收领域颁布了相关的福利政策，并形成了一整套从"摇篮"到"坟墓"的社会保障体系。但是许多衍生问题也相伴而生，其中最为突出的是国家社会福利支出的快速增长，在国内生产总值中的比例也在逐年提高。20世纪70年代后，伴随石油价格的大幅度上涨和国际金融体系的瓦解，发达国家的经济由战后的快速发展转向严重的滞胀阶段，社会福利支出的增长速度已经在逐渐赶超国家经济的增长速度，这迫使它们重新审视现行的社会保障制度带来的各种风险和突出问题。于是，各国政府开始探寻在缩小政府规模和保障公共福利的基础上还能削减经费支出的治理之道。80年代以来，社会大众的公共服务需求不断增长，但政府的公共服务供给效率却日趋低下。在新公共管理运动的推动下，为了实现建设"小政府、大社会"格局的目标，很多国家掀起了以市场化为取向的公共服务改革浪潮，探索如何能更公平、有效地向社会公众提供优质的公共服务。正是在这样的背景下，提供政府所不能供给的产品和服务的第三方力量就有了存在的迫切性与必要性。其中，英、美、法、新西兰等多个国家的公共服务市场化改革取得了明显成效。在诸多政策工具中，以新西兰、英国和澳大利亚等为代表的西方发达国家所制定及推行的"购买公共服务"制度及其相关活动最为典型,并逐渐发展成为政府有效管理公共服务的一种主流模式。该模式认为,政府应该是一个有限政府,在公共服务的供给中不必事必躬亲,而应该联合市场、社会甚至是公民个人参与到公共服务的生产与提供中来,以此缩减对福利资金的投入,提高公共服务的供给效率。国外经验表明,"政府购买"是进行公共服务市场化改革的积极尝试,相比传统的政府"垄断供应",它能显著降低公共服务生产成本,提升公共服务供给效率,改进政府部门服务绩效。作为公共服务重要组成部分的教育服务,也可以采取政府购买的方式来提供。在 20 世纪 80 年代初期,发达国家就已开始了政府购买教育服务的实践探索,并将它作为减轻教育福利负担而进行的教育保障制度改革的一项重要内容。政府购买教育服务将市场、社会以及个人力量引入教育领域,通过构建公私部门之间的合作伙伴关系,实现了教育服务供给主体从单一向多元的转变,助推了教育服务治理新格局的构建和形成。经过近 30 年的实践探索,一些发达国家已经发展出了具有一定典型性和经验性的政府购买教育服务模式,如美国的"特许学校"和"契约学校"、英国的教育行动区计划、日本的民间机构托管公立学校项目等。

在中国,作为社会发展和民族振兴的基石,教育是提升国民整体素质、增强国家实力、促进人的全面自由发展的根本途径。优先发展教育事业并不断提高教育的现代化水平不仅是中国全面建成小康社会的基本前提,更是实现富强、民主、文明、和谐社会主义现代化国家的决定性力量。虽然中国社会经济实现了跨越式发展,但不可忽视的是,当下并不能完全满足人民群众对接受优质教育的要求。个别学校教育观念还比较落后,教学内容和方法不能适应时代的变化;办学动力不足,教育体制和机制还有待进一步完善;教育的宏观结构和微观布局不够合理,区域间、城乡间、校际的教育资源不均衡和教育质量不均等,贫困地区、农村地区和民族地区的教育发展相对落后;教育经费尤其是基础教育经费的投入不足,优先发展教育的国家战略还有待落实。特别是薄弱学校的存在及其在改造过程中的进度迟缓与人民群众对优质教育的迫切需求之间的矛盾凸显,从而引发了"择校热"等影响教育公平的现象。接受良好的教育并享用优质的教育资源已经成为人民的强烈期望,对教育领域进行深层次改革也逐渐成为全社会的共同心声。

2010 年颁布的《国家中长期教育改革和发展规划纲要(2010—2020年)》作为中国指导教育改革和发展的纲领性文件,指出:教育要发展,根本靠改革,要以体制机制改革为重点,鼓励地方和学校大胆探索和试验,加快重要领域和关键环节改革步伐,把促进公平作为国家基本教育政策,教育公平的关键是机会公平,基本要求是保障公民依法享有受教育的权利,重点是促进义务教育均衡发展和扶持困难群体,根本措施是合理配置教育资源,向农村地区、边远贫困地区和民族地区倾斜,加快缩小教育差距;其中在"办学体制改革"这一章中,明确提出要深化公办学校办学体制改革,积极鼓励行业、企业等社会力量参与公办学校办学,扶持薄弱学校发展,扩大优质教育资源,增强办学活力,提高办学效益,各地可从实际出发,开展公办学校联合办学、委托管理等试验,探索多种形式,提高办学水平;在"管理体制改革"这一章中提出,要转变政府教育管理职能,培育专业教育服务机构,完善教育中介组织的准入、资助、监管和行业自律制度,积极发挥行业协会、专业学会和基金会等各类社会组织在教育公共治理中的作用。[1] 通过社会力量参与公办学校办学来打破教育服务供给困境正成为政府教育管理职能转变面临的主要选择,但是以什么样的方式来实现这一美好愿景,也成为国家和社会持续关注的焦点问题。

2012 年 7 月,国务院印发的《国家基本公共服务体系"十二五"规划》明确指出,要"完善财政保障、管理运行和监督问责机制,形成保障基本公共服务体系有效运行的长效机制;创新基本公共服务供给模式,引入竞争机制,积极采取购买服务等方式,形成多元参与、公平竞争的格局,不

---

[1] 《国家中长期教育改革和发展规划纲要(2010—2020年)》,中华人民共和国教育部官网,2010 年 7 月 29 日,http://www.moe.edu.cn/publicfiles/business/htmlfiles/moe/moe_838/201008/93704.html。

断提高基本公共服务的质量和效率"①。2013 年 3 月，第十二届全国人民代表大会第一次会议通过的《国务院机构改革和职能转变方案》明确要求，公平对待社会力量提供医疗卫生、教育、文化、群众健身、社区服务等公共服务，加大政府购买服务力度。② 2013 年 9 月，国务院办公厅印发的《国务院办公厅关于政府向社会力量购买服务的指导意见》（以下简称《指导意见》）提出，到 2020 年在全国基本建立比较完善的政府向社会力量购买服务制度，形成与经济社会发展相适应、高效合理的公共服务资源配置体系和供给体系，公共服务水平和质量显著提高。《指导意见》明确了政府购买社会力量服务的指导思想、基本原则和目标任务，明确了购买主体、承接主体、购买内容、购买机制、资金管理及绩效管理。③ 2013 年 11 月，党的十八届三中全会通过的《中共中央关于全面深化改革若干重大问题的决定》明确提出："推广政府购买服务，凡属事务性管理服务，原则上都要引入竞争机制，通过合同、委托等方式向社会购买。"④ 2017 年 10 月，党的十九大报告指出，中国特色社会主义进入新时代，我国社会主要矛盾已经转化为人民日益增长的美好生活需要和不平衡不充分的发展之间的矛盾，我们需要加强和创新社会治理，完善公共服务体系，保障群众基本生活，不断满足人民日益增长的美好生活需要。⑤ 2019 年 10 月，党的十九届四中全会通过的《中共中央关于坚持和完善中国特色社会主义制度　推进国家治理体

---

① 《国务院关于印发国家基本公共服务体系"十二五"规划的通知》，中华人民共和国中央人民政府官网，2012 年 7 月 20 日，https：//www. gov. cn/zhengce/content/2012-07/19/content_7224. htm。

② 《受权发布：国务院机构改革和职能转变方案》，中华人民共和国中央人民政府官网，2013 年 3 月 15 日，https：//www. gov. cn/2013lh/content_ 2354443. htm。

③ 《国务院办公厅关于政府向社会力量购买服务的指导意见》，中华人民共和国国务院办公厅官网，2013 年 9 月 30 日，http：//www. gov. cn/xxgk/pub/govpublic/mrlm/201309/t20130930_66438. html。

④ 《中共中央关于全面深化改革若干重大问题的决定》，中华人民共和国中央人民政府官网，2013 年 11 月 15 日，https：//www. gov. cn/zhengce/2013-11/15/content_ 5407874. htm。

⑤ 《习近平：决胜全面建成小康社会　夺取新时代中国特色社会主义伟大胜利——在中国共产党第十九次全国代表大会上的报告》，中华人民共和国中央人民政府官网，2017 年 10 月 27 日，https：//www. gov. cn/zhuanti/2017-10/27/content_ 5234876. htm。

系和治理能力现代化若干重大问题的决定》提出："创新公共服务提供方式，鼓励支持社会力量兴办公益事业，满足人民多层次多样化需求，使改革发展成果更多更公平惠及全体人民。"[①] 2020 年 1 月，财政部出台了《政府购买服务管理办法》，使政府购买服务的概念更加明确，购买主体和承接主体更加清晰，购买制度更加健全和规范，不仅助推了共建共治共享的社会治理创新，也为新时代实现国家治理体系和治理能力现代化贡献了力量。2021 年 2 月，国务院发布《国务院关于国家基本公共服务标准（2021 年版）的批复》，提出"鼓励将适合通过政府购买服务方式提供的基本公共服务项目纳入政府购买服务指导性目录"[②]。2021 年 3 月，第十三届全国人民代表大会第四次会议表决通过的《中华人民共和国国民经济和社会发展第十四个五年规划和 2035 年远景目标纲要》中提出"鼓励社会力量通过公建民营、政府购买服务、政府和社会资本合作等方式参与公共服务供给"[③]。2022 年 4 月，财政部发布《关于做好 2022 年政府购买服务改革重点工作的通知》提出，"进一步加大重点领域政府购买服务改革力度……严格规范政府购买服务管理……继续推进事业单位政府购买服务改革……切实加强政府购买服务宣传培训……适时开展政府购买服务工作调研指导"[④]。为深入贯彻党的二十大报告提出的"健全基本公共服务体系，提高公共服务水平，增强均衡性和可及性"[⑤]，2023 年 4 月，财政部再次发布的《关于做好 2023 年政府购买服务改革重点工作的

---

① 《中共中央关于坚持和完善中国特色社会主义制度　推进国家治理体系和治理能力现代化若干重大问题的决定》，中华人民共和国中央人民政府官网，2019 年 11 月 5 日，https：//www.gov.cn/zhengce/2019-11/05/content_ 5449023.htm？eqid=87fe55b8000001d300000004648023aa。

② 《国务院关于国家基本公共服务标准（2021 年版）的批复》，中华人民共和国中央人民政府官网，2021 年 2 月 18 日，http：//www.gov.cn/zhengce/content/2021-02/18/content_ 5587538.htm。

③ 《中华人民共和国国民经济和社会发展第十四个五年规划和 2035 年远景目标纲要》，中华人民共和国中央人民政府官网，2021 年 3 月 13 日，http：//www.gov.cn/xinwen/2021-03/13/content_ 5592681.htm？Gov。

④ 《关于做好 2022 年政府购买服务改革重点工作的通知》，中华人民共和国财政部官网，2022 年 8 月 18 日，http：//www.mof.gov.cn/gkml/caizhengwengao/wg2022/wg202206/202208/t20220818_ 3834633.htm。

⑤ 《习近平：高举中国特色社会主义伟大旗帜　为全面建设社会主义现代化国家而团结奋斗——在中国共产党第二十次全国代表大会上的报告》，中华人民共和国中央人民政府官网，2022 年 10 月 25 日，https：//www.gov.cn/xinwen/2022-10/25/content_ 5721685.htm。

通知》指出，"要坚持以人民为中心的发展思想，深化政府购买服务改革，厘清政府和市场、政府和社会关系，有效提供基本公共服务，按照效能原则引导社会力量扩大普惠性非基本公共服务多元供给，少花钱多办事办好事，更加有效地兜牢基本民生底线，持续增进民生福祉；严格规范实施政府购买服务，注重科学安排、讲求绩效、防范风险，加强政府购买服务质量管控，提升管理水平；围绕推动有效市场和有为政府更好结合，加强政府购买服务改革统筹协调和跟踪督促，及时总结推广典型经验做法，推动改革工作走向深入"①。"政府购买公共服务"正成为中国公共服务体制和机制改革的有益尝试。

从党的十八大到党的二十大，在党和国家政策的引领下，政府通过购买的方式提供公共服务被广泛应用于居家养老、社区服务、环境卫生等不同服务领域，作为一种政府改革的新理念和提升政府公共服务水平的新途径逐步得到了社会的关注与认可。在教育服务领域，新时代人民群众对教育服务的需求正在从单一的"有学上"向多元的差异化需求转变。为了优化教育服务供给模式和提升教育服务供给品质，构建优质均衡的基本公共教育服务体系，中国正在政府购买教育服务的道路上做出积极努力。2013 年 11 月，党的十八届三中全会指出要"健全政府补贴、政府购买服务、助学贷款、基金奖励、捐资激励等制度，鼓励社会力量兴办教育"②。2015 年 5 月，教育部发布的《教育部关于深入推进教育管办评分离 促进政府职能转变的若干意见》明确要"创新提供公共教育服务方式，健全政府购买教育服务机制，在决策咨询、学校管理、提供义务教育和学前教育学位、师资培训、特殊人群服务、教育质量和办学绩效评价等领域推广政府购买服务，提高公共教育服务的质量和效率"③。

---

① 《关于做好 2023 年政府购买服务改革重点工作的通知》，中华人民共和国财政部官网，2023 年 7 月 28 日，http：//www.mof.gov.cn/gkml/caizhengwengao/wg2023/wg202304/202309/t20230922_3908750.htm。

② 《中共中央关于全面深化改革若干重大问题的决定》，中华人民共和国中央人民政府官网，2013 年 11 月 15 日，https：//www.gov.cn/zhengce/2013-11/15/content_5407874.htm。

③ 《教育部关于深入推进教育管办评分离 促进政府职能转变的若干意见》，中华人民共和国教育部官网，2015 年 5 月 6 日，http：//www.moe.gov.cn/srcsite/A02/s7049/201505/t20150506_189460.html。

2017年1月，《国务院关于鼓励社会力量兴办教育 促进民办教育健康发展的若干意见》指出："推广政府和社会资本合作（PPP）模式，鼓励社会资本参与教育基础设施建设和运营管理、提供专业化服务。积极鼓励公办学校与民办学校相互购买管理服务、教学资源、科研成果。"[①] 2020年8月，教育部发布了《教育部政府购买服务指导性目录》，其中包括基本公共服务、社会管理性服务、行业管理与协调性服务、技术性服务、政府履职所需辅助性服务5个一级目录，教育服务、扶贫济困、其他基本公共服务、公共公益宣传、行业统计分析、监测服务、课题研究和社会调查等15个二级目录，教师信息技术应用能力提升工程课程资源建设、教育助学服务、中外人文交流与合作服务、教育宣传、教育统计、教育现代化监测等62个三级目录。[②] 2021年5月颁布的《中华人民共和国民办教育促进法实施条例》指出："县级人民政府根据本行政区域实施学前教育、义务教育或者其他公共教育服务的需要，可以与民办学校签订协议，以购买服务等方式，委托其承担相应教育任务。"[③] 2021年10月，第十三届全国人民代表大会常务委员会第三十一次会议通过的《中华人民共和国家庭教育促进法》主张"将家庭教育指导服务纳入城乡公共服务体系和政府购买服务目录，将相关经费列入财政预算，鼓励和支持以政府购买服务的方式提供家庭教育指导"[④]。2022年4月，财政部发布的《关于做好2022年政府购买服务改革重点工作的通知》中对做好政府购买教育公共服务工作提出了明确要求："在学前教育、职业教育等非义务教育领域，积极探索推进政府购买服务改革，通过发放助学券、购买学位（服务）等创新方式，支持增加普惠性教育资源，提升教育服务的

---

① 《国务院关于鼓励社会力量兴办教育 促进民办教育健康发展的若干意见》，中华人民共和国中央人民政府官网，2017年1月18日，http://www.gov.cn/zhengce/content/2017-01/18/content_5160828.htm。

② 《教育部政府购买服务指导性目录》，中华人民共和国教育部官网，2020年8月4日，http://www.moe.gov.cn/srcsite/A05/s7052/202008/t20200804_476608.html。

③ 《中华人民共和国民办教育促进法实施条例》，中华人民共和国中央人民政府官网，2021年5月14日，https://www.gov.cn/zhengce/content/2021-05/14/content_5606463.htm。

④ 《中华人民共和国家庭教育促进法》，中华人民共和国中央人民政府官网，2021年10月23日，https://www.gov.cn/xinwen/2021-10/23/content_5644501.htm。

供给质量和效率。做好义务教育领域政府购买学位（服务）工作，规范开展购买活动，助推义务教育均衡发展。鼓励推行政府购买优质在线教育服务，推动教育信息化发展和资源共享，助力发展更加公平更高质量教育。"①2023 年 4 月，财政部发布的《关于做好 2023 年政府购买服务改革重点工作的通知》中又再次细化了教育领域的购买内容："优化完善政府购买民办义务教育学校学位（服务）机制，合理确定购买学位（服务）的学校范围、购买标准和方式，支持加快义务教育优质均衡发展。"②"政府购买"作为破解教育服务供需矛盾的一剂"良方"已引发了广泛的社会关注，它通过向社会力量赋权，实现了教育服务"生产者"和"提供者"间的分离，供给主体从"单向依赖"向"多边互动"的转变，形成了政府、市场和社会共同参与的教育服务协作供给网络，在学位保障、课程建设、教育评估和教育托管等教育服务领域中彰显了强大的政策工具价值。政府购买教育服务也将成为转变政府教育职能和深化教育改革的主要发展态势，为实现中国教育治理体系和治理能力现代化添砖加瓦。综上，在中国政府购买公共服务的政策背景和政府购买教育服务的具体实践下探究政府购买教育服务活动，正是本书的选题缘起。

二 研究意旨

在理论价值上，首先，可拓展和深化政府购买公共服务以及政府购买教育服务的理论探讨空间，为该领域的纵深研究增添新的学术积累。当前中国政府购买公共服务的研究大多集中于养老服务、医疗服务、文化服务和社区服务等领域，对教育服务的探讨较匮乏，聚焦中国政府购买教育服务，不仅有利于拓宽政府购买公共服务的研究范围，还能进一步补充政府

---

① 《关于做好 2022 年政府购买服务改革重点工作的通知》，中华人民共和国财政部官网，2022 年 8 月 18 日，http://www.mof.gov.cn/gkml/caizhengwengao/wg2022/wg202206/202208/t20220818_3834633.htm。
② 《关于做好 2023 年政府购买服务改革重点工作的通知》，中华人民共和国财政部官网，2023 年 7 月 28 日，http://www.mof.gov.cn/gkml/caizhengwengao/wg2023/wg202304/202309/t20230922_3908750.htm。

购买公共服务的理论知识。其次，可丰富和完善政府购买教育服务机制的理论研究体系。本书通过阐释政府购买教育服务的发生和发展逻辑，从价值、环境、主体、内容、方式等要素出发揭示政府购买教育服务内在规律，为健全教育服务合作治理的制度体系和运作机制提供理论支撑。再次，可重新审视教育治理中的"政府—社会"关系，把"政府购买"的知识"图谱"融入公共管理学和教育管理学的学科体系中，进一步深化和拓展其研究场域。最后，可彰显政府购买教育服务的价值意蕴，加深社会对政府购买教育服务的认知和理解，为其在现实中的成功实践奠定坚实的理论基础。

在实践价值上，第一，可为中国政府教育职能转变提供现实参考。当前中国政府在教育管理职能中的"缺位"、"越位"和"错位"直接制约了教育服务的有效供给，作为教育治理的主要方式，政府购买教育服务有其独特的运作机理，对其进行系统探讨，可帮助政府重新思考自身在教育管理中的角色定位及其行为规范。第二，可为教育服务在区域间和公私部门间的跨域流动与合作供给，提供应用方式和管理制度支撑。政府购买教育服务属于典型的"公私合作"模式，它试图将公共部门的公共性目标、企业的利益性目标和非营利组织的志愿性目标相结合，谋求政府、市场和社会间在教育领域中的资源共享、优势互补和有效对话，但多元主体间复杂的利益关系势必会对合作过程造成影响，所以，探讨政府购买教育服务活动，对构建教育领域的公私合作秩序和维系合作主体关系具有重要的现实意义。第三，可为发展和完善中国政府购买教育服务提供具体的可操作性方案和规范性的机制运行范本。教育服务典型的非量化、强价值和高要求的"软特征"决定了政府购买教育服务是一项专业性强、时间跨度长的复杂活动，基于战略思维和战略视角研究政府购买教育服务活动，不仅能够为政府制定购买政策提供决策咨询和行动参考，还能为创新政府购买公共服务方式提供现实经验参照。

第二节　国内外政府购买教育服务研究的学术史梳理

一　关于国外政府购买教育服务研究

（一）政府购买教育服务的政策研究

世界民营化大师萨瓦斯在其著作《民营化与 PPP 模式：推动政府和社会资本合作》中对公共服务民营化的背景、理论、实践三部分进行了详细的阐述。尤其在民营化的实践中，他对民营化的发生原因和表现形式、民营化的效果、公共服务的合同承包、政府撤资、基础设施领域的公私伙伴关系、教育改革和福利国家的民营化、民营化的阻力、民营化的未来等问题进行了系统讨论，其中在"教育改革和福利国家的民营化"这一章中，基于教育领域的竞争和选择权，他认为特许学校、凭单制度、学费税收扣除制度、合同外包等都是教育服务民营化可采取的方式，并指出，教育民营化的焦点不在于民营学校是否存在缺陷，而在于与功利学校相比，它们的价格和绩效如何。[①] 新西兰学者诺尔曼·拉洛奎（Norman LaRocque）在《教育服务供给的契约模式——类型研究和国际案例分析》一文中，不仅对世界各国教育服务供给的契约模式进行了分类比较，而且对各国实施的教育服务契约模式进行了详细的案例剖析，并提出了完善教育服务契约式供给的政策建议。他指出，虽然契约式教育服务为政府部门实现教育目标提供了不同路径，但我们不能仅仅停留在描述性的研究层面，而应扩大对世界其他国家的案例观察，同时政府在此过程中应做好精心的政策设计、谨慎的政策执行以及高效的政治管理。[②] 贝尔菲尔德（Clive R. Belfield）和莱文（Henry M. Levin）在《教育民营化：原因、结果和规划影响》（*Education Privatization*：*Cause*,

---

① 〔美〕E. S. 萨瓦斯：《民营化与 PPP 模式：推动政府和社会资本合作》，周志忍等译，中国人民大学出版社，2015，第 260-275 页。

② 〔新西兰〕诺尔曼·拉洛奎：《教育服务供给的契约模式——类型研究和国际案例分析》，何金辉译，《国际教育快讯》2007 年第 3 期。

Consequences and Planning Implications）一书中界定了教育民营化的内涵，并分析了教育民营化产生的主要原因，介绍了国际教育民营化改革的主要案例及其实施的影响等，这为我们全面了解和把握国外政府购买教育服务活动的整体状况提供了史料参考。[①] 哈里·安东尼·帕特诺斯（Harry Anthony Patrinos）等在《公私伙伴关系在教育领域的影响和作用》（*The Role and Impact of Public Private Partnerships in Education*）一书中认为教育领域中的公私伙伴关系可以增加所有人获得优质教育的机会，尤其是生活在偏远、服务供给不足的社区贫困儿童和少数民族儿童，构建成功的公私伙伴关系需要政府制定合作政策并提供融资渠道，与私营供应商达成完善的服务合约，在合约中明确教育服务的数量、质量、时间以及公私参与主体的奖励机制、处罚机制、风险防控机制等基本条件。[②]

（二）政府购买教育服务的动因研究

贝尔菲尔德和莱文认为教育民营化的产生来源于四个原因：第一是来自家长等需求方的压力；第二是来自政府等供应方的压力；第三是全球社会经济的发展变化给民营教育系统造成的压力；第四是教育的民营化也是为减少现有公立教育系统中不平等现象所做的一种努力。[③] 劳拉·刘易斯（Laura Lewis）和哈里·安东尼·帕特诺斯在《教育领域中私营部门参与的影响评价》（*Impact Evaluation of Private Sector Participation in Education*）一书中认为，尽管公共部门在提供高质量的教育服务中负有主要责任并发挥着主导作用，但是为了提高教育质量，公共部门应该具有创新教育服务供给方式的思维和眼光，并应对丰富公共教育资源始终保持主动权；同时，他们还认为私人部门在教育领域中不只是一个辅助服务提供者，还应该发挥重要的作用，因此，政府和私人部门一起来提供教育服务不仅能补充彼此间的不

---

① Clive R. Belfield, Henry M. Levin, *Education Privatization*: *Cause, Consequences and Planning Implication* (Paris: International Institute for Educational Planning, 2002), p. 1.

② Harry Anthony Patrinos, Felipe Barrera-Osorio, Juliana Guáqueta, *The Role and Impact of Public-Private Partnerships in Education* (Washington, D. C.: The World Bank, 2009), pp. 1-2.

③ Clive R. Belfield, Henry M. Levin, *Education Privatization*: *Cause, Consequences and Planning Implication* (Paris: International Institute for Educational Planning, 2002), p. 5.

足，共担风险，保持教育服务市场的竞争性，还能帮助国家实现教育目标并增强教育效果。[①] 贾扬提·库马里（Jayanti Kumari）在《教育领域中的公私伙伴关系：以印度学校教育制度为特殊参考的分析》（"Public-Private Partnerships in Education：An Analysis with Special Reference to Indian School Education System"）一文中认为，鉴于政府对公共学校财政资源投入不足、教师工资水平低、学校基础设施建设落后，以及近些年家长对私立学校的偏好增加等原因，为了确保教育公平和社会正义，扩大学生获得优质教育的机会，有必要通过构建合伙合同，利用私人资源来提高教育供给效率。[②]

（三）政府购买教育服务的形式和内容研究

诺尔曼·拉洛奎结合国际案例探讨了教育服务的五种契约模式：第一，管理合同，即政府与私人机构签约，由私人机构使用政府的设施管理一项或成套的教育服务，所用的职员由政府部门聘请，如美国的合同学校；第二，操作合同，也是由私人机构使用政府的设施管理一项或成套的教育服务，但所用的职员由私人机构聘请，如哥伦比亚的租借学校；第三，服务供应合同，即由私人机构利用自有设施提供特定或成套服务，如新西兰的选择教育；第四，辅助或专业服务合同，即由私人机构承揽与教育相配套的学校评估、教学推进或课程开发服务，如英国的非主流学校、南美洲的毕达哥拉斯连锁学校；第五，基础设施的供应合同，即由私人机构提供教育设施，所签合同内容包括设计、建造或操作教育设施，如澳大利亚的"新学校"项目等。[③] 哈里·安东尼·帕特诺斯认为，教育服务合约是一个相对宽泛的概念，它指的是政府对私人机构利用自身资源优势进入公共教育服务供给领域

---

① Laura Lewis, Harry Anthony Patrinos, *Impact Evaluation of Private Sector Participation in Education* (Berkshire：CFBT Education Trust, 2012), pp. 5-7.

② Jayanti Kumari, "Public-Private Partnerships in Education：An Analysis with Special Reference to Indian School Education System," *International Journal of Educational Development 47*, 2016, pp. 47-53.

③ 〔新西兰〕诺尔曼·拉洛奎：《教育服务供给的契约模式——类型研究和国际案例分析》，何金辉译，《国际教育快讯》2007年第3期。

以此来生产并提供教育服务所做出的一种开放性制度安排，政府和私人部门通过签订合约的方式来明确界定双方的权利和义务，其最终目标就是为社会公众提供他们所需的教育服务，对此可以将教育服务合约划分为管理合约、专业服务合约（课程设计）、为特殊学生签订的教育合约、学校运行服务合约、基础设施合约等多种类型。① 教育国际（Education International，EI）也对教育服务合约的类型及特点进行了分析，认为教育服务合约主要包括六种类型。第一，教育基础设施的公私合作。私人机构利用从政府那里获取的特许权来建设和运行教育基础设施，并以一定的价格租赁给政府使用，根据合约规定，在私人机构运行期满后再将其转交给政府。第二，公校私营。通过签订合约，公立学校被交付给私人机构进行代理运营，在这个过程中公立学校的资产、人事、所有权等不改变，但私人机构拥有管理权，政府部门需要支付私人机构的管理费用。第三，向外部购买学校发展所需的教育服务。政府部门通过与有资质的私人机构签订购买合约，让私人机构来提供诸如课程体系、学校评估、考试管理等某一专项的教育服务。第四，向外部购买非核心的教育服务，如学校的食堂管理、保洁服务、学校交通运营等。第五，教育发展创新和研究的公私合作。通过合作伙伴关系的建立来综合运用政府部门的研究能力和私人机构的市场扩散能力，以此推动公共教育研究成果的商业化和社会化。第六，教育券和补贴，即政府为私立的教育机构提供直接或者间接的教育经费补贴。为了增加学生和家长选择学校的权利，扩大选择的空间，政府可以利用向学生发放教育券的形式，给予私立教育机构一定的经费补偿，另外，政府也可以直接对私立教育机构进行补贴，通过建立合约的方式使私立教育机构来接纳某一特定的学生群体。②

同时，国内学者也对国外政府购买教育进行了较为系统的探究。王玲

---

① Harry Anthony Patrinos, *Public-Private Partnerships*：*Contracting Education in Latin America* (Washington, D. C.：The World Bank, 2006), p. 3.
② 倪琳：《基础教育公私伙伴关系（PPP）治理模式的公共经济学研究》，硕士学位论文，安徽大学，2013。

艳、刘颖将西方政府购买教育服务的方式归纳为两大类，即教育服务的生产方补贴和教育服务消费方补贴，其中：前者指的是为教育服务生产机构提供土地使用、资金申请等方面的政策优惠；后者主要包括教育服务消费券和税收优惠这两种方式。① 原青林认为目前亚太地区发展中国家在教育服务领域实行的 PPP 模式主要包括：教育服务外包经营合同计划、公校私营行动计划、教育券行动计划、教育服务生产和供给能力提升计划。② 陈世岚分析总结了国外政府购买教育服务的五种典型做法：第一，学券制；第二，公立学校私有化经营；第三，以津贴或补助方式购买教育服务；第四，购买职业教育培训包；第五，资助性购买社区教育服务。③ 王洪兵、温颖依据政治体制、经济环境和文化传统等特点，对国外政府购买教育服务进行了模式划分：市场化模式和有限市场化模式。另外，他们还认为美国政府购买教育服务活动是一种典型的教育服务市场化模式，其根本特征就在于通过强有力的市场导向来实现教育服务供给主体的多元化，并在这种竞争的市场环境下使教育服务的供给更加灵活高效。④ 张汝立等对发达国家购买教育服务和发展中国家购买教育服务的形式进行了划分和归纳。在发达国家中，英国政府使用教育行动区计划和公助学额计划；美国政府购买整套教育服务（特许学校、契约学校）和教育券计划（收入标准教育券、弱校教育券、特殊学生教育券）两种形式；瑞典主要是以补助和教育券的购买形式对义务教育和非义务教育阶段的学生提供教育服务；德国政府一方面设立多种类型的津贴，减轻父母养育子女的负担，另一方面支持相关的机构为儿童和青少年提供教育服务；新西兰政府购买基础教育服务的实践则主要体现为教育服务（核心的教育服务和辅助类的服务项目）采购和"定向个体津贴"，其中在

---

① 王玲艳、刘颖：《西方政府购买（教育）服务的背景、运行机制及其应注意的问题》，《学前教育研究》2011 年第 5 期。
② 原青林：《亚太地区基础教育公私合作伙伴关系个案研究》，《外国中小学教育》2011 年第 7 期。
③ 陈世岚：《国外政府购买教育服务的典型及启示》，《探求》2013 年第 4 期。
④ 王洪兵、温颖：《美国政府购买教育服务模式的特色及启示》，《天津电大学报》2013 年第 3 期。

购买实践中最为典型的是"替代教育"① 项目。在发展中国家中，主要包括委内瑞拉和哥伦比亚的公校私营模式、菲律宾和萨尔瓦多的购买教育位置模式、智利和哥伦比亚的教育服务券模式、孟加拉国和印度及巴基斯坦的私校公助模式等。② 童小军等认为，国外通过公共财政购买教育服务的方式主要有三种，即委托、承包和采购。首先，委托指的就是教育服务的委托管理，即政府通过签订契约的方式把那些地方教育当局不能改进教育质量的学校委托给区域内资质较好的学校或者教育中介机构进行管理，通过其实质性干预来提升薄弱学校的办学质量；其次，教育服务承包包括经营性的教育服务承包、专业性的教育服务承包、辅助性的教育服务承包以及运作性和设施性的教育服务承包等；最后，许多国家为了解决"学位"不足的问题，开始向一些专业性的教育私立机构购买学生的入学位置，通过有效利用私立教育资源来扩充公立学校的"学位"。③ 王纾然、程豪认为美国政府购买学前教育服务的内容主要包括学位购买、发放教育券、实行开端计划及开展附属项目。具体来看：第一，政府对能提供优质学前教育服务的公立、私立以及其他公益性质的学校进行直接购买；第二，政府对"处境不利的儿童和家庭"通过教育券、教育津贴和补助费等形式进行学前教育补偿。④

（四）政府购买教育服务的领域研究

陈世岚较为全面地总结了国外政府购买教育服务所涉及的领域：美国政

---

① 新西兰的"替代教育"于1997年开始试行，该项目的设立主要是为那些不适应传统教育方法、远离正规教育体系或被排除在体系之外的，但仍处于义务教育学龄期的青少年提供教育服务，为他们提供一种学习渠道和教育环境，帮助他们完成学业。它的实质是政府在非公立学校为"公共"的学生购买教育位置，而不是由政府所属的学校提供教育位置。（张汝立等：《外国政府购买社会公共服务研究》，社会科学文献出版社，2014，第264页，转引自周翠萍《我国政府购买教育服务的政策研究》，博士学位论文，华东师范大学，2011，第124页。）

② 张汝立等：《外国政府购买社会公共服务研究》，社会科学文献出版社，2014，第9、39、87、124、259、291页。

③ 童小军、李文莉、李叔君：《国外公共财政购买教育服务的启示——对实现农民工子女教育均等化的探索》，《中国集体经济》2014年第4期。

④ 王纾然、程豪：《美国政府购买学前教育服务政策及对上海学前教育的启示》，《外国中小学教育》2018年第6期。

府比较重视基础教育领域服务的购买；日本政府的教育服务购买重点则在高等教育和社区教育领域；意大利政府关注职业学校的教育服务和教会学校的教育服务；德国和澳大利亚政府在购买职业教育服务中投入最多；法国政府主要涉足中小学教育领域的服务购买。另外，从所属教育领域的视角来看，基础教育领域的典型代表是美国政府实施的特许学校和学券制以及英国政府推行的公助学额计划；在社区教育领域中以日本政府设立的公民馆为代表；职业教育领域的代表有澳大利亚政府推崇的政府购买培训服务。[①]

（五）政府购买教育服务的存在问题研究

诺尔曼·拉洛奎认为政府通过购买的方式来扩充教育服务的生产和供给范围不仅会导致教育行政部门在控制教育服务所有权上乏力，也会进一步造成政府责任的流失，这种模式预示着教育服务全面私有化的开始，从政府购买的过程来看，教育服务选择和竞争所带来的益处并没有得到平等和公平的扩散，反而使穷人和富人在享用教育服务上表现出了更大的不平等。[②] 阿卜杜勒·哈米德·纳雅尔（Abdul Hameed Nayyar）认为教育服务公私合作存在一定的悖论，它虽然承诺可以在改善学生学习上做出努力，为学生提供优质的教育服务，同时解决教育公平问题，但危险之处就在于其会受到商业动机的干预，如果私人干预成功地获得了国家政策的批准，并被允许在教育领域有很大的运作空间，那么这种干预所带来的危险就可能加剧。另外，受国家管理的传统教育部门也会受到行动迟缓和低效的阻碍，一种内在的惰性使他们无法为公私合作这种新思想和技术进步做好充分的准备。[③] 汪利兵指出当前社会对英国教育行动区的评价持不同意见，其中批判方认为虽然该计划能在一定程度上提升薄弱学校的教育水平，改善教育质量，但是一些地方政府官员仍持怀疑态度，并指出教育行动区不仅会给教育未来的稳定发展带来

---

① 陈世岚：《国外政府购买教育服务的典型及启示》，《探求》2013 年第 4 期。

② Nourman LaRocque, *Public-Private Partnerships in Basic Education: An International Review* (Berkshire: CFBT Education Trust, 2008), p. 10.

③ Abdul Hameed Nayyar, "PPP Paradox: Promise and Perils of Public-Private Partnership in Education," *International Review of Education 61*, 2015, pp. 117–120.

危害，还会最终导致教育制度向私有化方向蔓延。[①] 王凯指出英国教育行动区的最大失误在于未向家长真正赋权，管理者的专家意识将家长排除在外；行动区内管理者之间由于各自背景不同，各层级之间交流缺失，合作趋于分崩离析，各行动区之间"各自为政"，缺乏沟通。[②] 杨梅指出目前美国特许学校政策存在以下问题：一是管理不善，在财政管理方面，缺乏启动资金并且经费使用不合理，在行政管理方面，学校内部管理不善，滥用职权，学校内部权力的斗争影响了特许学校的运营；二是创新性不足，特许学校没有在创新方面发挥相应的作用；三是自主权受限，特许学校实施的绩效责任制在强调对结果负责的同时也限制了特许学校特有的弹性和自由；四是功利性倾向，部分特许学校为了凸显办学特色，实现组织或个人的私利最大化，想方设法排除那些不符合条件的学生以及与家长签订不平等的合同。[③]

（六）政府购买教育服务的对策研究

诺尔曼·拉洛奎在分析了世界各国契约式教育服务供给的案例后，针对可能出现的风险和问题给出了详细的改进建议：第一，通过契约的形式来实现教育服务的有效供给不仅需要政府进行详细的政策安排，还需要政府具备良好的资源获取能力以及合同管理能力；第二，政策的具体落实需要有制度性的政治环境和规范性的合同文本做支撑；第三，政府有必要对教育服务生产者和供给者的角色进行清晰的区分与界定，并采用公开、透明和充分竞争的方式甄选最优的教育服务供应商；第四，为了确保签约机构能够胜任教育服务契约中所规定的各种繁杂任务，政府应聘请独立的第三方评估机构来加强对其能力和绩效的全面评价；第五，应明确科学合理的绩效指标并建立健全绩效评估后的激励机制和约束机制；第六，在适当赋权的基础上充分给予私人供应商自由和自主的活动空间，并建议采取周期较长的合作合同等。[④]

---

① 汪利兵：《公立学校私营化英国教育行动区案例研究》，《比较教育研究》2001 年第 1 期。
② 王凯：《教育行动区：英国提高教育质量的新动向》，《比较教育研究》2003 年第 11 期。
③ 杨梅：《公立学校的一次变革——美国特许学校运动研究》，博士学位论文，华东师范大学，2006。
④ 〔新西兰〕诺尔曼·拉洛奎：《教育服务供给的契约模式——类型研究和国际案例分析》，何金辉译，《国际教育快讯》2007 年第 3 期。

劳拉·刘易斯和哈里·安东尼·帕特诺斯认为，为了保证私人部门在提供教育服务过程中对公共利益的维护，政府部门必须营造十分有效的监管环境并通过健全、透明的问责机制来支持，这不仅需要政策制定者对教育服务质量负责，消息灵通的家长也应该通过政治途径对政府部门持有一定的问责权。①王玲艳、刘颖认为西方政府在购买教育服务中对教育服务提供者（非营利组织）的监管是保证购买活动顺利进行的有效措施，其监督重点主要是组织内部管理机制的合法性以及遵守法律法规的诚信度，在具体的措施中要求组织提供相应的决策报告和预算报告，并对其财务情况进行严格审计和全面质量评估。②

二 关于国内政府购买教育服务研究

厘清中国政府购买教育服务的本质内涵，明确中国政府购买教育服务研究的缘起，检视中国政府购买教育服务的发展现状，对于挖掘新的研究视角和丰富相关研究内容都具有重要的意义。笔者以 CNKI 中国学术期刊网络出版总库和万方数据知识服务平台为检索源，关于"政府购买教育服务"③ 的研究，国内首篇学术论文是 2007 年 4 月学者汤赤发表的《教育评估在政府购买教育服务中的作用——上海浦东新区的探索与实践》，截至 2022 年底，与"政府购买教育服务"直接相关的论文约 203 篇，其中普通论文约 88 篇，北大中文核心论文和 CSSCI 期刊论文约 67 篇，学位论文约 48 篇，但相比"政府购买公共服务""政府购买社区服务""政府购买养老服务"等领域的研究，仍显匮乏。本部分从购买理论、购买政策、购买领域、购买形式和模式、购买问题和风险、购买制度建设等要素出发对中国政府

① Laura Lewis, Harry Anthony Patrinos, *Impact Evaluation of Private Sector Participation in Education* (Berkshire: CFBT Education Trust, 2012), p. 10.
② 王玲艳、刘颖：《西方政府购买（教育）服务的背景、运行机制及其应注意的问题》，《学前教育研究》2011 年第 5 期。
③ 教育服务按照公共性的程度可以分为公共教育服务（纯公共教育服务）、准公共教育服务和私人教育服务，本书研究所涉及的范围主要是基础领域的教育服务即公共教育服务和部分准公共教育服务。

购买教育服务相关研究进行学术史梳理，希冀能总结研究经验，反思研究不足。

（一）政府购买教育服务的基础理论研究

关于政府购买教育服务的基础理论，我们主要从产生背景、概念界定、基本特征和现实意义等方面进行阐述。首先，在中国政府购买教育服务的产生背景上，王鹏认为随着民办教育的快速发展，学前教育的普遍推开，职业教育的有效扩大，高校后勤社会化的改革，政府"购买服务"作为公共服务供给的一种新理念正被逐渐引入教育领域。[①] 王洪兵、温颖从教育服务特有的商品属性以及当前教育治理方式的转变出发，认为政府购买教育服务已经具备了一定的操作条件和现实可行性。[②] 闫海、唐屾基于国际化视野认为，福利国家"大政府"的模式已经很难维持，在教育领域中一些国家为了突破政府与市场二元主体的治理框架，通过引入第三方力量来变革教育服务的供给方式、提高教育服务质量。[③] 在中国，传统教育财政也正面临困窘：在"量"上，教育财政尚无法满足公众急剧增长的、规模庞大的教育服务需求；在"质"上，政府还未能完全提供优质、多元、个性化的教育服务，正是以上国际和国内背景使政府购买教育服务应运而生。[④] 周翠萍对政府购买教育服务的产生背景进行了较深入的剖析，她认为在近代社会中"政府—市场"的二元治理导致了"政府失灵"和"市场失灵"等现象的出现，因此在"公域"和"私域"之间只有通过"第三域"的加入，构建"政府—公民社会—市场"三元教育治理的模式，才能解决复杂的教育问题，为公众提供优质高效的教育服务，而政府购买教育服务正是对这种价值诉求的直接回应。[⑤] 其次，在政府购买教育服务的内涵及其属性界定上，学界较为认同周翠萍的观点，她借鉴政府购买公共服务的相关定义，认为政府

① 王鹏：《政府"购买服务"：我国社区教育发展的路径选择》，《成人教育》2011年第9期。
② 王洪兵、温颖：《学习型社会建设中我国政府购买教育服务的必要性和可行性》，《湖北函授大学学报》2014年第1期。
③ 闫海、唐屾：《论政府购买教育服务的制度建设》，《地方财政研究》2014年第4期。
④ 闫海、唐屾：《论政府购买教育服务的制度建设》，《地方财政研究》2014年第4期。
⑤ 周翠萍：《我国政府购买教育服务的政策研究》，博士学位论文，华东师范大学，2011。

购买教育服务是指政府通过与教育市场领域中的机构和组织签订服务购买契约，并对它们提供的教育服务质量进行绩效评估，根据契约规定来支付全部或部分费用；其目的在于向社会公众提供优质的、高效的和可供选择的教育服务；此过程包含两个本质特点，即政府在教育服务中的角色实现了"生产者"和"提供者"的分离、政府与教育市场力量之间是以"契约"为维系纽带的商品交换关系。[①] 再次，在基本特征上，周翠萍将政府购买教育服务归纳为三个特征：第一，政府购买教育服务三个最基本的要素就是购买主体、购买客体以及购买内容；第二，政府购买教育服务要把满足社会公众多元化的、可选择的教育需求作为购买目的；第三，在购买教育服务的过程中，政府要充分发挥"掌舵"的作用，并为公共教育服务的供给负责。[②] 最后，在现实意义上，王鹏认为政府购买教育服务在一定程度上不仅有利于转变政府的教育服务供给职能、满足社会公众对多元化教育的需求，还有利于引进市场机制来降低教育服务的供给成本。[③] 程翔宇等认为政府购买教育服务除了能解决教育服务的供需矛盾之外，还能促进教育服务"承包方"的日渐成熟以及民办教育的不断发展。[④] 任友群等认为通过政府购买的方式进行教育资源和服务的供给，从主体层面实现了"生产者"和"供给者"的分离，通过引入社会力量的专业技术和先进理念，打破了政府垄断供给的藩篱，不仅可以提升教育服务的供给质量，实现教育资金的高效利用，还可以优化教育服务供给端，是扩充优质教育资源供给范围和加快教育服务供给侧结构性改革的重要方式。[⑤] 许云萍、王立军认为在政府购买教育服务的过程中：一方面，通过相关调研论证获取教育服务诉求，可以直接拉近政府与公众之间的距离，改善政民关系；另一方面，教育服务缔约中的谈判询价、条

① 周翠萍：《政府购买教育服务的内涵、类型与展望》，《全球教育展望》2010 年第 8 期。
② 周翠萍：《政府购买教育服务的内涵、类型与展望》，《全球教育展望》2010 年第 8 期。
③ 王鹏：《政府"购买服务"：我国社区教育发展的路径选择》，《成人教育》2011 年第 9 期。
④ 程翔宇、徐东、泰戈：《论政府购买学前教育服务在我国的现实需要与困境》，《成都行政学院学报》2014 年第 2 期。
⑤ 任友群、郑旭东、卢蓓蓉：《政府购买教育信息化资源服务的内涵、方式、案例及建议》，《新疆师范大学学报》（哲学社会科学版）2018 年第 5 期。

款规范和权责明确等可以实现政府与服务承接主体间的信息流动与有效沟通，改善政社关系。①

（二）政府购买教育服务的购买政策研究

周翠萍认为，政府购买教育服务要想得到有效实践，需要在理论上对购买教育服务的可行性和现实需要性以及政府的购买对象与购买方式等问题进行深入而系统的思考。在其博士学位论文《我国政府购买教育服务的政策研究》中，她从公共政策的研究视角出发，以政府购买教育服务的原因、购买教育服务的对象、购买教育服务的内容、购买教育服务的方式以及购买成效和存在的问题六大主题作为研究的内容，通过对政府购买教育服务政策的国际案例和上海市浦东新区的实践进行考量和分析，认为目前政府购买教育服务政策无论是在技术上，还是在经济、政治和行政上等都已经具备了实施和推广的可行性，并在此基础上对中国政府购买教育服务进行了政策设计并提出了具体的政策实施策略。② 刘颖对当时主要国家正在进行的政府购买学前教育服务政策的历史起源、依据的理论基础和实践情况进行了分析并通过对地方政府购买学前教育服务的现状进行考察，认为"为什么购买、为谁购买、购买什么、从何处购买、如何购买、如何建立监管机制"是政府购买学前教育服务政策应该关注的六大关键问题，针对这些问题提出了政府应从合法性、文化适宜性、政策定位、政府职责以及机制构建等方面完善政府购买学前教育服务政策。③ 邓小莲基于政府购买公共服务的视角，以广西民办学前教育为研究对象，认为公办学前教育资源的不足导致出现"入园难""入园贵"等现象，而政府对民办学前教育发展政策的大力扶持，不仅能提高市场主体参与管、办幼儿园的积极性，也可以通过提升民办学前教育质量，促使公众不断享受到优质的教育资源。她从"由谁补"（明晰投入责

---

① 许云萍、王立军：《政府购买社区教育服务的模式、逻辑与策略》，《中国成人教育》2020年第 11 期。

② 周翠萍：《我国政府购买教育服务的政策研究》，博士学位论文，华东师范大学，2011。

③ 刘颖：《政府购买学前教育服务的政策研究：理论、国际经验与启示》，《比较教育研究》2013 年第 8 期。

任)、"补给谁"(界定奖、补对象)、"补多少"(明确补助标准)、"如何补"(创新奖、补方式)、"补后评"(提高奖、补绩效)五个方面对政府购买学前教育服务进行了针对性的政策探讨。① 吴开俊、姜素珍认为在义务教育阶段,民办学校是政府供给学位不足的有力补充,政府购买民办学校学位已逐步成为随迁子女流入量较多城市的主要政策选择,通过对上海、广州、深圳等城市政府购买学位的政策特点和执行情况进行研究,他们发现政策内容制定相对完善,对购买主体、服务承接主体、合同条款等都有明确规定,但在购买经费和补贴标准安排以及学位数量上却存在明显差异。②

(三)政府购买教育服务的购买领域研究

王鹏通过对"社区教育"进行研究,认为将政府购买服务这种方式应用于社区教育的发展,将为更好地提升社区教育的服务功能和社会参与度提供有效的实践路径。他分析了社区教育服务购买的优势,并运用设立机构、提出项目、接受申请、组织评审、项目管理、评估兑现六大运行程序和制度保障、资金保障、监督保障三大保障机制设计了具体的购买操作策略。③ 杨海华等基于新公共管理理论和委托—代理理论,从项目制视角对政府购买农村社区教育服务活动进行了系统分析,明确了政府购买社区教育服务项目制的理论内涵和参与主体(供给主体、承接主体、消费主体、评估主体),梳理了政府购买农村社区教育服务项目制的四阶段运作流程(项目确定、项目采购、项目管理和项目终审),并针对现存问题提出了推进政府购买农村社区教育服务项目制实施的政策建议。④ 雷淑贤、王海英以"学前教育"为研究对象,通过文献搜集、访谈、发放问卷等研究方法,在个案分析的基础上,总结归纳了当前政府购买学前教育服务实施过程中存在的突出问题,并

---

① 邓小莲:《扶持广西民办学前教育发展的投入政策研究——从政府购买公共服务的视角》,《经济研究参考》2014 年第 17 期。

② 吴开俊、姜素珍:《政府购买随迁子女学位的制度设计与路径选择》,《教育科学研究》2020 年第 2 期。

③ 王鹏:《政府"购买服务":我国社区教育发展的路径选择》,《成人教育》2011 年第 9 期。

④ 杨海华、王亚楠、李斌:《政府购买农村社区教育服务项目制的理论思考与实践探索》,《中国职业技术教育》2020 年第 27 期。

提出了相应的建议性对策。① 陈岳堂、李青清通过建构政府、普惠园和公众
"三元主体"博弈模型，分析了各主体在政府购买活动中的策略选择以及相
互作用关系，明确了实现政府购买学前教育服务绩效优化的基本条件：政府
的策略选择主要与监管成本和自身公信力关联，普惠园的策略选择主要与自
身社会形象、成本—效益比和政府的奖惩措施关联，公众的策略选择则主要
与政府的教育服务承诺和普惠园所能提供的服务质量以及自身获得感关联；
优化政府购买绩效需要降低普惠园投入成本和政府监管成本，增加普惠园的
教育收益，增大公众教育服务满意度在绩效评价中的权重值。② 王洪兵以
"远程继续教育服务"为研究对象，基于广州市的调查研究，对政府购买远
程继续教育的购买经费、购买客体、购买方式、购买内容、购买管理、购买
评价，以及购买中存在的问题进行了分析，并在利用"一主多元"的购买
模式的基础上提出了解决问题的策略。③ 童小军等基于党的十八大提出的
"基本公共服务均等化"的政策背景，认为政府应公平、有效地供给"农民
工子女教育"。他们在借鉴国外通过委托、承包等方式购买教育服务这一经
验的基础上，认为委托管理是实现农民工子女教育质量均等化的有效路径，
采购和发放教育券是实现农民工子女入学机会均等化的应对之策。④ 施径科
将"残疾人教育"作为研究对象，认为残疾人作为社会的一分子，他们的
教育权益、就业保障等问题日益受到社会的关注。为残疾人提供优质、合适
的教育服务也是政府部门义不容辞的公共职责。他把广州市政府购买残疾人
教育服务作为个案进行了实证分析，通过现状考察和购买经验总结，打开了
政府购买残疾人教育服务的理论与实践研究的局面。⑤ 辛斐斐、范跃进将

---

① 雷淑贤、王海英：《政府购买学前教育服务状况的调查与思考——以苏州市工业园区为
例》，《幼儿教育》2013 年第 Z2 期。
② 陈岳堂、李青清：《政府购买学前教育服务绩效优化研究》，《当代教育论坛》2019 年第 1 期。
③ 王洪兵：《政府购买中小学教师远程继续教育服务的模式——以广州市为例》，《苏州教育
学院学报》2014 年第 2 期。
④ 童小军、李文莉、李叔君：《国外公共财政购买教育服务的启示——对实现农民工子女教
育均等化的探索》，《中国集体经济》2014 年第 4 期。
⑤ 施径科：《广州市政府购买残疾人教育服务的实践与探索》，《宁波广播电视大学学报》
2013 年第 4 期。

"家庭教育指导服务"纳入研究视野，认为家庭教育是公共教育服务的重要组成部分，在学生人格形成和身心发展中发挥着关键作用，政府向社会组织购买家庭教育指导服务不仅是政府履行公共教育职能的具体表现，也在保障教育公平、解决家庭教育指导服务供需矛盾以及深化社会组织发展空间等方面具有重要价值。[①] 这就需要基于儿童特别是农村留守儿童现状，参照国外经验，探索符合中国现实社会环境和基本国情的家庭教育指导服务购买机制。[②] 在《中华人民共和国家庭教育促进法》的精神引领下，将家庭教育指导服务纳入城乡公共服务体系，从细化法律文本、培育市场主体和强化监督机制方面确保政府购买活动的顺利推进。[③] 李薪茹等关注了"职业教育服务"领域，认为政府购买职业教育服务不仅是政府职业教育职能转变和促进职业教育改革发展的现实要求，也是实现职业教育治理体系和治理能力现代化的重要尝试。[④] 秦中应认为政府购买职业教育服务既是解决职业教育规模与不经济之间矛盾的重要举措，也是促进职业教育资源合理配置的有效方式。[⑤] 孙来勤、张永秋认为政府购买"临时代替师资服务"是破解农村小规模学校短期和临时师资短缺问题的一项有效举措。针对当前教师编制乱象，他们认为应尽可能使用存量师资填补临时师资缺口，尽量减少临聘教师的使用，在遵循市场规律和保障人才流动的基础上，创新农村小规模学校师资配置模式。他们还探讨了通过政府购买教育服务方式填补公办中小学临时师资缺口的合理性、正当性和可行性。[⑥] 任友群等认为在数据科学和科技手段迅

---

① 辛斐斐、范跃进：《政府购买家庭教育指导服务：价值、难题与路径选择》，《中国教育学刊》2017 年第 11 期。

② 杨剑、胡乔石、杨环：《政府购买农村留守儿童家庭教育服务机制研究》，《农村经济》2018 年第 3 期。

③ 王佳佳、陶琦：《政府购买家庭教育服务的法律规制及其实现》，《教育探索》2021 年第 8 期。

④ 李薪茹、李薪宇、茹宁：《政府购买职业教育服务的实践方式、困境及优化路径》，《江苏高教》2020 年第 3 期。

⑤ 秦中应：《政府购买职业教育服务的运作逻辑、困境与出路》，《继续教育研究》2018 年第 8 期。

⑥ 孙来勤、张永秋：《农村小规模学校临时或短期师资缺口问题研究——基于政府购买教育服务的视角》，《中国教育发展与减贫研究》2018 年第 2 期。

猛发展的时代背景下，政府购买"教育信息化资源服务"将是助推教育信息化服务供给侧结构性改革和加快信息技术与学校教学深度融合的重要方式，有必要在对政府购买教育信息化资源服务的内涵、方式及国内外案例进行分析的基础上，通过关注服务需求、探索购买模式、提升资源共享、完善评估体系和落实政府职能等方面推动政府购买教育信息化资源服务的发展。[①] 刘名卓等人对政府购买教育信息化服务的学校进行了实证研究，从学校管理者和教师两个主体维度较为全面地了解了政府购买教育信息化服务的基本现状和发展瓶颈等，并为促进教育信息化服务的生态发展、提升学校管理水平以及服务质量提出了针对性的对策和建议。[②] 代娟认为"反欺凌教育"是学校、家庭和社会必须重视的教育领域，但作为承担教育职责的学校在反欺凌教育中却显得业余、低效，政府可以使用公共财政资金通过竞争性公开招投标、定向邀标、协商谈判等方式向具有资源优势和能力的社会组织购买反欺凌教育服务，为学生、家长和教师提供专业性帮助，特别是在农村留守儿童聚集地以及优质教育资源短缺和匮乏的学校，通过政府购买的方式实现反欺凌教育服务的针对性和有效性配置，无论是在净化学生成长环境和保护学生身心健康发展，还是在推进教育服务均衡化发展方面都具有重大的现实意义。[③]

（四）政府购买教育服务的购买形式和模式研究

周翠萍指出，中国各地政府购买教育服务的实践，大致有以下几种形式：（1）公校私营，所谓公校私营就是政府为了改善区域内薄弱学校的教学质量，通过政府购买的方式，委托具有专业资质的营利性和非营利性教育组织来管理这些学校；（2）购买学位，为了解决学生的求学问题，政府部门与民办学校（或者其他非公立学校）通过签订契约，为学生提供教育位

---

① 任友群、郑旭东、卢蓓蓉：《政府购买教育信息化资源服务的内涵、方式、案例及建议》，《新疆师范大学学报》（哲学社会科学版）2018年第5期。
② 刘名卓、李昊森、童琳、王汩才：《政府购买服务视域下教育信息化服务现状与发展建议》，《电化教育研究》2020年第4期。
③ 代娟：《构建政府购买教育服务的校园欺凌社会化防治体系》，《当代青年研究》2020年第1期。

置，并由政府部分或全部承担学费；（3）在契约的基础上由具有专业资质的社会组织提供诸如课程、管理等一项或者多项教育服务；（4）公—私协办教育设施，由社会组织出资建设和提供学校里的"硬件"服务和"软件"服务，政府通过合同来规定其服务的期限、服务价格和应该达到的服务标准等。① 王洪兵为解决教育服务供给中政府能力的不足与公众日益增长的多层次、多元化教育需求之间的矛盾，提出了"一主多元"的购买模式即以政府出资为主的多元购买资金、以教育行政部门为主的多元购买主体、以教育中介组织为主的多元购买客体、以社会公众素质提升为主的多元购买内容、以独立关系竞争性（契约化）购买为主的多元购买形式、以合同承包为主的多元管理模式、以教育消费者满意度为主的多元评价指标模式，并建议用这七大模式来保障政府购买教育服务的有效实施。② 吴开华认为政府向具有资质的民办教育机构购买教育服务主要是通过以下两种形式来实现：第一种是合同制，即政府为了有效提供公共教育服务，通过合同的方式来规定民办学校承接的特定教育公共服务项目，并根据合同规定支付其一定的费用；第二种是直接资助制，即政府通过货币、实物或者政策扶持等方式，给予承担公共教育职能的民办学校的资助，或者给受教育者进入学校所需经费的资助（又称教育券或助学券）。③ 负晓哲、赵嘉茵认为政府购买民办教育服务可分成以下三种方式：第一种是形式性购买方式，即政府作为教育服务购买方，直接用委托的方式向与政府关系密切的具有官方背景的民办教育机构购买服务；第二种是非竞争性购买方式，即政府不通过公开性招投标，基于服务承接资质和条件定向选择某一民办教育机构进行服务购买，此过程没有其他主体参与竞争；第三种是竞争性购买方式，即政府采用公开招投标，在两个和两个以上的民办教育机构中择优选择服务承接主体。政府通

---

① 周翠萍：《政府购买教育服务的内涵、类型与展望》，《全球教育展望》2010 年第 8 期。

② 王洪兵：《学习型社会建设中我国政府购买教育服务"一主多元"模式的构建——以广州市为例》，《广州广播电视大学学报》2013 年第 6 期。

③ 吴开华：《政府与民办学校合作关系的构建——以政府购买教育服务为例》，《广东第二师范学院学报》2013 年第 1 期。

过以上三种方式实现教育服务外包、培育教育服务市场和转变政府教育职能等目标。① 李薪茹等认为在职业教育服务领域，政府购买模式主要由教育服务需求者的服务诉求、需要购买的教育服务类型、服务购买数量和额度以及具体的购买范围等因素决定，一般会根据购买场景的现实条件因地制宜地选择合适的模式，总体来看，政府购买模式可以分为服务外包模式、项目制模式、直接资助模式和间接资助模式。②

（五）政府购买教育服务的购买问题和风险研究

周翠萍认为，由于缺乏相应的政策法律环境、社会文化环境以及教育市场环境支撑，在推行政府购买教育服务活动时就有可能出现以下问题：（1）教育服务作为一种"软服务"，其价格估算机制很难确立；（2）企业中的招投标机制不一定完全适用于政府购买教育服务；（3）政府缺乏管理合同的能力。这些问题直接影响着购买教育服务政策成效。同时，她还指出由于政府教育职能转变不充分、市场发育不成熟、相关的政策法规和制度也不完善，政府购买教育服务的实施存在一定风险性，具体体现为：（1）教育市场发育不充分，市场规约机制不完善可能降低公共教育服务供给的效率和质量；（2）政府与教育专业组织之间的信息不对称和教育服务的特殊性使购买教育服务的价格估算比较困难，可能会导致政府教育服务供给的成本增加；（3）政府和教育社会组织间的"寻租"行为会造成公共部门与私人机构之间的利益交换。③ 俞晓波通过分析上海浦东新区购买教育公共服务的相关实践活动认为，现行机制设计不足、社会组织总体发育不完善、非量化的和滞后的绩效评价、生产方和提供方之间的缺乏沟通、浓厚的官方色彩导致的"志愿失灵"等凸显问题，都将会给政府购买教育服务的顺利实施带来巨大挑战。④

---

① 贠晓哲、赵嘉茵：《政府购买民办培训教育服务政策研究——以北京市为例》，《上海教育科研》2017年第8期。
② 李薪茹、李薪宇、茹宁：《政府购买职业教育服务的实践方式、困境及优化路径》，《江苏高教》2020年第3期。
③ 周翠萍：《我国政府购买教育服务的风险分析》，《教育科学》2010年第5期。
④ 俞晓波：《地方政府公共服务购买的实践与发展趋向——以上海浦东购买教育公共服务为例》，《天府新论》2012年第3期。

吴开华认为，由于教育作为一种"软服务"和实物产品差别较大，对服务成本和价格的计算、服务实施过程中的监控以及服务质量标准的界定都存在一定困难。这就有可能导致在合同执行时产生各种合同漏洞，特别是在政府教育职能转变不彻底、监管机制建构不完善、市场发育不健全的情况下，实施政府购买教育公共服务还会产生购买过程不够规范、监督不到位、责任划分不清等问题，导致民办学校在供给教育服务时唯利是图，从而产生"第三部门失灵"。[①] 程翔宇等通过对政府购买学前教育服务的现实问题进行分析认为：政府购买学前教育服务首先是缺乏成熟的匹配环境，如从宏观层面看，尚未有明确的法律法规与政策规定，从微观层面看，公民个人对购买文化的认知以及观念更替上还存在不足；其次是缺乏现实社会背景下的有效实践经验，如尚未形成完善的招投标机制，对社会组织供给教育服务的市场价值和服务价格的合理评估也存在困难。[②] 董鸣燕认为在政府购买教育服务中：第一，可能会减少政府对教育服务的控制权，可能会弱化政府责任，还可能在合同授予时滋生腐败；第二，虽然为有教育需求的学生增加了教育选择的机会，但不可忽视的是，因学校性质不同，部分民办学校的学杂费比公立学校要高出很多，政府虽然提供了学位，但反而会增加学生的经济负担和学习成本；第三，政府购买民办教育机构的服务还可能会威胁到公立学校，比如削弱公立学校的社会影响力、降低公众对公立学校的信任度、破坏公立学校教职工的工作稳定性等；第四，政府购买教育服务不一定比公立学校单独提供教育服务更能减少成本，比如在合同管理、中期监管、后期评估等方面需要花费更多。[③] 张燕认为当前中国政府购买教育服务还存在明显的体制机制障碍，比如政策内容还不够全面和精准且政策执行乏力、政府在购买活动中的职能定位模糊、优质的教育服务生产主体数量不足、教育服务需求和

---

① 吴开华：《政府与民办学校合作关系的构建——以政府购买教育服务为例》，《广东第二师范学院学报》2013 年第 1 期。

② 程翔宇、徐东、泰戈：《论政府购买学前教育服务在我国的现实需要与困境》，《成都行政学院学报》2014 年第 2 期。

③ 董鸣燕：《论政府购买教育服务的制度建设与合同设计——基于对国外经验的借鉴与反思》，《中国教育学刊》2016 年第 9 期。

供给之间匹配度低、教育服务购买内容有待明确、购买资金的管理模式有待完善、购买过程的监管和评估机制亟待健全。[①] 孙彬认为在深入推进政府购买教育服务进程的同时，还应具备相应的风险意识和风险防范能力，不仅要充分识别其存在的制度性风险，还要从多元主体层面全面看待购买主体风险、购买客体风险、评估主体风险和服务对象风险，以及由于信息不对称可能导致的契约不完全、招投标腐败等过程性风险。[②] 李薪茹、茹宁认为，从政府购买职业教育服务的过程性视角来看，主要表现为：（1）事前风险，服务承接主体间因缺少充分的竞争会弱化职业教育服务的绩效，而服务承接主体间不充分的恶性竞争更会降低职业教育服务的质量；（2）事中风险，服务非专业化会减弱职业教育服务者的专业性、"去志愿化"则会削减对职业教育服务需求者的有效供给、投机主义会消解职业教育服务良性合作伙伴关系、服务供给的"断粮"则会打击职业教育服务参与主体的主动性和积极性；（3）事后风险，履约不力会降低职业教育服务的生产效率、服务过程的行政化倾向会偏离购买政策的初衷和目标、评估公信力的低下则会淡化绩效评估的权威性。[③] 刘名卓等认为：首先，政府购买教育服务时大多会有实用主义倾向，在"功能驱动型"理念的引导下，重视功能而轻视服务，重视购买行为而轻视后期支持；其次，部分教育服务并不能完全满足受教育者的需求，服务提供者的服务条件还有待继续强化与完善；再次，教育服务的供给手段单一，在政府、学校和师生间还未形成一套经验化的、成熟的服务业态，同时购买参与主体间的权责划分、角色定位和合作机制不够明确和完善；最后，第三方的教育服务供给质量在维度体现上与教师和学校的期望值还存在一定差距。[④] 胡伟认为，当前中国政府购买教育服务在监管制度建设上仍存在诸多疏失，因缺少立体性的监管

① 张燕：《政府购买基础教育服务的实践困境与推进对策》，《中国教育学刊》2016年第9期。
② 孙彬：《政府购买教育服务的风险与防控策略》，《经济研究参考》2017年第44期。
③ 李薪茹、茹宁：《政府购买职业教育服务的风险及其治理》，《中国职业技术教育》2019年第24期。
④ 刘名卓、李昊森、童琳、王泪才：《政府购买服务视域下教育信息化服务现状与发展建议》，《电化教育研究》2020年第4期。

机制而未能有效维护政府购买教育服务秩序，如不重视事前预防性监管、内部监管不足、外部监管不彰，抑或太过于偏重维护政府购买教育服务秩序，而忽视了提高政府购买教育服务及监管的效率和公平保护政府购买教育服务监管相对人权益，如把监管主体的职权行使置于监管相对人权益之上等。①

（六）政府购买教育服务的购买制度建设研究

周翠萍认为，在进行政府购买教育服务制度建设时，首先要厘清政府供给教育服务的职责范围，哪些服务政府可以提供、哪些服务可以交给社会或市场提供，以此确定政府购买教育服务的内容；其次是制定政府购买教育服务的招投标机制，具体包括公开、公正的招标信息发布制度、投标方资格审查制度、专业的操作机构和监管体系以及完善的财政保障制度。② 王海英、王丽燕在分析政府购买幼儿教育服务时认为，在此过程中必须进行条件性制度建设，即在购买时要满足购买方、生产方、购买内容、购买资金来源四项要素性条件以及对民办教育机构进行资质认定、质量监督与财务审计三项过程性条件，另外政府购买幼儿教育服务的风险防范机制的建构还必须从积极培育契约精神着手。③ 王洪兵等认为中国政府购买教育服务正处在"摸着石头过河"的阶段，在购买过程中难免出现缺乏政策支持以及长期、有效的发展机制等棘手的问题，为了能使政府购买教育服务得到可持续发展，必须从购买组织、购买制度、购买环境、购买资金、购买运行、购买监管六方面入手，建立、健全政府购买教育服务保障机制。④ 杨惊涛从上海市杨浦区政府"购买学额"模式入手，通过分析教育服务购买过程中政府自身存在的制度问题和外部环境的不可控因素，指出政府购买学前教育服务进行制度创新应从健全法律法规、科学预测学前教育资源需求、对学前教育财政资源进

---

① 胡伟：《我国政府购买教育服务监管制度的反思与完善》，《中国教育学刊》2021 年第 2 期。
② 周翠萍：《关于政府购买教育服务的制度设计》，《教学与管理》2010 年第 5 期。
③ 王海英、王丽燕：《政府购买幼儿教育服务的条件与风险防范机制》，《幼儿教育》2011 年第 33 期。
④ 王洪兵、陈木朝、温颖：《学习型社会建设中政府购买教育服务保障机制的构建》，《价值工程》2013 年第 28 期。

行合理配置、构建多元化监督体系四个方面入手。① 闫海、唐岫认为政府作为购买教育服务的责任主体，必须对购买方式、购买范围、购买资金以及购买评价这四大购买要素进行制度规范，具体包括公开和公正的信息发布制度、社会办学机构的准入和审查制度、纳入购买范围的条件制度、资金使用的检查和监管制度、购买绩效评价制度。② 董鸣燕认为，相比国外较为成熟的政府购买教育服务运行机制，中国政府购买教育服务的着力点在于：完善的制度建设是政府购买教育服务的行为保障，如购买立法、制定激励和监管政策；高水平的合同设计是政府购买教育服务的基本前提，如公正选择服务承接主体、精准确定参与主体权责、按需提供服务内容、谨防购买合同缺陷；平衡参与主体间利益关系是政府购买教育服务的重要抓手，如准确把握公众的教育服务诉求、最大限度地规避教育资源损失。③ 张燕认为，为了保障政府购买教育服务政策的顺利实施与深入推进，首先要转变政府传统观念，厘清政府在教育服务供给中的基本边界、行动权责和角色定位；其次要结合事业单位改革的契机，扶持教育社会组织发展，扩充优质教育服务资源；再次在确定政府购买教育服务的具体内容时，需要充分考虑基础教育服务自身的特殊性和价值性；最后还要建立健全政府购买教育服务的预算与财务管理制度、风险防范制度与过程监管制度。④ 张眉、魏建国认为为推动教育领域的政府购买服务活动，需要基于比较的视角对政府直接供给教育服务与政府购买教育服务进行成分分析后再决定使用哪种方式。另外，需要基于差异化平等的理念，优先考虑处境最不利的受教育群体和教育供给不足的领域，如学前教育和进城务工子女的教育；还要针对不同的教育服务需求设置差异化的购买和付费方式，规范政府购买教育服务的运作程序。⑤ 方建锋总

① 杨惊涛：《政府购买学前教育服务制度创新研究——以上海市杨浦区学前教育"购买学额"模式为例》，硕士学位论文，西南政法大学，2014。
② 闫海、唐岫：《论政府购买教育服务的制度建设》，《地方财政研究》2014年第4期。
③ 董鸣燕：《论政府购买教育服务的制度建设与合同设计——基于对国外经验的借鉴与反思》，《中国教育学刊》2016年第9期。
④ 张燕：《政府购买基础教育服务的实践困境与推进对策》，《中国教育学刊》2016年第9期。
⑤ 张眉、魏建国：《教育领域的政府购买服务研究》，《教育经济评论》2017年第2期。

结了当前国内外政府购买教育服务的约束机制建设经验，并指出应在购买程序、资金管理和绩效管理三个方面完善购买制度建设：第一，设计流程完善的购买程序：确认购买内容—信息公示—竞争性招投标或谈判—签订合作契约—公布中标结果—服务评估—政府付款—财务审计；第二，在财政资金管理方面，购买资金在使用上要通过专项拨款或者项目资助的方式进入社会教育机构，并且要有严格的监管和审计；第三，在绩效管理方面，需要引入独立的第三方评估，同时也应对绩效评估范畴和评价结果的具体运用做出明确规定。[①] 王宇晴、王凤秋认为，为了准确考量政府购买教育服务的实际效果，进行相应的绩效评估十分重要，可以从教育服务的整体购买流程出发，清晰划分政府购买教育服务的绩效要素，通过购买绩效（政府成本、承接主体、教育成效）、监管绩效（经济效益和社会效益）和结果绩效（过程效益和成果效益）三个维度来系统建构政府购买教育服务绩效评估的三级指标体系。[②] 黄家乐、周翠萍认为要优化政府购买教育服务的绩效评估机制需要从完善外部环境、健全配套制度和体现评估的过程性与动态性入手。[③] 胡伟则从法治化的视角探讨了政府购买教育服务的制度建设。他认为，在中国全面推进依法治国的时代背景下，政府购买教育服务法治化是保障购买活动顺利进行的关键，首先要从制度层面确保政府购买教育服务活动在相应的法律范围内开展，这是实现政府购买教育服务法治化的基本前提和根本准则；其次要从过程层面确保通过立法、执法、司法以及公民权利行使等法治手段实现对政府购买教育服务权的约束和限制，这是实现政府购买教育服务法治化的标本兼治之策；最后要从行动层面确保对政府在购买教育服务活动中出现的违法事实以及违法主体实施民事、行政和刑事范畴内的制裁，这是实现政府购买教育服务法治化的具体要求。[④] 刘晗、吴坚认为，政府购买教育服

---

① 方建锋：《国内外政府购买教育服务的实践形式和约束机制》，《教育发展研究》2018 年第 3 期。

② 王宇晴、王凤秋：《政府购买教育服务的绩效评估研究》，《教育探索》2021 年第 9 期。

③ 黄家乐、周翠萍：《我国政府购买教育服务绩效评估的实践反思与发展策略研究》，《上海教育科研》2021 年第 2 期。

④ 胡伟：《我国政府购买教育服务法治化的基本逻辑》，《复旦教育论坛》2021 年第 2 期。

务需要建立"条块合一"的新型管理制度，在主体层面组建"并联式"购买单位，从构建五大内部机构（综合管理机构、资金统筹机构、监督评估机构、项目管理机构和平台协调机构）和三大关键机制（需求定制机制、决策定制机制和监督评估定制机制）出发形塑政府购买教育服务的定制供给模式，以弥补购买主体存在的需求不明确和资源浪费等需求方缺陷，以及承接主体存在竞争性市场阙如与产品质量不高等供给方缺陷。[①]

三 当前研究现状评价

通过以上文献的整理和分析我们可以看出，国外对政府购买教育服务的研究不如政府购买其他公共服务丰富，多数都是中国学者依托国内背景对国外政府购买教育服务现状进行的归纳和总结，且国外学者大多聚焦于政府购买教育服务的某个具体政策，如美国的特许学校、契约学校政策，英国的教育行动区政策等，只有新西兰学者诺尔曼·拉洛奎、美国学者贝尔菲尔德和莱文等对教育服务的契约供给、教育民营化等进行了较为深入的分析，但教育民营化、教育服务契约化供给并不完全等同于政府购买教育服务，虽然它们在内涵概念上存在交叉，但在外延范畴上并不尽相同。所以，国外学者对政府购买教育服务的专门研究还鲜有涉及，中国学者对国外政府购买教育现状进行的研究也只是以其中某一方面作为切入点，比如购买政策研究、购买模式研究、购买内容研究、购买问题研究、购买经验研究等，并没有形成一个系统连贯的政府购买教育服务研究体系。值得一提的是，国内外学者对政府购买教育服务现存问题和潜在风险的研究是较为全面的，并形成了较为一致的观点：政府购买教育服务属于典型的市场交易行为，教育服务一旦走向市场化会加剧教育的不公平，特别是在政府应优先保障的基础教育领域，会削弱政府供给公共教育服务职能和降低公共教育服务质量。其中竞争模式导致交易成本升高、谈判模式出现内幕交易，以及社会服务复杂性、绩效评估

① 刘晗、吴坚：《超越"双重缺陷"：政府购买家庭教育指导服务的定制供给模式》，《国家教育行政学院学报》2022 年第 8 期。

不足、合同过程政治化、政府管理能力不足、委托—代理合同中的"供给方缺陷"和"需求方缺陷"等是被提及最多的问题，但对这些问题的发生逻辑和影响因素的分析却略显乏力。随着中国政府购买公共服务活动的逐渐推进，国内学界对政府购买教育服务的研究，无论是在理论上还是在实践上都取得了一定程度的进展，特别是政府购买教育服务的聚焦领域不断扩大，从政府购买学前教育服务到购买社区教育服务再到购买家庭指导教育服务和购买在线教育服务，政府购买教育服务也势必会成为政府购买公共服务的重点研究内容。但通过文献梳理，笔者发现了目前研究中存在的不足和可能的生长点。

第一，研究内容碎片化。首先，政府购买教育服务的现有研究多集中在购买领域、购买过程中出现的问题以及购买对策上，但政府购买教育服务作为一项涉及政府、市场和社会的系统性工程，对其外部宏观环境及内部微观资源、能力、过程、关系等的分析都缺乏细致入微的考察，整体性关照不足。其次，当下研究借鉴了诸多政府购买其他公共服务的研究成果，在问题界定和研究内容上"拿来主义"痕迹严重。比如当前政府购买养老服务无论是在理论研究上还是在现实实践中都发展得较为成熟，在政府购买教育服务中多数学者会借用该领域的研究成果，包括对购买模式、购买问题以及购买对策等的探讨，还未能全面展开能体现教育服务自身特点的政府购买活动研究。最后，问题研究与对策研究的不对称。政府购买教育服务现存问题和潜在风险是学者们研究的重点，相关的研究成果也比较多，但是在购买的对策研究中，很多学者只是对购买制度建设以及购买制度创新进行了宏观层面的构想，对服务内容如何定价、购买合同如何管理、购买效果如何评价、后期服务如何衔接等诸多细节性的、过程性的问题都缺乏应对之策的探讨。

第二，研究视角局限。首先，在对中国政府购买教育服务研究涉及的学科方面，多数是基于教育学、行政学和经济学的视角。在教育学上的研究成果主要基于教育公平理论，通过分析教育与社会、教育与人口、教育与经济、教育与文化之间的联系探讨政府购买教育的可能性和可行性。在行政学上的研究成果主要基于新公共服务理论、新公共管理理论、公共治理理论探讨政府教育职能转变和教育服务多元共治。在经济学上的研究成果主要基于委托—代理理论和公共选择理论探讨应该如何调和市场的"营利性"和教育的"公共性"之间的矛盾以提高教育服务供给的效率和效益。但从社会学和管理学学科视角出发进行的研究鲜有涉及，尤其缺乏对社会结构变迁、社会组织发展、社会公平与政府供给教育服务的内在逻辑关系的研究，以及对政府购买教育服务中组织要素、组织结构、权责配置和体制机制创新的探讨。其次，在理论视角方面，既然政府购买教育服务已经成为推进教育治理现代化的一项重要政策工具，在实践中也彰显了强大的生命力，但在学术研究的理论视角上却缺乏前瞻性的战略思维和战略眼光，在当下中国社会转型不稳定和行政职能转变不完全的现实境况下，政府购买教育服务活动在动态的复杂环境下存在诸多变动性和不确定性因素，如何在洞察中国社会发展变迁趋势的基础上，找到一种能兼顾分析内外购买环境的理论工具来深化政府购买教育服务领域的研究显得重要且迫切。

第三，研究方法单一。通过对以上研究文献的整理可以看出，国内学者对政府购买教育服务的研究大都运用规范研究方法，即基于既往史料的归纳或演绎性的规范性分析，只在应然层面做出价值判断，实证研究匮乏，即使有学者对政府购买教育的绩效评价进行了分析，但只是对评价主体、内容和标准进行了质性阐述，而对如何系统建构评价指标体系以及采取何种可行的评价方法等问题并未展开探讨，特别是针对购买绩效与购买影响因素之间关联性的研究，以及社会公众对政府购买教育服务满意度的量化分析等都略显不足。所以，综合运用规范与实证相结合、定性与定量分析相结合的方法，使结论得以双重验证是以后研究需要着重关注的。

四　本研究探索的方向

综观上述文献分析可知，目前关于政府购买教育服务已经在基本理论总结和购买领域探索等方面积累了一定的研究成果，也取得了研究新进展，这为后续研究提供了丰富的理论素材和经验指导。但针对目前理论研究还远远落后于实践需求的现状，我们仍面临许多需要深入思考和继续探讨的问题，比如当下中国政府购买教育服务活动会受到内外部环境中哪些影响因素的制约？应该如何对政府购买教育服务进行全生命周期过程的分析？相比政府购买其他公共服务，政府购买教育服务的独特性和典型性是什么？既然国家已经把政府购买公共服务活动作为一项长期的战略政策来实施，那么对于政府购买教育服务而言，应如何从战略视角出发对其有一个更为整体、全面且系统的认知，以突破当下政府购买教育服务"碎片化"研究的窠臼？对此，本研究拟从"政府战略管理"的理论视角出发，对以下问题展开深入讨论。

第一，中国政府购买教育服务发生发展的历史背景和现实动因是什么？

第二，应如何明确中国政府购买教育服务的价值取向和目标定位？

第三，外部宏观发展环境是如何影响中国政府购买教育服务活动的？微观的利益主体在参与购买活动时又表现出一种怎样的关系样态？

第四，对于购买教育服务活动，政府自身是否具备足够的资源和能力条件，还存在哪些困境？是否建构了一套完善、高效的购买运行机制，还存在哪些缺陷？

第五，面对当前政府购买教育服务中存在的现实困境和潜在风险，中国政府应做出何种战略准备和策略选择？

第三节　核心概念与研究方法

一　核心概念

（一）教育服务

在对教育服务的内涵进行探讨之前，我们首先需要对公共服务范围进行界定。公共服务主要包括两类，即广义层面的公共服务和狭义层面的公共服务。广义层面的公共服务不仅指我们所说的关系到公众日常生活的公共产品，而且也包括政府提供这些公共产品时所进行的市场监管、经济调节和社会管理等一系列政府职能活动；狭义层面的公共服务[1]，一般是指能满足公民需要的基础性公共服务，既包括公用事业范畴的公共基础设施等有形服务，也包括公益事业范畴的教育服务、卫生服务、养老服务和社会福利服务等无形服务（见图1-1）。狭义层面的公共服务又称基本公共服务，即建立在一定社会共识基础上，由政府主导供给，与社会和经济的发展水平相匹配，旨在保障全体公民生存和发展基本需求的公共服务。基本公共服务是"与人民群众的生存和基本发展最密切、最重要、最基础和最相关的公共服务，包括义务教育、基本公共医疗、基本社会保障等"[2]。平等享受基本公共服务是公民的基本权利，均衡提供基本公共服务是政府的基本职能。

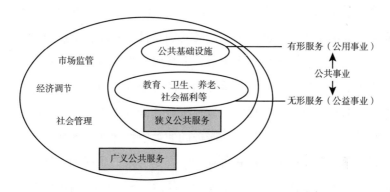

图1-1 广义公共服务和狭义公共服务的范围界定

对于教育服务的含义，有学者根据教育服务的理论来源认为：首先，教育服务是一种具有服务性质的实践活动，教育服务就是教育活动的产品，或者说是一种服务形态的产品，教育产品是教育服务；其次，教育服务具有一定的商品属性，它和其他商品的本质区别就是形式的不同，它同样具有使用

---

[1] 在一定范围内公共服务包括公共产品，公共产品又包括公共服务，目前还没有明确地对这两个概念进行区分和定义；本研究不对公共服务和公共产品进行严格区分，将其统称为狭义层面的公共服务。

[2] 蔡春红：《完善财政转移支付制度的政策建议——兼论推进基本公共服务均等化和主体功能区建设的关系》，《中国行政管理》2008年第4期。

价值和交换价值；最后，由于教育服务生产者和消费者的主体不同，对教育服务的理解也不同，生产者更多的是关注服务的品牌和特色，而消费者关注的则是教育服务的质量。[①] 也有学者认为教育服务作为一种可消费品，需要交付给学校去生产，教育服务产品的生产和消费是紧密联系在一起的。教育服务的内容包括服务于教育或通过教育产出的有形产品和无形信息：有形产品包括教育行政组织、教育资金、学校、作为人力资源的教育者、作为人才资源的毕业生和一些教育器材、具有物质形态的研究成果等；无形信息包括各种法律、政策、规章制度、作为信息资源的教育目标和教育内容，以及以信息形态存在的研究成果等。[②] 虽然教育服务具有一般商品的属性，具有价值、使用价值和交换价值的本质特点，是一种兼具公共产品和私人产品属性的"混合产品"或"准公共产品"，存在进入市场交易的可能性，但同时教育服务又具有不同于其他社会服务产品的独特性，不能完全按照经济领域的基本规律来经营。从公共性的大小看，教育服务主要由私人教育服务和公共教育服务两部分组成，鉴于教育服务内容的专业性和对象的特定性，只有在公共场域内部并由公共部门提供的教育服务才能被称为公共教育服务，才属于公共服务的范畴。所以，从公共服务的非竞争性和非排他性特征来看，公共教育服务具有典型的公益性和普惠性，它是为人的生存和发展打基础的教育，对其进行有效生产和供给是检验政府履行公共服务职能的关键指标。[③] 从中国教育服务发展的现实情况看，中央和地方政府能够为社会提供的公共教育服务，按照社会公益性（正外部性）大小进行排序，依次应为义务教育服务、学前教育服务、中等职业教育服务、普通高中教育服务、高等教育服务和社会紧缺的教育培训服务，其中义务教育服务作为国家发展的基石，是国家应给予优先保障的公益性事业，这不仅是基本要求，更是底线思维，保障适龄学生都能平等享受优质的义务教育资源是党和政府工作的重中之重。因此，本研究的教育服务范围主要是公共教育服务，包括学前教育服

---

① 靳希斌：《论教育服务及其价值》，《教育研究》2003 年第 1 期。
② 宋官东：《教育公共治理及其机制研究》，博士学位论文，东北大学，2011。
③ 尹后庆：《建立和完善公共教育服务体系的思考》，《教育发展研究》2009 年第 1 期。

务、九年制义务教育服务、特殊群体教育服务等，重点研究的对象是基础教育领域中的义务教育服务。

（二）教育社会组织

在国际上，社会组织又被称作民间组织、志愿组织、非政府组织（NGO）、非营利组织（NPO）、第三部门（Third Sector）等，目前学界未对这些概念做出明确区分，存在被混淆和交叉使用的情况，但社会组织的民间性、自治性、志愿性、公益性、非营利性、非政府性和非政治性已经是被统一认同的基本特征。从作用来看，社会组织是连接政府和公民之间关系的重要纽带，能够为公民提供充分参与政治活动的组织化和制度化渠道。在中国，社会组织指政党、政府之外的各类民间性组织，主要包括按照《社会团体登记管理条例》登记的社会团体、按照《民办非企业单位登记管理暂行条例》登记的民办非企业单位和按照《基金会管理条例》登记的基金会。[①] 2007 年，民政部发布了社会组织新的分类体系，将社会团体和民办非企业单位分为 5 大类 14 小类。各大类及其包含的小类如下：经济（工商服务业、农业与农村发展）；科学研究（科学研究）；社会事业（教育、卫生、文化、体育、生态环境）；慈善（社会服务）；综合（法律、宗教、职业及从业者组织、国际及涉外组织、其他）。[②]

第一次提出教育社会组织概念的是上海市静安区教育社会组织联合会，它认为，教育社会组织是联合性、非营利性的社会团体法人，主要由区域内教育社会团体、教育民办非企业单位等组织自愿组成，旨在使其成为政府和学校之间沟通的桥梁，并发展成为能够自主管理、服务教育、服务社会的平台。关于教育社会组织的内涵，学者童宏保认为，教育行业中的社会组织是指在政府教育行政部门和公立学校之外的民间组织，按照教育社会组织的职能可以分为教育社团、教育学会、教育协会、教育基金会、民办学校、教育

[①] 高力主编《公共伦理学》（第四版），高等教育出版社，2018，第 59、60 页。

[②] 李健、荣幸、孙莹：《"以人为中心"的社会组织分类支持体系重构》，《中国行政管理》2021 年第 2 期。

中介组织等几种形式。① 学者孙艳、于海峰认为，教育社会组织是专门或主要活动在教育领域的非政府组织，目前在国内可分为教育类社会团体、教育类民办非企业单位和教育基金会三类，它的"非政府性"内涵和特征并非一成不变，而是与其所处的具体社会历史背景相适应的，是公益性、自主性、专业性和历史性的统一。② 学者胡伶认为，在市场经济、市民社会的形成和发展为公众让渡出教育管理空间的同时，教育社会组织应运而生，教育社会组织也被称为教育类非政府组织、第三部门、非营利组织等，主要分为民办非企业单位、社团和基金三大类，具体包括各种教育咨询服务机构、教育学会、教育协会、教育评估事务所、教育基金会以及各种各样的代理机构等。③ 由此可见，教育社会组织指的是以促进教育公共利益为目的，以提供教育专业服务为职责，介于教育行政组织和办学实体之间的非政府组织。教育社会组织在构建公共教育服务体系的过程中发挥着重要作用，具体来看：一方面，它通过教育行业社会资本聚集人力资本，聚焦教育研究和发展前沿；另一方面，它可以通过政府财政投入以外的各种形式筹措到一定的教育资源，扩大教育供给，特别是基础教育领域的民办学校为义务教育的发展提供了差异性、可选择性的教育服务，弥补了政府义务教育财政投入不足的缺陷，激发了公办学校的办学积极性，提升了不同办学主体间的教育竞争力。

在教育社会组织的诸多表现形式中，教育中介组织在教育服务领域中发挥着举足轻重的作用，它是指不以营利为目的，在相应的法律法规和规章条例的约束和引导下，依据公平公正、公开独立的原则通过教育咨询、教育评价、教育鉴定等手段和方式参与政府部门与学校的教育管理活动，是介于政府和社会个体之间，能为社会公众提供相应教育服务的非政府组织，并具有明显的非政府性、非营利性、公权性和中介性的特点。④ 在法人性质上，教

---

① 童宏保：《教育社会组织的作用》，《社团管理研究》2008 年第 12 期。
② 孙艳、于海峰：《中国非政府教育组织现状及前景展望》，《世界教育信息》2012 年第 13 期。
③ 胡伶：《教育社会组织发展与教育行政职能转变》，《国家教育行政学院学报》2009 年第 3 期。
④ 周光礼：《论中国政府与教育中介组织的互动关系：一个法学的视角》，《北京大学教育评论》2006 年第 3 期。

育中介组织属于民办非企业性质的独立法人单位。从分类来看，教育中介组织包括教育决策咨询研究机构、教育信息管理机构、教育督导和教育评估机构等组织形式，概括起来就是管理服务型、咨询评估型、行业协会型这三种类型。作为参与教育管理的主要主体，教育中介组织是政府与学校之间沟通的桥梁，因其灵活的办学机制、优质的教育资源和明显的教育竞争力在政府教育职能转变和教育公共治理中的作用和影响愈发凸显，也成为政府购买教育服务活动中的重要承接主体。综上可知，社会组织、教育社会组织和教育中介组织之间是一种包含和被包含的关系（见图 1-2）。

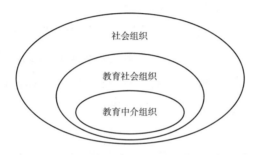

图 1-2　社会组织、教育社会组织、教育中介组织关系划分

（三）政府购买教育服务

首先，关于政府购买公共服务的概念。政府购买公共服务是一种"政府承担、定项委托、合同管理、评估兑现"的新型公共服务供给方式。[①] 有学者认为可以从广义购买和狭义购买两个角度对其概念进行界定：广义的政府购买公共服务是指政府与社会组织及其相关机构之间通过资金往来供给公共服务的模式，它包括公办民营、政府补贴等；狭义的政府购买公共服务仅仅指通过公开招、投标，以合同的方式确立购买关系的模式。[②] 关于官方定义，2013 年 9 月发布的《国务院办公厅关于政府向社会力量购买服务的

[①] 杭州市财政局课题组、陈锦梅、吴文兴、吕天佑：《关于政府购买服务问题的思考》，《经济研究参考》2010 年第 44 期。

[②] 胡薇：《购买服务还是政府资助——政府向社会组织购买服务的实践含义》，《北京科技大学学报》（社会科学版）2013 年第 4 期。

指导意见》指出，"政府向社会力量购买服务，就是通过发挥市场机制作用，把政府直接向社会公众提供的一部分公共服务事项，按照一定的方式和程序，交由具备条件的社会力量承担，并由政府根据服务数量和质量向其支付费用"①。2020 年 1 月财政部发布的《政府购买服务管理办法》明确了"政府购买服务，是指各级国家机关将属于自身职责范围且适合通过市场化方式提供的服务事项，按照政府采购方式和程序，交由符合条件的服务供应商承担，并根据服务数量和质量等因素向其支付费用的行为"②。综上，我们应该从以下四个方面理解政府购买公共服务的特点：第一，政府购买公共服务更多的是指政府作为提供某类公共服务的责任主体而进行的狭义层次的购买，不包括自己作为消费者向市场进行的购买（即政府采购）；第二，政府购买的本质是公共服务的私人（广义层面的"私"，不仅指市场中的私人机构，还指社会中的非政府组织）生产，它是公私合作的一种具体形式；第三，政府购买公共服务中的承接主体是多样化的，但主要是社会组织；第四，政府购买具有明显的市场交易特点，它不同于政府补贴或政府资助；第五，整个政府购买过程应该通过签订合同来实现。③

其次，关于政府购买和政府采购的区分。从当前政府购买服务的实践来看，可以分成以下两种情况：第一种是政府购买社会所需的各种产品和服务，如公共安全、社会保障、环境卫生等公共服务，这种为了社会公众利益而进行的购买又被称为政府购买公共服务；第二种则是政府为满足和维持自身运转需要而进行的具体物品的购买，即政府采购。关于政府采购，中国有专门的法律支持即《中华人民共和国政府采购法》，该法第 2 条将政府采购界定为："各级国家机关、事业单位和团体组织，使用财政性资金采购依法

① 《国务院办公厅关于政府向社会力量购买服务的指导意见》，中华人民共和国中央人民政府官网，2013 年 9 月 30 日，http://www.gov.cn/zwgk/2013-09/30/content_ 2498186.htm。
② 《政府购买服务管理办法》，中华人民共和国财政部官网，2020 年 1 月 22 日，http://tfs.mof.gov.cn/caizhengbuling/202001/t20200122_ 3463449.htm。
③ 毛明明、刘青峰：《我国公共服务合作供给方式的概念及关系辨析》，《重庆工商大学学报》（社会科学版）2015 年第 5 期。

制定的集中采购目录以内的或者采购限额标准以上的货物、工程和服务的行为。"① 虽然《中华人民共和国政府采购法》未提及政府采购是为了满足自身需要还是满足社会公众需要，但从现实情况看，政府采购主要是为了满足自身工作的需求，而并非像政府购买公共服务那样是为了彰显公共利益和公共价值，这也是政府采购和政府购买的本质区别。

最后，关于政府购买教育服务的定义。国内学界比较认同学者周翠萍的观点：政府购买教育服务是政府购买公共服务的一种具体类型，政府购买教育服务也符合政府购买公共服务的本质及特征，因此借鉴政府购买公共服务的定义，政府购买教育服务可以被界定为：政府与各类教育社会组织签订契约，根据对教育社会组织所提供教育服务的评估，以公共财政全部或部分支付其费用，其目的在于向社会公众提供优质、高效、可选择的教育服务。此过程中有两个本质内涵：第一，政府在供给教育服务中实现了"生产者"和"提供者"的分离，即提供教育服务仍是政府的职责所在，但政府不再是教育服务的直接生产者，而变成了"间接生产"教育服务的提供者；第二，政府与教育社会组织之间是一种以"契约"为纽带的商品交换关系，即政府购买教育服务是政府与教育社会组织之间具有法律效力的合同购买行为，是政府与教育社会组织之间以"契约"为基础的购买过程。②

二　研究方法

（一）文献研究法

文献研究法也称情报研究、资料研究或文献调查，是指对文献资料的检索、搜集、鉴别、整理、分析，形成事实科学认识的方法。③ 当前国内外政府已经在购买公共服务的理论和实践层面进行了积极探索，学界也已取得了丰硕的研究成果。对这些成果资料进行搜集、整理、剖析和阐释，不仅可以

---

① 《中华人民共和国政府采购法》，中华人民共和国中央人民政府官网，2002 年 6 月 29 日，http://www.gov.cn/gongbao/content/2002/content_ 61590. htm。
② 周翠萍：《政府购买教育服务的内涵、类型与展望》，《全球教育展望》2010 年第 8 期。
③ 杜晓利：《富有生命力的文献研究法》，《上海教育科研》2013 年第 10 期。

为笔者研究政府购买教育服务提供丰富的史料参考，也能帮助笔者较快地了解政府购买教育服务活动的发展现状和存在的问题，为研究开展做好基础性的准备工作。

（二）访谈法

作为一种典型的实证研究方法，访谈法主要是指研究者与被访谈对象通过面对面地交流收集所需信息、资料的方法，它具有较好的主体灵活性和环境适应性。由于政府购买教育服务涉及多个利益主体，且教育行政部门的相关信息较难获取，不宜采用大规模的问卷调查，因此，为了提升论据的精准性和可靠性，本研究采用了以访谈为主的方法，对当前政府购买教育服务领域中具有代表性的政府部门发起人、教育社会组织负责人和教育服务受众进行了半结构化访谈，多维度搜集和了解与政府购买教育服务相关的资料与信息。

（三）比较研究法

比较研究法是基于一定的标准和准则，通过对两个或多个有相互联系的事物或行为进行异同性考察，以此来探求普遍规律与特殊规律的研究方法。政府购买教育服务无论是在西方国家还是在国内，都有其特定的历史渊源和现实走向，因此利用比较研究法对政府购买教育服务与政府购买其他公共服务之间，以及政府购买教育服务的成功和失败案例之间进行比较分析、客观评价、教训总结和经验借鉴，可对政府购买教育服务的现实问题和未来发展有更加清晰的判断与预期。

第四节　理论工具和分析框架

一　理论工具选择

（一）公共治理理论

全球治理委员会首次对治理的内涵进行了描述：治理是各种公共的或私人的个人和机构管理其共同事务的诸多方式的总和；它是使相互冲突的或不

同的利益得以调和并且采取联合行动的持续的过程；它既包括有权迫使人们服从的正式制度和规则，也包括各种人们同意或以为符合其利益的非正式的制度安排。[①] 治理的本质其实就是基于市场中的经济和竞争原则、社会中的志愿性原则及国家中的公共利益原则以及各主体间的信任原则的合作。

公共治理理论对"政府失灵"、"志愿失灵"和"市场失灵"进行了深刻反思，对新公共管理理论倡导的经济效率优先和市场竞争至上的价值与理念进行了扬弃和超越，它不仅弥合了传统意义上公域和私域、政府和市场、市场和社会间的"割裂"，模糊了政府、社会和市场间"非此即彼"的边界，还丰富了公共物品生产和供给的主体来源及其合作渠道。对此，作为一种新的理论范式，能在不同主体间的平等合作、对话、博弈和协商中积极构建和持续发展伙伴关系以实现对公共物品和公共事务的高效管理，是公共治理理论倡导的核心价值。所以，它的研究重心主要体现在通过何种方式合理地界定公共服务供给中多元主体的角色和合作关系，以及通过何种方式准确地构建公共服务的多元供给机制和管理体制。针对这两大问题，我们可以进行以下探讨。

关于治理的主体角色和主体关系。第一，在公共治理理论的核心思想中，政府机构不再是公共事务中的唯一管理主体和权力中心，这意味着社会中的公民个人、社会组织、自治组织、第三部门和市场中的私人机构、企业组织等可以与政府一起共担公共事务责任，通过政府职能和权力的让渡，彼此间形成一种有效对话、共同协商、利益共享的良性"伙伴关系"。第二，鉴于对"伙伴关系"的维护，政府需从传统意义上的刚性"管控者"角色向现代意义上的柔性"服务者"角色转变，本着互利共赢的合作态度，推动社会组织、企业机构和公民之间的有效协调与沟通，当然这并不意味着政府职责的推卸，它仍需发挥目标指引和服务监督的"元治理"角色。第三，公共治理的出现使主体间的单线关系变成了相互交织的多线关系，在这种复杂关系下，需要秉持一种基本理念，即公共事务的合作过程都应坚持以

---

① 俞可平：《论国家治理现代化》，社会科学文献出版社，2015，第23页。

"人民"为中心。第四，鉴于社会组织的自治性、非营利性和志愿性，它开始在公共治理中崭露头角，作用也逐渐凸显，并扮演着资源链接者和矛盾化解者的角色。关于公共物品和公共服务的生产与供给。公共治理理论认为，在面临复杂多变的外部环境时，由于政府获取信息的有限理性、机构内部僵化的官僚管理体制以及公务人员"经济人"的利益导向，政府这只"有形的手"并不能保证公共资源配置的"帕累托最优"，"公地悲剧""搭便车"等公共资金浪费现象，以及公共物品供给不足和供给溢出情况时有发生，所以，政府应改变传统的"统包统揽"和"一手独大"的垄断式服务供给思维，通过多样化的制度安排实现公共物品"生产"和"提供"环节相分离，使用多元化的政策工具丰富公共物品的生产方式和供给渠道。

在当前的学界研究中，随着不同学科之间的相互交叉和相互融合，公共治理的理念已经在法学、政治学、管理学、社会学和经济学等多个学科中得以应用，并彰显出强大的理论价值。在教育领域，"更少的统治、更多的治理"也逐渐成为诸多学者秉持的基本教育理念和教育管理未来的发展态势，同时政府层面也意识到需要用公共治理的思维看待并指导当前的教育实践及改革问题，探索能在政府、市场、社会和公民之间实现合作共赢和互利共生的教育公共治理新氛围、新格局和新秩序。[1] 特别是在党的十八大以后，按照国家治理体系和治理能力现代化的要求，我们需要依据教育自身的发展规律和教育现代化的具体要求，构建完备、科学、有效的教育治理体制与机制，即通过建立政府、学校和社会之间的新型伙伴关系，以转变政府职能为突破口，形成政府宏观管理、学校自主办学和社会广泛参与的教育治理[2]样态。所以，尝试运用公共治理理论来探索政府购买教育服务问题，或能对国家和地方政府实现公共教育治理体系和治理能力现代化贡献重要的理论价值。

---

[1] 周翠萍：《政府在教育服务供给中的定位》，《上海教育科研》2010年第6期。

[2] 教育治理指不同教育领域的公共治理活动，也可以称之为教育公共治理；公共教育治理指公共教育（纯公共教育和准公共教育）领域的治理活动；因本研究的教育服务范围主要是公共教育服务，重点研究基础教育领域中的义务教育服务，后文提到的教育治理和教育公共治理也是在此范围内探讨，为方便表述，不对这三个概念进行严格区分。

（二）公私伙伴关系（PPP）理论

公私伙伴关系（Public-Private Partnerships，PPP）模式最早可以追溯到英国的"公共私营合作"融资机制。它是基于这样一种基本假设：政府缺乏充足的资金、能力和知识为公民提供公共物品和公共服务，因此需要引入私营伙伴进入公共领域，利用它们的专业优势和管理技能等帮助政府履行公共责任和提供公共物品。关于 PPP 的概念，学界还没有一个公认且准确的界定，萨瓦斯认为其应该包含以下三种意蕴：第一，对公私部门共同供给公共物品或公共服务所做出的每一项安排；第二，它的实施对象是一些操作程序复杂、由多个主体参与并能通过民营化来达到政府目标的基础设施项目；第三，它指私人组织（比如市场中的企业）、地方政府官员和社会贤达为了改变当前的城市状况而进行的一种正式合作。① 由上可知，萨瓦斯对公私伙伴关系中的"私"并没有一个明确的规定，可以是个人、私人组织也可以是非政府组织、社会团体等。但从狭义层面来看，公私伙伴关系主要是指政府与私人组织在提供公共服务中所建立的合作关系。另外，国内外不同机构和学者也对公私合作的内涵和特点进行了更为深入的分析。如联合国开发计划署认为，PPP 指的是政府、非营利组织和营利性企业为了完成某个共同的目标项目而达成的互惠合作关系形式，通过项目参与方之间的责任和风险共担，实现比主体单边行动更有利的结果。美国 PPP 国家委员会指出，PPP 是介于外包和私有化之间，并同时兼有它们二者典型特征的一种公共物品或公共服务供给方式，它通过借鉴私人组织的优质资源和先进技术来进行公共产品的规划、生产、建设以及运营管理，以满足社会公众不断增长的公共需求。加拿大 PPP 国家委员会认为，PPP 是基于公共部门和私人组织各自发展经验而构建的一种优势资源互补、合作风险共担以及利益成果共享的合作机制。② 中国发展改革委认为："政府和社会资本合作（PPP）模式

---

① 〔美〕E. S. 萨瓦斯：《民营化与 PPP 模式：推动政府和社会资本合作》，周志忍等译，中国人民大学出版社，2015，第 99~100 页。

② 王天义、刘世坚、罗桂连、邹彩霞：《PPP：从理论到实践》，中信出版集团，2018，第 5~6 页。

是指政府为增强公共产品和服务供给能力、提高供给效率，通过特许经营、购买服务、股权合作等方式，与社会资本建立的利益共享、风险分担及长期合作关系。"[1] 学者贾康、孙洁认为，PPP 就是政府将私人部门拥有的资源吸收到公共部门中，通过建立一种长期合作的关系为公众提供公共产品和公共服务，政府在实现公共职能的同时，也让私人部门从中受益。[2] 唐祥来则把 PPP 看作西方公共部门私有化的延续，是政府和私人部门协商和运作的结果。其实质是公共部门根据社会对公共产品的需求，提出建设项目，通过招投标确立私人部门合作伙伴，私人部门负责项目的设计、建设、运营和维修，即以契约为约束机制，私人部门提供公共服务的生产，公共部门向私人部门付费作为对其生产成本的补偿和收益的回报。[3] 李丹阳基于治理的视角认为，公私伙伴关系是公共部门联合私营部门共同参与公共服务的生产和提供并建立起以合作为目的的治理框架，其实质是通过合作这种治理性的制度安排，充分发挥双方的优势来满足日益复杂的公共服务需求。[4] 党秀云、杨继红通过借鉴萨瓦斯的观点，更加简洁地概括了公私合作的内涵：所谓公共服务公私合作供给，是指作为公共部门的政府以及作为非公共部门的私营机构分别参与到公共服务安排、生产和付费的其中环节中来，共同为消费者提供公共服务的过程。[5]

虽然不同学者对 PPP 的概念存在表述上的差异，但是我们不难看出其有以下几个本质特点。首先，公私合作的主体是公共部门（政府）和私人组织，在广义上也包括非政府组织等社会组织；公私合作涉及的领域比较广泛，既包括政府内部职能领域、公共基础设施建设领域，也包括基础教育、

---

① 《国家发展改革委关于开展政府和社会资本合作的指导意见》，中华人民共和国国家发展和改革委员会官网，2014 年 12 月 4 日，https：//www.ndrc.gov.cn/fggz/gdzctz/tzfg/201412/t20141204_ 1197597.html。

② 贾康、孙洁：《公私伙伴关系模式的特征与职能》，《经济纵横》2009 年第 8 期。

③ 唐祥来：《公共产品供给的"第四条道路"——PPP 模式研究》，《经济经纬》2006 年第 1 期。

④ 李丹阳：《当代全球行政改革视野中的公私伙伴关系》，《社会科学战线》2008 年第 6 期。

⑤ 党秀云、杨继红：《公共服务公私合作供给中的困境与对策选择》，《教学与研究》2011 年第12期。

公共医疗、养老服务等福利领域。其次，合作双方是基于共同的公共价值目标而达成的资源交换和相互协作的契约关系，同时双方实现风险共担和利益共享，具体来看，风险共担是指合作过程中产生的各种不确定性因素和可能造成的损失不是简单的责任互相转移，而是通过"共同承担"，将风险降至最低，而"利益共享"是指合作过程中主体之间必须是互惠互利的，无论是公还是私，都能实现自身的利益目标，当然，公共部门关注的是社会利益和公共利益，而私人部门则侧重于关注自身利益，所以利益调和就显得十分重要，也只有达到了利益双赢，公私合作形成的"共同体"才能保证公共服务生产与供给的"良善"和有效。再次，公私合作的方式有多种，可以是主体双方共同出资建设公共设施，共同经营公共服务或产品；也可以是政府出资建设，私人组织经营；还可以是私人组织生产，政府提供等。最后，在合作关系的管理中，双方可以通过签订契约来进行双方权责的规约，也可以是基于信任而进行的互帮互助，这一点正如萨瓦斯所说的公私伙伴关系泛指政府和私营部门之间的一切协议。[①]

关于 PPP 模式的具体分类，亚洲开发银行从合同层面列举了 PPP 模式的六种类型：服务合同、管理合同、包干制委托经营合同或租赁合同、建设—运营—转让（BOT）和类似安排、特许权、合资企业。[②] 国家发展改革委指出，PPP 模式主要适用于政府负有提供责任又适宜市场化运作的公共服务（如医疗、教育培训、健康养老等）、基础设施类项目（如燃气、供电等市政设施，公路、铁路等交通设施），从合作项目的经营性强弱出发，可以划分出三种 PPP 操作模式：（1）经营性项目，对于具有明确的收费基础，并且经营收费能够完全覆盖投资成本的项目，可通过政府授予特许经营权，采用建设—运营—移交（BOT）、建设—拥有—运营—移交（BOOT）等模式推进；（2）准经营性项目，对于经营收费不足以覆盖投资成本、需政府

---

① 毛明明、刘青峰：《我国公共服务合作供给方式的概念及关系辨析》，《重庆工商大学学报》（社会科学版）2015 年第 5 期。
② 亚洲开发银行：《公私合作手册》，财政部政府和社会资本合作中心官网，2017 年 12 月 5 日，https://www.cpppc.org/opt/pmo/nfs/images/www/201712/05103601obgm.pdf。

补贴部分资金或资源的项目，可通过政府授予特许经营权附加部分补贴或直接投资参股等措施，采用建设—运营—移交（BOT）、建设—拥有—运营（BOO）等模式推进；（3）非经营性项目，对于缺乏"使用者付费"基础、主要依靠"政府付费"回收投资成本的项目，可通过政府购买服务，采用建设—拥有—运营（BOO）、委托运营等市场化模式推进。[①]

近年来，通过公私合作的方式供给公共物品和公共服务在全球得到了积极响应，PPP 理论也被赋予了明确的应用价值。在教育服务领域，对公私合作模式的开发和应用不仅可以帮助政府减少资源掣肘和减轻财政负担，还为创新教育管理模式和教育治理机制提供了具体方略。具体来看，首先，教育行政部门通过公私合作提供教育服务可以缓解公共教育财政压力，实现对教育投入成本的有效控制，弥补自身供给教育服务的动力不足；其次，经营性的民办教育机构和志愿性的教育社会组织可以利用与政府合作的契机，获取政策扶持，促使自身获得长足发展；最后，在教育服务生产和供给中引入私人机构的专业力量，通过吸收和汲取先进的技术与成熟的经验，可以为政府教育职能转变指明方向，也可以为构建完善的教育治理体系融入制度规范。同时，作为一种较成熟的理论工具，PPP 理论自持的"风险共担和利益共享"特点可以有针对性地对主体合作过程中可能出现的风险问题提供规避之道，并对主体间的利益矛盾起到积极的调和作用。对此，作为公共治理理论的重要构成内容和具体表现形式，在政府购买教育服务活动中引入PPP 理论对深入透视购买活动的发生逻辑以及合作主体间的关系样态、权责划分和利益分配等问题都具有重要的理论指导意义。

（三）委托—代理理论[②]

作为制度经济学中契约理论的组成部分，委托—代理理论研究的委托—

---

① 《国家发展改革委关于开展政府和社会资本合作的指导意见》，中华人民共和国国家发展和改革委员会官网，2014 年 12 月 4 日，https://www.ndrc.gov.cn/fggz/gdzctz/tzfg/201412/t20141204_ 1197597. html。

② 在政府购买教育服务活动中，其实存在双层委托—代理关系，即政治学视角的公民和政府之间的委托—代理关系以及经济学视角的政府与服务承接主体之间的委托—代理关系，这里主要指后者。

代理关系指的是单个或多个行为主体为实现自身的利益诉求和目标，依据某种明确或者隐含的契约，通过雇用或者指定另外一些行为主体并赋予其一定的决策权来为自身服务，根据他们所提供服务的数量以及质量给予一定的报酬。在这个过程中，服务的授权者被称作委托人，而服务的被授权者就是代理人，这种委托—代理关系的存在是以服务的"专业化"为基本前提的。现代意义上的委托—代理关系最早是由美国学者罗斯（Ross）提出的："如果在当事人双方中，代理人一方代表委托人一方的利益行使某些决策权，则代理关系就随之产生了。"① 委托—代理关系的达成至少包含五个基本条件：第一，委托人和代理人双方一般应具备相互谈判和达成契约的行为能力；第二，委托人必须拥有对代理人行为的控制权；第三，代理人必须拥有委托人无法比拟的信息优势；第四，由于委托人和代理人之间掌握的信息是非对称的，面对市场中存在的风险，必须确立能够保障委托—代理双方都能实现利益诉求的合同；第五，委托—代理双方在任何一方有违背契约的情况发生时，可自由退出契约关系。

委托—代理理论的提出源于经济学家对企业内部信息不对称和激励问题的研究，其目的在于解决当出现双边信息获取不对称和利益共享不平衡甚至导致各种矛盾和冲突时，委托人应该通过何种方式和利用何种方法设计出一套最优契约以约束和激励代理人。因此，委托—代理问题产生于以下两个基本假设。第一，委托人和代理人的利益目标不一致。委托人和代理人都是具有目标理性的经济人，都在试图做出能使自身利益最大化的选择，但是二者所追求的效用最大化目标又常常不一致，委托人效用最大化的实现需要代理人的积极努力，并看重代理人最终提供服务的结果，而代理人为了节约努力成本可能会偏离委托人的目标指向，利用所获取的决策权谋取自身利益。第二，委托人和代理人之间存在信息不对称。相比委托人，代理人更了解和熟知自身工作的努力程度以及能影响委托—代理结果的各种因素，代理人

---

① Stephen A. Ross, "The Economic Theory of Agency: The Principal's Problem," *The American Economic Review*, 1973（2），p. 134.

努力工作程度的不可观察性和不可证实性有可能导致代理人利用自身的信息优势，采取某些机会主义来获取效用的最大化。另外，由于信息的不对称性，代理人也会利用委托人"理性的无知"造成道德风险和逆向选择等代理问题的产生。基于上述假设，委托—代理理论的核心议题是：为了减少代理问题带来的效率损失，保证委托人预期效用的实现，委托方就需要建构一套既能有效监管代理人的行为，又能让代理人按照委托人提出的目标而努力工作的有效激励，从而降低代理成本，实现委托—代理双方"帕累托最优"的制度和机制体系。具体来看，一方面，委托人需要建立科学有效的激励与补偿机制以及规范的契约执行规则来达成与代理人之间的良好合作关系，以便能够通过最优契约来激励代理人；另一方面，要设计出能全面反映代理人信息的监管制度，并在契约中对责任和风险的分担、彼此的信任和承诺等进行详细安排，以便促使代理人能够按照委托人的意志和目标来行动。

委托—代理理论不仅为应对企业内部治理问题和创新企业管理机制提供了重要的理论支撑工具，还为政府部门解决公共服务外包问题提供了具体的理论分析框架。在政府提供公共服务的过程中，为了完成特定的公共服务目标，政府不能做到事必躬亲，但可以通过与其他主体建立契约关系的方式，委托市场机构和社会组织代理完成，政府只需依据契约规定和代理人服务的最终效果支付部分或全部报酬。从广义上看，这种契约关系其实就是公私合作关系的一种；从狭义上看，则需要对公私关系中出现的委托—代理问题给予重点关切。在教育领域，教育治理的本质就是通过招标、投标或直接磋商等方式，建立政府与教育服务承接主体之间委托—代理关系的过程，其中，政府是委托人，依据教育服务受众的诉求将某些教育服务委托给市场和社会，自身则扮演着监督者和激励者的角色，而私人机构和社会组织作为代理人，在遵守合作契约的基础上生产教育服务，并接受政府和教育服务受众的监督。运用经济学中的委托—代理理论分析政府购买教育服务中各类参与主体间的委托—代理关系具有现实指导意义，它不仅可以帮助我们构建有效的激励和补偿机制来推进委托人和代理人间良性关系的生成，还可以帮助我们重新审视购买契约中的权责归属和风险分担问题，助推教育服务购买活动的顺利进行。

（四）战略管理理论

战略管理理念始于 20 世纪 70 年代的哈佛商学院，其理论和方法在 20 世纪 80 年代被引入中国，并在企业管理中得到了成功实践。战略管理探讨的是这样一个重要问题：面对越来越不确定的现实和未来环境，组织应该如何定位和如何发展。战略管理有五个主要特征：第一，战略管理以未来为导向；第二，战略管理者看重的是更加长远的和全局性的谋略；第三，战略管理是一个组织识别外界威胁、寻求发展机会、发现自身优势和劣势的过程；第四，战略管理是持续性与循环性的过程；第五，战略管理是前瞻性思考和由外而内的管理哲学。[①] 鉴于战略管理的特点，我们可以把战略管理的原则概括成 16 个字：依托优势、克服劣势、利用机会、遏制威胁。在公共管理领域，信息化和经济全球化对公共部门的外部环境产生了深远影响，对此，如何来重新定位政府的职能和角色、厘清政府与市场和社会之间的复杂关系、充分考虑政府面临的外部环境并提升自身的竞争性和适应性已经成为公共部门管理者面临的一项关键任务。在中国走向国家治理现代化的改革进程中，将战略管理的理论和实践方法引入地方政府管理中显得重要且迫切。作为一种新实践模式和新理论范式，公共部门战略管理建立在新公共管理理论基础上并且是"新公共管理"范式的一个重要组成部分。新公共管理理论不仅聚焦公共组织内部，它更关注公共组织与外部环境之间的相互影响和相互作用，以及它们在外部环境中可能面临的各种机会与威胁，战略管理在新公共管理理论和实践中拥有十分突出的地位。[②] 作为管理学的一种重要研究途径，战略管理为公共部门管理者提供了一个应当如何全面思考以及如何系统行动的框架，受到了公共管理者和公共管理部门的重视与推崇。[③]

---

① 陈振明主编《公共部门战略管理》，中国人民大学出版社，2011，第 35、36 页。

② 陈振明：《理解公共事务》，北京大学出版社，2007，第 30 页。

③ 陈振明：《公共部门战略管理途径的特征、过程和作用》，《厦门大学学报》（哲学社会科学版）2004 年第 3 期。

陈振明在《理解公共事务》中指出，战略管理途径力图克服传统公共行政的局限，着眼于公共组织与外部环境之间的交互作用，系统思考组织的未来远景和长期目标，将关注的焦点由内部转向外部，它试图通过对组织内外部环境变量、组织长期目标以及组织角色与环境匹配度的关注，来提高组织实现其使命的内在能力。① 波齐曼（Bozeman）和斯特劳斯曼（Straussman）在《公共管理战略》中提出，政府部门必须进行战略管理，才能解决公共部门中所发生的问题，提高公共部门的效率。② 纳特和巴可夫在《公共和第三部门组织的战略管理：领导手册》中指出："战略管理通过产生用以指导战略行动的计划、计谋、模式、立场和观点而为一个组织创造焦点、一致性和目的。"③ 休斯在《公共管理导论》中说："战略观念在公共部门的应用会存在一些问题，并招致一些批评。归根结底这是传统的行政模式所具有的问题，而引入某种形式的战略观点，起码可以保证使结果得到改善。"④ 穆尔（Mark H. Moore）在《创造公共价值：政府战略管理》（*Creating Public Value: Strategic Management in Government*）一书中认为，对于公共部门管理者扮演的角色，有一种截然不同然却更有用的认识，即公共部门管理者应当是一个探索者，他们与其他人一起致力于追求、确定和创造公共价值，公共部门的管理者应是战略家，他们不但要像工程师那样关心组织的运作，还应该考虑与组织紧密相关的政治环境，以确定什么是公共价值。⑤ 在《公共服务管理新理论？走向（公共）服务主导的方法》（"A New Theory for Public Service Management? Toward a (Public) Service-Dominant Approach"）一文中，奥斯本（Osborne）等认为，作为对 21 世纪以来各国公共服务领域改革

---

① 陈振明：《理解公共事务》，北京大学出版社，2007，第 67 页。
② B. Bozeman, J. D. Straussman, *Public Management Strategies* (San Francisco: Jossey-Bass, 1990), p. 4.
③ 〔美〕保罗·C. 纳特、〔美〕罗伯特·W. 巴可夫：《公共和第三部门组织的战略管理：领导手册》，陈振明等译，中国人民大学出版社，2001，译者序第 2 页。
④ 〔澳〕欧文·E. 休斯：《公共管理导论》（第二版），彭和平等译，中国人民大学出版社，2001，第 176 页。
⑤ Mark H. Moore, *Creating Public Value: Strategic Management in Government* (Cambridge: Harvard University Press, 1997), pp. 16-21.

和复杂性实践的综合性归纳，新公共治理是对公共服务供给主体、供给方式、供给机制、供给结构和供给流程的创新性概括，通过战略导向、市场营销、合作生产和运营管理四大命题构建了公共服务供给中的服务主导逻辑。其中，战略导向是行政组织人员通过共享内外部环境中的资源和信息，共创公共服务价值和塑造良好行为的基本组织能力，它强调公共服务供给应具备长远规划性、内容包容性、主体互动性和资源共享性。[①] 新公共治理倡导的战略导向理念体现了政府在灵活应对复杂性和不确定性环境的基础上，对当下公民公共服务体验的关照和对未来公民公共服务需求的把握，所以，在公共服务管理过程中，注入战略思维，聚焦当下社会主要矛盾，深入了解公民的公共服务诉求，长远规划公共服务供给方案，将是推动公共治理进程的必然趋势。[②]

在中国公共服务市场化改革的进程中，政府与市场、社会之间的关系愈发复杂，为规避这种复杂性可能招致的各类风险，政府极易陷入传统行政模式的困境：只注重内部过程，忽略外部环境；只注重行政效率，忽略公共利益；只注重短期效益，忽略长期发展等。而在一些基本公共服务领域，还存在着被私人领域替代供给的风险。作为一种被实践证明有效的管理分析工具，战略管理理论为政府树立了一个综合且全面的行动理念，即政府的工作重心应从临时性的任务导向向整体性的目标制定转变，以便更好地实现政府对内部组织资源的控制和长远目标的把握。因此，为了建立公共服务长效供给机制、缓解公共信任危机、切实维护公共利益，公共部门特别是政府部门有必要借鉴工商管理技术中的战略管理思想及其理论要义，迎接政治、经济和社会在变革中对政府职能转变提出的各种挑战。

"政府购买"作为中国公共服务市场化改革的一种探索模式，在实施的

---

① Stephen P. Osborne, Zoe Radnor, Greta Nasi, "A New Theory for Public Service Management？Toward a（Public）Service-Dominant Approach," *The American Review of Public Administration* *43*（2）, 2013, pp. 135–158.

② 韩兆柱、翟文康：《新时代合同治理的创新——基于新公共治理的观点》，《行政论坛》2020 年第 5 期。

过程中必然会遭遇各种内外部不确定性因素的影响，如果对其评估不足和审视不全，极易导致购买活动失效甚至失败。教育服务是公共服务的重要构成内容，具有典型的"软服务"特征，在政府购买活动中，若缺失与之匹配的市场环境、政策环境、社会环境等外部因素支持，以及能力、资源和机制等内部因素支持，"政府寻租"、"志愿失灵"、公私利益冲突、合同失效等诸多问题和潜在风险就有可能出现。鉴于战略管理的理论内涵和使用价值，运用战略管理的视角、思维、方法和技术来研究政府购买教育服务活动，在对政府内外部购买环境进行系统分析的基础上，探讨政府的购买使命和购买目标、政府面临的外部购买机会和购买风险、政府的战略管理资源和战略管理能力等现实问题，不仅可以丰富中国政府购买教育服务的政策内容，保障其顺利实施，也是克服政府机械式行政管理思维和帮助政府全面思考中国政府购买教育服务活动未来发展前景的应有之义。

二 分析框架确立

（一）政府战略管理"三角模型"的提出

20 世纪 80 年代开始，西方发达国家进行了一场大规模的政府改革运动，其在学界被称为新公共管理运动，它不仅促使政府的行动角色、内部结构、部门职能以及与外部市场和社会的关系发生了深刻变化，还对西方的政府管理理论及实践产生了深远影响，其中，战略管理作为私人部门一种有效的管理手段和技术，其示范效应逐渐引起了政府部门的注意和重视，而战略管理理论的核心要义也被政府部门吸纳，公共部门战略管理正逐渐发展为一门新兴学科。其中在学术建树方面尤以哈佛大学肯尼迪政府学院马克·H.穆尔教授的《创造公共价值：政府战略管理》一书最为有名。他认为，公共部门的管理者在从事公共活动时，必须将创造公共价值作为最高的目标追求并充分思考自身所处的内外部环境。对此，政府应积极培养战略思维并树立战略眼光，详细考察自身与环境之间的能量交换要素，通过对内外部环境资源的整合和对政府部门内部机制的大胆创新，实现公共价值最大化。因此，在确定应创造何种公共价值的基础上，政府战略管理者面临着三项重要工作：确定政府组织的工作目的、通过积极争取外部力量的支持获取政府工作的合法性、通过提升政府组织能力来保障工作目标的实现。[1] 这三项内容构成了政府战略管理活动的三大维度，即使命管理维度、政治管理维度和运营管理维度，它们围绕公共价值这一核心目标，互为影响且彼此作用，共同建构起了对政府活动进行战略分析的基本模型，即政府战略管理"三角模型"（见图 1-3，以下简称"三角模型"）。

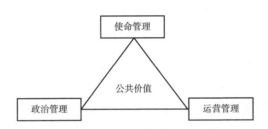

图 1-3　穆尔的政府战略管理"三角模型"

资料来源：赵景华、李代民《政府战略管理三角模型评析与创新》，《中国行政管理》2009 年第 6 期。

（二）政府战略管理"三角模型"的构成要素[2]

1. 公共价值

作为一个比较抽象的概念，目前国内外学界并未对公共价值的内涵和属性做出明确且权威的界定，基于不同的视角和立场，公共价值的衡量标准也不尽相同，如政府是否通过履行自身职能满足了公众诉求、政府活动的成本—收益是否成正比、公众对政府工作是否满意、政府活动是否实现了社会效益等。但是在利益取向上，公共价值则有明确的标准，即公共组织的一切行为活动必须以实现公共利益为最终目的，并且能有效克服公共活动中的私人和部门利益缺陷。马克·H. 穆尔认为，积极地为社会创造公共价值是政府从事管理活动的终极目的，一个政府是否创造了公共价值以及创造了何种程度的公共价值主要有以下两方面的考察标准：第一，政府开展的公共活动

---

① 赵景华、李代民：《政府战略管理三角模型评析与创新》，《中国行政管理》2009 年第 6 期。
② 赵景华、李代民：《政府战略管理三角模型评析与创新》，《中国行政管理》2009 年第 6 期。

是否满足了公众的诉求和期望；第二，为了满足这种诉求和期望，政府的运营成本是否科学合理，是否对社会造成了沉重的负担。

2. 使命管理

使命管理的核心工作是发现、确立组织使命，并将此使命传达给组织的利益相关者。使命作为政府组织存在的核心目的和理由，界定了本组织提供的公共产品和公共服务的性质和范围，它是本组织区别于其他组织的根本标志。一项使人振奋且具有激励作用的使命，不仅可以增强社会对政府发展战略的认知和认同，还能帮助政府内部人员明确工作目标和工作任务，同时还有利于政府组织在面临变革时能够坚定自身的价值取向，为重要政策的制定提供行动方向。使命的确立需要政府回答以下几个问题：我们应以什么样的角色存在？我们存在的目的是什么？谁才是我们的服务对象？他们到底有何期望和诉求？我们应该通过什么样的途径来更好地满足他们的这种期望和诉求？对这些问题的深层次思考可以引导并帮助政府明确自身存在的目的和意义，从而确定政府组织的使命所在。

3. 政治管理

政治管理就是政府战略管理者运用各种手段去获取政治、法律、社会各方面的支持，以实现组织使命，达成组织目标。鉴于政府的法定性、公共性、权威性和决策性等特性，相比私人部门，政治因素在政府中发挥着更为关键的作用。因此，面对公共活动中充斥着的诸多需要权衡的政治力量，政府若要制定出有效、可行的发展战略，就必须全面考量自身可能要应对的各种权、责、利关系以及利益主体间讨价还价的情况。政治管理需要充分考虑的问题有：政府组织制定的战略会受到哪些政治因素的影响？他们会对政府组织战略表现出一种怎样的态度？他们是通过什么方式来影响战略的制定和执行的？这种影响力的强弱程度如何？政府部门应采取何种策略和手段来赢得支持力量、化解反对力量以缓解或避免其对政府战略的不利影响？

4. 运营管理

运营管理是政府通过内部资源的有机整合与合理配置来实现组织战略目标的一种过程。它关注的是在制定和执行战略时，政府所拥有的核心要素以及为获得这些核心要素需要进行的努力。因此，运营管理应该思考的主要问题是：为了达到政府战略目标和实现组织使命，政府部门应该在组织架构的搭建、组织文化的培育、硬软件资源的建设以及工作流程的完善等方面做出哪些革新？

综上所述，作为政府战略管理的三个基本构成要素，使命管理、政治管理和运营管理在围绕实现公共价值的基础上相互影响且紧密关联。任一要素的成功必须依靠另外两个要素的有机配合，但任一要素的失败也会造成其余两个要素乃至整个政府战略的失败：使命管理的失败会导致政治系统中的利益相关者质疑政府部门及其公共活动的合法性，同时因失去价值和目标的引导，政府内部的资源和能力也会被削弱；如果政治管理失败，政府部门及其公共活动就会陷于各种风险之中，不仅政府自身的正常运转难以保障，通过提升内部能力和获取外部资源来实现政府使命也会变成一句空话；如果运营管理失败，会直接导致政府行动乏力和运作过程低效，更无法兑现它所承诺的愿景与使命，这也会进一步引发社会对政治系统合理性和政府行为合法性的质疑。因此，政府部门在进行战略管理活动时，必须对这三个基本要素进行全面、系统地分析，避免因对某一因素考虑不周而导致整个政府战略管理的失败。

（三）政府战略管理"三角模型"的价值①

穆尔的政府战略管理"三角模型"将公共价值作为核心构成要素，以使命管理、政治管理和运营管理为基本构成要件，发展出了一种有别于传统政府管理的新模式，并且构建了一套专门针对政府战略管理的分析框架，具有极大的理论意蕴和实践价值。

首先，"三角模型"在形式、内容和方法上与企业战略管理中的经典理论高度契合。例如，企业战略管理中经典的SWOT分析方法强调企业组织在制定战略规划时需要综合考量组织的内外部环境因素，通过对组织优势、劣势、机会、威胁的评价及其相互匹配来选择最优的发展战略。而"三角模型"中的政治管理就是通过发现政府组织外部环境中存在的机会和威胁，

---

① 赵景华、李代民：《政府战略管理三角模型评析与创新》，《中国行政管理》2009年第6期。

并对其进行管理的一种过程，运营管理则是对政府组织自身所拥有的资源和能力进行的管理，从这个角度来看，"三角模型"将政治管理和运营管理进行有机结合，从而制定符合政府组织长远发展的战略决策，这与 SWOT 分析法在思考逻辑和行为方式上是基本一致的。但由于"三角模型"以实现公共价值为政府管理的核心，并将其作为政府活动的首要考量因素，因此，它又比 SWOT 分析法拥有更为丰富的形式和内容。[①]

其次，"三角模型"创新出了一套新的政府管理哲学。传统的政府管理由于受到官僚制的深远影响，政府组织在职能行使上遵循严格的等级制度，政府管理者的主要职责是执行既有规定，维护政府组织固定的运转规则，并以保持组织结构和内部人员的稳定为发展价值取向，政府管理者作为典型的官僚代表，并不崇尚和鼓励对组织角色、价值以及职能的创新。而"三角模型"认为，传统意义上的政府管理存在诸多缺陷和不足，不仅扼杀了政府管理者的创造性，还造成了政府管理者公共价值的模糊与公共责任的丢失。因此，在政府管理哲学的发展中，政府管理者不应该成为一个固化的官僚者，而应该是一个积极的探索者，他不仅要更多地去关注政府外部利益相关者对政府组织使命的殷切期望，还应该主动地发现、诠释和创造自身的公共价值；他不仅要随时关心组织内部的运作状态，还应该密切关注外部环境变化可能带来的各种影响和潜在风险；他不仅仅是一个操作经验熟练的技术工人，还应该是一个具有敏锐观察力和前瞻领导力的战略管理者。

最后，"三角模型"为政府战略管理活动提供了一套逻辑严谨、要素清晰和结构健全的分析框架。政府的战略管理工作不仅关系到自身的长远发展，也关系到对公共活动的全局谋划，具有明显的系统性、指导性、纲领性以及复杂性等特点，而科学合理的政府战略管理分析框架可以帮助政府管理者从宏观和全局的视野进行战略设计，并从微观和多维的视角把握问题本质。"三角模型"指明了政府战略管理活动的终极目的，并为其构建了严明

---

① 赵景华、邢华：《政府战略管理的 SWOT 模型：一个概念框架》，《中国行政管理》2010 年第 5 期。

的分析维度，同时还为政府管理者提供了具有创新性的管理策略和管理方法，既有理论指导上的优越性，又有实践上的可操作性，不失为一套具有较高价值的政府战略活动分析工具。

（四）政府战略管理"三角模型"在政府购买教育服务中运用的合理性分析

政府购买教育服务是一项宏大且系统的"工程"，涉及政府外部购买环境、政府内部资源和能力、组织结构、权责分配、利益关系、运作逻辑等多样内容和复杂环节，这就导致很难找到一个精准的"切入口"，若想通过"窥一斑而知全豹"对购买活动进行整体考察，那么选取一个合适的研究视角和理论分析工具至关重要。"三角模型"的提出不仅为政府战略管理活动提供了新思路，也为政府探索购买教育服务问题提供了新手段，对本研究分析框架的构建大有裨益，在具体问题分析上具有明显的工具契合优势和理论优势。

首先，在公共价值方面，在公共治理理论核心要义的影响下，凸显公共性成为公共教育治理的根本价值追求。"三角模型"的核心要素——公共价值，不仅为政府购买教育服务奠定了价值基调，也成为政府购买活动顺利进行的价值引导。政府购买教育服务的公共价值主要表现为以下三种取向。第一，政府购买教育服务目标的公共性。政府购买教育服务活动应该基于合理性、公平性和正义性，优化教育服务供给渠道，提升教育服务供给品质，满足公众教育服务需求。第二，政府购买教育服务对象的公共性。政府必须基于平等、公平的原则对待有教育服务诉求的公众，并且保障教育服务供给内容的公益性和供给范围的覆盖性。第三，政府购买教育服务参与主体的公平性。从教育治理的价值意蕴来看，政府应建构一种制度性的结构框架，在完善参与制度、协商制度和监督制度的基础上，保障各参与主体在购买活动中享有独立且平等的地位。因此，公共价值不仅是考察政府购买教育服务活动中各参与主体应秉持的态度与立场的一种价值工具，还是衡量购买活动是否实现了社会公众对教育的期许和要求、购买成本是否达到了科学合理水平的一种价值尺度。

其次，在使命管理方面，政府购买教育服务中的使命表述是对"政府为什么购买"这一问题的解答，它强调的是政府在社会层面的价值体现。

"三角模型"中的使命管理能够帮助政府在购买教育服务活动中明确以下几个命题。第一，政府在购买教育服务中的主体规范，它帮助政府厘清自身在购买活动中的角色定位、职责和权限范围，以此为政府指明正确的购买方向；第二，政府购买教育服务的发生逻辑，通过对政府购买教育服务的历史发展脉络进行梳理，对现实驱动因素进行归纳，可以帮助我们明确政府购买活动发生的理论逻辑和动力因子；第三，政府购买教育服务的对象和内容，在确定购买服务对象的基础上，进一步明确购买对象的具体期望和要求，以及应该通过何种购买方式来满足这些期望和要求。对以上命题的深入思考可以引导政府发现购买教育服务的目的和意义，从而确定政府购买教育服务的使命所在。

再次，在政治管理方面，"三角模型"中对政治管理要素的概括可以帮助政府从宏观和微观的战略视角衡量外部购买环境：一方面，在政府购买教育服务的外部宏观环境中，政策环境、经济环境和社会环境中的机会和风险因素分别会对政府购买活动造成什么样的影响；另一方面，在政府购买教育服务的外部微观环境中，购买参与主体对政府购买教育服务持何种态度，他们会出于何种目的并采取何种手段来影响购买进程，对这些问题的分析可以帮助政府识别购买参与主体之间的利益关系，为政府获取购买参与主体的信任与支持，约束和化解购买过程中的抑制力量并取得购买合法性提供合理的解释路径。

最后，在运营管理方面，"三角模型"中的运营管理维度能够帮助政府在购买教育服务中深入理解以下问题：为了实现购买教育服务的任务和使命，在制定购买战略时，政府能否充分考虑自身拥有的各类"硬件"和"软件"战略资源；是否已具备能推进购买活动顺利开展的各种管理能力；政府现有的组织机构、组织文化以及购买流程是否达到相应的标准和要求，为此，政府还需要进行哪些改变和创新。

综上所述，政府购买教育服务的运作过程以及政府管理逻辑本身就包含着特定的"三角关系"思维。对此，本研究将借鉴政府战略管理"三角模型"的核心思想来探究政府购买教育服务这样一个宏观且复杂的课题，以"三角模型"中的使命管理、政治管理和运营管理作为问题分析维度，通过对该模型进行要素解构和重组,从理论上厘定并建构政府购买教育服务的分析框架(见图1-4)。

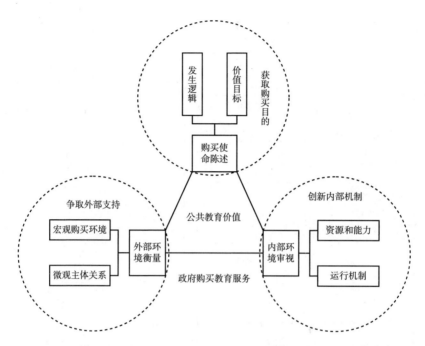

图1-4 基于政府战略管理"三角模型"的政府购买教育服务分析框架

三 研究思路描述

根据上文提出的分析框架,笔者描绘出了本书的研究思路(见图1-5),并在相关理论工具和政府战略管理"三角模型"的指导下,根据提出问题、分析问题和解决问题的"三段式"研究思路将篇章结构安排如下。

第一部分:提出研究问题。这是本研究的第一章即导论部分。首先,本章分析了政府购买教育服务的研究缘起和研究意旨,对书中出现频率较多的教育服务、教育社会组织、政府购买教育服务三个核心概念及其使用范围进行了界定;其次,通过对国内外关于政府购买教育服务的研究进行学术史梳理,肯定了学界取得的研究成果,指出了该研究的未来生长点,并明确了本

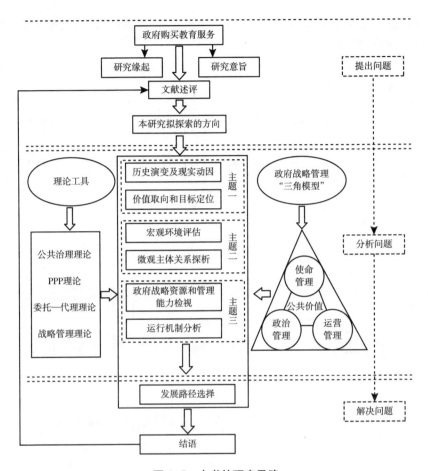

图1-5 本书的研究思路

研究拟探索的方向；再次，构建了问题分析框架，确定了研究内容和研究方法；最后，提出了本研究可能的创新之处以及不足之处。

第二部分：分析问题。这是本研究的核心部分，主要包括三个主题：以第二章和第三章为主题的政府购买教育服务使命管理；以第四章和第五章为主题的政府购买教育服务政治管理；以第六章和第七章为主题的政府购买教育服务运营管理。具体内容如下。

第二章"政府购买教育服务的历史演变及现实动因"。本章回答的是"政府为什么购买教育服务"这一问题，沿着"官僚制—新公共管理—公共

治理"的理论逻辑对中国政府购买教育服务发生和发展的历史脉络进行了
纵深梳理，同时用一个解释性的理论框架从制度环境驱动和政府内在发展驱
动出发，对中国政府购买教育服务的现实动因进行了横向剖析。

　　第三章"政府购买教育服务的价值取向和目标定位"。本章对政府购买
教育服务的价值取向即政府在购买过程中应该持有的态度和立场进行了三个
价值前提的界定：政府应该为谁购买教育服务；政府应该购买什么样的教育
服务；政府应该向谁购买教育服务。在此基础上，本章从政府购买教育服务
价值层面的基本目标、政府发展价值层面的根本目标和义务教育价值层面的
最终目标出发展望了中国政府购买教育服务的未来愿景。

　　第四章"政府购买教育服务的宏观环境评估"。本章从中国政府购买教
育服务活动所处的政策环境、经济环境和社会环境出发，对购买活动的宏观
环境因素进行了较全面的评估，明确了购买活动面临的政策机会和政策风
险、经济机会和经济风险、社会机会和社会风险。

　　第五章"政府购买教育服务的微观主体关系探析"。本章的研究视野从
第三章的宏观环境转向了微观主体，研究聚焦于购买参与主体之间的关系：
首先，对政府购买教育服务"三元主体"的演变逻辑和主体构成进行了说
明；其次，把"三元主体"之间的关系分解为四对关系，即购买主体和承
接主体之间的关系、购买主体和消费主体之间的关系、承接主体和消费主体
之间的关系、承接主体和承接主体之间的关系，并探析了各关系间应然和实
然状态间的矛盾；最后，从政府角色、主体间责权配置、利益价值诉求、主
体信任关系挖掘了关系困境产生的深层次原因。

　　第六章"政府在购买教育服务中的战略资源和管理能力检视"。本章主
要考察的是政府自身在购买教育服务活动中的"内功"：一方面，对政府在
购买教育服务中的人力资源、财力资源、技术资源、政治资源、信息资源和
文化资源进行了考量，指出了政府战略资源在购买活动中的结构性困境及形
成原因；另一方面，从结构维度、技术维度、责任维度出发，对政府的机构
组织能力、合同管理能力和风险防控能力这三大核心管理能力进行了考察，
并指出了政府管理能力面临的具体挑战。

第七章"政府购买教育服务运行机制分析"。本章从系统视角分析了政府购买教育服务的运行机制：第一，对政府购买教育服务运行机制的相关概念进行了辨析并指出了政府购买教育服务运行机制的基本含义和重要意义；第二，从理论层面的运行流程出发，提炼了政府购买教育服务的运行逻辑，归纳了政府购买教育服务的内在运行机理；第三，通过理论和实践比较，对运行机制中存在的要素缺陷进行了识别；第四，总结了国外政府购买公共（教育）服务运行机制的实践经验，以期为中国政府购买教育服务运行机制的构建和完善提供有益借鉴。

第三部分：解决问题。即第八章"政府购买教育服务的发展路径选择"。本章主要是针对第二部分的研究发现，从制度安排层次、手段技术层次和治理能力层次"三层次治理"工具出发，对中国政府购买教育服务的五个发展战略层面进行了如下对策探讨：设计权威性购买规则，提高购买活动合法性；精准界定权责利边界，厘清参与主体间关系；优化政府内部战略资源，提升政府管理能力；积极培育服务承接主体，持续创新购买文化；系统建构购买运行机制，规避购买过程风险。

结语部分对整个研究进行了概括性描述，归纳了本研究的主要发现，指出了当前研究的局限性、存在的问题以及下一步需要努力的方向。

四　本研究可能的创新和不足

本研究力求在研究视角、研究内容、理论工具和分析框架、研究方法、政策建议上做出新的尝试。

第一，在研究视角上，与已有研究关注的教育政策学视角不同，本研究将从公共管理学的学科视角出发，以当前中国政府购买教育管理服务（教育服务委托管理）的实践活动为聚焦点，在综合衡量政府外部购买环境和内在购买机制的基础上，重新审视中国政府购买教育服务活动。

第二，在研究内容上，与已有研究只关注教育服务的"购买主体—承接主体"不同，本研究旨在基于"政府—社会"关系，从"关系互联"视角揭示政府购买教育服务中"购买主体—承接主体—消费主体"的行动逻

辑以及相互间的"张力"和"互限力"。另外，与当下学者只针对政府购买
教育服务的购买政策、购买内容及范围、购买模式、购买监管与购买评估等
某一特定内容的"分割式"和"碎片化"研究不同，本研究希冀能对中国
政府购买教育服务活动进行全景刻画，在购买体制和购买机制层面给予整体
关照。

第三，在理论工具和分析框架上，当前政府购买教育服务的研究大多都
以公共选择理论、新公共服务理论、公共治理理论以及委托—代理理论作为
理论工具，本研究将在此基础上，重点选取管理学中的战略管理理论和公私
管理学中的公私伙伴关系（PPP）理论作为理论工具指导整个研究过程，同
时借鉴政府战略管理"三角模型"中的使命管理、政治管理和运营管理三
大维度，构建问题的整体分析框架，以规范研究内容的逻辑关联性，增强研
究体系的结构完整性。

第四，在研究方法上，本研究基于案例实证研究，在叙事逻辑中对政府
购买教育服务的环境评估、主体关系、组织结构、运行机制等进行深入阐
释，从经验事实中揭示购买活动存在的主要问题，为策略建构提供更为客观
的建议。另外，本研究还综合运用了访谈法、经验分析法、文献研究法、比
较研究法、统计分析法等研究方法来提高研究的准确性和科学性。

第五，在政策建议上，本研究从战略愿景的视角提出了中国政府购买教
育服务可持续发展的路径，并从制度安排层次、手段技术层次和治理能力层
次详细阐述了策略建构方案，以期能为中国政府购买教育服务活动的顺利开
展提供行为和制度依据。

政府购买教育服务是一项复杂工程，研究视角和研究工具也相对广泛，
本研究只是从战略管理中政府的内外部环境角度来洞察购买过程中可能产生
的问题并提出应对之策，研究的主要侧重对象是政府，从而导致对购买活动
中其他参与主体（教育服务承接主体、教育服务受众）的分析会略显不足。
鉴于笔者的经济学和统计学知识的匮乏，对于购买活动中产生的一些需要通
过量化分析来解决的问题有待继续深入，如教育服务绩效评估标准应如何建
立、服务承接主体的准入标准应如何设置、购买活动退出的标准应如何规定

等。而在政府购买教育服务的案例选取上，由于经济条件和时间的限制，本研究仅对具有代表性的上海市浦东新区政府购买教育管理服务的相关人员进行了访谈和相关资料的调查与搜集，案例样本选择范围小，有一定局限性，同时由于政府相关信息的保密性，获取的官方文本资料也不够充分。由于语言能力的限制，笔者在国外政府购买教育服务方面的文献资料的搜集上也未做好足够的准备。

第二章
政府购买教育服务的历史演变
及现实动因

"以史为鉴，可以知兴替。"通过对政府购买教育服务活动的历史演进轨迹和发展脉络进行系统梳理，可以帮助我们正确把握其形成规律与特点，为后续建设指明前进方向。"无限的过去都以现在为归宿，无限的未来都以现在为渊源"，分析政府购买教育服务的发生缘由，也需要从政府面临的内外部驱动因素来探讨，进而为政府购买教育服务的发生和发展提供更全面的解释路径。本章将从历史维度和现实维度对政府购买教育服务的发生逻辑进行论述。

第一节 政府购买教育服务的历史演变

一 政府垄断供给教育服务

由于受到以权威为导向的传统公共行政理论的影响，20 世纪 50 年代，中国教育管理领域表现出浓厚的"官方色彩"，办学校被完全看作政府的职责，教育主要由政府生产与提供，学校是政府的附属单位，政府成为学校和教育的"总揽者"，即"政府垄断供给教育服务"。在这种模式下，政府看起来更像是一个全能的"管家"：政府会对整个教育过程进行全面管理，高度集中的行政权力触及包括私人领域在内的一切教育领域，政府毫无疑问成了教育服务供给的重要主体和职权中心。究其原因，这和政府干预主义密切关联，政府干预主义强调政府应通过人民和国家之间达成的"委托—代理"，理应代表人民行使维护社会稳定、生产公共服务和提供社会保障的职能，政府代表了国家和人民的意志，相比私人和市场，自身拥有不可比拟的能力、技术和政策优势。特别是在新中国成立初期，随着政体和国体的确立，建立民主政治制度成为国家建设的首要任务，由于社会阶层和社会结构逐渐重构，公共服务诉求的表达渠道相对单一，此时政府具有全能型特征。所以，在这一阶段，对私立教育进行公有化改革，保障教育服务供给和计划经济体制相适应，成为教育领域政府干预的核心理念和主要目标，政府单方面的教育决策模式明显。但从价值层面来看，政府提供教育服务，一方面使私立教育回归人民教育，较大范围内保障了教育的公平性；另一方面也扩充了政府在教育领域中的职能，维护了政府在教育领域中的权威性，保障了教育再生产的顺利进行，支持了中国特色社会主义制度的建设和发展。

但是，随着中国经济社会的不断发展，政府垄断供给教育服务的弊端也在不断显现，如公共教育体制运行的低效，教育资源配置中政府对市场的排斥，对教育服务需求的反应冷淡和漠视等，并进一步衍生了区域间、城乡间、群体间教育非均衡发展问题的出现。[①] 公共选择理论认为，由于政府机构及其行政人员的"经济人"属性，在公共资源配置和公共决策中会出现"政府失灵"。在利益驱使和权力膨胀下，政府垄断供给教育服务并不能使公共教育职能有效发挥，公共教育活动也会出现低效，甚至会在教育领域产生寻租和腐败行为。另外，从公共物品供给理论来看，虽然纯公共物品（例如义务教育）应该也只能由政府单一供给，准公共物品可以由政府和市场联合供给，但是从资源禀赋和公共财政能力来看，大部分发展中国家和经济欠发达的地区并不具备这种条件，它们往往不得不根据轻重缓急程度来选择公共物品的优先供给次序，这种情况在教育领域也不鲜见。总之，政府垄断供给教育服务不仅会使政府背上沉重的财政负担，很难在短时间内解决优质教育资源短缺的问题，教育服务供给的政治逻辑也违背了教育的本质及发

---

① 胡耀宗：《政府教育管理职能转变的研究路向》，《国家教育行政学院学报》2009 年第 12 期。

展规律，削减了人民的教育选择权，破坏了教育生态的多样性，而完全遵照"按需分配"的原则配置教育资源，以牺牲效率来追求教育公平，也会进一步损伤教育发展的"驱动机制"。①

因此，虽然政府生产和提供教育服务的传统模式，能在一定程度上对教育的公平性加以保障，但公共教育资源存量的不足、政府在教育管理中的低效，公共教育资源的非均等化分配等因素的存在又对社会公平起到抑制作用。政府垄断供给既可能取得良好的供给绩效，也可能造成供给效果欠佳，政府垄断供给教育服务既可能采取精英主义路线，也可能走平等主义路线；既可能以重点学校为导向，也可能以均衡发展为导向。基础教育特别是作为纯公共物品的义务教育理应由政府提供，并将公平公正置于首位，担负起平衡校际、区域间和群体间教育资源的责任，尽力为每一个受教育者提供均质、无差别的教育服务。但由于经济发展滞后，教育市场衰落，在优质教育资源生产不足和政府供给能力欠缺的情况下，教育服务的"一元主体"发展模式显然已经不能继续满足人民群众对优质的和多元的教育服务需求，因此，必须从创新管理体制和供给机制入手，突破政府垄断供给教育服务模式，构建社会公正、资源均衡、关系和谐的教育发展新秩序。

二　市场和社会组织供给教育服务

（一）市场供给教育服务

20 世纪后半叶以来，传统的公共行政管理模式由于过分看重等级制、集权主义以及对公共事务的直接控制，不断地受到理论和实践上的质疑与挑战，针对该模式的弊端，20 世纪 80 年代初期西方国家掀起了一场新公共管理运动。这场运动推动了政府向市场的转变、促进了政府权力分解、提倡管理主义和合约的运用。② 新公共管理运动波及了许多国家，在公共部门变革

---

① 方晓田：《中国民办教育政府干预逻辑的转换——从政治逻辑、经济逻辑到社会逻辑》，《教育学报》2017 年第 1 期。

② 〔美〕汤姆·克里斯滕森、〔美〕佩尔·莱格莱德：《新公共管理：观念与实践的转变》，刘启军、蒋硕亮译，河南人民出版社，2003，第 2 页。

上起到了举足轻重的作用，它的主要理论基础是公共选择理论：政府内部的科层制并没有提高公共物品的供给效率和质量，减少供给成本，反而不断扩充了政府职能和内部人员队伍，因此，必须打破政府对公共服务的垄断供给，通过在政府中引入竞争机制促进其"内部改革"，将一些公共事务交付出去实现其"外部转移"，以此来解决在公共物品供给上"政府失灵"问题。由此可见，新公共管理理论的核心理念是以市场为取向，重塑政府与公众的关系并力图将私营部门和工商企业管理的方法应用于公共部门，这就要求政府必须加大自身的体制创新力度，形成灵活多样的公共部门管理机制，切实转变政府职能，尽快改变政府垄断供给公共物品的局面。其实有关公共服务和公共物品能否通过市场嵌入方式实现多元化供给的问题一直备受关注，经济学家戈尔丁（Goldin）就曾提出：公共物品从消费层面看，本身就存在"平等进入"和"选择性进入"之间的区别，这为讨论公共物品的私人化供给指明了发展方向。[1] 另外，经济学家德姆塞茨（Demsetz）也基于技术性视角探索了公共服务私人供给的现实可能性，并认为针对有不同需求的社会公众，私人机构和部门可以利用制定"差别价格"的方法来有效提供公共物品。[2] 而经济学家科斯（Coase）则基于实践经验层面发展和丰富了公共物品的私人供给理论，他指出像灯塔这一类的公共物品完全可以由私人机构来建造、运营和维护，政府只需负责产权管理。[3]

　　20世纪80年代以后，伴随着中国社会经济的持续发展，人民日益增长的教育服务需求和政府供给能力不足之间的矛盾越来越凸显。党的十一届三中全会做出把党和国家的工作重心转移到经济建设上来的战略决策，全力发展社会主义市场经济成为党和政府的主要目标与重要任务，如何通过加快建设教育市场培养更多的社会主义经济建设人才，成为政府管理教育的新逻

① Goldin, Kennethd, "Equal Access vs Selective Access: A Critique of Public Goods Theory," *Public Choice 29* (*1*), 1979, pp. 53-71.

② Harold Demsetz, "The Private Production of Public Goods," *The Journal of Law and Economics 13* (*2*), 1970, pp. 293-306.

③ R. H. Coase, "The Lighthouse in Economics," *The Journal of Law and Economics 17* (*2*), 1974, pp. 357-376.

辑，而通过"政府宏观调控+市场自主调节"的"上下结合"方式向市场分权，促使了教育经济化思潮的不断涌现。进入 90 年代，党的十四大提出，中国经济体制改革的目标就是"建立和完善社会主义市场经济体制，使市场在社会主义国家宏观调控下对资源配置起基础性作用"。发展市场经济已经被置于国家建设的首要地位，这也强化了全社会对经济意识和市场理念的认知。在这种政策精神引领下，中国政府已全面开启并推行教育体制改革，不仅加深了教育和经济间的密切关系，也加快了教育市场化的发展进程。所以，不少教育领域的学者呼吁为了适应中国市场经济的需要，需要把市场机制引入教育领域，关于教育市场论、教育商品论、教育产业论的讨论日益激烈，运用市场经济的思维和方法重新看待教育发展已成为一个重要的价值取向。另外，由于人们对质优价廉教育服务的强烈需求，一个庞大的教育供需市场正在逐渐形成并不断壮大；市场经济带来的另一个衍生效应就是催生了教育利益集团，教育培训机构、民办学校和教育中介组织等应运而生，它们都希望能在这场教育市场化改革中分得"一杯羹"，以推动自身快速发展。在新公共管理理论的影响下和社会发展路径的选择下，中国教育领域发生了一场以市场机制为导向的教育管理范式变革，政府不再是教育服务唯一的供给主体和权力主体，而是通过引入市场机制，向社会和市场转移和输出公共教育权力，通过"赋权"的方式由教育市场提供竞争性的和可供选择的教育服务。

市场力量参与教育服务供给，首先，能极大地调动私人机构参与社会办学的主动性和积极性，赋予了市场主体更多的办学自主权，增加了教育服务供给主体的数量，在遵循市场规律的基础上通过有序竞争，提升了教育服务的供给效益，增强了对教育服务受众的回应。其次，市场机制可以扩大公民在教育服务中的选择权，提升教育服务供给的目标针对性，提高教育资源的配置和利用效率。最后，通过计划和市场手段的有机结合实现教育体制的创新，在积极发挥市场机制的作用下增加了教育服务供给总量，激发了教育系统活力，助推了中国改革开放事业和市场经济的快速发展。

然而，当市场介入教育领域时，市场的负外部性也不可避免。一方面，它会给教育服务的公益性带来严峻挑战，损害教育公共性。由于在教育服务"私有化"供给模式中产生的风险完全由私人机构承担，所以在私人办学"利益最大化"理念的影响下，不可避免地暴露出私人资本在市场活动中追逐利润的本性，功利主义的教育逻辑不仅招致了教育高收费和过度赢利等问题，房地产"联姻"和诱导式"掐尖"等现象更是屡见不鲜。这种过度强调"市场"意识的教育服务供给模式，颠倒了"教育目的"和"教育手段"之间的关系，严重破坏了教育生态平衡，侵蚀了教育公益性，加剧了教育资源配置的不均衡性。所以，相比政府垄断供给教育服务，市场机制会对教育服务"公共性"造成一定的冲击，因为市场作为一种资源配置工具，无论是在形式使用上还是在运作过程中都体现出一种"中性"状态，缺乏对"公共性"价值的理性追求与积极维护。[1] 另一方面，从教育的结果来看，在教育市场化"庇护"下成长起来的私立学校未必一定优于公立学校，普通公立学校和优质私立学校相比，在教育结果上会存在很大的不平等性，因为优质的私立学校在教学设备、师资力量、学生发展空间等方面都具有显著的竞争优势，同时学生总体上拥有良好的家庭背景和宽裕的经济条件，资源禀赋的加持会进一步增加这些学校学生成功的机会。同时，市场机制导向下的私立学校缺少为弱势家庭的学生提供教育补偿的动机，相反它们为了扩大社会声誉更乐意为优势家庭的学生和成绩优秀的学生提供更多的吸引力，为了满足特定"顾客"的教育服务需求，一些边缘化的群体必然会被排斥在竞争机制之外，从而进一步加剧教育不公平，扩大教育结果的不平等。正如小马斯特在《为什么我们仍然需要公立学校》一书中所指出的，即使"私立学校选择"是许多人在经济体制下对公立教育改革崇拜的一种理念和道路选择，但是并没有十分有力的证据能证明这种选择就一定会优于公立教育，相反，它很可能会给公立教育带来无法修复的伤害。[2]

通过市场机制供给教育服务是一种有效的且能在一定范围内避免教育冲

---

① 潘希武：《美国教育公共治理的公共性转型》，《比较教育研究》2012 年第 3 期。
② 潘希武：《西方学者对教育市场化改革的检讨》，《教育科学》2006 年第 3 期。

突的可行方式，为公民提供了更多样化的受教育机会，也为学生和家庭行使教育选择权提供了更为广阔的空间，然而它无法从制度层面规范平等的教育权利，也不能确保所有学生能享受到最基本的教育服务，市场供给在入学机会和资源分享方面仍存在非常显著的不平等性。由此可见，市场不是理想的，像政府一样也存在着"市场失灵"，这种缺陷和失灵主要表现在负外部性、服务垄断、市场的不完全、分配的不公平等。米尔顿·弗里德曼曾言："所有学校生产的教育服务都具有公共产品属性，私立教育也服务于公共利益，承担社会责任。"即使教育服务供给应遵循市场经济的发展逻辑，但也必须充分考量社会层面的公共利益和公共福祉，以体现教育的公共意志和保障教育的基本公正。

（二）社会组织供给教育服务

自 20 世纪 80 年代福利国家的弊端不断显现后，"社团革命"掀起了一股回应"政府失灵"和"市场失灵"的浪潮，在市场这只"看不见的手"与政府这只"看得见的手"之外建立和发展"第三只手"即社会性公域，以规范政府和市场的行为。[①] 社会组织特别是非营利组织作为社会的中坚力量，因其"民间性、志愿性、非营利性和利他性"的特点在公共物品和公共服务供给中发挥着重要的资源补充作用。21 世纪初，西方发达国家已经开始将社会组织作为一种能同时规避市场风险和弥补政府不足的工具并运用到了教育服务供给过程中，以维系和保障教育服务的公共属性。社会组织提供教育服务不仅能打破政府垄断教育服务的局面，还能有效避免市场在提供教育服务中的"趋利性"，因为公共部门最适合在政策管理和实行公平的领域中发挥作用，私营部门则会在追求效率的领域中有最佳表现，而第三部门则会在不太可能产生利润的领域中表现出独特的优势。对于公益性和公共性较强的教育服务来说，社会组织的独特优势也更适合在该领域中发挥应有的作用。

在中国，1978 年以后，随着社会经济体制向市场经济的转型，单一的

---

① 曹沛霖：《政府与市场》，浙江人民出版社，1998，第 445 页。

集体和国家所有制结构开始逐渐转变为国有、集体、个人独资、合资等多种所有制结构，社会生产力得到极大提高，有力地推动了基金会、社会团体、非营利部门的发展。在教育职能方式变革的影响下，政府也开始重视社会组织在教育领域中的地位和作用，在 1994 年 7 月颁布的《国务院关于〈中国教育改革和发展纲要〉的实施意见》中明确指出："为保证政府职能的转变，使重大决策经过科学的研究和论证，要建立健全社会中介组织，包括教育决策咨询研究机构、高等学校设置和学位评议与咨询机构、教育评估机构、教育考试机构、资格证书机构，发挥社会各界参与教育决策和管理的作用。"[①] 从类型划分看，教育领域中的社会组织不仅包括各类教育咨询服务中心、教育评估事务所、教育中介组织，还包括各类公益性质更为突出的教育学会、教育基金会、教育协会等，虽然在数量和质量上还远不能满足社会需求，但基于对教育公共价值的认同以及较强的公共参与性，它们在政府、市场、学校和家庭中扮演了重要的信息沟通者和资源链接者角色，并通过为特定群体提供政府和市场无法顾及的资源分享机会而显著地降低了教育不公平性，在一定程度上帮助政府扩大了义务教育的覆盖范围。

但是教育社会组织和市场供给主体一样，也不具有制度供给权限。有学者认为，社会组织从根本上并不能代替政府享用政治力量的权威性和合法性，也不会像市场那样拥有资源有效配置的自发机制，它只能被看作国家和市场手段的有益补充。[②] 另外，从萨拉蒙提出的"志愿失灵"表现来看，首先是社会捐赠资金和资源的有限性，社会组织只能帮助政府提供其力所不及的极其有限的免费教育，它所面向的通常是贫困地区和贫困家庭的儿童、进城务工人员随迁子女和身心特殊的儿童等先天资源禀赋和社会资源禀赋不足的弱势群体；其次是服务对象的局限性，社会组织供给模式具有强烈的选择性，只有被认定为达到一定资格和条件的对象，社会组织才会给予志愿性帮扶，难免会造成教育服务对象的遗漏与资源分享机会的不平等；再次是"家

---

① 《国务院关于〈中国教育改革和发展纲要〉的实施意见》，《人民教育》1994 年第 9 期。
② 宋官东：《教育公共治理及其机制研究》，博士学位论文，东北大学，2012。

长制"作风严重,特别是一些高度官僚化的社会组织,利用在教育资源上的掌控权,罔顾公共教育诉求和公共教育责任,在教育决策上独断专行,遭到了社会的排斥;最后是部分社会组织因管理的业余性和服务的非专业性,这使其并不能高效率、高质量地生产公民需要的教育服务,导致公共资金补助的浪费。

三 公私合作供给教育服务

综上可知,政府机制、市场机制和志愿机制三种传统意义上的教育服务供给机制,虽然拥有一定的能力优势,但在适用对象选择和效用条件构成上又存在自身短板。那么是否存在能超越以上三种机制的第四种教育服务供给机制?

(一)教育公共治理的提出

西方社会的发展进程表明,无论是公共组织还是私人部门,都不可能运用自身的资源和知识去独立解决社会公共事务中出现的一切问题。因此,对于政府、市场和社会三种公共服务供给主体,我们都不可能只做出单一的或绝对的选择,而应该找到一种协同途径,在信任、参与和协商的基础上将政府的公共性目标、市场的利益性目标和社会的志愿性目标相结合,通过三者间的资源共享、优势互补和有效对话,提升公共服务的供给成效。于是,从 20 世纪 90 年代开始,多元主体参与的公共事务"治理"(governance)逐渐发展为一个遍布欧美发达国家及许多亚非拉发展中国家的国际性现象与学术思潮。"就其产生的直接原因来看,西方的政治学家和管理学家之所以提出治理概念,主张用治理代替统治,是因为他们在社会资源的配置中既看到了市场的失效又看到了政府的失效。"[1] 因此,从公共服务供给的视角来看,政府并非公共物品和公共服务的唯一提供者。在健全的社会监管规则和机制下,私人市场和社会都可以参与公共物品和服务的生产和部分提供,借助彼此之间的力量,通过各种组合方式进行团队生产或协作

---

① 俞可平:《治理和善治:一种新的政治分析框架》,《南京社会科学》2001 年第 9 期。

生产，从而提高公共产品和服务的供给效率，这正是公共治理理念的现实期望。由此可见，公共治理是力图突破政府的单权力中心以及"政府和市场"之间的二元对立等价值局限，通过理念、制度和行动的创新建立一个有别于传统行政机制的公共事务管理模式和公共服务供给机制。美国学者萨瓦斯根据公共服务的消费者、生产者、提供者之间的动态关系，提出了治理制度安排的4种基本类型，并将其细分为10种具体的治理工具（见表2-1）。

表2-1　公共服务提供的制度安排与工具选择

生产者	安排者	
	公共部门	私人部门
公共部门	• 政府服务 • 政府间协议	• 政府出售
私人部门	• 合同承包 • 特许经营 • 补助	• 自由市场 • 志愿服务 • 自我服务 • 凭单制

资料来源：〔美〕E.S. 萨瓦斯《民营化与PPP模式：推动政府和社会资本合作》，周志忍等译，中国人民大学出版社，2015，第66页。

随着政府对社会管理与公共服务职能履行的日益具体化，教育行政领域必须做出积极回应，及时创新公共教育服务供给机制，从教育管理走向教育公共治理。[1] 进入21世纪，伴随公共价值、质量管理和政府回应等公共服务理念的兴起，如何使教育回归社会理性，重塑公平的、均衡的教育生态成为政府面临的重要课题，如何实现从市场和社会"补充教育资源"到市场、社会同政府"共同生产高质量教育资源"的转变，进而建构起多元主体协同共治的教育格局已成为政府教育职能转变的主要趋向。不同于以往以市场效率为核心的经济理性和以非营利为核心的志愿理性，更不同于以行政权威为核心的政治理性，以社会理性为核心的教育公共治理活动强调教育决策主

---

① 尹后庆：《从教育管理走向教育治理——政府转变管理职责方式的思考》，《上海教育科研》2008年第1期。

体的多元协商性、公共精神和公共价值对教育参与主体的行为制约性。教育公共治理是公共治理理论及其理念在教育领域中的具体应用。在中国，"教育公共治理"首次在 2010 年教育部发布的《国家中长期教育改革和发展规划纲要（2010—2020 年）》的政策描述中出现："积极发挥行业协会、专业学会、基金会等各类社会组织在教育公共治理中的作用。"① 这一概念的提出也为中国教育改革指明了新的发展方向。基于公共治理的本质和内涵，我们可以这样来理解教育公共治理的意蕴：政府在设计并完善相关制度的基础上，积极引导政府、市场和社会等主体来共同参与教育领域的公共事务管理活动，通过充分调动利益相关主体的积极性和主动性，最终达成公共教育利益最大化的过程。② 基于对教育公共治理的理解，我们可以暂且勾勒出这样的图景：在公共教育活动中，政府组织、私营机构、非政府组织乃至公民个人形成了资源共享、关系依赖、互惠合作的教育服务供给机制，通过对话和协商等集体选择，共同参与教育服务生产，共同承担教育服务责任，共同创造教育服务价值。因此，中国教育体制改革和教育机制创新的重要方向就是通过教育领域中的多元主体参与，优化教育资源配置，提升教育服务质量，以实现教育服务多样化供给，促进教育服务差异化和优质化发展，进而不断满足人民群众对公平、优质、高效教育服务的期待和向往。

（二）教育公共治理的 PPP 工具选择

教育公共治理在制度安排上有丰富的表现形式，民营化大师萨瓦斯对此做了具体划分（见表 2-2），但在实际选择上，不仅需要考虑每种制度安排的内涵、特点、适用范围和限制条件，还要结合社会需求、政策环境以及政府评估等情况进行综合研判。从当前教育公共治理的践行情况看，公私合作（PPP）模式的内在应用价值和逻辑发展基点都表现出与公共治理理论的本

---

① 《国家中长期教育改革和发展规划纲要（2010—2020 年）》，中华人民共和国教育部官网，2010 年 7 月 29 日，http://www.moe.gov.cn/jyb_xwfb/s6052/moe_838/201008/t20100802_93704.html。

② 宋官东、吴访非：《我国教育公共治理的路径探析》，《中国教育学刊》2010 年第 12 期。

质内涵的高度一致性，教育服务 PPP 可以作为一种具体的政策工具使教育公共治理活动从"悬浮"走向"下沉"。

表 2-2　教育公共治理的制度安排及其表现形式

制度安排	表现形式
政府服务	传统公立中小学系统
政府出售	地方公立中小学接受外区学生,由父母付费
政府间协议	学生到邻近的城镇上学,送出学生的城镇向接受学生的城镇付费
合同承包	城市雇用私人企业实施培训项目
特许经营	
补助	私立学校因接收每一位注册学员而接受政府补助
凭单制	小学的学费凭单,大学中的退伍军人福利
自由市场	私立学校
志愿服务	教区学校
自我服务	家庭教育

资料来源:〔美〕E. S. 萨瓦斯《民营化与 PPP 模式：推动政府和社会资本合作》,周志忍等译,中国人民大学出版社,2015,第 83—84 页。

1. 教育服务 PPP 的理论假设

在基础教育阶段,在公共财政有限特别是政府"优质教育资源"有限的情况下,我们能否借助非政府机制来扩充政府的教育供给能力? 实践证明,当政府在某种教育服务供给中资源和能力出现动力不足时,私人的有效介入可以加快服务的提供速度,提升服务的供给质量和水平。因此,教育服务的公私合作是基于这样的一个基本假设:政府出于政治、法律以及公共道义的责任,必须保证对公共教育服务的供给,但政府没有足够的资源和能力来提供公共教育服务,因此,需要私营伙伴的介入,利用它们的专业知识、技巧、管理来履行政府的公共教育责任。由此我们可以推断:政府可以与私营部门合作,政府利用私营部门的技术专长节约服务成本,私营部门也愿意与政府长期合作,以获取政府的政策扶持并推动自身的长远发展。

2. 教育服务 PPP 的内涵

哈里·安东尼·帕特诺斯等在《公私伙伴关系在教育领域的影响和作

用》一书中认为，教育领域公私合作是指政府制定教育政策和提供教育经费，而私人部门向学生提供教育服务；一般而言，政府将某种教育服务项目外包给私人供应商，要求供应商在一段时间内提供合同规定数量和质量的服务。[①] 中国有学者认为："教育服务 PPP 就是将公私合作这种模式应用在基础教育阶段，各级教育公共部门与包括企业、非政府组织、国际组织、慈善机构、宗教团体在内的各种私人部门及个人开展合作，目的是向公众，尤其是弱势群体提供更加公平和更高质量的基础教育，这种合作改变了以往基本由政府直接出资建设和维护基础教育设施、提供基础教育服务的局面。"[②] 从这些概念描述中我们可以看出，教育服务的 PPP 供给模式是将市场中私人部门的逐利目标、社会中志愿部门的非营利目标以及政府部门的公共利益最大化目标结合起来，在充分发挥各自资源和能力优势的基础上，通过达成契约上的伙伴关系，来缓解教育资金投入不足，改善教育服务的生产和供给状况；教育服务 PPP 模糊了公共组织与私人机构之间的职能边界，强调公私部门在合作的过程中共担风险、共享收益，并有效提高了教育服务系统内的效率性和教育服务供给的公平性以及责任性。

3. 中国教育服务 PPP 的发展类型

教育服务 PPP 的赞成者认为，PPP 模式在教育领域中的运用，不仅带来了教育资源配置方式和教育融资机制的创新，还提高了政府对教育服务诉求的回应性，改善了教育服务公共供给的低效性，增加了平等入学的机会，极大地提高了教育服务质量。值得注意的是，教育服务的公私合作并不是对公共教育责任的私人转移，政府仍对教育服务担负着不可推卸的责任，如果对教育服务 PPP 模式运用合理得当，不但不会对基础教育的本质属性造成威胁，反而会吸引更多的私人部门参与到服务生产和提供当中来，利用它们的资源和技术优势来提高基础教育质量，促进基础教育的公

① Harry Anthony Patrinos, Felipe Barrera-Osorio, Juliana Guáqueta, *The Role and Impact of Public-Private Partnerships in Education* (Washington, D. C.: The World Bank, 2009), pp. 1-2.

② 韩晴：《国外基础教育公私合作研究及启示》，硕士学位论文，南京师范大学，2011。

平和均衡发展。从当前实践来看，随着基础教育体制改革的不断深入，中国不少地方都出现了基础教育服务公私合作项目，在发展上也趋于成熟（见表2-3）。

表 2-3　中国基础教育服务公私合作类型和特点

PPP 模式	实例	基本特点
BOT（建设、经营、转让）	新湖中宝公司与政府签订 BOT 特许办学协议（浙江嘉兴）	吸引民间资本投资兴建学校，运营 30~50 年期满后产权归属政府；特许期内有经营管理学校的自主权；规定教师待遇不低于公办学校
教育股份制	教育股份制（浙江椒江）	由多个投资人以股份形式联合出资设立以办学为主营业务的有限责任公司，公司举办学校；政府提供资金支持；运用企业制度充分吸引利用民间资本
教育券	教育券实验（浙江长兴）	为民办学校学生提供政府财政资助
公办托管	"管办评"联动机制委托管理实践（上海浦东）	委托机构管理的学校原为资质薄弱的学校；托管期间公办学校的性质不变；享有与新区其他义务教育阶段公办学校同等的资源投入与政府保障；委托第三方对学校实施中期评估
国有民办	全国各地（如北京十一中学等）	学校国有、校长承办、经费自筹、办学自主；承办者享有相应办学的政策和条例，学校通过抽取学费和其他渠道来维持办学
民办公助	"公办、民办教师享受同等待遇"的政策实践（河南周口）	社会力量办学税收政策与公办学校相同；民办教师可享受与公办教师同等的待遇；广泛吸收社会资金，新建民办学校
	广元外国语学校"公私合作"实践（四川广元）	实行教育投资公司董事会领导下的校长负责制；由投资方浙江温州新纪元教育发展有限公司自主经营、自负盈亏、自行负责处理办学过程中的所有债权、债务关系，并独立承担民事责任；当地政府给予合作学校在招生、用人及实行结构工资制度等诸多方面大力支持，保障其享有充分的办学自主权

续表

PPP 模式	实例	基本特点
名校转制	当地教育局与翔宇教育集团签订协议将三所公办名校进行转制（江苏宝应）	通过契约形式赋予学校独立的法人地位和充分的办学自主权；利用名校的影响力；吸引投资者改进现代化的教学设备并加速扩张，以实现学校的规模经营
	由德瑞集团公司投资成都外国语学校和成都市实验外国语学校等（四川成都）	德瑞集团公司从 1999 年起在成都投资办学、还迁、扩建了成都外国语学校和成都市实验外国语学校等，总投资已超过 13 亿元人民币，与教育相配套的后勤供应和生产基地的投入达 5000 万元人民币
公建民营	为明教育集团公司与各地政府开展合作办学（北大附中）	以北大附中为依托，由各地政府出资建校，由政府集团负责运营；促进了教育资源整合和市场开发
租赁托管	地方政府将好学校交给翔宇教育集团按民办教育运营（湖北监利）	以租赁和委托管理的方式交由民营企业江苏翔宇教育集团管理学校；两校教师待遇提高，身份不变，收费标准不增；翔宇教育集团在监利建设学校期间享受监利县招商引资的各项优惠政策

　　资料来源：高树昱、吴华《我国教育领域的公私合作伙伴关系审视》，《教育发展研究》2010 年第 8 期。

四　政府购买教育服务

（一）政府购买教育服务的内涵

　　目前中国教育市场的发育仍然处于"细胞分裂期"，政府、市场和社会三大主体在教育领域中的职能分工并不十分明确，公私伙伴关系中的"公"和"私"的界限划分得还很笼统，在这样特定的时期，一种适应中国经济社会发展的新的教育公共治理模式和教育公私合作方式，即政府购买教育服务正在孕育中。[①] 它是指通过与教育市场领域中的机构和组织签订服务购买契约，并对它们所提供教育服务的质量进行绩效评估，根据契约规定来支付

---

　　① 周翠萍：《我国政府购买教育服务的现状与问题——基于上海市教育委托管理的分析》，《教育发展研究》2011 年第 3 期。

全部或部分费用，其目的在于向社会公众提供优质的、高效的和可供选择的教育服务。此过程包含两个本质特点，即政府在教育服务中的角色实现了"生产者"和"提供者"的分离、政府与教育市场力量之间是靠"契约"为维系纽带的商品交换关系。[①]

（二）政府购买教育服务关键在于教育服务"生产"与"提供"环节的分离

政府资源禀赋的不足和对公共事务管理能力的有限都会在一定程度上限制政府的公共物品供给能力，反之，政府又可能会扩大公共物品的供给范围而使政府行动变得复杂，增加维持和管理官僚层级系统的成本。无论是公共物品的供给不足还是供给过度都会使公众对政府单独供给公共物品的效率产生怀疑。萨瓦斯认为，鉴于政府、市场和社会在具体公共物品生产中的比较效率优势，可以对公共物品"生产者"（producer）和"提供者"（provider）进行区分，使公共物品"生产过程"和"提供过程"由不同的主体来负责。原则上，政府应该负责宏观层面的公共物品提供，并承担起相应的成本支付责任和监管责任，而具体的公共物品生产工作则可以交给市场中的私人部门或非营利组织等第三部门来执行。正如萨瓦斯所言，服务的生产者直接组织生产或者直接向消费者提供服务，服务提供者则指派生产者给消费者或指派消费者给生产者，"生产"和"提供"角色的区分是整个民营化概念的核心所在，更是政府角色界定的基础。[②] 其实较早从理论上区分公共物品和公共服务提供与生产的是多中心治理学派。在 20 世纪 60 年代，美国学者奥斯特罗姆夫妇就已经对公共服务"生产"和"提供"的区分问题进行了表述，他们认为，提供公共服务的政治单位并不一定非要亲自生产该项服务，"提供"指的是通过政府决策来决定某项公共服务的类型及应该实现的供给水平，而"生产"则指的是怎样把政治决策从投入转向产出。所以，多中心治理理论主张的这种分离是将原来在同一制度框架下和同一种体制约束下的一个过程分离为在两种不同的制度框架和体制约束下的两个过程，将原来以官僚制为主

---

① 周翠萍：《政府购买教育服务的内涵、类型与展望》，《全球教育展望》2010 年第 8 期。

② 〔美〕E. S. 萨瓦斯：《民营化与 PPP 模式：推动政府和社会资本合作》，周志忍等译，中国人民大学出版社，2015，第 64—65 页。

要组织形式的政府生产变为组织架构和运行机制更加灵活的私人营利组织的生产或者基于志愿者行动的非营利性生产。通过公共物品"提供"和"生产"的分离，政府和社会组织变成了两个相互独立存在的主体，有关价值性的信息流集中于对公共物品的决策和规制的确定环节（供应环节）中，而生产环节中的信息流就几乎全部集中在了以提高效率为核心的技术层面上，表现出了一种价值色彩淡化的特征。在此过程中，政府是一揽子决策，政府得到的信息流更大程度上是来自带有合法强制性的利益分配色彩的信息（见图2-1）。值得注意的是，公共物品和公共服务的"生产"和"提供"的分离并非绝对，二者合一产生的"官僚成本"与分开产生的"交易成本"间的相对值决定了"生产"和"提供"分开是否值得。① 新制度经济学中的契约理论也认为决定公共治理结构的核心影响因素是交易成本，即选择科层（公共部门）抑或市场（私人部门）作为具体的公共物品生产机制取决于谁的交易成本更低。② 政府购买教育服务的关键环节就在于教育服务"提供"和"生产"的分离，这不仅创新了教育服务供给机制，也为市场和社会在教育领域中的发展提供了契机。基于自持的公共性和公益性，在被视为政府"天职"的教育服务领域，政府肩负着不可推卸的生产和供给责任，但是面对社会公众对多元、优质和高效教育服务的诉求，我们仍需要改变传统的、对立的"非政即市"的教育服务供给思维定式，正视教育服务"提供"和"生产"之间的区别，发挥市场和社会组织在教育服务生产中的自主性和积极性，通过多元化的制度安排使自身与政府之间达成合作伙伴关系，助推教育"善治"的实现。

（三）政府购买教育服务的实践类型

在教育服务PPP中，"公办托管"其实就是政府购买教育服务模式中一种典型的公私合作类型，即"政府购买教育管理服务"。在中国，政府购买教育服务已经逐渐发展成为公私合作供给教育服务的一种主要表现形式，其

---

① 〔美〕E.S.萨瓦斯：《民营化与PPP模式：推动政府和社会资本合作》，周志忍等译，中国人民大学出版社，2015，第65页。
② 〔美〕奥利弗·E.威廉姆森：《资本主义经济制度：论企业签约与市场签约》，段毅才、王伟译，商务印书馆，2002，第539页。

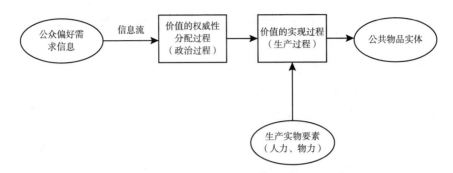

图 2-1　公共物品提供与生产相分离的流程

资料来源：郑谦《公共物品"多中心"供给研究——基于公共性价值实现的分析视角》，北京大学出版社，2012，第 183 页。

中在地方政府实践中，尤以上海市浦东新区进行的政府购买教育服务最具代表性，它在探索中进行了许多有益的尝试，并积累了较多的购买经验。经过十多年的发展，中国政府购买教育服务已涉及学前教育、职业教育、社区教育、进城务工人员子女教育等多个领域，购买类型有公校私营、购买"学位"等（见表 2-4）。除了向社会组织和公益团体购买服务，还有一些地方政府通过项目制的方式，向优质的私立学校购买服务，助力公办教育发展。实践证明，政府使用购买的方式提供教育服务，可以实现政府、社会和市场间的机制协同与资源互补，不仅能为政府单独供给教育服务所出现的资源和能力不足问题提供了有效的应对措施，也在一定程度上缓和了教育服务供需之间的矛盾，缓解了教育资源配置不均的问题。

表 2-4　政府购买教育服务的国内和国际类型及案例

类型	特征描述	案例
公校私营	政府与社会组织签约，委托其管理区域内的公立学校。委托学校的所有权不变，经费来源不变，政府提供办学的教育设施设备，社会组织向政府提供成套的教育服务	美国的特许学校和合同学校、英国的"教育行动区"、哥伦比亚的租借学校、上海成功教育管理咨询中心委托管理东沟中学

类型	特征描述	案例
购买"学位"	政府与非公立学校等社会组织签订契约，为"公共"学生购买教育位置	新西兰的选择教育项目，菲律宾的教育服务合同计划，四川郫县教育局向成都树德联合学校、上海浦东新区向民办农民工学校购买农民工子女的学位
提供管理、课程等单项或几项教育服务	政府与具有专业资质的私人机构签订合同，由其提供诸如课程、管理、培训等单项或几项教育服务	英国地方教育当局的职能让渡合同、毕达哥拉斯连锁学校、SABIS 国际连锁学校、国内某些专业组织受政府委托提供培训等教育服务
公—私协办教育设施	社会组织投资建设学校基础设施，并提供相关教育服务，政府通过合同明确其服务期限、最终结果和服务标准以及支付额度等	英国的私人筹措建设资金、美国华盛顿特区的 JF Oyster 双语小学等

资料来源：周翠萍《政府购买教育服务的内涵、类型与展望》，《全球教育展望》2010 年第 8 期。

综上所述，在历史逻辑上，中国政府购买教育服务是沿着教育服务的政府垄断供给—市场和社会组织供给—公私合作供给（PPP）—政府购买供给的演化脉络产生和发展的。具体来看，在计划经济时代，政府供给教育服务采取的是一元化方式，虽然从一定程度上保障了教育公平，但也造成了低效的问题；改革开放之后为满足市场和社会的快速发展，通过市场竞争增强教育活力，但私人机构的自利导向会蚕食教育的公共性和公益性，后者虽然能帮助政府提供非营利性、志愿性的教育服务，但因服务对象的选择性也只能发挥极其有限的作用。鉴于"政府失灵""市场失灵""社会失灵"在教育服务领域的外部性表现，在教育公共治理理念的影响下，强调政府、市场和社会等多元主体协商共治的公私合作供给逻辑成为推动教育服务供给机制创新的一种重要思维。在诸多的教育服务公私合作方式中，政府主导下对教育服务"提供"和"生产"进行分离的政府购买逻辑实现了教育服务提供过程的公共性和教育服务生产过程的效率性的"双重守护",推动了教育服务供给主体从"单向依赖"向"多边互动"的转变,形成了政府、市场和社会共同参与的教育服务协作供给网络,在学位保障、课程建设、教育评估和教育托管等教育服务领域中彰显了强大的政策工具价值。

第二节 政府购买教育服务的现实动因

一 购买逻辑产生的一个解释性框架

政府行为的每一次发生都是内外部因素共同作用的结果,若没有相应的理论模型作为支撑,很难对其进行合理、深刻的解释,对于政府购买教育服务这一教育公共治理行为来说,亦是如此。威廉姆森针对如何阐释治理机制提出三层次分析框架(见图2-2)。他指出,各种治理机制必然是随着制度环境的变化而不断改变,制度环境对治理规则起着决定性作用;治理机制也会随着经济行动者的行为属性和内生偏好的不同而发生变化;治理机制与制度环境、经济行动者之间是一种相互作用和双向反馈的链接关系。[①] 三层次分析框架对解释不同治理机制的形成过程具有较强的理论适用性,对此,可以基于该框架的本质特点和核心要义,从客观的制度环境发展要求和微观的政府个体偏好出发,审视中国政府购买教育服务发生的现实动因。

二 外部制度环境的驱动

(一)社会层面:缓解教育服务供需矛盾的驱动

一方面,多元化教育服务的供需矛盾。随着公众的教育服务需求激增,传统的政府"一刀切"式教育服务供给模式显然已不能适应也无法满足公众复杂的、多元的教育服务诉求。特别在一些经济发达的大型城市,由于庞

---

① 〔美〕奥利弗·E.威廉姆森:《治理机制》,王健等译,中国社会科学出版社,2001,第3、272页。

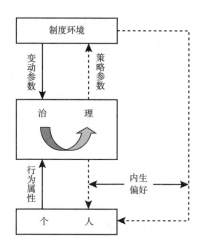

图 2-2　威廉姆森关于治理机制的三层次分析框架

资料来源：〔美〕奥利弗·E. 威廉姆森《治理机制》，王健等译，中国社会科学出版社，2001，第273页。

大的人口规模和复杂的人口结构以及差异化的社会阶层，异质群体间对教育服务内容和形式的要求都会有所不同，如不仅有农民工子女和随迁子女的基本教育服务需求，也有残障儿童的特殊教育服务需求，更有挖掘学生潜质的个性化教育服务需求，如何满足这些多元化的、差异化的教育服务需求，无疑对政府履行教育职能提出了巨大挑战。所以，在中国计划经济向市场经济转型的过程中，教育发展机制需要及时从供给约束型向需求导向型转变，教育发展目标也需要逐渐从满足公众基本的教育服务需求向满足公众多层次的教育服务需求转变。另一方面，优质教育服务的供需矛盾。虽然有些地区的经济发展水平较高，但在教育政策价值偏好的选择下，充足的公共财政能力并不意味着优质教育资源的均衡配置。城乡间、民办和公办学校间、同一学校不同班级间，无论是硬件教学资源还是软件师资力量都存在一定的差异。比如在"重点校""重点班"政策的导向下，优质教育资源优先流向了特定学校和特定群体，这种精英教育模式下举办的学校由于数量有限和条件苛刻，很难满足广大人民群众对优质教育资源的普遍渴求。另外，重点学校在政策保护下垄断发展，依仗良好的社会办学声誉和充沛的师资力量产生一种累积优势，进而出现"马太效应"，这不仅会压制普通学校的发展，扩大教育质量差距，也会进一步造成教育资源的不均衡和教育机会的不平等。为满足公众对多元的、可选择的、个性化的教育服务需求并打破优质教育资源配置不均衡的样态，可以通过政府购买教育服务的方式充分调动社会和市场主体参与教育活动的主动性与积极性，将社会中闲置的、不对称的和不能充分利用的优质教育资源引入薄弱学校和资源禀赋不足的学生群体中，扩充教育服务供给渠道，满足多元教育服务诉求，推进基础教育均衡发展，提高教育服务供给质量。

（二）国家层面：推进教育治理现代化的驱动[①]

党的十八届三中全会对中国全面深化改革做了总体安排和全面部署，提出要把推进国家治理体系和治理能力现代化作为国家全面深化改革的总体目标。教育在民族振兴和社会进步中肩负着重要使命，要实现国家现代化，教育必须率先现代化。在当前复杂的社会环境影响下，政府需要转变管理教育的思维方式，由办教育转变为管教育，由微观教育管理转变为宏观教育管理，由直接教育管理转变为间接教育管理，由最初的教育管理走向教育治理。[②] 基于国家治理体系和治理能力现代化的要求，要推进中国教育治理现代化，就要在国家治理体系范畴内，不断适应国家治理能力的建设，依据教育发展特点和教育发展规律，构建完备、科学、有效的教育公共治理体制与机制，即通过构建政府、市场、社会和学校间的新型伙伴关系，以转变政府教育职能为突破口，以推进教育管办评分离为基本要求，形成政府宏观管理、学校自主办学和社会广泛参与的教育公共治理新格局。首先，从治理参与主体视角看，教育治理现代化突出并强调教育领域中的多元主体合作。传统的教育管理模式由于受到权威的政治逻辑影响，表现为以政府为核心的"一元主体"特点，教育领域出现了严重的行政化倾向，导致教育资源配置

---

① 毛明明：《十八大以来我国的教育公共治理：理论、实践与反思》，《黄河科技学院学报》2019 年第 1 期。

② 袁贵仁：《深化教育领域综合改革　加快推进教育治理体系和治理能力现代化》，《中国高等教育》2014 年第 5 期。

不均衡且效率低下。教育治理现代化要求市场、社会和公众回归教育本位，充分发挥市场和社会在教育资源配置中的决定性作用，这已成为教育治理现代化的关键和重要突破点。其次，从政府权责配置视角看，教育治理现代化需要重新界定政府在教育管理中的职能、职权和职责，通过向市场和社会赋权，厘清政府与治理参与主体间的"权、责、利"边界，帮助政府明确角色定位，彰显政府维护教育公平和正义的行政本色。最后，从组织结构视角看，教育治理现代化要求必须以科学、合理和有效的组织结构作为治理基础，否则治理活动会被置于形而上的质疑中，对此，需要注重政府职能的配置、治理机制的创新以及工作流程的再造，从根本上提升教育治理的整体效能。其实，无论是教育治理中的参与主体还是政府的权责配置抑或是组织结构的构建，都需要一个具体的行动载体推动教育治理现代化的实现，政府购买教育服务作为教育治理的一种主要方式值得期许。

三　政府职能转变的驱动

（一）动因一：教育职能关系的混沌化

政府作为教育领域的第一责任主体，为公民生产和提供的教育资源是否均衡和让公民享受的教育权利是否平等，直接反映了一个国家的经济社会发展水平和教育事业发展程度。在计划经济体制下，政府教育职能定位是"大政府"理念，政府既举办学校，又管理学校，对教育事务实行全面管理，统包统揽，事无巨细。尽管在向市场经济体制转变的过程中，政府仍没有完全摆脱"全能主义"的教育管理模式，政府与学校间的关系突出表现为"政府本位"，政府教育职能的"越位""错位""缺位"现象明显。首先在"越位"上，面对学校本可以通过自身力量解决的诸多问题，政府却越过职能边界和职权范围，"不该管的也去管"，主要体现为政府是教育领域中的"大管家"，集办学职能和管理职能于一身，学校的一切行为活动都必须体现政府意志并按照政府指令来进行，特别是需要在个人利益和集体利益、当下利益和长远利益以及经济利益和社会利益之间做出选择时，如果漠视教育的公益性和师生的需求，不仅会导致政府教育管理效率低下，削弱学校办学活力，使学校对政府过度依赖，也会挤压社会力量在教育活动中的发展空间。其次在"错位"上，主要体现为政府在教育管理过程中出现的价值偏差和制度偏差。价值偏差不仅表现为政府的教育职能活动会偏离教育本质，如以社会本位价值取代学生本位价值，以教育工具价值取代教育自身价值等，还表现为政府对教育公益性的狭隘和偏激理解，如相较公办教育，政府对民办教育的公益性标准认可度低等，这些价值偏差会给社会带来示范效应，不利于良性教育秩序的形成。制度偏差主要表现为政府在教育政策制定和执行中出现的"偏轨"现象，如由利益关系调和不足造成的教育政策目标偏离公众的教育服务诉求、教育政策内容的滞后性和矛盾性、教育政策方案缺乏可操作性、教育政策的象征性执行和附加性执行等。最后在"缺位"上，即政府在教育管理过程中，未能履行好自己应尽的职责，"该管的没管或没管好"，具体表现为政府在教育经费投入、教育资源配置、学校师资队伍建设以及教育质量监控上的不足和滞后。如政府对低收入家庭、残障群体、边远和贫困地区人口的教育关注度以及资金投入不够；对弱势群体的帮扶力度不够和教育补偿存在缺失，教育处境最不利和最少受惠者的权益难以有效保障；政府不能有效构建教育信息共享机制，造成受教育者因信息不足失去发展机会；在教育决策和教育监督中漠视教师、家长、学生和社会力量的参与权。总之，在当前中国"二重体制"的共同作用下，政府在教育职能行使中与学校、社会和市场的关系不清，角色定位不明，教育管理机制缺乏弹性。

转变政府职能是推进政府治理现代化的逻辑前提和实践起点，市场经济力倡政府应该从全能政府向有限政府转变，把"不该管、管不了和管不好"的事情交付给有能力的市场主体和社会主体代为执行，帮助政府从繁杂的事务中"抽身"和对不断外延的职能"瘦身"。对此，针对当前教育领域模糊的主体关系，亟待从理念和行动上对政府教育职能进行转变。一方面，政府需反思自身在教育资源生产、配置中的责任与担当，明确自身"掌舵者而非划桨者"的角色，在教育管理中从微观教育指令转化为宏观教育指导，即从"办教育"和"评教育"等需要亲力亲为的繁杂事务中解脱出来，专注于教育政策制定、教育发展规划、教育资源配置和教育公平保障等宏观管理活动。另一方面，政府应聚焦具有基础性、公益性、普惠性和发展性的基本公共教育服务，将符合让渡条件的教育服务生产职能赋权给市场和社会，在政府、市场、社会和学校之间寻求一种能够基于信任、参与和协商达成的"管理—供给—需求"三方共赢且权责分明的多元共治模式。

（二）动因二：教育"管办评分离"

教育管办评分离是政府教育职能转变的具体方式和内容呈现。长期以来，由于受到教育管理领域行政化倾向的影响，在教育事业发展过程中政府大包大揽的局面一直存在且较难改变。在中国全面深化改革和加快推进教育治理体系和治理能力现代化的时代要求与政策背景下，教育领域的"管办评分离"已成为转变政府教育职能的主要趋向。党的十八届三中全会通过的《中共中央关于全面深化改革若干重大问题的决定》中将"深入推进管办评分离"确定为"深化教育领域综合改革"的目标之一，以构建"政府管教育、学校办教育、社会评教育"的良性教育治理格局。[①] 2015 年教育部发布的《教育部关于深入推进教育管办评分离　促进政府职能转变的若干意见》中明确："推进管办评分离，构建政府、学校、社会之间新型关系，是全面深化教育领域综合改革的重要内容，是全面推进依法治教的必然要求。"[②] 教育管办评分离的本质就是从"统合"的视角，对政府、学校和社会三者之间的关系进行重新构建和定位，其目的就在于通过这种新型关系切实解决政府对学校统得过死、管得过严导致的学校办学活力低下、社会参与度不足等问题；其核心思想是要切实转变政府教育职能，提升政府在教育领域的管理水平，完善学校内部治理结构，推进学校自主办学，依靠社会建立多元主体参与的评教体系；其根本任务就是通过明确政府、学校和社会的职权范围，建立政

---

① 《中共中央关于全面深化改革若干重大问题的决定》，中华人民共和国中央人民政府官网，2013 年 11 月 15 日，http：//www. gov. cn/jrzg/2013-11/15/content_ 2528179. htm。

② 《教育部关于深入推进教育管办评分离　促进政府职能转变的若干意见》，中华人民共和国教育部官网，2015 年 5 月 6 日，http：//www. moe. gov. cn/srcsite/A02/s7049/201505/t2015 0506_ 189460. html。

府、学校和社会之间的良性合作关系，形成政府依法管理、学校自主办学和社会参与评价的教育公共治理新格局。

首先，从"管"的层面看。政府在教育活动中身兼数职，既是"运动员"又是"管理员"，同时还是"裁判员"，这种"三肩挑"的教育管理模式不仅赋予了政府更多的职责，同时也会给政府带来巨大压力，若缺乏完善的监督和制约机制，任何一个环节出了问题都容易消解政府的权威和公信力，使教育发展受到僵化的和固化的"行政束缚"，所以，政府应回归"掌舵者"的主管角色，优化政府的多边管控功能，在把握好教育决策权和监督权的基础上赋予学校和社会更多的自主权，使"办教育"和"评教育"回归本源性的主体。其次，从"办"的层面看。由于长期受到政府的牵制和约束，学校的自我管理机制尚不健全，如学校内部治理结构不够完善、行政和教学间的关系还未厘清、教师和学生的参与程度低等，这就迫切需要改变学校和政府间传统的"依附"和"指导"关系，完善教育管理制度和管理机制，还办学权于学校，逐步构建以学生发展为中心、以自主管理为基础、以政府监督为补充和以实现教育价值为目标的"四位一体"的新型办学结构。最后，从"评"的层面看。当前社会主体参与教育治理的积极性低下，以"评价者"身份参与教育活动的力度不足，政府仍掌握着教育评价权，即使政府聘请了一些社会组织或民办非企业单位参与教育评价，但对政府的畏惧心理和与政府间的"利益关联"都使教育评价的信度和效度大打折扣，也无法彰显社会主体参与教育治理活动的独立性和专业性。因此，我们需要在厘清政府管理、学校自主办学和社会客观评价的权责关系下，将教育评价职能从政府和学校中剥离出来，把教育评价权交给专业化的机构和组织，真正发挥独立的"第三方"教育评价作用，避免"自己监管自己评"和"自己办学自己评"，从伦理层面、经济层面和技术层面为教育活动做出科学、准确的"诊断"。

近几年，中国教育领域正逐步从"管办评分离"的改革试水区进入深水区，教育行政部门亟须转变教育职能，在教育管理中加快简政放权，主动赋予学校和社会相应的办学权和评价权。同时，学校和社会作为教育职能和职权的承接者，应明确自身担负的职责，协同政府共同构建"政府宏观管教育、学校自主办教育、社会公平评教育"的教育治理新格局。"管办评分离"已成为当前中国教育管理体制和机制改革的重要内容。政府购买教育服务不仅可以通过购买教育评估服务来解决教育评价的专业性问题，还可以通过购买教育管理服务提高学校的办学成效，实现教育服务生产、供给、管理和评估的有效分离，帮助政府分担压力，提升教育治理成效。

（三）动因三：**教育服务供给侧改革**

在 2015 年 11 月召开的中央财经领导小组第十一次会议上，习近平总书记强调"在适度扩大总需求的同时，着力加强供给侧结构性改革，着力提高供给体系质量和效率"。从经济学视角看，深化供给侧结构性改革，要从提高产品的供给质量出发，通过政府的简政放权，把生产权让渡给市场，增强供应主体活力，矫正生产要素扭曲配置，通过扩大有效供给和优化整体供给体系，提高供给结构对社会需求变化的灵活性与适应性，更好满足广大人民群众的需要，不断推动经济社会的健康发展。作为公共服务的一种主要类型，教育服务供给侧改革的核心就是不断扩大优质教育资源的供给范围和供给对象，通过优化教育资源的配置结构，为社会公众提供可选择的、个性化的优质教育服务；重点是寻求合理供给方式，逐步化解当前突出的教育供需矛盾，从政府单一的供给结构向社会多元的供给结构转变，满足不同群体和不同层次的教育需求。在此过程中，政府要为供给主体公平、有序参与教育活动提供强有力的制度保障，同时，市场和社会也应充分发挥各自优势，从供给端不断满足公众多样化的教育服务需求，提升教育服务供给效率，所以，教育服务供给侧改革实质上就是教育服务生产权力向市场和社会的让渡，通过调整教育生产端结构，整合外部优质教育资源，优化教育服务供给过程，促进中国教育资源均衡和教育机会公平。而政府购买教育服务则可以推动教育服务供给侧改革的进程，因为从教育服务供需的视角看，政府购买动机和行为发生在教育服务的生产端与供给端，其目的是更好地满足公众对优质教育服务的需求。首先，政府购买教育服务以社会需求为目标导向，能提高教育供给结构对社会需求变化的灵活性与适应性，进一步提高教育服务供给效率和供给质量；其次，政府购买教育服务可以提高供给方式的精准性，不仅能精准发挥市场和社会要素在教育资源配置中的关键作用，还能实现对教育服务供给对象的精准识别和供给流程的精准优化；最后，政府购买教育服务可以有效缓解优质的、多元的教育资源供需矛盾，有利于培育良性的教育服务市场环境。

综上所述，作为教育治理主要方式的政府购买教育服务不仅是解决教育服务供需矛盾和实现教育治理现代化的政策使然，也是厘清政府教育职能关系、推进教育管办评分离和实现教育服务供给侧改革的策略选择。因此，我们可以得出以下结论：政府购买教育服务是"外部制度环境影响"和"政府内在职能转变"共同作用的产物，受"外部刺激—政府回应"和"内在变革—社会契合"的双重驱动。

第三章
政府购买教育服务的价值取向
和目标定位

行政活动是一种具有价值理性的行为，这种价值理性主要表现为政府对公共诉求和公共利益的满足与实现。尽管行政理性包括工具理性和价值理性，但如果过分强调工具理性，必然会造成行政目标的迷失，使政府沦为冷漠的"机器"，使公共性价值流失殆尽。① 在政府购买教育服务的这一具体行政活动中，首先要回答的是价值取向问题，即政府在购买教育服务时应该持有的态度和立场。这一命题需要确定三个基本价值问题：政府应该为谁购买教育服务，政府应该购买什么样的教育服务，政府应该向谁购买教育服务？价值取向的确立将直接决定政府购买教育服务的目标导向，而目标导向的确立也会直接回应价值取向并指引政府购买教育服务活动的未来发展方向。

第一节　教育服务受众确立：政府应该
为谁购买教育服务

"受众"一词最早出现在传播学中，指的是信息传播的接收者。在公共服务供给中，直接的服务接收者就是受众，虽然不同范畴和类型的行政活动面对的服务受众不尽相同，但如何保障他们公平地享用公共服务则是政府的基本职责。在教育领域中，教育服务的差别化和不公平化供给已然引起了

---

① 高小平、颜佳华、靳江好主编《行政的价值》，湘潭大学出版社，2013，第197页。

社会的广泛关注，政府购买教育服务的目的之一就是打破这种困境，保障各类群体能在机会、过程和结果层面享有公平的教育权。所以，明确教育服务受众不仅是政府购买教育服务的逻辑起点，也是确保购买有效性和合法性的基础与前提。

一 教育资源禀赋不足的群体

在 20 世纪早期，经济学家为了解释比较优势理论提出了资源禀赋学说，资源禀赋主要包括自然资源禀赋和要素资源（如资本、劳动力、制度、信息等）禀赋，这两类资源的多寡会造成不同的社会发展格局。在教育领域，区域、城乡、学校和群体的资源禀赋已成为教育公平与否的重要影响因素，中国二元制社会结构的制约、区域经济发展水平的差异、教育观念的落后、教育政策的倾斜、社会财富分配的不均等都会加速教育不公平的形成。从学理层面看，教育公平主要包括入学机会公平、资源分享和对待的公平、成功机会的公平。[①] 但从现实层面看城乡间和校际的教育不公平现象尤为突出。一方面是城乡间受教育机会的不公平。改革开放四十多年来，中国城镇化水平在不断提高，城市规模也在急剧扩张，优质教育资源在源源不断流向城市，自国家实施九年制义务教育以来，虽然农村适龄儿童受教育状况有所改善，但由于农村经济发展水平滞后、资源存量匮乏、教育观念落后、教育制度欠缺，农村义务教育发展情况并不乐观，仍存在一定程度的辍学率和低入学率。《中国青年报》的一项网络调查显示，在 2159 个受访者中有 57.2%的人认为当前的教育不公平主要体现在城乡教育资源投入的巨大差距上。[②]囿于自身资源禀赋、家庭资源禀赋和社会资源禀赋的低下，他们接受优质教育的权利和机会依然不足。教育机会的不公平，不仅会造成明显的"家庭教育鸿沟"，也使城乡学生在高校入学率上的差距越来越大，其主要原因就

---

① 吕普生：《纯公共物品供给模式研究：以中国义务教育为例》，北京大学出版社，2013，第237页。

② 邱晨辉：《教育不公平首先体现在城乡差距上》，《中国青年报》2015 年 3 月 7 日。

是不断扩大的城乡学生基础教育差距与城乡学生家庭教育背景的分化。① 另一方面是校际资源配置的不公平。无论是不同区域的学校还是同一区域的不同学校，在硬件设备、师资力量、生源条件和财政投入等方面都存在明显差异。② 资源投入的差异性必然造成教育质量的差异性，从而出现"好的学校越来越好，差的学校越来越差"的"马太效应"以及"择校热"的持续高温，背离义务教育的价值和发展初衷。在当前中国优质教育资源相对不足的情况下，针对不同区域和不同群体的差异化教育需求，可以通过政府购买的方式为资源禀赋不足的群体提供相应的教育服务，以扩大优质教育资源的覆盖面，提高教育资源配置的均衡性，保障适龄儿童能够平等享受教育机会，真正体现党和国家为人民办教育的初心和使命。

二　有特殊化教育需求的群体

机会平等主要包含两层含义：第一是共享机会平等；第二是差别机会平等。从它们的性质上看，共享机会平等更接近于基本权利的绝对平等；差别机会平等则趋向于非基本权利的相对平等。如果因区域经济发展之间的差异造成了接受义务教育共享机会的不平等，那么特殊受教育群体因疾病、残障等无法接受该有的教育则会导致差别机会不平等。在政府提供教育服务的过程中，如何在保证共享机会平等的基础上体现差别机会平等，进而有针对性地规划和制定相应的制度政策是政府应担负的主要责任。在中国社会转型期，特殊受教育群体不仅是指贫困地区的男童和女童，还包括聋哑儿童、身体残疾儿童以及进城务工人员随迁子女（流动儿童）等。③ 对于残障儿童，他们在某一个或多个方面缺乏行使教育权利的能力与渠道，需要政府通过特定的机构、人员和政策为之提供一定的教育补偿和教育协助。发展特殊教育

---

① 杨东平主编《中国教育发展报告（2018）》，社会科学文献出版社，2018，第 122 页。
② 吴筱萌：《中小学校际不公平的表现维度：基于教师的感知》，《教育学术月刊》2014 年第 10 期。
③ 何佩娅：《我国义务教育阶段教育不公平问题的原因及影响》，《企业家天地》2008 年第 10 期。

是推进教育公平、实现教育现代化的重要内容，2014 年 1 月国务院办公厅发布的《特殊教育提升计划（2014—2016 年）》中提到要"全面推进全纳教育，使每一个残疾孩子都能接受合适的教育……到 2016 年，全国基本普及残疾儿童少年义务教育"①，并从扩大义务教育规模、加大经费投入力度、加强基础能力和教师队伍建设及深化课程教学改革等方面提出了具体的行动措施。除了残障儿童，还需特别关注有特殊教育需求的进城务工人员随迁子女（流动儿童）和农村留守儿童。一方面，随着城市发展进程的加快，从农村来城市务工的人员已经成为社会"流动"的主力军，很大一部分进城务工人员的子女随父母来到城市求学。教育部发布的教育事业发展统计公报显示，2011 年全国义务教育阶段在校生中进城务工人员随迁子女共 1260.97 万人，其中在小学就读 932.74 万人，在初中就读 328.23 万人②；2021 年全国义务教育阶段在校生中进城务工人员随迁子女 1372.41 万人，其中在小学就读 984.11 万人，在初中就读 388.30 万人③，人数呈逐年上升趋势。但受户籍制度和经济因素等诸多求学"门槛"的限制，他们中的一部分人很难享受与城市学龄儿童同等的教育机会。另外，进城务工人员在城市间的流动性大，各城市间学校的课改进度和学习教材存在差异，也在一定程度上限制了进城务工人员随迁子女进入其父母务工地的优质学校学习。为满足这些随迁子女的教育需求，在工地周围出现了大批的进城务工人员随迁子女学校，但其办学资质和学习条件却参差不齐，教育质量也堪忧。"加快城镇学校扩容增位，保障农业转移人口随迁子女平等享有基本公共教育服务"④ 正成为建设高质量教育

---

① 《国务院办公厅关于转发教育部等部门特殊教育提升计划（2014—2016 年）的通知》，中华人民共和国中央人民政府官网，2014 年 1 月 18 日，https：//www.gov.cn/zhengce/content/2014-01/18/content_ 8358.htm。

② 《2011 年全国教育事业发展统计公报》，中华人民共和国教育部官网，2012 年 8 月 30 日，http：//m.moe.gov.cn/srcsite/A03/s180/moe_ 633/201208/t20120830_ 141305.html。

③ 《2021 年全国教育事业发展统计公报》，中华人民共和国教育部官网，2022 年 9 月 14 日，http：//m.moe.gov.cn/jyb_ sjzl/sjzl_ fztjgb/202209/t20220914_ 660850.html。

④ 《中华人民共和国国民经济和社会发展第十四个五年规划和 2035 年远景目标纲要》，中华人民共和国中央人民政府官网，2021 年 3 月 13 日，http：//www.gov.cn/xinwen/2021-03/13/content_ 5592681.htm？gov。

体系以及推进基本公共教育均等化的目标之一。另一方面，不能随父母进城只能留在原户籍地接受教育的农村留守儿童也需要重点关注。《中国农村教育发展报告 2020—2022》显示，2021 年中国有义务教育阶段农村留守儿童 1199.20 万人，其中小学 777.93 万人，初中 421.27 万人，占义务教育在校生总数的 7.59%。[①] 由于被迫和父母分开，缺少父母的日常照顾、陪伴与呵护，又受到隔代教育的错误引导等，农村留守儿童在成长和学习过程中会存在一定程度的心理健康问题，如何更好地保障其各项权益和加强学习教育已成为社会共同关心的话题，特别是在家庭教育指导和家庭教育援助（如心理疏导、精神慰藉、生活和学习帮扶）上需要政府精准施策。综上可知，为切实回应特殊受教育群体的教育诉求，真正做到教育服务的精准供给，针对残障儿童政府可以通过购买的方式与教育社会组织开展教育服务合作，充分发挥教育社会组织公益性和志愿性的价值取向，以保障他们能接受具有差别性质的教育机会和教育资源；针对农业转移人口随迁子女可以通过购买学位的方式满足其对基本教育服务和优质教育服务的诉求；针对农村留守儿童，可以通过向专业教育机构、教育社会组织和教育专家学者购买家庭教育指导服务，缓解他们因家庭教育缺失可能带来的一系列社会困境。

三　有多元化教育需求的群体

经济发展的高速化必然带来社会结构的异质化，党的十九大提出"我国社会主要矛盾已经转化为人民日益增长的美好生活需要和不平衡不充分的发展之间的矛盾"，教育服务作为保障和改善民生的载体，俨然成为实现人民群众获得感、幸福感和安全感的有力支撑。教育需求可以分为基本性需求和选择性需求，特别是义务教育作为提升国民素质的基础，是教育的重中之重，公民的观念也从"有学上"开始转向"上好学"，从注重"教育数量"开始转向注重"教育质量"，教育需求日益多元化，如对信息化教育的需

---

① 《报告：中国农村教育进步明显　留守儿童10年减少千万》，中国新闻网，2022 年 12 月 25 日，https://www.chinanews.com/cj/2022/12-25/9921217.shtml。

求、课程建设的需求、优秀师资的需求、课外辅导的需求等，特别是近几年信息化教学已经常态化，"网课"也逐渐流行，优质的数字化教育资源正成为学校和学生的新需求。但囿于自身资源不足和能力短板，公众日益增长的多元化教育需求与政府不能完全满足这种需求之间的矛盾却在凸显，如果政府只提供相对均质的、普惠性的基本教育服务，显然很难使公众满意，传统的教育服务供给模式已不能适应社会现实。所以，多元化教育服务需求催化的教育服务供给方式改革和创新问题正成为社会聚焦点，如何精准识别差异化、个性化的教育服务，并不断增加和深化公民对美好生活的感知，正是教育领域需要关注的新命题。因此，通过政府购买教育服务的方式，为有多元化教育需求的群体提供可选择的、有特质的、能适应社会发展的教育服务不仅是优化政府教育职能的策略选择，也是应对当前人民日益增长的美好教育需求与教育服务供给不足这一困境的科学方法。

第二节 教育服务诉求获取：政府应该
购买什么样的教育服务

公众需要和公共利益是体现行政价值的关键要素。为了深入刻画政府购买教育服务的价值取向，政府要充分认识到什么样的教育服务最能满足公众需要且能进入政策议程。因此，精准获取教育服务诉求，不仅直接决定着政府购买教育服务活动的发展方向，同时也是清楚划分政府购买边界的重要依据。

一 购买随迁子女学位

中国第七次全国人口普查数据显示，2020年流向城镇的流动人口为3.31亿人，占整个流动人口的比重达到88.12%，比2010年提高了3.85个百分点；其中从乡村流向城镇的人口为2.49亿人，较2010年增加1.06亿人。[①] 随着城市化进程不断加快，人口快速向城镇聚集，流动人口中进城务工人员随迁

---

① 《第七次全国人口普查主要数据结果新闻发布会答记者问》，光明网，2021年5月12日，https://m.gmw.cn/baijia/2021-05/12/34838443.html。

子女的教育问题已成为政府需要解决的重要现实问题。保障随迁子女接受义务教育是提高教育公共资源均衡化和推进教育公平的重要基础。早在 2003 年教育部、中央编办等六部门制定的《关于进一步做好进城务工就业农民子女义务教育工作的意见》就首次将进城务工就业农民子女的教育问题纳入国家政策，提出"建立完善保障进城务工就业农民子女接受义务教育的工作制度和机制；加强对以接收进城务工就业农民子女为主的社会力量所办学校的扶持和管理"①。2010 年国家中长期教育改革和发展规划纲要工作小组办公室发布的《国家中长期教育改革和发展规划纲要（2010—2020年）》将进城务工人员随迁子女的教育问题纳入了国家发展战略："坚持以输入地政府管理为主、以全日制公办中小学为主，确保进城务工人员随迁子女平等接受义务教育，研究制定进城务工人员随迁子女接受义务教育后在当地参加升学考试的办法。"② 为使进城务工人员随迁子女享有"同城入学"的平等机会，切实解决"上学难"问题，政府在"购买学位"上做出了积极尝试。2011 年发布的《教育部办公厅关于做好 2011 年秋季开学进城务工人员随迁子女义务教育就学工作的通知》就提出了"要通过积极扩大公办教育资源、购买民办学位等渠道，落实好'两为主'政策，确保所有符合输入地政府规定条件的随迁子女平等接受义务教育"③。2012 年，国务院发布了《国务院关于深入推进义务教育均衡发展的意见》并再次强调："在公办学校不能满足需要的情况下，可采取政府购买服务等方式保障进城务工人员随迁子女在依法举办的民办学校接受义务教育。"④ 2014 年，中共中央、

---

① 《国务院办公厅转发教育部等部门关于进一步做好进城务工就业农民子女义务教育工作意见的通知》，中华人民共和国中央人民政府官网，2003 年 9 月 17 日，http：//www.gov.cn/gongbao/content/2003/content_ 62453. htm。

② 《国家中长期教育改革和发展规划纲要（2010—2020 年）》，中华人民共和国教育部官网，2010年 7 月 29 日，http：//www.moe.gov.cn/srcsite/A01/s7048/201007/t20100729_ 171904. html。

③ 《教育部办公厅关于做好 2011 年秋季开学进城务工人员随迁子女义务教育就学工作的通知》，中华人民共和国中央人民政府官网，2011 年 9 月 16 日，http：//www.gov.cn/zwgk/2011-09/16/content_ 1948860. htm。

④ 《国务院关于深入推进义务教育均衡发展的意见》，中华人民共和国教育部官网，2012 年 9月 7 日，http：//www.moe.gov.cn/jyb_ xxgk/moe_ 1777/moe_ 1778/201209/t20120907_141773. html。

国务院印发的《国家新型城镇化规划（2014—2020 年）》提出："对未能在公办学校就学的，采取政府购买服务等方式，保障农民工随迁子女在普惠性民办学校接受义务教育的权利。"[①] 2016 年出台的《国务院关于统筹推进县域内城乡义务教育一体化改革发展的若干意见》强调："要坚持以公办学校为主安排随迁子女就学，对于公办学校学位不足的可以通过政府购买服务方式安排在普惠性民办学校就读。"[②] 2018 年的《国务院教育督导委员会办公室关于补充全国中小学校责任督学挂牌督导创新县（市、区）评估认定内容的函》中提出："符合条件的随迁子女在公办学校和政府购买服务的民办学校就读的比例不低于 85%。"[③] 2021 年印发的《中共中央办公厅　国务院办公厅关于规范民办义务教育发展的意见》强调，各级党委和政府要坚持国家举办义务教育，确保义务教育公益属性，各地要完善政府购买学位管理办法，优先将随迁子女占比较高的民办义务教育学校纳入政府购买学位范围；同年印发的《关于督促进一步做好进城务工人员随迁子女就学工作的通知》也要求学位资源相对紧张的人口集中流入地区，要按照常住人口增长趋势，进一步加强城镇学校建设，扩大学位供给，满足当地户籍适龄儿童和随迁子女入学需求，确保"应入尽入"、就近入学。[④] 从内涵上看，政府购买学位（学额）指的就是政府为了解决进城务工人员随迁子女的求学和入学问题，由政府出资，向民办教育机构或民办学校购买"入学位置"，让这些随父母流动的儿童到民办学校读书，为其提供基本的义务教育服务。这就意

---

① 《中共中央　国务院印发〈国家新型城镇化规划（2014—2020 年）〉》，中华人民共和国中央人民政府官网，2014 年 3 月 14 日，http：//www. gov. cn/gongbao/content/2014/content_ 2644805. htm。

② 《国务院关于统筹推进县域内城乡义务教育一体化改革发展的若干意见》，中华人民共和国中央人民政府官网，2016 年 7 月 11 日，http：//www. gov. cn/zhengce/content/2016-07/11/ content_ 5090298. htm。

③ 《国务院教育督导委员会办公室关于补充全国中小学校责任督学挂牌督导创新县（市、区）评估认定内容的函》，中华人民共和国教育部官网，2018 年 5 月 4 日，http：//www. moe. gov. cn/s78/A11/tongzhi/201805/t20180504_ 335069. html。

④ 《关于政协第十三届全国委员会第四次会议第 4487 号（教育类 486 号）提案答复的函》，中华人民共和国教育部官网，2022 年 4 月 12 日，http：//www. moe. gov. cn/jyb_ xxgk/xxgk_ jyta/jyta_ jijiaosi/202204/t20220412_ 615898. html。

味着，无论是公办学校还是民办学校，政府都是按照公办学校标准给予民办学校生均教育经费补贴，即他们享受到的政府补贴和支持是一样的。政府向民办学校购买学位不仅能节约政府新建公办学校的成本，还能弥补公办教育资源的不足，扩大教育资源供给范围。在地方政府实践中，政府购买学位最早出现在上海、深圳等发达城市，有效保障了进城务工人员随迁子女平等的教育权，助推了城乡义务教育一体化发展。官方资料显示，在 2017 年全国义务教育阶段的随迁子女就已达到 1406.6 万人，比上年增加 11.9 万人，其中 80% 的随迁子女进入公办学校就读，另有 7.5% 的随迁子女享受政府购买民办学校学位服务，并且全部纳入生均公用经费和"两免一补"补助范围。① 另外，《中国农村教育发展报告 2020—2022》显示，2021 年中国义务教育阶段农村留守儿童 1199.20 万人，与 2012 年相比减少 1071.87 万人，减幅达 47.20%，中国义务教育阶段进城务工人员随迁子女有 1372.41 万人，其中 90.9% 的随迁子女就读于公办学校或享受政府购买民办学校学位服务，这也是留守儿童数量持续减少的重要影响因素。②

二　购买教育管理服务

由于地方经济发展水平和财政收入状况的差异性，教育发展失衡的问题不可避免。政府购买教育管理服务正是为解决区域间和校际教育资源不均衡、实现教育公平和扩大优质教育资源辐射范围的有益尝试。具体来看就是政府向专业教育组织或优质学校购买管理服务，即委托它们管理薄弱公办学校或民办学校，专业化机构按购买契约履行职责，政府为其管理支付相应的费用，这种做法又被称为教育服务"委托管理"或"政府购买教育管理服务"。作为政府优化教育服务供给方式的新措施和探索校际教育均衡化的新途径，政府

① 《国务院关于推动城乡义务教育一体化发展　提高农村义务教育水平工作情况的报告》，中国人大网，2018 年 8 月 28 日，http://www.npc.gov.cn/npc/c30834/201808/1e6fea56a7ae4f17aec36e09a0649c35.shtml。
② 《报告：中国农村教育进步明显　留守儿童 10 年减少千万》，中国新闻网，2022 年 12 月 25 日，https://www.chinanews.com/cj/2022/12-25/9921217.shtml。

购买教育管理服务旨在构建教育管理领域有效的办学体制和运行机制，通过"管、办、评"间的功能分离和要素联动，实现区域内外优质教育资源的互补和共享。其基本模式是由政府或教育行政部门选取拥有优质教育资源的学校并由这些学校派驻管理团队对办学资质较差、需要提升办学水平的学校进行整体的、全方位的管理；在委托管理期间，受援学校的办学性质以及和政府之间的隶属关系不改变；政府按照双方签订的委托管理合同来支付一定的管理费用，要求支援学校在一定期限内承担受援学校的办学责任，达成托管目标，并委托第三方评估机构对其托管效果和办学成效进行评估，直至整个合同期结束。从当前的实践来看，政府购买教育管理服务主要有以下几种方式：第一种是政府购买区域外优质教育资源管理的模式，它主要是针对学校发展比较困难、需要通过引入学校所在区域外围（县域间）先进的办学机制和管理机制来改变学校落后面貌而推行的模式；第二种是政府购买区域内优质教育资源管理的模式，即政府通过发掘区域内（县内）的优质教育资源，并通过培育相应的教育组织或教育机构，待其具备一定的资格和条件时向其购买管理的模式；第三种是针对进城务工人员随迁子女学校的政府购买教育管理模式，由于随迁子女就读的民办学校资质不一、质量参差不齐，存在"合理不合法"的教育窘境，政府为提升这些学校的办学水平，通过培育相关教育管理机构，与其签订协议，下拨管理经费，为这些资质较差的民办学校购买管理服务。[①] 政府购买教育管理服务的中心任务就是将区域内外的丰富教育经验和优质教育资源辐射到周边需要帮助和扶持的薄弱学校，使被托管的薄弱学校得到可持续发展并实现有效的自我管理。从当前成功的实践案例看，政府主要通过委托管理的方式为薄弱公办学校购买教育管理服务，引入专业教育组织的管理理念、方法、结构和模式，较快地提高公办学校的教学水平和管理效率，进而提高城郊薄弱学校的义务教育质量。另外，通过专业教育组织的文化输入，可以帮助薄弱学校进行学校管理文化重塑，加快教育现代化建设的步伐；同时，

---

① 上海市浦东新区社会发展局：《中国教育改革前沿报告——浦东新区教育公共治理结构与服务体系研究》，上海教育出版社，2009，第267、268页。

政府和专业教育组织之间购买契约关系的达成还能进一步帮助政府转变教育职能，提升教育服务供给水平，为各类教育组织的成长提供更为优渥的发展环境，进一步刺激市场经济体制下优质教育资源的生成和扩散。

三　购买教育评估服务

在市场交易活动中，购买方十分注重购买价值的实现，即"买得到底值不值"。从商品学视角看，既然作为一种商品形态的教育服务可以通过购买的方式来获取，那么就必然有它的价值和使用价值，价值可以通过政府购买行为的发生体现出来，而使用价值则需要在服务的渐进过程中加以呈现，但是购买教育服务的主体并不一定是直接消费和直接使用教育服务的主体，这就需要第三方机构来评估教育服务的供给质量和服务价值，教育评估服务（主要包括对购买主体的评估、对服务提供者的评估、对服务对象的评估）也就随之产生了。[①] 其特殊性就在于能为政府购买教育服务提供评判标准和过程保障。政府通过购买的方式选择教育评估方是"服务之服务"，该过程存在政府的"双重委托"行为，即政府在购买教育服务与服务承接主体签订协议后实现了第一层次的委托，而通过委托评估方来评估承接方提供的教育服务质量则是第二层次的委托。因此，政府购买教育评估服务可以被看作帮助政府就购买活动做出的一个公平、公正的检验。教育评估机构伴随着教育评估服务的出现而产生，教育评估机构在政府购买教育服务中的特殊性和突出作用主要表现在以下几个方面：首先，教育评估机构可以作为政府的委托方对承接教育服务的机构和组织进行全面考量，通过有效的信息收集，对购买过程和购买结果做出相对客观、准确的判断；其次，教育评估机构可以根据公正、科学的原则为具体的缔约内容设计评估指标，确定评估维度，以验证服务承接方的服务承诺；再次，教育评估机构可以为政府购买教育服务活动提供"后续评估"，通过这种形式来检验购买参与主体行为的合理性和

[①] 　汤赤：《教育评估在政府购买教育服务中的作用——上海市浦东新区的探索与实践》，《教育发展研究》2007 年第 4A 期。

合法性，不断改进和完善政府下一步的教育决策，并为之提供较为客观和可行的行动策略和政策建议；最后，作为独立于直接购买参与者之外的主体，教育评估机构能获得服务购买者、服务承接者和服务消费者较高的信任度，进一步巩固政府在教育管理活动中的职能权威和服务公信力。值得注意的是，在政府购买教育服务的过程中，作为购买方的政府使用纳税人的钱购买教育服务，不仅应注重对公众的服务承诺，还要接受公众的广泛监督，选择专业性强、立场中立的教育评估机构来评估教育服务生产和供给的具体过程与实际成效对购买教育服务的成功实践起着关键性作用。

四　购买其他教育服务

基于公众的多元化教育需求，政府除了购买学位来满足进城务工人员随迁子女的教育需要、购买管理服务来发展资质薄弱的学校和购买评估服务来保证购买活动的有效开展，针对前文提到的有特殊化教育需求的群体，如残障儿童，政府也可以利用购买志愿服务的方式，通过"送教上门"保障其平等接受义务教育的权利；针对社区内的普通学生可以通过政府"购买社会服务"的形式，为他们开展体育、文艺、科普等形式多样的社团活动；针对校内教育活动可以通过购买师资培训、教育研究项目、课程咨询服务、信息服务、技术服务等支持性的"软件服务"以及学校基础设施和工程建设等"硬件服务"来助推学校发展。总体来看，可以按照教育的具体发展层次对购买内容进行划分，兜底层面涉及的是政府购买特殊教育服务，基本层面涉及的是政府购买学位，而补充层面涉及的是政府购买教育管理服务、评估服务以及其他多元化的教育服务。当然，在基础教育阶段，还可以从核心教育服务和非核心教育服务、学校教育和校外教育对政府购买教育服务的类型和内容进行划分（见图3-1）。核心教育服务只能由政府生产和提供，如教育政策的制定、教育财政的投入、教育质量的保障和监控等；非核心教育服务如校车接送、保安物业等可以由市场或社会领域中的教育中介组织来提供；对于处于核心教育服务和非核心教育服务中间的课程、学校管理、教师培训、科研项目等则可以由具有较高专业资质的营利性或非营利性教育中介组织来承担。对于基础教育阶段的学校教育，政府应为公立幼儿园和公办小学提供基本的、公平的、普惠的教育服务，而对于为满足异质性的、多元化的、多维层次的非学校教育则可以通过政府、市场和社会共同参与的方式来提供。所以，在理论层面上，只要具备明确的教育服务生产规范和成熟的教育服务市场条件，除了核心教育服务，其他教育服务都可以尝试通过政府购买的方式向社会和市场让渡。① 当前政府购买基础教育服务已经涉及的范围主要包括六大类：（1）教育基本公共服务，如学额学位；（2）教育管理性服务，如公共教育基础设施管理与维护、委托管理等；（3）教育评估性服务，如监督检查、项目评审等；（4）教学辅助性服务，如优质在线课程、优质教材等；（5）教育培训服务，如师资培训等；（6）教育技术性服务，如公共教育成果交流与推广（见表3-1）。

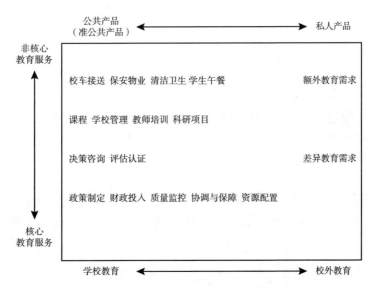

图3-1　基础教育阶段政府购买教育服务的范围和类型

资料来源：周翠萍《我国政府购买教育服务的政策研究》，博士学位论文，华东师范大学，2011。

---

① 周翠萍：《我国政府购买教育服务的政策研究》，博士学位论文，华东师范大学，2011。

表 3-1 政府购买基础教育服务汇总目录

性质	内容
教育基本公共服务	学额学位
教育管理性服务	公共教育基础设施管理与维护
	委托管理
	校园安保
	校车接送
	后勤管理服务
	青少年校外活动场所运行维护:校外实验、实习、实训场地的租赁、建设与使用维护等
教育评估性服务	教育评估
	监督检查
	项目评审等
教学辅助性服务	优质在线课程
	优质教材
	放学后教育
	课外体育、艺术类课程及活动
	校外活动课程等
教育培训服务	师资培训、专业技能培训等
教育技术性服务	公共教育成果交流与推广(教学成果与教育科研成果的推广与应用)等

资料来源:张燕《政府购买基础教育服务的实践困境与推进对策》,《中国教育学刊》2016 年第 9 期。

庆幸的是,2020 年 8 月教育部发布了《教育部政府购买服务指导性目录》,为中国政府购买教育服务提供了最具针对性的内容指导和范围参考(见表 3-2)。该目录具体包括了基本公共服务、社会管理性服务、行业管理与协调性服务、技术性服务、政府履职所需辅助性服务 5 个一级目录。其中:基本公共服务涵盖教育服务、扶贫济困和其他基本公共服务 3 个二级目录,具体涉及教师信息技术应用能力提升工程课程资源建设、教育助学服务、中外人文交流与合作服务等 17 项服务;社会管理性服务涵盖公共公益宣传 1 个二级目录,具体涉及教育宣传 1 项服务;行业管理与协调性服务涵盖行业统计分析 1 个二级目录,具体涉及教育统计 1 项服务;技术性服务涵盖监测服务 1 个二级目录，具体涉及教育现代化监测、课程教材监测和教育舆情监测 3 项服务；政府履职所需辅助性服务的内容较多，涵盖课题研究和社会调查、评审评估、财务会计审计服务、技术业务培训、信息系统建设与维护、法律与咨询服务、后勤服务、会议和展览以及其他辅助性服务 9 个二级目录，具体涉及教育质量大数据分析研究、人才培养质量评估、教育领域财务会计审计服务、教育领域人才培养培训、教育电子政务建设、教育行政日常法律事务服务、办公设备维修保养服务、会议服务和档案管理服务等40 项服务。[①]

表 3-2 教育部政府购买服务指导性目录

代码	一级目录	二级目录	三级目录
105A	基本公共服务		
105A01		教育服务	
105A0101			教师信息技术应用能力提升工程课程资源建设
105A0102			课程教材研究、开发及资源建设
105A0103			校园足球教学、培训、宣传及赛事、训练营筹办
105A0104			学生运动会筹办
105A0105			艺术展演、赛事筹办
105A0106			双语教学资源建设、开发
105A0107			高雅艺术进校园
105A0108			中华经典诵读资源库建设及相关培训、展览等
105A0109			教学成果推广应用
105A02		扶贫济困	
105A0201			教育助学服务
105A03		其他基本公共服务	
105A0301			中外人文交流与合作服务
105A0302			出国留学服务
105A0303			外事管理服务
105A0304			来华留学服务
105A0305			来华留学综合保险

---

① 《教育部政府购买服务指导性目录》，中华人民共和国教育部官网，2020 年 8 月 4 日，http://www.moe.gov.cn/srcsite/A05/s7052/202008/t20200804_476608.html。

代码	一级目录	二级目录	三级目录
105A0306			港澳台交流服务
105A0307			中外互访与合作服务
105B	社会管理性服务		
105B01		公共公益宣传	
105B0101			教育宣传
105C	行业管理与协调性服务		
105C01		行业统计分析	
105C0101			教育统计
105D	技术性服务		
105D01		监测服务	
105D0101			教育现代化监测
105D0102			课程教材监测
105D0103			教育舆情监测
105E	政府履职所需辅助性服务		
105E01		课题研究和社会调查	
105E0101			教育质量大数据分析研究
105E0102			教育领域课题研究
105E0103			教育专项调研
105E02		评审评估	
105E0201			人才培养质量评估
105E0202			本科专业认证
105E0203			本科教育系列质量报告
105E0204			师范专业认证
105E0205			课程教材评估
105E0206			医学专业认证

续表

代码	一级目录	二级目录	三级目录
105E0207			项目评审评估
105E0208			中小学幼儿园综合评价
105E0209			绩效评估、监控及评价
105E03		财务会计审计服务	
105E0301			教育领域财务会计审计服务
105E0302			审计和财务检查服务
105E04		技术业务培训	
105E0401			教育领域人才培养培训
105E0402			教育领域业务培训
105E0403			课程教材培训
105E05		信息系统建设与维护	
105E0501			教育电子政务建设
105E0502			高考综合改革网上录取平台建设与运行维护
105E0503			高校校园安全管理与应急指挥系统
105E0504			教育行业信息技术安全保障
105E0505			数字教育资源开发与应用
105E0506			教育资源公共服务平台建设运维
105E0507			教育信息化建设与运维
105E0508			教育管理信息系统与服务平台建设运维
105E0509			中外合作办学有关信息系统运维
105E06		法律与咨询服务	
105E0601			教育行政日常法律事务服务
105E0602			政府采购法律事务和政策咨询服务
105E0603			办公楼维修改造工程造价咨询服务
105E07		后勤服务	
105E0701			办公设备维修保养服务
105E0702			物业服务
105E0703			安全服务
105E0704			印刷服务
105E0705			餐饮服务
105E0706			其他后勤服务
105E08		会议和展览	

续表

代码	一级目录	二级目录	三级目录
105E0801			会议服务
105E0802			展览服务
105E09		其他辅助性服务	
105E0901			档案管理服务
105E0902			翻译服务
105E0903			场地租赁服务

资料来源:《教育部政府购买服务指导性目录》,中华人民共和国教育部官网,2020 年 8 月 4 日,http://www.moe.gov.cn/srcsite/A05/s7052/202008/t20200804_476608.html。

　　另外,从当前国家颁布的相关政策和社会聚焦的热点领域看,有两类教育服务值得重点关注,也值得被纳入政府购买范畴进行详细探讨。第一,教育信息化服务。在技术革命快速发展的今天,信息技术已经渗入社会生活的方方面面,在此影响下,人们的学习和生活方式也在发生深刻改变,全民教育、终身教育和个性化教育等已经成为信息化时代教育发展的重要特征,在信息技术和教育的深度融合下,教育信息化可以在促进优质教育资源共享、加快教育理念转变和带动教育方式创新等方面发挥重要作用,以教育信息化推动教育现代化和破解教育发展难题正成为中国从教育大国走向教育强国的战略选择。为有效加快教育信息化发展进程和建构良好的教育信息化服务生态,国家正在大力推进政府向社会购买教育信息化服务工作。2012 年 3 月教育部印发的《教育信息化十年发展规划(2011—2020 年)》中多次明确教育信息化领域中的"政府购买":"坚持政府引导,鼓励多方参与投入建设,发挥多方优势,逐步形成政府购买公益服务与市场提供个性化服务相结合的资源共建共享机制……政府资助引领性资源的开发和应用推广,购买基础性优质数字教育资源提供公益性服务……创建用户按需购买产品和服务的机制,形成人人参与建设、不断推陈出新的优质数字教育资源共建共享局面……制定政府购买优质数字教育资源与服务的相关政策,支持使用者按需购买资源与服务,鼓励企业和其他社会力量开发数字教育资源、提供资源服务。"① 2016 年 6 月教育部印发的《教育信息化"十三五"规划》也提出"各地要切实落实国家关于生均公用经费可用于购买信息化资源和服务的政策，优化经费支出结构"②，以此鼓励和吸引更多的有专业和技术资质的组织和机构参与教育信息化服务生产，协同政府促进教育信息化服务的供给侧改革。2018 年 4 月教育部发布的《教育信息化 2.0 行动计划》指出："各地要切实落实国家关于财政教育经费可用于购买信息化资源和服务的政策，加大教育信息化投入力度。"③ 2019 年 2 月中共中央办公厅和国务院办公厅印发的《加快推进教育现代化实施方案（2018—2022 年）》将"大力推进教育信息化"列入教育现代化的十项重点任务之一，并强调"着力构建基于信息技术的新型教育教学模式、教育服务供给方式以及教育治理新模式"④。2021 年 3 月国家发展改革委等 28 部门联合印发的《加快培育新型消费实施方案》在"强化财政支持"中明确指出"研究推行政府购买优质在线教育服务，并将相关服务纳入地方政府购买服务指导性目录"⑤。2022 年 4 月财政部发布的《关于做好 2022 年政府购买服务改革重点工作的通知》中着重提出了"鼓励推行政府购买优质在线教育服务，推动教育信息化发展和资源共享，助力发展更加公平更高质量教育"⑥。第二，"双减"

---

① 《教育部关于印发〈教育信息化十年发展规划（2011—2020 年）〉的通知》，中华人民共和国教育部官网，2012 年 3 月 13 日，http://www.moe.gov.cn/srcsite/A16/s3342/201203/t20120313_ 133322.html。

② 《教育部关于印发〈教育信息化"十三五"规划〉的通知》，中华人民共和国教育部官网，2016 年 6 月 7 日，http://www.moe.gov.cn/srcsite/A16/s3342/201606/t20160622_ 269367. html。

③ 《教育部关于印发〈教育信息化 2.0 行动计划〉的通知》，中华人民共和国教育部官网，2018 年 4 月 18 日，http://www.moe.gov.cn/srcsite/A16/s3342/201804/t20180425_ 334188. html? from=timeline&isappinstalled=0。

④ 《中共中央办公厅、国务院办公厅印发〈加快推进教育现代化实施方案（2018—2022年）〉》，中华人民共和国中央人民政府官网，2019 年 2 月 23 日，http://www.gov.cn/xinwen/2019-02/23/content_ 5367988. htm。

⑤ 《关于印发〈加快培育新型消费实施方案〉的通知》，中华人民共和国中央人民政府官网，2021 年 3 月 25 日，http://www.gov.cn/zhengce/zhengceku/2021-03/25/content_ 5595689. htm。

⑥ 《关于做好 2022 年政府购买服务改革重点工作的通知》，中华人民共和国财政部官网，2022 年 8 月 18 日，http://www.mof.gov.cn/gkml/caizhengwengao/wg2022/wg202206/202208/t20220818 _ 3834633. htm。

下的课后教育服务。为了切实发挥学校教育主阵地的作用，加快校外教育培训机构乱象治理，坚决维护人民群众的公共利益，构建良好的教育生态，促进学生的身心健康与全面发展，2021年7月中共中央办公厅和国务院办公厅印发了《关于进一步减轻义务教育阶段学生作业负担和校外培训负担的意见》（以下简称《意见》），"双减"政策的实施改变了义务教育供需结构，社会对学生的在校教育效率不仅提出了更高要求，也对学生的课后教育保障有了更多期待，如何保证"减负不减质"已成为政府和学校需要着重思考的问题。虽然各地政府在提升课后教育服务方面提供了相关的政策支持，但只是以"政治任务"的方式下放给学校自主负责完成，很少给予具体的制度指导。①为提升学校的课后教育服务水平，《意见》主张要充分发挥社会力量如具备资质的社会专业人员、志愿者和非学科类培训机构的积极作用，所以，有必要根据教育需求变化将课后的校内教育服务和校外教育服务纳入政府购买服务范畴，实现课后教育服务的常态化和制度化供给，助推"双减"政策的顺利实施。同时，"双减"也意味着家庭不能再做"甩手掌柜"，而应积极担负起相应的教育职责，对此，在课后教育服务中，需要给予家庭教育指导服务重点关切，《意见》指出"教育部门要会同妇联等部门，办好家长学校或网上家庭教育指导平台，推动社区家庭教育指导中心、服务站点建设"②。政府应"将家庭教育指导服务纳入城乡公共服务体系和政府购买服务目录，将相关经费列入财政预算，鼓励和支持以政府购买服务的方式提供家庭教育指导"③，以此来"构建覆盖城乡的家庭教育指导服务体系，健全学校家庭社会协同育人机制"④。

---

① 李百灵：《"双减"政策下政府购买义务教育服务的困境及其消解策略》，《教育科学研究》2022年第9期。

② 《中共中央办公厅 国务院办公厅印发〈关于进一步减轻义务教育阶段学生作业负担和校外培训负担的意见〉》，中华人民共和国教育部官网，2021年7月24日，http://www.moe.gov.cn/jyb_xxgk/moe_1777/moe_1778/202107/t20210724_546576.html。

③ 《中华人民共和国家庭教育促进法》，中国人大网，2021年10月23日，http://www.npc.gov.cn/npc/c30834/202110/8d266f0320b74e17b02cd43722eeb413.shtml。

④ 《中华人民共和国国民经济和社会发展第十四个五年规划和2035年远景目标纲要》，中华人民共和国中央人民政府官网，2021年3月13日，http://www.gov.cn/xinwen/2021-03/13/content_5592681.htm? gov。

第三节　服务承接主体选择：政府应该
向谁购买教育服务

"政府应该向谁购买教育服务"回应的是谁有资质可以作为教育服务的承接主体，即从"哪里"购买教育服务。从理论上看，只要自身拥有优质教育资源并且能达到政府要求和规定资格的机构和组织都可以成为承接主体。财政部发布的《政府购买服务管理办法》中对服务承接主体已经做出了明确规定："依法成立的企业、社会组织（不含由财政拨款保障的群团组织），公益二类和从事生产经营活动的事业单位，农村集体经济组织，基层群众性自治组织，以及具备条件的个人可以作为政府购买服务的承接主体。"[①] 在教育服务领域，这种规定同样适用。基于教育服务承接主体的政策要求和现实特点，可以将其划分为体制内主体和体制外主体，体制外主体又可以分为营利性教育机构和非营利性教育机构。

一　体制内教育服务承接主体

按照《政府购买服务管理办法》的相关规定，体制内教育服务承接主体是指"公益二类和从事生产经营活动的事业单位"，在教育领域，不仅包括能面向社会提供公益服务，能按照政府确定的公益服务价格收取一定费用，在一定程度上可部分进行市场配置资源的"准公益类"事业单位，如学前教育、成人教育、中职教育、高等教育和行业技能培训等，还包括为市场和社会提供咨询、服务、协调、沟通等服务，具有私益属性的生产经营类事业单位，如职业培训机构和社会中介机构等。政府向体制内组织和机构购买教育服务，本质上就是教育资源在公共组织内部的流动和互补。在国外，民营化大师萨瓦斯称之为"政府间协议"，即一个政府可以雇用或付费给其他政府来提供教

---

① 《政府购买服务管理办法》，中华人民共和国中央人民政府官网，2020 年 1 月 3 日，http：//www.gov.cn/gongbao/content/2021/content_ 5582627. htm。

育服务，如未设高中的地方学区可以把学生送到邻近学区的高中接受教育并向该学区支付费用、一个地方政府通过付费的方式委托另一地方政府进行师资培训、政府和高等院校合办义务教育阶段的中小学、政府和公办学校合办教育社会组织等。① 在中国，政府间的教育协议达成后主要由生产教育服务的事业单位具体代理执行，即地方政府根据本区域的教育服务需求，由上级政府审核统筹，向区域外具有优质教育资源的公办教育机构购买服务，通过府际间的沟通和协商，达成"体制内合同"，进而实现区域间和校际的教育资源互通，扩充区域内优质教育资源覆盖范畴，弥补自身教育服务供给不足的缺陷。另外，从作用性看，由于具有事业单位性质的教育服务承接主体是由政府直接成立的，购买方式一般是指定、委托和协商下的非竞争性购买而非公开招投标，这不仅可以提高购买活动的政治合法性，增加购买信度，还可以实现公共资金在体制内的循环，增强政府参与的积极性和对购买活动的监控权。

二 体制外教育服务承接主体

由《政府购买服务管理办法》可知，体制外教育服务承接主体主要是指依法成立的企业、社会组织、自治组织以及具备条件的个人。按照所属性质不同，可以从市场和社会两大领域将其划分为非营利性教育机构和营利性教育机构两类。由于非营利组织具备的"不能进行剩余利润分配"和"不能将组织的公共资产通过任何形式转变为私人财产"的"非分配约束"（non-distribution constraint）天然属性，造就了它在差异性和多样性公共服务生产和供给中，拥有市场组织无法比拟的优势，这也为它们成为政府合作伙伴提供了良好条件。② 在教育领域，非营利性教育机构也可以称为教育社会组织（在导论中的"核心概念界定"中已详细论述），主要分为民办非企业单位、社团和基金三大类，其中又以民办非企业中的教育中介机构和民办

---

① 〔美〕E. S. 萨瓦斯：《民营化与 PPP 模式：推动政府和社会资本合作》，周志忍等译，中国人民大学出版社，2015，第 67 页。

② 郑苏晋：《政府购买公共服务：以公益性非营利组织为重要合作伙伴》，《中国行政管理》2009 年第 6 期。

学校最为典型。非营利性的民办教育机构是指由捐资形成的财团法人举办的民办学校，这类学校不以营利为目的，学校的盈余只能用于民办学校自身的再发展，不得在举办者及管理者之间进行分红，政府对此已做出严格的规定。在过去很长一段时间内，民办教育一直被赋予了"非营利"属性，在1995年3月第八届全国人民代表大会第三次会议通过的《中华人民共和国教育法》中已严格规定"任何组织和个人不得以营利为目的举办学校及其他教育机构"①。但在2015年8月已正式进入立法程序的《教育法律一揽子修正案（草案）》通过法律的形式明确了民办学校的举办者可以自主选择设立非营利性或者营利性民办学校，这也使营利性教育机构得到了官方机构的认可。② 营利性民办教育机构由营利性的社团法人或私人、合伙人投资举办学校，这类学校以营利为目的，学校的盈余由投资者内部处理，属于特殊的企业类型，办学资金来源于自主筹款，办学动机上存在利益诉求，并且面临着市场优胜劣汰的风险，因此，只有不断提升办学能力，朝着优质办学方向发展才能找到立身之地，这也是当下部分民办学校优于公办学校的主要原因。其实，无论是非营利性教育机构还是营利性教育机构，都有其自身的特点与优势，但基于教育服务典型的公共性和公益性，政府在选择教育服务承接主体时，会向教育社会组织即非营利性教育机构倾斜，通过政府的资助和扶持，给予其发展的空间，通过构建良性政社关系，促进政府教育职能转变。另外，从非营利性教育机构的自身性质看，由于民办非企业单位的属性，其不以获取利润为目的，而是以充当中介组织角色和协助公共教育事务为目的成立的组织，在提供教育服务中具有明显的志愿性、无偿或低偿性等特征，它们一方面常常通过特殊教育学校和公益性教育组织在特殊教育群体（残障儿童、贫困地区儿童、进城务工人员随迁子女、留守儿童等）服务供给中发挥重要作用，另一方面还会通过教育管理咨询机构和教育评估机构等在城乡薄弱学校改造中发挥"造血"功能。当然，这也并不意味着营利性

---

① 《中华人民共和国教育法》，《广西教育》1995年第Z2期。
② 《我国拟修法允许营利性民办学校存在》，中华人民共和国中央人民政府官网，2015年12月21日，http://www.gov.cn/xinwen/2015-12/21/content_5026191.htm。

教育机构一无是处，由于它们可以在市场机制和资本主导下不断聚积优质教育资源，不仅使公众心向往之，还在学位供给和学校帮扶中成为政府的资源依赖，这也为其成为教育服务承接主体提供了诸多可能。

总之，无论是体制内还是体制外、营利性还是非营利性、社会的还是市场的、官方的还是草根的，只要服务承接主体自身拥有优质的教育资源且符合相应条件都可以进入政府购买视野。教育服务作为公共服务的重要组成部分，虽然《政府购买服务管理办法》对教育服务承接主体的范围选择进行了总体规约，但在现实的购买过程中，需要政府提高甄别能力，加强资质认证，规范准入标准，成为"精明买家"，在公开、公正、透明的主体合作原则下，选择符合政策要求、公民需求、质优价廉的教育服务，帮助公民做好交易。

第四节　未来购买愿景描绘：政府购买教育服务应达到什么样的目标

新公共管理的典型特征之一就是强调公共服务的结果导向，公共管理者需要对结果的达成负责，并将其融会贯通于公共组织的目标和责任之中。[①]从战略管理的视角看，政府购买教育服务的愿景就是对购买活动的未来期待，即对发展蓝图和长远目标的预期，它不仅可以帮助政府理解通过购买活动最终想实现什么，也可以帮助政府理清前进的方向，明确应该去做什么。相较于私营部门以追求利润作为唯一目标，政府在公共管理活动中的行动目标除了追求效率和效益之外，还应体现出以公共利益为导向的价值理性。所以，对于政府购买教育服务活动，应以实现政府购买教育服务价值、政府发展价值和义务教育价值作为根本价值旨归。

一　政府购买教育服务价值层面

从政府购买教育服务价值看，通过对政府购买教育服务的理论和实践探

---

① 〔澳〕欧文·E. 休斯：《公共管理导论》（第四版），张成福等译，中国人民大学出版社，2015，第 67 页。

究，促使其能实现更高层次和更广范围的发展，这是政府购买教育服务的基本目标。具体来看，第一，通过政府购买教育服务活动推动与国家社会和经济发展相适应、相匹配的购买制度体系建设。第二，通过政府购买教育服务活动优化购买方式并形成一套经验化购买模式。第三，通过政府购买教育服务活动持续完善包括准入机制、招投标机制、监管机制、评估机制、退出机制等在内的购买运行机制。第四，通过政府购买教育服务活动加快教育领域的社会和市场发育，强化公民对购买活动的关注及参与，形成一种高度认同的教育服务购买文化。第五，通过政府购买教育服务活动，精准识别购买过程中存在的各类风险，加快构建政府购买教育服务的政策体系以及风险防控策略。

二　政府发展价值层面

从政府发展价值看，作为公共管理中民众的代理人，政府应在切实保证购买秩序和购买效率的基础上，维护购买过程的公平和正义，追求并实现教育服务受众的公共利益，这是政府购买教育服务的根本目标。首先，政府应通过创新教育管理理念，积极转变教育职能，建构起政府有效管理、市场和社会积极参与的教育治理体系；其次，政府应通过培养购买能力，提升购买技术，健全组织机构，规范权责划分，探索出政府购买教育服务的有效管理模式，保障政府购买工作的顺利开展；再次，政府应通过购买行为与教育规律的有机结合，提高教育服务供给成效，满足公民教育服务诉求，提出能有效缓解教育服务供需矛盾的解决方略；最后，政府应通过发挥"元治理"的制度主导作用，有效平衡主体利益关系，积极营造公平、有序的购买环境。

三　义务教育价值层面

在义务教育①价值上，义务教育的公共性、基础性和强制性决定了其根本宗旨是提高整体国民素质，是国家必须予以首先保障的公益性事业。义务

---

① 本书探讨的教育服务主要是指基础教育领域的义务教育，在核心概念厘定中已做过说明，这里不再重复。

教育是"以培养完善的人为终极目标的公平教育"，义务教育价值应高于其他任何教育价值，中国义务教育发展的价值目标概括起来就是实现法定的"义务教育公共利益"，这是由宪法及宪法精神所确定并由《中华人民共和国教育法》和《中华人民共和国义务教育法》明确表达的。[①] 在中国义务教育的未来治理中，教育服务供给模式整体设计的价值目标是实现义务教育公共利益，指导方针是通过优质均衡发展实现教育公平和素质教育，能否满足人民对普惠、优质和高效的教育服务需求并最大限度地促进人的全面发展成为衡量政府购买教育服务是否正当、合理的重要价值标准。因此，政府购买教育服务的最终目标是通过义务教育资源的均衡配置，实现优质资源向教育资源禀赋不足群体、特殊教育需求群体和多元教育需求群体流动，保障人人都能享有良好义务教育的权利与机会，进而不断缩小城乡之间、校际、群体间的义务教育鸿沟，通过惠及全民的、公平的义务教育来培养人、发展人，最终实现人的价值。

---

① 吕普生：《纯公共物品供给模式研究：以中国义务教育为例》，北京大学出版社，2013，第318、319页。

第四章
政府购买教育服务的宏观环境评估

战略管理过程其实就是对组织外部环境进行评估的过程，即发现并评估组织的外部机会以及威胁。[①] "公共组织处于机会与威胁共存的环境之中，传统行政模式中的公共组织由于过于封闭、过于关注内部事务而不去思考其组织如何存在于政府和社会整体之中，而遭到人们的批评。一个完善的战略计划将探讨组织在与其有关联的外界环境中所面对的机遇与威胁以及它的内部能力。"[②] 进行外部环境评估是政府购买教育服务活动必须充分考虑的，其目的在于：一是通过考量政府购买教育服务外部宏观环境的现状，明确政府购买教育服务面临的机会和风险；二是通过评价外部环境对政府购买教育服务活动造成的影响，进而为政府制订未来的购买方案提供行为依据。本章将从政策环境、经济环境和社会环境出发，对政府购买教育服务在宏观环境中的机会和风险进行系统评估。

第一节　政府购买教育服务的政策环境

政策是国家执政党、政权机关以及政治集团为了实现其代表的政治力量或者政治意志，在一定时期内通过权威性和标准化方式制定的具体措施，它是多重因素综合作用下的结果。简单而言，政策是由特定的主体制定或执

---

① 陈振明主编《公共部门战略管理》，中国人民大学出版社，2011，第36页。
② 〔澳〕欧文·E. 休斯：《公共管理导论》（第四版），张成福等译，中国人民大学出版社，2015，第162页。

行，并为实现特定的目标而采取的一系列行动或所规定的行为准则。[①] 政策
影响因素的不断变化可能会导致政策的不稳定性，同时也会增加政府执行的
复杂性和风险性。因此，政府需要具备系统权变的管理意识，动态、灵活应
对外部政策变化可能对行政活动造成的影响，并采取针对性的应对措施。教
育政策代表着政府对公众的教育承诺，决定着教育活动能否顺利进行。政府
在制定购买教育服务战略时，需要仔细考虑中央和地方的政策内容和政策导
向，通过分析政策机会和政策风险明确政府购买教育服务的当下不足与未来
方向。

一 政府购买教育服务的政策机会

（一）国家层面的宏观政策指导

中央政府层面相关政策的出台标志着中国政府购买公共服务已经进入了
制度化和常态化，这无疑为政府购买教育服务活动的推进提供了充足的政策
依据、政策机会和政策指导。在影响力较大的政策文件中，2012 年 7 月国
务院印发的《国家基本公共服务体系"十二五"规划》明确指出："创新基
本公共服务供给模式，引入竞争机制，积极采取购买服务等方式，形成多元
参与、公平竞争的格局，不断提高基本公共服务的质量和效率。"[②] 它为后
续政府购买服务相关政策的制定奠定了坚实基础。2013 年 3 月第十二届全
国人民代表大会第一次会议上通过的《国务院机构改革和职能转变方案》
明确要求："公平对待社会力量提供医疗卫生、教育、文化、群众健身、社
区服务等公共服务，加大政府购买服务力度。"[③] 针对此项部署，2013 年 9
月印发的《国务院办公厅关于政府向社会力量购买服务的指导意见》对规
范有序开展政府向社会力量购买服务工作做出明确规定，并提出到 2020 年

[①] 陈振明编著《公共政策学：政策分析的理论、方法和技术》，中国人民大学出版社，2004，
第 4 页。

[②] 《国务院关于印发国家基本公共服务体系"十二五"规划的通知》，中华人民共和国中央人民
政府官网，2012 年 7 月 20 日，http://www.gov.cn/zwgk/2012-07/20/content_ 2187242.htm。

[③] 《关于国务院机构改革和职能转变方案的说明》，中华人民共和国中央人民政府官网，2013
年 3 月 10 日，http://www.gov.cn/2013lh/content_ 2350848.htm。

在全国基本建立比较完善的政府向社会力量购买服务制度，形成与经济社会发展相适应、高效合理的公共服务资源配置体系和供给体系，公共服务水平和质量显著提高。[①] 该指导意见从宏观层面阐述了政府向社会力量购买服务的指导思想、基本原则和目标任务，明确了购买主体、承接主体、购买内容、购买机制、资金管理及绩效管理，提出了要从加强组织领导、健全工作机制、严格监督管理和做好宣传引导来扎实推进政府向社会力量购买服务工作。2013 年 11 月党的十八届三中全会通过的《中共中央关于全面深化改革若干重大问题的决定》明确提出："推广政府购买服务，凡属事务性管理服务，原则上都要引入竞争机制，通过合同、委托等方式向社会购买。"[②] 2020 年 1 月财政部公布的《政府购买服务管理办法》对购买主体和承接主体、购买内容和目录、购买活动的实施、合同及履行、监督管理和法律责任等做出了更加详细的说明。[③] 2021 年 2 月国务院发布的《国务院关于国家基本公共服务标准（2021 年版）的批复》中提出："鼓励将适合通过政府购买服务方式提供的基本公共服务项目纳入政府购买服务指导性目录。"[④] 2021 年 3 月第十三届全国人民代表大会第四次会议通过的《中华人民共和国国民经济和社会发展第十四个五年规划和 2035 年远景目标纲要》中提出："鼓励社会力量通过公建民营、政府购买服务、政府和社会资本合作等方式参与公共服务供给。"[⑤] 2022 年发布的《财政部关于做好 2022 年政府购买服务改革重点工作的通知》提出："进一步加大重点领域政府购买服务改革力度……严格规范政府购买服务管理……继续推进事业单位政府购买服务改

---

① 《国务院办公厅关于政府向社会力量购买服务的指导意见》，中华人民共和国中央人民政府官网，2013 年 9 月 30 日，https：//www. gov. cn/zhengce/content/2013-09/30/content_ 4032. htm。

② 《中共中央关于全面深化改革若干重大问题的决定》，中华人民共和国中央人民政府官网，2013 年 11 月 15 日，https：//www. gov. cn/zhengce/2013-11/15/content_ 5407874. htm。

③ 《中华人民共和国财政部令第 102 号——政府购买服务管理办法》，中华人民共和国财政部官网，2020 年 1 月 22 日，http：//tfs. mof. gov. cn/caizhengbuling/202001/t20200122_ 3463449. htm。

④ 《国务院关于国家基本公共服务标准（2021 年版）的批复》，中华人民共和国中央人民政府官网，2021 年 2 月 18 日，http：//www. gov. cn/zhengce/content/2021-02/18/content_ 5587538. htm。

⑤ 《中华人民共和国国民经济和社会发展第十四个五年规划和 2035 年远景目标纲要》，中华人民共和国中央人民政府官网，2021 年 3 月 13 日，http：//www. gov. cn/xinwen/2021-03/13/content_ 5592681. htm？ gov。

革……切实加强政府购买服务宣传培训……适时开展政府购买服务工作调研指导。"① 2012—2022 年十年间国家层面政府购买公共服务的相关政策无论是从形式上还是从内容上都在逐渐趋于完善。

在教育服务领域，第一次在国家层面涉及的政府购买教育服务政策是2013 年 11 月党的十八届三中全会通过的《中共中央关于全面深化改革若干重大问题的决定》在深化教育领域综合改革中进行了明确规定："健全政府补贴、政府购买服务、助学贷款、基金奖励、捐资激励等制度，鼓励社会力量兴办教育。"② 但该决定只是提到政府可以通过购买的方式提供教育服务，并没有制定相关的具体实施细则。2015 年 5 月教育部为深入落实《国家中长期教育改革和发展规划纲要（2010—2020 年）》，加快推进教育治理体系和治理能力的现代化，激发教育活力，制定了《教育部关于深入推进教育管办评分离 促进政府职能转变的若干意见》，在"加强和完善政府服务机制"中提出了以下要求："创新提供公共教育服务方式，健全政府购买教育服务机制，在决策咨询、学校管理、提供义务教育和学前教育学位、师资培训、特殊人群服务、教育质量和办学绩效评价等领域推广政府购买服务，提高公共教育服务的质量和效率。"③ 虽然它不是专门针对政府购买教育服务活动制定的政策，但是管、办、评分离是政府购买教育服务理念的具体实践，对推进政府购买活动具有重要的政策指导价值。2017 年 1 月国务院发布的《国务院关于鼓励社会力量兴办教育 促进民办教育健康发展的若干意见》中指出："推广政府和社会资本合作（PPP）模式，鼓励社会资本参与教育基础设施建设和运营管理、提供专业化服务。积极鼓励公办学校与民

---

① 《关于做好 2022 年政府购买服务改革重点工作的通知》，中华人民共和国财政部官网，2022 年 8 月 18 日，http：//www.mof.gov.cn/gkml/caizhengwengao/wg2022/wg202206/202208/t20220818_ 3834633.htm。

② 《中共中央关于全面深化改革若干重大问题的决定》，中华人民共和国中央人民政府官网，2013 年 11 月 15 日，https：//www.gov.cn/zhengce/2013-11/15/content_ 5407874.htm。

③ 《教育部关于深入推进教育管办评分离 促进政府职能转变的若干意见》，中华人民共和国教育部官网，2015 年 5 月 6 日，http：//www.moe.gov.cn/srcsite/A02/s7049/201505/t20150506_ 189460.html。

办学校相互购买管理服务、教学资源、科研成果。"① 2020 年 8 月教育部发布了《教育部政府购买服务指导性目录》，其中包括基本公共服务、社会管理性服务、行业管理与协调性服务、技术性服务、政府履职所需辅助性服务 5 个一级目录，教育服务、扶贫济困、其他基本公共服务、公共公益宣传、行业统计分析、监测服务、课题研究和社会调查等 15 个二级目录，教师信息技术应用能力提升工程课程资源建设、教育助学服务、中外人文交流与合作服务、教育宣传、教育统计、教育现代化监测等 62 个三级目录。② 2021 年 5 月国务院发布的《中华人民共和国民办教育促进法实施条例》指出："县级人民政府根据本行政区域实施学前教育、义务教育或者其他公共教育服务的需要，可以与民办学校签订协议，以购买服务等方式，委托其承担相应教育任务。"③ 2021 年 10 月第十三届全国人民代表大会常务委员会第三十一次会议通过的《中华人民共和国家庭教育促进法》主张："将家庭教育指导服务纳入城乡公共服务体系和政府购买服务目录，将相关经费列入财政预算，鼓励和支持以政府购买服务的方式提供家庭教育指导。"④ 2022 年 4 月财政部发布的《关于做好 2022 年政府购买服务改革重点工作的通知》对做好政府购买教育公共服务工作提出了明确要求："在学前教育、职业教育等非义务教育领域，积极探索推进政府购买服务改革，通过发放助学券、购买学位（服务）等创新方式，支持增加普惠性教育资源，提升教育服务的供给质量和效率。做好义务教育领域政府购买学位（服务）工作，规范开展购买活动，助推义务教育均衡发展。鼓励推行政府购买优质在线教育服务，

---

① 《国务院关于鼓励社会力量兴办教育　促进民办教育健康发展的若干意见》，中华人民共和国中央人民政府官网，2017 年 1 月 18 日，http：//www.gov.cn/zhengce/content/2017-01/18/content_ 5160828.htm。

② 《教育部政府购买服务指导性目录》，中华人民共和国教育部官网，2020 年 8 月 4 日，http：//www.moe.gov.cn/srcsite/A05/s7052/202008/t20200804_ 476608.html。

③ 《中华人民共和国民办教育促进法实施条例》，中华人民共和国中央人民政府官网，2021 年 5 月 14 日，https：//www.gov.cn/zhengce/content/2021-05/14/content_ 5606463.htm。

④ 《中华人民共和国家庭教育促进法》，中华人民共和国中央人民政府官网，2021 年 10 月 23 日，https：//www.gov.cn/xinwen/2021-10/23/content_ 5644501.htm。

推动教育信息化发展和资源共享，助力发展更加公平更高质量教育。"① 在政府购买公共服务的政策引导下，国家也在不断明确政府购买教育服务的政策行动，除了《教育部政府购买服务指导性目录》外，大部分都是内嵌于"元政策"之中，专门针对政府购买教育服务的具体政策还鲜有涉及（见表4-1）。

表4-1　国家层面允许或鼓励政府购买公共服务（含教育服务）政策

政策文件名称（发布时间）	发布机构	相关政策内容
《国务院办公厅关于加快推进行业协会商会改革和发展的若干意见》（2007年5月）	国务院办公厅	建立政府购买行业协会服务的制度,对行业协会受政府委托开展业务活动或提供的服务,政府应支付相应的费用,所需资金纳入预算管理
《民政事业发展第十二个五年规划》（2011年12月）	民政部、国家发展改革委	建立政府资助机制,推行政府购买社会组织服务,扶持社会组织发展公益项目,实施社会组织孵化培育工程
《2012年政府采购工作要点》（2012年2月）	财政部办公厅	研究制定推进和规范服务采购的指导意见,创造条件推进政府购买服务,逐步扩大公共服务、商务服务及专业服务的政府采购实施范围
《国家基本公共服务体系"十二五"规划》（2012年7月）	国务院	创新基本公共服务供给模式,引入竞争机制,积极采取购买服务等方式,形成多元参与、公平竞争的格局,不断提高基本公共服务的质量和效率
《国务院机构改革和职能转变方案》（2013年3月）	第十二届全国人民代表大会第一次会议通过	公平对待社会力量提供医疗卫生、教育、文化、群众健身、社区服务等公共服务,加大政府购买服务力度
《国务院办公厅关于政府向社会力量购买服务的指导意见》（2013年9月）	国务院办公厅	充分认识政府向社会力量购买服务的重要性……正确把握政府向社会力量购买服务的总体方向……规范有序开展政府向社会力量购买服务工作……扎实推进政府向社会力量购买服务工作

① 《关于做好2022年政府购买服务改革重点工作的通知》，中华人民共和国财政部官网，2022年8月18日，http://www.mof.gov.cn/gkml/caizhengwengao/wg2022/wg202206/202208/t20220818_3834633.htm。

续表

政策文件名称(发布时间)	发布机构	相关政策内容
《中共中央关于全面深化改革若干重大问题的决定》(2013 年 11 月)	党的十八届三中全会通过	健全政府补贴、政府购买服务、助学贷款、基金奖励、捐资激励等制度,鼓励社会力量兴办教育
《政府购买服务管理办法(暂行)》(2014 年 12 月)	财政部、民政部、工商总局	对政府购买服务的内涵、基本原则、购买主体和承接主体、购买内容及指导目录、购买方式及程序、预算及财务管理、绩效和监督管理做出了详细的说明
《国家发展改革委关于开展政府和社会资本合作的指导意见》(2014 年 12 月)	国家发展改革委	PPP 模式主要适用于政府负有提供责任又适宜市场化运作的公共服务、基础设施类项目……医疗、旅游、教育培训、健康养老等公共服务项目,以及水利、资源环境和生态保护等项目均可推行 PPP 模式
《教育部关于深入推进教育管办评分离 促进政府职能转变的若干意见》(2015 年 5 月)	教育部	创新提供公共教育服务方式,健全政府购买教育服务机制,在决策咨询、学校管理、提供义务教育和学前教育学位、师资培训、特殊人群服务、教育质量和办学绩效评价等领域推广政府购买服务,提高公共教育服务的质量和效率
《国务院办公厅转发财政部发展改革委人民银行关于在公共服务领域推广政府和社会资本合作模式指导意见的通知》(2015 年 5 月)	国务院办公厅	在公共服务领域推广政府和社会资本合作模式,是转变政府职能、激发市场活力、打造经济新增长点的重要改革举措。围绕增加公共产品和公共服务供给,在医疗、卫生、养老、教育、文化等公共服务领域,广泛采用政府和社会资本合作模式,对统筹做好稳增长、促改革、调结构、惠民生、防风险工作具有战略意义
《教育部办公厅关于印发〈2016 年教育信息化工作要点〉的通知》(2016 年 2 月)	教育部办公厅	通过政府购买服务、后补助等方式,鼓励企业和社会机构根据教育教学改革方向和师生教学需求,开发一批专业化教学应用工具软件,并通过教育资源平台提供资源服务,推广普及应用
《教育部关于印发〈教育信息化"十三五"规划〉的通知》(2016 年 6 月)	教育部	要建立社会团体、企业支持和参与的多元化投入机制,鼓励基础电信企业建立对各级各类学校的网络使用资费优惠机制。各地要切实落实国家关于生均公用经费可用于购买信息化资源和服务的政策,优化经费支出结构

政策文件名称(发布时间)	发布机构	相关政策内容
《国务院关于鼓励社会力量兴办教育 促进民办教育健康发展的若干意见》(2017年1月)	国务院	推广政府和社会资本合作(PPP)模式,鼓励社会资本参与教育基础设施建设和运营管理、提供专业化服务。积极鼓励公办学校与民办学校相互购买管理服务、教学资源、科研成果
《财政部关于推进政府购买服务第三方绩效评价工作的指导意见》(2018年7月)	财政部	为提高政府购买服务质量,规范政府购买服务行为,就推进政府购买服务第三方绩效评价工作做出了总体要求,明确了工作内容(明确相关主体责任、确定绩效评价范围、择优确定评价机构、建立健全指标体系、规范开展评价工作、重视评价结果应用、做好评价经费管理、加强信息公开和监督管理),并提出了工作要求
《政府购买服务管理办法》(2020年1月)	财政部	对政府购买服务的购买主体和承接主体、购买内容和目录、购买活动的实施、合同及履行、监督管理和法律责任进行了明确规定
《教育部政府购买服务指导性目录》(2020年8月)	教育部	制定了基本公共服务、社会管理性服务、行业管理与协调性服务、技术性服务、政府履职所需辅助性服务5个一级目录,教育服务、扶贫济困、其他基本公共服务、公共公益宣传、行业统计分析、监测服务、课题研究和社会调查等15个二级目录,教师信息技术应用能力提升工程课程资源建设、教育助学服务、中外人文交流与合作服务、教育宣传、教育统计、教育现代化监测等62个三级目录
《国务院关于国家基本公共服务标准(2021年版)的批复》(2021年2月)	国务院	鼓励将适合通过政府购买服务方式提供的基本公共服务项目纳入政府购买服务指导性目录
《中华人民共和国国民经济和社会发展第十四个五年规划和2035年远景目标纲要》(2021年3月)	第十三届全国人民代表大会第四次会议通过	鼓励社会力量通过公建民营、政府购买服务、政府和社会资本合作等方式参与公共服务供给
《中华人民共和国民办教育促进法实施条例》(2021年5月)	国务院	县级人民政府根据本行政区域实施学前教育、义务教育或者其他公共教育服务的需要,可以与民办学校签订协议,以购买服务等方式,委托其承担相应教育任务

续表

政策文件名称(发布时间)	发布机构	相关政策内容
《中华人民共和国家庭教育促进法》(2021年10月)	第十三届全国人民代表大会常务委员会第三十一次会议通过	将家庭教育指导服务纳入城乡公共服务体系和政府购买服务目录,将相关经费列入财政预算,鼓励和支持以政府购买服务的方式提供家庭教育指导
《关于做好2022年政府购买服务改革重点工作的通知》(2022年4月)	财政部	在学前教育、职业教育等非义务教育领域,积极探索推进政府购买服务改革,通过发放助学券、购买学位(服务)等创新方式,支持增加普惠性教育资源,提升教育服务的供给质量和效率。做好义务教育领域政府购买学位(服务)工作,规范开展购买活动,助推义务教育均衡发展。鼓励推行政府购买优质在线教育服务,推动教育信息化发展和资源共享,助力发展更加公平更高质量教育
《2022年新型城镇化和城乡融合发展重点任务》(2022年3月)	国家发展改革委	积极扩大公办学位资源,以流入地政府为主、公办学校为主,保障农民工随迁子女平等接受义务教育,落实以居住证为主要依据的随迁子女入学政策,优先将随迁子女占比较高的民办义务教育学校纳入政府购买学位范围
《关于做好2023年政府购买服务改革重点工作的通知》(2023年4月)	财政部	优化完善政府购买民办义务教育学校学位(服务)机制,合理确定购买学位(服务)的学校范围、购买标准和方式,支持加快义务教育优质均衡发展
《关于构建优质均衡的基本公共教育服务体系的意见》(2023年6月)	中共中央办公厅、国务院办公厅	具备条件的地区可以通过政府购买服务方式为学校提供安保、食堂、宿管、医疗卫生保健等方面服务。加强劳动实践、校外活动、研学实践、科普教育基地和家庭教育指导服务中心、家长学校、服务站点建设,健全学校家庭社会协同育人机制

(二)地方层面政策的广泛制定

1. 地方政府购买教育服务的具体政策指向

国家层面关于政府购买教育服务的表述多是从宏观层面出发制定的指导

性政策或者原则性规定，由于在政治、经济、社会和文化等方面的差异，地方政府可以根据国家法律规定和中央政府要求制定符合地方教育传统和现实教育场景的政策，即结合所在区域情况，在国家层面的政策框架和制度安排下，自主制定和出台政府购买教育服务政策。在地方政府购买教育服务的政策实践中，2005 年 6 月，上海市浦东新区社会发展局与上海市成功教育管理咨询中心就东沟中学托管达成合作协议，这拉开了政府购买教育服务的序幕。在近十多年的发展过程中，中国多个省、市和区县级政府一直在积极探索购买教育服务活动，并有针对性地制定了相关政策，其中具有代表性的包括：2012 年 8 月，广东省财政厅发布的《广东省 2012 年省级政府向社会组织购买服务目录（第一批）》首次包含了层次丰富和种类多样的公共教育服务，如公共教育规划和政策研究、宣传服务，公共教育资讯收集与统计分析，公共教育基础设施管理与维护，公共教育成果质量评估，公共教育成果交流与推广以及其他政府委托的教育服务等。

2014 年 1 月，江苏省财政厅根据《中华人民共和国政府采购法》和《省政府办公厅印发关于推进政府购买公共服务工作指导意见的通知》精神，印发了《江苏省 2014 年度政府购买公共服务集中采购指导目录（暂行）》。此次印发的政府购买公共服务集中采购指导目录包括教育服务、医疗卫生服务、社会事务服务、环境及公共设施管理服务和其他公共服务六大类，其中在教育服务目录中，明确了义务教育阶段教材、作业本印制服务，公共教育设施购置与维护服务，公共教育学生基本保险服务，公共教育规划编制服务，公共教育政策研究和宣传服务，公共教育成果交流展出和推广服务以及其他政府委托的教育服务七项内容。

2014 年 4 月，上海市浦东新区教育局制定了《浦东新区学前教育阶段政府向民办幼儿园购买服务的实施意见》，通过采取对招收地段生的民办幼儿园实行专项补贴，社会组织或者个人租赁园舍开办民办幼儿园的给予园舍租赁费减免等措施来保障适龄儿童就近入园的权利，支持和促进民办幼儿园有序、健康发展。

2014 年 6 月，黑龙江省人民政府办公厅发布《黑龙江省人民政府办公厅关于政府向社会力量购买服务的实施意见》，并制定了政府向社会力量购买服务指导性目录，其中在"教育"一级目录中包含了以下 11 项二级目录：公共教育规划研究与咨询、政策研究服务，非公办普惠性学前教育服务，公共教育基础设施管理与维护，公共教育成果质量评估，公共教育成果交流推广，全省性学生竞赛活动的组织和实施工作，非公办义务教育，委托教学管理等管理服务，青少年校外活动场所运行维护，委托社会组织开展教育评估监测以及政府委托的其他教育服务。

2014 年 7 月，河南省汝州市人民政府办公室下发了《汝州市人民政府向社会力量购买公办幼儿园服务岗位实施方案（试行）》，拟向社会力量购买公办幼儿园服务岗位 188 个，并对教育服务购买主体、教育服务承接主体、教育服务具体内容、服务购买机制和具体的购买管理工作及其相关要求做了明确的说明。

2014 年 9 月，四川省为贯彻落实《四川省人民政府办公厅关于推进政府向社会力量购买服务工作的意见》文件精神，促进全区学前教育发展，省财政厅联合省教育厅制定了《四川省关于推进政府购买学前教育服务的指导意见》，对购买主体、承接主体、购买内容和购买机制等进行了规范，引导参与购买服务的民办幼儿园按照公益性和普惠性原则接收辖区内适龄儿童入园。同年 12 月，四川省成都市人民政府办公厅出台了《关于进一步优化配置全市中小学校教师资源的指导意见》，提出对于中心城区新设学校所需的专任教师，以及对学校因教师妊娠、长期病休和脱产培训等非自然减员因素需要临时增加人员，可以按照规定的程序和方式通过购买服务的方式来解决，针对异地务工人员随迁子女入学数量不断增加、公办学校学位供给不足等情况，可以按照公开、公平、公正原则，向符合条件的民办学校购买义务教育服务。

2014 年 9 月，江西省教育厅和财政厅联合制定并印发了《学前教育项目政府购买服务试点方案》。该方案指出，教育行政部门可以采用向有资质的民办幼儿园购买学前教育服务的方式，引导和支持民办园提供普惠性服务，以解决适龄幼儿特别是农村和困难家庭幼儿"入园难"和"入园贵"

的难题。

2014 年 9 月，宁夏回族自治区教育厅和财政厅共同出台了《政府购买学前教育服务试点工作实施方案》，提出从 2014 年开始，自治区将会在 20 所选定的民办幼儿园当中试点实施政府购买学前教育服务活动，被试点的幼儿园与同类别具有公办性质的幼儿园持有相同的收费标准和相关待遇，以此形成多主体共同参与、公平竞争的办园格局，不断激发并提高民办幼儿园的发展动力与办园质量。2023 年 5 月，宁夏回族自治区财政厅印发了《宁夏回族自治区政府购买服务指导性目录》，将课程研究与开发服务、学生体育活动组织实施服务、校园艺术活动组织实施服务、教学成果推广应用服务和国防教育服务纳入"教育公共服务"二级目录中。

2015 年 5 月，青海省教育厅和财政厅为了落实《国务院关于当前发展学前教育的若干意见》以及《青海省人民政府办公厅关于印发政府向社会力量购买公共服务实施办法的通知》精神，联合发布了《政府购买学前教育服务项目实施办法》，通过公建民办、购买岗位、奖励补助等措施引导优质民办幼儿园向社会提供普惠性的学前教育服务，以满足公众对优质学前教育服务的需求，推动全省学前教育更好更快发展。

2016 年 7 月，深圳市为加快推进教育治理体系和治理能力现代化，提升公办中小学教育服务水平制定了《深圳市公办中小学购买教育服务实施办法》，该办法确定了政府购买中小学教育服务的总体要求、工作机制（购买主体、承接主体、购买内容、购买方式、购买程序、经费管理等）和保障措施，通过建立完善的中小学教育服务购买机制，构建多形式和多渠道的中小学教育教学服务体系，提升公办学校教育服务水平和质量。

2016 年 10 月，北京市教育委员会为贯彻国务院和北京市关于向社会力量购买服务有关文件精神，加强政府购买公共教育服务资金管理和推进相关工作，制定了《北京市教育委员会关于政府购买公共教育服务的实施方案（试行）》。该方案对政府购买公共教育服务的工作目标、购买主体、承接主体、购买内容、购买计划、购买方式、资金管理、信息公开、监督检查和绩效评价等方面做了明确规定。其中具体的购买内容包括七大类教育服务：

特色教育教学课程开发、引入与实施，学生体育、艺术等校外竞赛和活动的组织和实施，教育政策宣传与推广，国际教育交流活动的组织和实施，学生就业创业服务，公益性教育活动组织和实施以及其他适宜由社会力量承担的公共教育服务事项。

2017年2月，为加快政府教育职能转变和服务型政府建设，积极推进教育行政管理体制改革，进一步规范政府购买教育公共服务行为，实现教育公共服务的均等化和社会化，浙江省教育厅和财政厅联合印发了《政府向社会力量购买学前教育服务实施方案》，其工作目标就是通过政府购买服务，完善学前教育生均经费补助机制，优化学前教育资源供给，健全学前教育公共服务体系建设，推进学前教育服务均衡、优质发展。

2018年1月，陕西省人民政府印发的《陕西省人民政府关于鼓励社会力量兴办教育促进民办教育健康发展的实施意见》与2018年7月广西壮族自治区人民政府印发的《广西壮族自治区人民政府关于鼓励社会力量兴办教育促进民办教育健康发展的实施意见》，都明确提出要对民办学校实施分类管理，探索多元主体参与的合作办学机制，积极推广政府和社会资本合作（PPP）供给教育服务模式，采取有效方式鼓励社会资本参与教育基础设施的建设、运营和监管，实现公办学校与民办学校之间相互购买教育管理服务、教育教学资源和科研成果。

2019年3月，由江苏省第十三届人民代表大会常务委员会第八次会议通过的《江苏省家庭教育促进条例》明确规定了县级以上地方人民政府应将家庭教育指导服务列入购买服务目录，通过政府采购的方式，选择相关社会组织提供家庭教育指导服务，鼓励和支持企业事业单位和个人参与家庭教育指导服务。

2020年4月，广东省东莞市人民政府印发的《东莞市非户籍适龄儿童少年接受义务教育实施办法》提出，父或母一方符合入学优待政策规定的非东莞市本地的适龄儿童和少年，可按相应的优待政策规定由属地所在园区、镇（街道）教育主管部门统筹安排入读义务教育阶段公办学校，或当地政府购买学位的义务教育阶段民办学校，或发放一定标准的民办学位补贴，旨在依法保障户籍外适龄儿童、少年能顺利接受义务教育，推进教育基本公共服务均等化。

2022年7月，广东省广州市教育局发布了《广州市购买民办义务教育学校学位服务实施意见》，目的是推进区域义务教育的优质均衡发展，进一步助推教育公平，通过购买民办义务教育学校学位服务的方式增加公办学校的学位供给，弥补公办学位不足，实现民办义务教育在校生规模占比与进城务工随迁子女就读义务教育公办学位占比达到规定目标。

2023年7月，天津市第十八届人民代表大会常务委员会第四次会议通过的《天津市家庭教育促进条例》指出，为促进家庭教育发展，增进家庭幸福与社会和谐，在坚持政府推动、家庭尽责、学校指导、社会协同的原则下，市和区人民政府应当将家庭教育指导服务纳入城乡公共服务体系和政府购买服务目录，将相关经费列入财政预算，鼓励和支持以政府购买服务的方式提供家庭教育指导。

2. 地方政府购买教育服务的相关规定和举措

除上述地方政府制定的购买教育服务具体政策外，还有一些省份和城市虽然没有颁发官方"红头文件"，但根据国家层面下达的政府购买公共服务政策及其相关精神要求，政府购买教育服务活动也得以开展。

2011年，河南省郑州市就启动了"政府购买学前教育服务专项计划"，由郑州市政府出资，向资质水平较高的民办幼儿园购买学前教育服务，以缓解幼儿接受学前教育时遇到的各种难题，同时通过政府资金和政策扶持节省民办幼儿园的办学成本，提升办学信心。

2012年8月，四川省成都市青羊区尝试政府购买教育管理服务。委托管理作为政府公共教育服务方式的创新，目的在于推进教育管理领域的"管、办、评"分离，拓展区域内优质教育资源覆盖范围，积极探索教育服务均衡化可行路径。其基本模式就是由教育行政部门选取优质学校向薄弱学校派驻管理团队，对其进行全方位的质量提升，在学校托管期间，被托管学校的办学性质不变、与政府间的隶属关系不变，政府根据协议规定向托管学校支付相应的管理费用，托管结束后，邀请具有资质的第三方评估机构对托管目标和办学成效进行全面评估。

2013年8月，浙江省杭州市江干区教育局按照"政府主导、社会主办、改善条件、规范办学"的原则，为了让符合入学条件的"新杭州人"与本地学生同城同待遇，共享全免费的义务教育，政府投入650万元为孩子购买入学"学位"。①

2014年3月，北京市丰台区教委向精华学校"采购"高考培优辅导，成为北京市政府向社会民办教育机构购买教育培训服务的开端。该项目通过"购买"民办学校优秀的高考师资以补所在区优质师资稀缺的"短板"。同年，浙江省苍南县以生均教育事业经费为基准，建立了政府购买民办教育服务的经费投入机制，通过明确民办学校资质和准入条件，仅2014年为符合购买条件的试点学校投入的预算内补助经费已达1457.4万元。②

2015年6月，四川省乐山市市中区为了促进学前教育的均衡发展，激发民办幼儿园参与办学的积极性，率先在中心城区试点实施政府购买学前教育服务工作，引导民办幼儿园面向社会提供普惠性、公益性学位，探索通过公私合作办学助推学前教育发展的新机制。同年，北京市多个区县试点采购优质民办教育资源，如北京朝阳、海淀、丰台、延庆、门头沟等区县已逐步开始作为试点，由政府提供经费向社会民办教育培训机构购买教育服务，通过借助民办教育培训机构先进的教学理念和优质的教育资源，推动薄弱学校教育教学质量和水平的整体提升。可以推断的是，在新一轮教育改革引领下，公办教育与民办教育的融合将会更加深入，形成资源互补和发展互促的良性教育生态圈。

2017年2月，天津市财政局、天津市教委联合发布了14类政府购买教育服务项目："教育规划和政策研究、教育资讯收集及统计分析与发布、教育基础设施管理与维护、教育成果质量评估与监督、教育教学成果交流与推

---

① 《政府投入650万为孩子买"学位"》，杭州网，2013年8月22日，https：//hznews.hangzhou. com.cn/xinzheng/yaolan/content/2013-08/22/content_4863556.htm。

② 《追求健康发展　苍南民办教育改革正当时》，温州教育网，2014年9月15日，http：// edu.wenzhou.gov.cn/art/2014/9/15/art_1324555_7595568.html。

广、普惠性民办教育补贴、师资队伍培训、支教助学与扶贫助困服务、学生竞赛及活动的组织和实施、学生营养规划及膳食提供服务、学生素质拓展服务、校园安全辅助服务和校车服务、全民终身教育服务、其他政府委托的教育服务。"[①]

2019 年 4 月，陕西省西安市莲湖区教育局和民政局组织一些具备条件的社区为进城务工人员随迁子女、留守儿童和在"真空时间段"内无人看管的孩子开设"四点半课堂"，由政府向优质的社会组织和教育机构统一购买服务，为孩子免费提供学习美术、书法、数学和英语等课程，通过学校、社区和教育机构三方力量的协同，着力解决学生的课后托管问题。

表 4-2　地方政府购买教育服务主要政策

政策文件名称（时间）	政策发布机构	相关政策内容
《广东省 2012 年省级政府向社会组织购买服务目录（第一批）》（2012 年 8 月）	广东省财政厅	教育服务三级目录包括公共教育规划和政策研究、宣传服务，公共教育资讯收集与统计分析，公共教育基础设施管理与维护，公共教育成果质量评估，公共教育成果交流与推广以及其他政府委托的教育服务等
《浦东新区学前教育阶段政府向民办幼儿园购买服务的实施意见》（2014 年 4 月）	上海市浦东新区教育局	对招收地段生的民办幼儿园实行专项补贴；社会组织或者个人租赁园舍开办民办幼儿园的给予园舍租赁费减免等措施
《汝州市人民政府向社会力量购买公办幼儿园服务岗位实施方案（试行）》（2014 年 7 月）	河南省汝州市人民政府	向社会力量购买公办幼儿园服务岗位 188 个；采用公开招标、邀请招标、竞争性谈判、单一来源、询价等方式确定承接主体，购买主体与承接主体依法签订合同
《四川省关于推进政府购买学前教育服务的指导意见》（2014 年 9 月）	四川省财政厅、四川省教育厅	政府购买学前教育服务工作应当遵循"政府限价、财政补贴、公开择优、绩效监管"的基本思路，规范有序地进行

---

① 《天津：政府向社会购买 14 类教育服务》，中华人民共和国中央人民政府官网，2017 年 2 月 3 日，http：//www.gov.cn/xinwen/2017-02/03/content_5164981.htm。

续表

政策文件名称(时间)	政策发布机构	相关政策内容
《学前教育项目政府购买服务试点方案》(2014年9月)	江西省教育厅、江西省财政厅	为区域内的农村幼儿就近入普惠性民办幼儿园购买学位服务。教育行政部门根据普惠性民办幼儿园提供服务的数量和质量,按标准给予每生每年一定的补贴
《政府购买学前教育服务试点工作实施方案》(2014年9月)	宁夏回族自治区教育厅、宁夏回族自治区财政厅	根据工作目标和本地区需要解决的学前教育突出问题,采取发放助学券、购买学位、补贴教师工资、提供管理服务等方式开展购买服务工作。对于同一所幼儿园可以采取一种购买方式,也可以几种方式合并使用
《政府购买学前教育服务项目实施办法》(2015年5月)	青海省教育厅、青海省财政厅	公建民办:由政府出资新建、利用闲置校舍和其他公共资源改扩建的幼儿园,通过公开招标交由社会力量举办。购买岗位:购买主体根据当地学前教育实际和幼儿园提供学前教育服务情况,依据社会平均工资水平,提供保教岗位工资补助。奖励补助:晋升等级的幼儿园,给予一次性奖励补助,用于改善办园条件、提高办园质量
《深圳市公办中小学购买教育服务实施办法》(2016年7月)	深圳市人民政府办公厅	中小学因在编教师产假、病假、脱产进修、支教及学科调整产生的临时性空缺教学岗位的顶岗教学工作,须向社会购买服务;教育教学辅助工作和后勤服务工作,原则上向社会购买服务。中小学可根据购买教育服务的内容,采取采购、委托、承包等方式,并签订合同,将有关教育服务事项交给符合条件的承接主体完成;根据承接主体所提供服务的数量和质量,支付服务费用
《北京市教育委员会关于政府购买公共教育服务的实施方案(试行)》(2016年10月)	北京市教育委员会	具体的购买内容包括七大类教育服务:特色教育教学课程开发、引入与实施,学生体育、艺术等校外竞赛和活动的组织和实施,教育政策宣传与推广,国际教育交流活动的组织和实施,学生就业创业服务,公益性教育活动组织和实施以及其他适宜由社会力量承担的公共教育服务事项

续表

政策文件名称(时间)	政策发布机构	相关政策内容
《政府向社会力量购买学前教育服务实施方案》(2017年2月)	浙江省教育厅、浙江省财政厅	政府购买学前教育服务的购买内容,主要为学前教育学位资源。教育行政部门根据合同约定的服务数量、质量和绩效考评结果,以生均经费补助形式向承接主体进行购买。对普惠性民办幼儿园,现阶段各地可以当地同类公办幼儿园生均公用经费标准为购买服务参考标准,以后随社会经济发展适当调整
《广州市购买民办义务教育学校学位服务实施意见》(2022年7月)	广州市教育局	通过新改扩建公办学校等方式,优化辖区义务教育学校布局,增加公办学校学位供给,自2024年起,购买民办义务教育学校学位服务总数原则上不超过当年辖内在读随迁子女总数的50%

二 政府购买教育服务的政策风险

(一)缺乏权威性的政策规范,地方政府政策尚待检验

1. 中央政府还未制定购买教育服务的专门法规

当前,在国家层面关于政府购买公共服务的规定仅限于决定、指导意见和办法等政策性文件,并未上升到法规层面。2002年出台的《中华人民共和国政府采购法》(以下简称《政府采购法》)是中国目前唯一的一部关于政府采购的法律条例,但由于该法所覆盖的购买领域十分有限,其中关于政府采购服务的描述也只是针对行政部门的后勤服务,而诸如公共教育服务、居家养老服务等典型公共服务的相关规定并未提及,所以它难以完全包含政府购买公共服务所要求的法律规制。事实上,由于政府购买公共服务与政府自身的采购活动相比,在购买理念、购买目的、标的物和供应方选择、购买程序等多方面都存在本质区别,也不宜以现行的《政府采购法》作为依据,否则很容易导致在合同设计、资金管理和绩效评价等购买流程中出现问题,比如从《政府采购法》的第13条和第67条规定的内容来看,对于监管活

动主要由财政机关、行政机关和审计机关等行政机关进行"内部监管",虽然这种纵向监管方式具有一定的及时性和灵活性,但它很难实施横向监管任务,如对跨省区购买"在线教育"服务的监管等,且政府部门中的每个监管主体的独立性都比较强,很难实现有效整合,对政府购买教育服务监管的力度和成效并不明显。[①] 另外,虽然国家层面制定了政府购买公共服务相关政策,但也只是从一般意义上对购买主体、承接主体、购买内容、购买方式和购买程序进行的原则性规定,并未对政府购买教育服务做出具体规定。鉴于教育服务自持的独特性和复杂性,如教育服务是一种"软服务"、发展质量和水平难以被量化、教育服务价格估算困难、教育服务特定的发展规律等,说明它不能像其他公共服务一样照搬被统一化的购买标准,更不能简单套用《政府采购法》里对政府采购货物和工程服务做出的相关规定,政府购买教育服务依然存在"法治赤字"。从中央政府和地方政府的具体职能来看,中央政府需要从宏观视角出发制定具有全局性、专业性和指导性的购买教育服务政策,地方政府则主要针对地域特征负责购买符合自身条件和需求的教育服务,但如果缺失中央政府层面的权威购买标准和健全的法规体系来规范性地指导政策执行,很可能会造成地方政府在购买过程中出现恣意行为和重复浪费等现象,弱化政府购买教育服务的政策实施效果。因此,在构建政府购买教育服务体制和机制时,亟须加强包括国家层面的顶层制度建设。

2. 地方政府制定的政策权威性不足

当前,中国政府购买教育服务的政策和相关规则主要体现为地方政府自行制定的政策文件和部门规章中,其权威性和专业性仍待进一步提升。第一,从当前政府购买教育服务的实践来看,涉及的购买政策大多是由省财政厅和教育厅制定,虽然制定主体是省厅级部门,但购买领域主要面向的是学前教育服务,而学前教育服务只是基础教育服务的一部分,作为重要组成部分的义务教育服务在政策层面却鲜有涉及,从这个层面看,当前地方政府制定的购买教育服务政策难免会存在范围覆盖小、适用性差等缺陷。第二,虽

---

① 胡伟:《我国政府购买教育服务监管制度的反思与完善》,《中国教育学刊》2021 年第 2 期。

然财政部出台的《政府购买服务管理办法》对政府购买服务的主体、内容、程序、监管等进行了规定，并要求在中央和省级实行指导性目录分级管理，省级财政部门确定省以下政府购买服务指导性目录的编制方式和编制程序，但并没有明确规定省以下政府在管理过程中的权责和任务，只是笼统要求"有关部门"根据经济社会发展情况来编制、调整指导性目录。① 所以在具体的政策实践中，市、县级政府只会根据省级政府的政策要求，通过"复制"省级政策内容，制定本地域内的教育服务购买规则，由于政策制定主体层级较低，政策制定技术不精湛，政策内容偏离当地实际，极易造成教育服务购买政策"刚性"欠缺和政府行动上的"懒惰"，出现"附加性""象征性""照搬式"执行等政策偏差。第三，由于地方政府购买教育服务活动仍处于"点上试行"的发展阶段，中央政府层面权威性的政策文本和制度设计还未出现，且多为从其他法律法规如《中华人民共和民办教育促进法》和《中华人民共和国家庭教育促进法》中"摘录"出的相关条款，政策规定"碎片"且笼统，缺乏政府购买教育服务的具体法制标准和行为规范，因此各地政府在进行购买活动时，难免会产生目标模糊、制度断裂、各自为政、以偏概全的现象，如购买教育服务经费的监管和审计制度不统一、促进和扶持教育中介组织发展的税收优惠政策不完善且不统一等。

3. 教育服务购买政策缺乏连续性

在当前的公私合作项目中，政府间公共政策的低连续性被认为是导致伙伴关系破裂的重要影响因素，对于项目投资者来说，这也是困扰他们的难题之一。作为 PPP 模式的政府购买教育服务，一方面，由于缺乏中央政府层面权威性和统一性的政策指导，地方政府就有可能根据自身利益导向制定可变动性大、科学性差和透明度低的购买政策，若地方政府此时缺乏健全和完善的管理制度，极易诱发新的政策风险，比如在教育服务购买过程中地方政府购买政策的不定期变化和连续修订会造成教育服务承接主体生产能力的持

---

① 《中华人民共和国财政部令第 102 号——政府购买服务管理办法》，中华人民共和国财政部官网，2020 年 1 月 22 日，http://tfs.mof.gov.cn/caizhengbuling/202001/t20200122_3463449.htm。

续下降和风险分担范围的不断扩大；另一方面，在特定的区域范围内，政府购买教育服务活动涉及不同层面的行政机构，如教育部门、民政部门、财政部门等，同时管辖层级又是从省—市—区县进行的分级分层，很容易造成政府购买教育服务的政策繁杂。虽然在行政操作和规定流程上需要依照上一级政府的要求和规定来办理，但因政策来源主体各异、政府人员的经验和解读不一，在购买实践上会产生诸多问题和困难。而在同一政府机构不同职能部门之间，政策制定者的专业知识水平低下和在项目管理经验上的不足，以及管理者职位不稳定和过度追求自身业绩等，也会造成购买政策的不断更替和"朝令夕改"，导致购买低效甚至失败。在教育服务购买活动中，地方政府是政策执行和政策反馈的重要主体，应当在政策风险防范中担负主要责任，所以，地方政府在制定本区域内具体的教育服务购买政策时，应加强同上级政府和自身内部机构之间的沟通与协调，积极营造最有利于购买活动实施的政策环境，将因政策非连续性而衍生出的各类政策间断风险降至最低。

综上所述，若要顺利推进中国政府购买教育服务活动，首先要改变无法可依和"法治赤字"的困境，对此，需要专门制定权威的政府购买教育服务法律法规和规范性文件，或修订《政府采购法》并将政府购买教育服务的要求和标准纳入其中，这是政府购买教育服务的基础和保障。只有解决了政策和制度的源头问题，政府购买教育服务中诸如承接主体资格、购买内容、购买规程、合同管理、过程监督、绩效评估等基础性问题才能清晰明了。

（二）整体政策环境还不成熟且相关配套政策欠缺

政府购买教育服务活动的顺利推行不仅需要行政制度作为基础，还需要有成熟的市场和社会政策作为支撑，内外部政策之间的相互配合和相互作用才能构成完整的政府购买教育服务政策体系，进而推动购买活动的深入开展。但是，从目前来看，政府自身似乎还没有做好充分的准备，管制行政、权威行政和经验行政下的教育服务管理方式较常见，约束政府购买行为的相关制度规范也较匮乏。另外，教育服务市场发育还不够完善，缺乏健全的政策法规，以教育社会组织为例，虽然地方政府出台了与之相关的管理规章，但对于它们参与政府购买教育服务活动的基本原则、经费使用、监督管理、内部自律等关键要素均未进行明确规定，即使要培育和扶持教育社会组织的发展也很难找到具体的细则和法规。其实造成这种配套政策缺乏的原因很明显：对于政府购买教育服务来说，其发生和发展时间相较于政府采购工程类服务存在滞后性，在制度和政策建设上也显得迟钝；政府购买"软性"的教育服务不同于政府采购"硬性"设备，不是简单地对教育服务市场进行调控，而是需要花费一定的成本去培育教育市场，需要在经验积累的基础上渐进完善与之配套的购买规则和购买制度。因此，在中国政府购买教育服务活动的发展和完善阶段，因循近几年中央政府制定的指导性政策精神和要求找到与教育服务自身特点和发展规律相符的政策模式至关重要。

（三）地方政府制定的政策存在目标偏差

当前中国地方政府制定的购买教育服务政策还表现出一定的目标偏差。一方面，就政府自身目标偏差来看，一些地方政府只是把政府购买教育服务活动单纯地看作上级政府的一项行政指令和"政治任务"来执行，这就很难制定出符合地方经济和社会发展规律并体现区域特色和教育特点的购买政策。比如在一些市、县级政府制定的购买学前教育服务政策与省级之间几乎没有差异，政策针对性不强，一些政策文件的内容也只是对省级政府所做规定的重复性描述。另外，一些地方政府在制定相关政策时会把购买活动看作追求自身政绩的一种手段或是应对上级要求转变教育职能的一种方式，且十分看重应然层面绩效目标的实现程度，而忽略了当前教育市场发育程度是否有能力承接教育服务以及购买资金是否被有效利用。另一方面，就政策覆盖范围的目标偏差看，中国政府购买教育服务相关政策的制定对地域差异性重视不够，政策受众对象主要指向经济较发达的教育区域和受教育群体，而对于教育资源禀赋不足的区域和群体，政府并没有更多地从其所处的具体经济和社会情况出发进行购买政策设计。另外，从当前地方政府已经制定的购买政策中也不难看出，关于政府购买学前教育服务的政策设计要远远多于教育领域中的其他办学层次，针对亟须发展的义务教育购买政策仍然寥寥无几。因此，在政府购买教育服务的实践活动中，通过政策规范来合理划分教育服务受众的边界，以凸显教育服务的基础保障性、地域差异性和权利均等性等特点，仍是我们需要继续探究的问题。[①]

第二节　政府购买教育服务的经济环境

教育和经济是互为作用和反作用的关系。一方面，教育的进步以经济的发展为基础，经济发展水平对教育形式、教育规模、教育内容、教育资源供需以及教育方法与手段起决定性作用；另一方面，教育发展水平又会促进并带动一个区域乃至整个国家的经济发展。中国的教育经济制度、教育经济结构、教育市场发展水平处于何种发展阶段，自身经济实力如何，是开展政府购买教育服务活动必须加以考量的。另外，从政府战略管理的视角看，政府战略具有广泛的影响力和辐射力，对经济发展发挥着较强的引导作用，同时当前的经济基础也为实施政府战略提供了基本条件和广阔空间。所以，政府制定教育服务购买战略时应加强对教育领域经济发展现状及其变化趋势的研判，在准确把握关键经济变量的基础上加强购买活动的针对性、可行性和有效性。

一　政府购买教育服务的经济机会

（一）教育经济制度变革带来的机会

经济制度是一个国家经济领域最为基本的社会经济关系总和。党的十八大报告中明确指出要把经济体制改革作为国家全面深化改革的重点，并通过政府与市场的优势互补来激发市场活力。在市场机制下，中国的教育服务供给改变了传统的政府垄断供给方式，通过政府与市场合作来寻求供给方式的最佳结合点，以满足社会公众多元化和个性化的教育服务需求。虽然针对教育服务是否可以被市场化存在诸多争论，但事实上教育领域存在市场并可引入市场机制。因为教育本身具有生产性，在教育领域具备教育产品和教育服务的供需关系，能够产生市场价值和交换价格。当下中国的生产资料所有制

[①]　项显生：《我国政府购买公共服务边界问题研究》，《中国行政管理》2015 年第 6 期。

结构是以公有制为主体，多种所有制经济共同发展，并强调要使市场在资源配置中起决定性作用，同时还要更好地发挥政府的调控作用。所以，随着生产资料所有制的明确要求和经济体制变革的不断深化，中国的教育经济体系也在随之发生变化，多元的教育经济主体已经改变了政府作为单一经济主体的格局，这在一定程度上为教育投资主体的多元化提供了相应的制度保障，同时也为转变教育资源配置方式以及政府与市场共同生产和供给教育服务提供了制度可能。另外，与之相关的教育政策如《中国教育改革和发展纲要》、《关于深化教育体制机制改革的意见》和《国家中长期教育改革和发展规划纲要（2010—2020年）》中也对多元化的教育投资体制机制进行了制度规范。所以，无论是教育本身在经济上的生长点还是外在经济环境对教育市场发展的刺激抑或是当下教育经济制度的变革都无疑给政府购买教育服务带来了经济机会。

（二）教育经济结构变革带来的机会

教育经济结构是指教育经济中不同的经济成分、不同的产业部门及社会再生产各方面在组成教育经济整体时相互的适应性、量的比例以及排列关联的状况。从当前中国的教育经济结构来看，营利性教育和民办教育在教育经济结构中的存在和发展为政府购买教育服务提供了有利的经济条件。

1. 营利性教育的出现刺激了教育经济活力

市场经济的竞争性要求政府必须改变传统的教育服务垄断供给思维模式，通过教育民营化改革，使多元主体能够以竞争的状态参与到教育的生产、管理以及运营中来，充分发挥市场竞争在教育中的积极作用，这种竞争性的经济环境促进了营利性教育组织的发生和发展。由此可见，在教育领域中市场力量对教育服务生产和教育资源配置的不断介入是引发营利性教育兴起的直接原因，从这个角度看，营利性教育是促进知识经济不断发展的"助推器"，它在追逐经济目标的同时也在一定程度上担负起了教育发展价值中的公共性责任。[1] 在发达国家中，营利性教育和非营利教育之间有严格的界限，所适用的政策范围也因自身性质的迥异而不同。在中国，公民接触

---

① 周波、张彤：《营利性教育的经济学解释》，《教育研究》2010年第5期。

较多的营利性教育主要是指能够提供个性化和私人化教育服务的组织，如教育管理培训机构、课外辅导机构、外语类技能培训机构、职业技能培训机构等。虽然之前国家相关法律规定，任何个人及组织都不能以营利为目的来开办学校和其他形式的教育机构，但通过借鉴西方私立教育的发展经验，2016年11月修订的《中华人民共和国民办教育促进法》中第十九条明确提出"民办学校的举办者可以自主选择设立非营利性或者营利性民办学校"，删除了以往关于合理回报的条款，并首次允许社会举办营利性民办学校，对两类学校进行分类管理和差别化扶持，这种关于收益的结构性调整极大地调动了营利性教育机构参与办学的热情，也进一步促进了教育经济市场的繁荣发展。但值得注意的是，虽然营利性教育被赋予了合法性，但相关法律政策已经明确了"坚持教育公益性、把社会效益放在首位"的要求，即便是"纯营利性教育机构提供的教学效益也具有社会外溢性"[①]。无论是营利性还是非营利性民办学校，都不能背离教育属性和教育规律，应在坚持教育性和公益性的基础上，把培养高素质人才和切实服务社会发展放在首位，所以，营利性教育虽然源于市场，具备市场中提供的活力和优势，利用市场竞争机制提升办学的经济效益无可厚非，但这只是促进和发展教育的工具，并不能成为教育的最终目的。不可否认的是，营利性教育的出现不仅刺激了教育经济活力，也为政府在购买活动中选取合适的教育服务承接主体提供了较大的空间。

2. 民办教育在教育经济结构中的"扩张"与"收缩"

在国外民办教育通常是指私立学校，但这并不意味着学校所有权的"私有制"，而是对教育领域非营利法人机构的一种别称，在中国私立学校被称作民办学校。民办教育包括教育社团、民办中小幼组织、民办非学历教育组织和教育类专业组织。美国学者 Estelle James 从供给和需求的经济学角度出发勾勒出了对私立（民办）教育进行经济学分析的基本框架（见图4-1），并认为私立（民办）教育的产生与发展的动力源泉来自社会需求，这

---

① 邬大光：《从民办教育看教育的公益性与营利性》，《光明日报》2016年12月6日。

种需求可以被划分成两大类：第一类是过度教育需求，是指当前政府提供的学校和学位数量欠缺以及公民获取接受教育的机会不足，不能有效满足当前社会对教育的期待值；第二类是差异教育需求，是指由于异质性教育需求的存在，学生和家长会更多地基于自身偏好选择不同的学校，以获取水平更高的和内容更丰富的教育。对此，私立（民办）教育政策目标主要包括扩大公民教育选择机会、提高教育资源的配置效率、不断增加社会公平和提升社会凝聚力。[①]

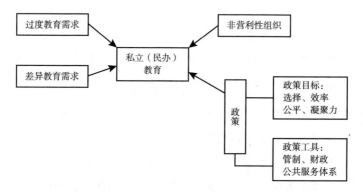

图 4-1　对私立（民办）教育进行经济学分析的基本框架

资料来源：阎凤娇《对我国民办教育有关政策的经济学分析》，《浙江树人大学学报》2005 年第 3 期，转引自 Estelle James，"Why Do Different Countries Choose a Different Public-Private Mix of Educational Services?" *The Journal of Human Resources 28（3）*，1993，pp. 571-592。

《全国教育事业发展统计公报》统计数据显示，2010—2020 年，中国民办中小学数量由 9610 所增至 12228 所，增加 2618 所，增长了 2.72%；招生数由 247.93 万人增长至 388.87 万人，增加 140.94 万人，增长了 5.68%。在校生数由 979.74 万人增长至 1684.99 万人，增加 705.25 万人，增长了 7.20%（见图 4-2）。民办教育通过充分借用市场机制中的人力、财力和物力资源进一步提高了自身的专业化水平，在学校、家庭和社会间架起了教育

---

① Estelle James，"Why Do Different Countries Choose a Different Public-Private Mix of Educational Services?," *The Journal of Human Resources 28（3）*，1993，pp. 571-592.

"三维立交桥",为它们之间的互补共赢注入了动力。另外,民办教育还从教育的内容、范围和对象上对公办教育进行了有力补充,助推了教育服务的生产和供给力度。民办教育的快速发展也为政府寻找教育服务合作伙伴提供了更多的市场可能性。但 2016 年 11 月修订的《中华人民共和国民办教育促进法》对民办学校的办学政策收紧后,民办中小学的学校数增长率已经由2016 年的 3.02%降低至 2020 年的 1.72%。① 另外,虽然民办教育扩大了优质教育资源覆盖范围,但由于受到市场机制中不良竞争和自身逐利的影响,部分民办学校和"公参民"② 学校对教育资源的垄断也加重了公众教育负担,破坏了教育生态平衡。为了重塑教育公益属性、促进教育资源均衡和保障教育机会公平,2021 年发布的《教育部等八部门关于规范公办学校举办或者参与举办民办义务教育学校的通知》规定"各地不得再审批设立新的'公参民'学校;公办学校也不得以举办者变更、集团办学、品牌输出等方式变相举办民办义务教育学校"③,这也导致了民办学校的锐减。《2021 年全国教育事业发展统计公报》显示,全国共有各级各类民办学校 18.57 万所,比上年减少 989 所,占全国各级各类学校总数的比例 35.08%;其中民办义务教育阶段学校 1.22 万所,比上年减少 67 所,占全国义务教育阶段学校总数的比例为 5.87%,在校生 1674.10 万人,比上年减少 10.89 万人,占全国义务教育阶段在校生的比例为 10.60%。④ 虽然在新《中华人民共和国民办教育促进法实施条例》和"民转公"政策影响下民办学校的数量在减

---

① 根据教育部 2010—2020 年《全国教育事业发展统计公报》相关数据统计。

② "公参民"学校主要包括以下三类:公办学校单独举办的义务教育学校;公办学校与地方政府及相关机构合作举办的义务教育学校;公办学校与其他社会组织、个人合作举办的义务教育学校。参见《教育部等八部门关于规范公办学校举办或者参与举办民办义务教育学校的通知》,中华人民共和国教育部官网,2021 年 7 月 28 日,http://www.moe.gov.cn/srcsite/A03/s3014/202107/t20210728_ 547409.html。

③ 《教育部等八部门关于规范公办学校举办或者参与举办民办义务教育学校的通知》,中华人民共和国教育部官网,2021 年 7 月 28 日,http://www.moe.gov.cn/srcsite/A03/s3014/202107/t20210728_ 547409.html。

④ 《2021 年全国教育事业发展统计公报》,中华人民共和国教育部官网,2022 年 9 月 14 日,http://www.moe.gov.cn/jyb_ sjzl/sjzl_ fztjgb/202209/t20220914_ 660850.html。

少，但通过资质筛选和"六独立"① 保留，不仅提高了民办学校的办学质量，政府也制定了更为具体和系统的制度与政策扶持民办中小学的发展，这为政府购买教育服务提供了更多机会，如民办学校可以与政府签订协议，通过承接政府购买服务方式之一的提供学位，或者承担政府委托的各类教育任务等，如 2022 年全国民办义务教育阶段学校在校生 1356.85 万人中通过政府购买的方式获得学位的学生就有 736.37 万人，占比高达 54.27%。②

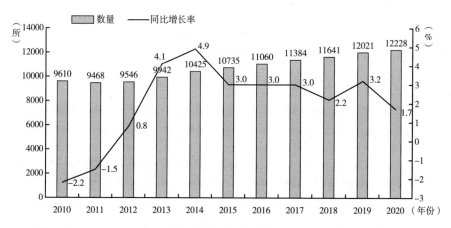

图 4-2 2010—2020 年民办中小学（小学、初中）学校数量及同比增长率

资料来源：根据教育部发布的 2010—2020 年《全国教育事业发展统计公报》相关数据统计。

3. 教育培训行业在教育市场中的"担当"与"转向"

中国民众对多元化、个性化和可选择化教育服务的关注和现实需求直接刺激了教育行业的快速发展，其中校外教育培训机构在帮助家庭和社会提供特色化和多样化教育服务以及推动教育理念、教育方式、教育技术创新上发

---

① 公办学校与其他社会组织、个人合作举办的民办义务教育学校，符合"六独立"要求（独立法人资格、校园校舍及设备、专任教师队伍、财务核算、招生、毕业证发放）的，可继续举办民办学校，但应在履行财务清算等程序，并对民办学校及相关单位、企业等使用公办学校校名或校名简称进行清理后，公办学校逐步退出。参见《教育部等八部门关于规范公办学校举办或者参与举办民办义务教育学校的通知》，中华人民共和国教育部官网，2021 年 7 月 28 日，http://www.moe.gov.cn/srcsite/A03/s3014/202107/t20210728_547409.html。
② 根据教育部《2022 年全国教育事业发展统计公报》相关数据统计。

挥了关键作用。国家"十四五规划"提出："要把提升国民素质放在突出重要位置，构建高质量的教育体系；加大教育培训和就业扶持力度；完善普惠性学前教育和特殊教育、专门教育保障机制；发挥在线教育优势，完善终身学习体系，建设学习型社会。"① 中央全面深化改革委员会第十九次会议也已明确，要鼓励支持学校开展各种课后育人活动，满足学生的多样化教育需求。高涨的教育需求必然拉动多元化的教育供给，近些年我国教育培训行业发展迅速，主要涉及学校教育、社会教育、培训服务、教育培训管理服务和教育培训相关服务五大类（见表4-3），其中中小学教育、职业教育、幼儿教育、在线教育、课外辅导和早教、语言学习、才艺培训和企业培训等具体领域表现活跃。以教育培训行业中的在线教育为例，其超越时空界限的鲜明特点和力求优质教育资源全民共享的价值旨归，保障了教育公平，促进了教育均衡，提升了教育质量。当下多数人会把接受在线学习和在线辅导作为获取知识的主要方式，与选择常规的书本学习用户相比，二者的比例相当，从这一点可以看出当前我国在线教育市场已经集聚了相当规模的用户基础，并且有不断吸引用户和深入挖掘市场的庞大空间，同时，一些在线教育公司正逐步进入公立中小学，通过采取PPP销售模式将产品渗透到公立学校和地方教育行政机构，以政府购买方式向学校提供教育平台，辅助教师进行课堂教学，成为缓解优质教育资源供需矛盾的重要手段之一。值得注意的是，虽然教育培训行业扩大了优质教育资源覆盖范围，但部分义务教育阶段的培训机构表现出了明显的市场趋利性和资源垄断性，甚至进行资本化运作，这在一定程度上有损教育的公益性和公平性。为了维持正常的教育教学秩序，落实党和国家立德树人的根本任务，2021年7月，中共中央办公厅、国务院办公厅印发了《关于进一步减轻义务教育阶段学生作业负担和校外培训负担的意见》（简称"双减"政策），该政策从国家层面加大了对校外培训行业的治理力度，控制了校外培训机构的发展规模，诸多教育培训机构也被叫

---

① 《中华人民共和国国民经济和社会发展第十四个五年规划和2035年远景目标纲要》，中国人大网，2021年3月13日，http://www.npc.gov.cn/npc/kgfb/202103/bf13037b5d2d4a398652ed253cea8eb1.shtml。253cea8eb1.shtml.

停了教育市场规模中占比较大的 K12 阶段学科类校外培训服务。目前，教育培训行业正在积极回应"双减"政策要求，在国家的规范与扶持、监管与引导下，通过调整业务板块开始向素质教育和职业教育转型，助推自身进入新的发展轨道。同时，为了缓解学科类培训机构锐减造成的教育"不适"，加快学生学习方式的重塑，进一步落实"双减"政策中提出的"提升学校课后服务水平，满足学生多样化需求"要求，一批具有独立法人资格、组织结构较为完善、从业人员素养良好、经营口碑较高的教育培训机构，将成为政府购买"课后"教育服务的主要承接主体。另外，有研究预测，随着二孩年龄增长至学龄儿童以及居民教育支出的持续增长，我国教育培训行业市场规模将由 2021 年的 16140 亿元增至 2025 年的 21713 亿元，年均复合增长率预计为 7.7%①，这也为推进政府购买教育服务活动提供了良好的经济机会并注入了强大的经济动力。

表 4-3　我国教育培训行业统计分类

教育培训行业统计分类	
大类	子类
学校教育	基础教育
	高等教育
	特殊教育
社会教育	素质教育
	教育培训知识普及
培训服务	职业技能培训及相关服务
	文体培训
	课外辅导培训
	出国留学/移民培训
	干部教育培训
	老年培训

---

① 中商产业研究院：《2021 年"十四五"中国教育培训行业市场前景及投资研究报告》，第 2 页。

续表

教育培训行业统计分类	
大类	子类
教育培训管理服务	政府教育培训管理服务与教育监督
	社会组织教育培训服务
教育培训相关服务	教育辅助服务
	教育基本保障服务
	教育科技服务
	智慧教育培训服务
	教育培训金融服务
	教育培训法律服务
	教育培训信息服务
	教育培训基地服务

资料来源：智研咨询《中国教育培训行业市场分析、前景趋势预测报告——智研咨询发布》，东方财富网，2023 年 7 月 6 日，https：//caifuhao. eastmoney. com/news/20230706101455570921940。

（三）国家教育经费持续投入带来的机会

随着中国经济的迅速发展，国家社会对公民教育的重视程度日益深化，近年来中国教育经费投入逐年增加，2021 年全国教育经费总投入为 5. 79 万亿元，比上年增长 9. 25%，国家财政性教育经费投入达 4. 58 万亿元，比上年增长 6. 76%（见图 4-3）；2021 年全国按在校学生人数平均的一般公共预算教育经费为 15356. 59 元，同口径比上年增长 2. 35%，其中全国普通小学为 12380. 73 元，同口径比上年增长 2. 22%，全国普通初中为 17772. 06 元，同口径比上年增长 1. 74%。[①] 2021 年，全国教育经费总投入占国内生产总值比例为 4. 01%，并已连续十年做到"不低于 4%"，以政府投入为主、多渠道筹集教育经费的体制机制得到了进一步巩固与完善，支撑了教育改革和教育事业的不断推进和发展。基础教育是涉及范围最广的教育领域，为实现教育公平和促进教育均衡，国家一直在持续加大基础教育经费投入力度，不断

---

① 《教育部　国家统计局　财政部关于 2021 年全国教育经费执行情况统计公告》，中华人民共和国教育部官网，2022 年 12 月 29 日，http：//www. moe. gov. cn/srcsite/A05/s3040/202212/t20221230_ 1037263. html。

创新基础教育经费投入机制，提升基础教育经费使用效益。为弥补基础教育资源不足，提高其配置效率，加快政府和市场在基础教育上的合作共治，教育部门可以会同财政部门制定政府向社会力量购买教育服务目录，把购买经费列入财政预算，允许中小学利用一定比例的教育财政经费购买课程资源服务、教师培训服务、教育信息技术服务和课后教育服务等，当然，这一切都离不开国家各级教育经费投入的有力保障。

图 4-3　2014—2021 年中国教育经费及国家财政性教育经费投入

资料来源：根据教育部、国家统计局、财政部发布的 2014—2021 年《全国教育经费执行情况统计公告》相关数据统计。

（四）家庭教育消费结构变化带来的机会

教育消费支出是指在教育活动中用在教育物质产品和教育劳务产品上的经费开支，不仅包括公民个人在教育上的消费也包括政府在生产和提供教育中的支出，是教育活动的关键环节和经济活动的重要组成部分。随着中国市场转型的加快和家庭结构的不断变化，孩子教育已经成为家庭消费的核心内容，为了不让孩子输在"起跑线"上，扩大孩子未来的发展空间，不同收入阶层的家庭都体现出在经济能力允许范围内为子女选择更高质量的教育。当下，知识经济革命催化了公民消费结构的不断变化，随着国家财政性教育经费的不断增加和居民消费水平的持续提高，家庭教育支出也呈现上升趋势，有研究数据显示，2020 年中国家庭教育支出已达 14297 亿元（见图

4-4），教育消费支出已经成为培养子女和家庭经济支出的必要内容，呈现支出金额大、占家庭总支出比例高的特点。2015—2022年，全国居民的教育文化娱乐人均消费支出比例一直占居民人均消费支出的10%以上（见图4-5）。如在2019年中国新中产家庭的主要生活消费支出中，孩子教育支出

图 4-4 2011~2020 年中国家庭教育支出情况

资料来源：智研咨询《2021年中国教育培训行业发展环境（PEST）分析》，智研咨询官网，2021年12月20日，https://www.chyxx.com/industry/202111/986703.html。

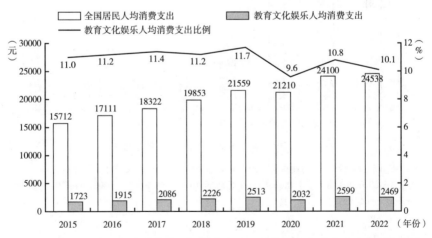

图 4-5 2015—2022 年全国居民人均消费支出和教育文化娱乐人均消费支出情况

资料来源：根据国家统计局发布的2015—2022年"居民收入和消费支出情况"相关数据统计。

（52.0%）已超过其他生活费用，成为仅次于日常开销（71.2%）和房租房贷（53.9%）的第三大家庭支出（见图4-6），其中收入越高的家庭，在子女教育方面的支出占比越大。也有研究显示，中小学每生每年的家庭教育支出超过1万元，占家庭总支出的16%，分别有38%和21%的中小学生在过去的一学年里参加过校外补习和兴趣班，经济收入越高的家庭，在子女教育方面的支出占比越大，与中等和高收入家庭相比，低收入家庭对子女的校内和校外教育投入均显不足，教育消费支出与家庭收入呈显著的正比增长。[①]政府购买教育服务的目的是帮助资源禀赋不足和有多元化教育需求的群体获取优质教育资源机会，以推动教育均衡和教育公平。当前中国家庭教育消费支出现状俨然能为政府购买教育服务带来一定的经济机会，它不仅可以在一定程度上满足中产及以上家庭位置化、多元化和差异化教育的需求，还可以利用公共财政支持为在校学生特别是贫困家庭学生购买教育托管、课程辅导、艺术培训等教育服务，以弥合因家庭经济差距带来的教育资源和教育机会"鸿沟"。

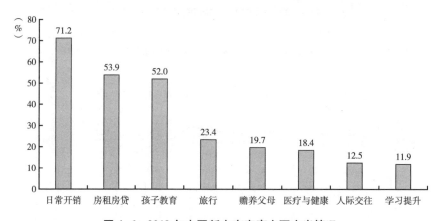

图4-6　2019年中国新中产家庭主要支出情况

资料来源：《腾讯理财通报告：2019年超五成新中产家庭主要支出是子女教育》，百度百家号，2020年1月7日，https：//baijiahao．baidu．com/s？id=1655060257334180404&wfr=spider&for=pc。

---

① 魏易：《校内还是校外：中国基础教育阶段家庭教育支出现状研究》，《华中师范大学学报》（教育科学版）2020年第5期。

二　政府购买教育服务的经济风险

（一）地方经济发展水平不平衡

地方经济发展水平与教育发展水平具有一致性，且呈高度正相关。一般来说，经济发展迅速地区的教育水平会明显高于经济发展缓慢的地区。地方经济发展为教育发展提供了必要的资源与条件，同时也对教育提出了未来预期和客观需求，即要求教育提供足够的人力资源以促进地方经济的发展，地方经济与教育之间是相互依存和相互促进的关系。另外，教育通过不断提升人力资本积累的水平与质量，影响着地方经济发展的"韧性"和可持续性。经济是社会发展的基础和根本动力，地方经济发展水平决定了教育的投入力度、层次和水平，只有当经济发展水平较高时，教育规模才会随之扩大，教育结构才会不断丰富，所以地方经济与教育之间也是相互影响和相互制约的关系。经济基础决定上层建筑，在教育政策层面，地方经济发展水平是教育政策得以成功实施的基本条件，更会对教育政策过程产生重要影响，且决定着教育政策的成功，特别是大型的教育项目常常需要庞大的财政投入，如果没有足够的经济实力，一些教育改革将不得不停留在政策设想阶段。以上海市浦东新区为例，该地之所以能够成功制定和实施政府购买教育服务政策，不仅与政府自身的教育服务供给方式创新水平有关，也与外部较高的区域经济发展水平以及充足的地方财政实力密不可分。但是，在经济欠发达地区，政府的公共财政能力脆弱，财政资金有限，教育支出比重偏低，优质的教育资源存量更是十分匮乏，政府购买教育服务的资金支持和服务承接主体不足都会阻滞购买活动的顺利开展，难免会出现知道"需要购买和购买什么"而"无力购买和无处购买"的窘状。

（二）地方政府教育财政投入不足

改革开放以来，中国的财政体制和教育体制都发生了较大变化，"地方负担为主，中央和省级负担为辅"的基础教育经费投入机制明确了地方政府在教育发展中的主导作用。在教育经费筹集和教育财政投入上虽然西部落后地区无法和东部发达地区比拟，但即使在同一省域内，不同市、县之间的教育财政投入也存在很大差别。究其原因，第一，教育财政统筹层次偏低，造成了市、县负担畸轻畸重。当前的基础教育财政实行的是区县管理机制，省级政府虽然也进行宏观调控，但还没有做到真正意义上的省级统筹，区县政府在财政责任担负和财政能力建设上并未与省级政府要求达成有效的匹配状态，导致部分地区教育财政资金的结存和沉淀抑或部分地区资金的严重不足，出现苦乐不均的情况。第二，在地方政府官员中，他们更关心的是如何保持政治稳定并促进经济增长，这已经成为提升地方政府政绩的主要衡量指标，由于基础教育的财政支出在短期内不能带来直观、明显的经济效益和政治效益，这也就造成了地方政府对教育投入的关注度要远远低于其他领域，地方政府对教育财政投入不足导致的教育经费支出乏力也就不足为奇了。第三，政府购买教育服务属于短期的"项目制"模式，具有典型的周期性，地方政府在教育财政安排上不仅缺乏必要的资金使用和监管制度，也尚未形成与之配套的教育经费下拨机制。[①] 所以，教育财政管理及其政策上的缺陷，也会淡化地方政府对购买活动的关注及其财政投入力度。所以，当地方政府面对购买教育服务活动时，教育财政投入的意愿和行为"疲软"，并不能有效刺激它们参与的积极性和主动性，进而会制约购买项目的顺利开展。

（三）地方政府经济担负乏力

地方政府的主要职能之一就是向公民提供良好的公共产品和公共服务，但这需要充裕的财政资金作为基础。1994 年中国实行"分税制"预算管理体制，以税收为标准划分各级政府的预算收入，同时各级政府预算保持相对独立并承担相应的平衡责任，各级政府间出现的财力差别，则主要由中央政府向地方政府或者上级政府向下级政府通过转移支付的方式进行调控，这一方面对调节中央政府和地方政府之间的税收分配关系、加强税收的征收和管理以及提升政府的宏观调控能力等发挥着积极作用；另一方面，由于转移支付资金的配置权集中在中央政府部门，且部门间缺乏有效的协调，地方政府

---

① 张燕：《政府购买基础教育服务的实践困境与推进对策》，《中国教育学刊》2016 年第 9 期。

话语权不足，造成财政资金使用效率降低，地方政府收入规模远不能满足财政支出需要，这也会进一步扭曲地方政府职能，弱化公共服务提供。[①] 同时，一些地方政府为缓解短期内的财政困难，彰显自身"政绩"，通过融资平台向国有银行大量贷款投入基础建设领域，但因其投资回收周期的漫长性，又进一步导致政府资金的匮乏，从而形成财政资金运转的恶性循环，因有国家"兜底"的不良观念作祟，地方政府财政透支和举债发展的现象司空见惯（见图4-7）。政府购买教育服务是通过 PPP 模式来弥补政府教育资源和资金投入的不足，但地方政府的债务问题也会对合作主体间的信任关系产生一定负面影响。另外，地方政府特别是区、县级政府是保障基础教育经费的主要责任主体，能否有效解决教育资源的均衡发展问题，很大程度上取决于其财政能力和财政投入力度的大小，在自身财政压力较大的情况下，自然不愿意再额外投入教育资金为外来人员买单，比如为农业转移人口随迁子女购买学位等。

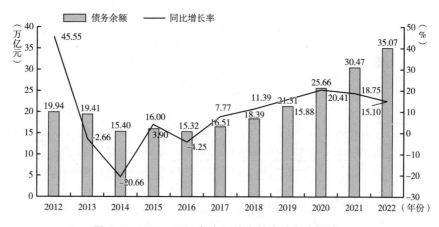

图4-7　2012—2022年全国地方政府债务余额情况

资料来源：根据财政部发布的 2012—2022 年"地方政府债券发行和债务余额情况"相关数据统计。

[①] 吕冰洋：《分税制有什么问题？》，中国人民大学财政研究所，http：//ipft. ruc. cn/yjcg/sdpl/01abc34d346742289dead8ea1ba518eb. htm。

（四）教育投资结构不平衡

教育投资是国家投入教育领域人力、物力和财力的总和，作为教育生产和发展教育事业的基础，不仅直接关系到教育发展的速度、规模和质量，更是保持教育和经济间关系平衡的决定因素。而教育投资结构则是指在教育投资过程中各级、各类教育间达成的比例关系，但当下这种比例关系却存在以下失衡现象。一方面，小学教育、初中教育和高等教育间的投资结构不平衡。从公共产品的公益属性来看，小学教育和初中教育作为九年制义务教育是内部收益少而外部收益大的一种教育产品，是提升国民素质的根基，在各级教育中占据重要地位，政府作为国家教育的主办者理应加大该领域的财政投入力度。但从现实情况看，虽然国家也对这三级教育经费的分配比例一再做出调整，并加大了义务教育经费的投入力度，但仍未达到平衡状态，由表4-4可知，2015—2019年高校生均预算内教育经费投入比例为义务教育的2倍左右，2020年和2021年才有所下降。

表4-4　2015—2021年全国普通小学、初中、高校三级教育生均
预算内教育经费投入情况

单位：元

类别	2015年	2016年	2017年	2018年	2019年	2020年	2021年
小学	8838.44	9557.89	10199.12	11328.05	11949.08	12330.58	12380.73
初中	12105.08	13415.99	14641.15	16494.37	17319.04	17803.60	17772.06
高校	18143.57	18747.65	20298.63	22245.81	23453.39	22407.39	22586.42
比例关系	1：1.37：2.05	1：1.40：1.96	1：1.44：1.99	1：1.46：1.96	1：1.45：1.96	1：1.44：1.82	1：1.44：1.82

资料来源：根据财政部发布的2015—2021年《全国教育经费执行情况统计公告》相关数据统计。

另一方面，农村一直是中国教育领域的"洼地"，由于城乡经济发展差距和教育投资结构不平衡，无论是在办学条件、校园建设等"硬件"上，还是在师资力量、培养质量等"软件"上，农村都明显落后于城市。党的十九大提出要实施乡村振兴战略，并明确指出"推动城乡义务教育一体化发展，高度重视农村义务教育"，对此，针对乡村义务教育发展，中央政府

层面出台了诸多扶持政策，也加大了教育经费的投入力度，虽然相对差距在逐年缩小，但绝对差距却有扩大趋势。有研究表明，2013 年，农村小学和初中生均一般公共预算教育经费分别是 6974 元和 9465 元，城市小学和初中分别是 7127 元和 9656 元，农村和城市的比值均为 0.98，而 2019 年农村小学和初中生均一般公共预算教育经费分别是 11127 元和 15197 元，城市小学和初中生均一般公共预算教育经费分别是 13455 元和 21306 元，农村和城市的比值分别为 0.83 和 0.71，所以，从农村和城市生均一般公共预算教育经费比值看，2013—2019 年呈现缓慢下降趋势，表明城乡间的教育经费投入差距有所扩大。[①] 综上，国家教育经费在三级教育和城乡间的非平衡化投入，可能会进一步引发虹吸效应，影响教育的公平化和均衡化发展，在确定教育服务受众时容易出现目标偏差：重视利益空间较大的高等教育而忽视普惠性的义务教育，重视资源存量较大的城市义务教育而忽视资源禀赋不足的农村义务教育。

第三节 政府购买教育服务的社会环境

当前推进中国政府购买教育服务活动主要涉及两大现实基础：一是政府的购买意愿；二是社会的准备程度。政府的购买意愿是指政府参与购买活动的积极性、主动性和可能性以及未来的特定计划，回答的是"愿意不愿意购买"的问题；社会的准备程度是指社会层面是否具备能够参与购买活动的资源和能力，以承接政府转让出的教育服务生产职能，回答的是"有没有条件购买"的问题。二者互为前提且形成彼此影响的制约关系。从社会机会和社会风险出发，对当前中国政府购买教育服务活动所处的社会环境进行客观评估是确保其成功践行的基本前提。

---

① 魏易、朱蕾娜、季楚煊：《我国义务教育生均经费支出水平城乡差距分析报告》，"中国教育财政"微信公众号，2022 年 5 月 12 日，https://mp.weixin.qq.com/s?＿＿biz＝MjM5NzYwMTgzNQ＝＝&mid＝2649251240&idx＝1&sn＝bb768a5053019df783a25b8cc9bf341e&chksm＝becb8aec89bc03fa378ed2108530e93b21fc40c02bb54bc4ffec520bb7413074f6e0c13a 0933&scene＝27。

一 政府购买教育服务的社会机会

(一)多元化的社会结构正在形成

当前中国社会结构①呈现出明显的复杂化和多元化特点。从城镇化发展的视角看，城市和农村之间的人员流动逐渐增强，传统的个人和群体依赖关系正在减弱，多元化的社会主体利益诉求造成了主体意识、主体权利和主体价值的多样性和差异性，不仅会给城镇内部带来新的"二元"矛盾，造成城乡利益格局失衡，各类社会问题和社会风险隐患的凸显也对政府履行基本公共服务职能提出了更高要求。在教育服务领域，这种社会结构变化带来的挑战不仅是如何扩大教育服务供给范围和供给领域的问题，还是如何精准确定多元利益诉求下的教育服务供给对象和供给内容及相应评价标准的问题。以受教育人员的社会流动为例，教育部发布的《全国教育事业发展统计公报》相关统计数据显示，2010—2020 年，义务教育阶段进城务工人员的随迁子女从 1167.17 万人增加到 1429.73 万人，增加了 262.56 万人，增长率为 22.50%；其中随迁子女中在小学就读的人数从 864.30 万人增加到 1034.86 万人，增加了 170.56 万人，增长率为 19.73%，随迁子女在初中就读的人数从 302.88 万人增加到 394.88 万人，增加了 92 万人，增长率为 30.38%（见图 4-8）。虽然 2021—2022 年义务教育阶段进城务工随迁子女人数的同比增长率有所下降，但不可回避的是，城市内的中小学学位尤其是优质学位的供需矛盾仍十分突出。所以，随着城市化进程的加快，政府如何保障随迁子女在流入地的平等教育权利和入学机会，以公办学校为依托将随迁子女纳入流入地教育保障范围，并加大人口流入地义务教育学位供给和动态调整流入流出地的教师编制定额等，都将会成为政府供给教育服务和应对复杂教育治理结构的一个巨大挑战。社会发展经验表明，这种现象在大城市

---

① 广义的社会结构，是指社会各个基本活动领域，包括政治领域、经济领域、文化领域和领域之间相互联系的一般状态，是对整体的社会体系的基本特征和本质属性的静态概括，是相对于社会过程而言的；狭义的社会结构指由社会分化产生的各主要的社会地位群体之间相互联系的基本状态。这里主要指狭义的社会结构。

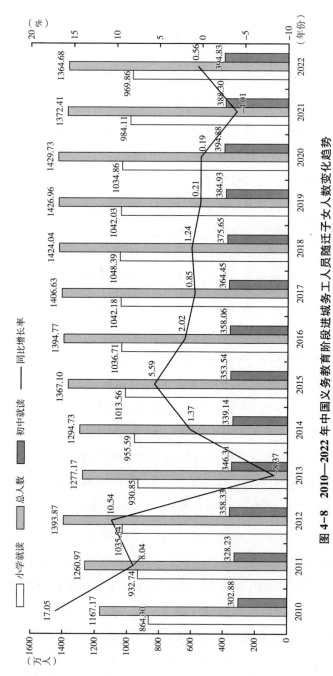

图 4-8　2010—2022 年中国义务教育阶段进城务工人员随迁子女人数变化趋势

资料来源：根据教育部发布的 2010—2022 年《全国教育事业发展统计公报》相关数据统计。

尤为突出，因其空间和资源的容纳性将产生更加多元化的教育服务需求。其实，正常的社会结构变化能在一定程度上激发社会生机活力，但这也要求政府必须具备相应的社会利益协调机制以应对可能发生的各类风险和矛盾。所以，多元化社会结构的形成正在倒逼政府在教育领域寻求一剂"良方"来解决教育需求与教育供给间的突出矛盾，而如何有效保障失业人员、无劳动能力人员以及进城务工人员子女能享受到基本公共教育服务也为政府向社会力量购买教育服务提供了社会机会和行动可能。

（二）教育社会组织的快速发展

综观国外政府购买公共服务活动，其成功实践都不能脱离一个重要的社会前提，那就是良好的社会环境，特别是发育较为成熟的社会组织为购买活动的顺利开展提供了优越的外部社会支撑条件。在中国，作为政府和公民的重要维系主体，社会组织不仅为公民参与政治活动和表达政治诉求提供了制度化渠道，同时它还是对市场机制和社会自治力量进行有序统合的重要纽带，更是政府生产和供给公共服务的有效参与者。基于相关政策的积极引导和扶持，中国社会组织近些年发展迅速，民政部发布的《社会服务发展统计公报》和《民政事业发展统计公报》显示，截至 2022 年底，全国共有社会组织 89.1 万个，相比 2012 年的 49.9 万个增长了 39.2 万个，增长率为78.56%，其中社会团体从 27.1 万个增长到 37.0 万个，增长率为 36.53%；民办非企业单位从 22.5 万个增长到 51.2 万个，增长率为 127.56%；基金会从 3029 个增长到 9321 个，增长率为 207.73%（见图 4-9）。

有调查表明，从提供公共服务的内容和意愿来看，大部分社会组织愿意提供包括幼儿教育、基础教育、成人技能教育、残障儿童教育、社区教育等教育服务，比例高达85.2%。[①] 因其受到政府的大力扶持和社会的高度关注，当前中国教育社会组织的发展正在实现量和质的突破，《中国社会组织报告（2022）》显示，截至 2021 年底，中国教育领域社会组织有 288341 个，占社会组织总数量的 31.97%。其中教育社会组织中的

---

① 陈旭清、赵会、向娟：《民族地区政府购买 NGO 服务研究》，《中国行政管理》2012 年第 7 期。

图 4-9 2012—2022 年中国社会组织发展情况

资料来源：根据民政部发布的 2012—2022 年《社会服务发展统计公报》和《民政事业发展统计公报》相关数据统计。

教育类民办非企业单位发展迅速，如由《社会服务发展统计公报》和《民政事业发展统计公报》发布的数据可知，2014—2018 年，在民办非企业单位总数中的占比都高达 50% 以上，2014 年全国共有民办非企业单位 29.2 万个，教育类 16.4 万个，占比 56.2%；2015 年全国共有民办非企业单位 32.9 万个，教育类 18.3 万个，占比 55.6%；2016 年全国共有民办非企业单位 36.1 万个，教育类 19.9 万个，占比 55.1%；2017 年全国民办非企业单位 40.0 万个，教育类 21.7 万个，占比 54.2%；2018 年全国共有民办非企业单位 44.4 万个，其中教育类 24.0 万个，占比 54.1%。① 教育社会组织的发展必将对丰富社会组织场域、提高教育公共治理水平和推动教育服务供给方式创新产生重要影响。从教育社会组织特点来看：第一，它们兼备类似政府公益性和企业灵活性的双重特点，并具有强烈的公共使命感和组织动员力，可以切实反映社会公众的教育服务诉求，在教育公共意志引领与表达中能起到积极的作用；第二，在

————————

① 根据民政部发布的 2014—2017 年《社会服务发展统计公报》和 2018 年《民政事业发展统计公报》相关数据统计。

解决教育服务领域问题的能力和经验上，教育社会组织也可以对政府进行有效补充，提高教育制度和教育政策的合法性与合理性；第三，在教育服务生产过程中，教育社会组织具有典型的志愿性、自律性和非营利性，这种自治机制不仅可以加强政府与社会间的利益协调，还能拓宽教育服务供给渠道，改善教育服务供给品质，提高教育服务供给质量。当前，中国正从传统公共行政走向现代化公共治理，教育社会组织作为教育公共治理的重要参与主体，必将为政府购买教育服务实践提供充足的专业社会资源准备，并在协调教育领域政府、市场和社会关系，以及承接政府让渡的教育职能中扮演关键角色。

（三）社会公众对教育服务改革的期许

随着义务教育"择校热"现象的持续升温，社会公众对优质教育服务的需求不断高涨，对优化公共教育资源配置和扩大公共教育服务供给的呼声也越来越高。虽然中国教育事业发展取得了一定成就，但是在公众教育期望值不断提高的社会背景下，如何真正实现从"有学上"到"上好学"的跨越，如何进一步加快教育资源分配和教育服务共享的均衡化，进而实现教育机会公平和教育结果公平，俨然已经成为社会最为关切的教育问题。因此，在政府职能转变、政府供给公共服务方式创新和政府公共服务管理水平提高等内外因素的影响下，公众对政府有效解决教育资源不均衡配置和切实保障弱势群体教育权利等问题的现实期待，正在催化教育管理体制机制改革，并要求政府有所作为，以充分应对当下中国教育领域面临的困境。另外，在其他公共服务领域，政府通过购买的方式提供质优价廉的养老服务、医疗服务、社区服务和文化服务等，受到了公众的普遍好评和认可，这不仅为加快教育领域改革提供了可供借鉴的现实经验，也为政府购买教育服务的有益尝试打开了"突破口"。

二 政府购买教育服务的社会风险

（一）公民的购买文化认同困境

"文化"是一个人或一个群体在某一特定时期内形成的相对稳定的心理

积淀和价值体系，在社会体系建构中，它会对社会资源配置和社会制度建设产生深层且持久的影响。奥斯本和普拉斯特里克在《摒弃官僚制：政府再造的五项战略》一书中这样描述文化："你可以管理文化，但无法控制文化；你可以管理组织价值的生成过程，但不能控制人们对你所做事情的反应。"① 政府购买教育服务的文化环境是指作用和渗透于政府购买系统中的价值观念、道德意识、行为规范、人文关系等文化条件，它为购买活动提供智力支持和精神动力，是政府购买活动成功的重要因素。购买活动中的"文化认同"则是指购买参与主体对购买行动形成的有意义的肯定性体认，是对购买活动的基本价值认同，是凝聚主体力量的精神纽带，是保障购买活动得以可持续发展的精神基础。公民是政府购买教育服务的目标指向，公民对购买文化的认同是教育服务供给和购买制度建设的基础性要素，但当下公民对政府购买教育服务活动和教育社会组织存在一定程度的认同困境，从而制约了购买活动的推进。

1. 公民对政府购买教育服务存在文化认同困境

虽然在中国已经成功实现了由计划经济体制向社会主义市场经济体制的转变，但由于经济和社会环境发生重大变化，社会主义市场经济体制的基本框架才初步建立，特别是中国特色的社会主义市场经济体制建设仍处在不断摸索的阶段，在这一特殊转型期，无论是在观念上还是行动上，公众对在教育市场经济活动中产生的竞争和契约精神、政府教育职能转变、教育服务市场化、政府购买教育服务等新名词和新事物都存在模糊且迥异的理解与认知，甚至会存在一定程度的疑虑和偏见。另外，政府对基础教育特别是义务教育大包大揽的观念在很多人心中仍然根深蒂固，即使公民对教育服务种类、质量的需求逐渐多元化和精细化，但在传统行政观念的影响下，公众已习惯高度依附和服从于政府，公共意识和公共精神不足，相对于"政府购买"这种新型教育服务供给机制，他们更愿意相信政府的单独供给能最大

---

① 〔美〕戴维·奥斯本、〔美〕彼德·普拉斯特里克：《摒弃官僚制：政府再造的五项战略》，谭功荣、刘霞译，中国人民大学出版社，2002，第244页。

限度地保护他们的切身利益。所以，公民对政府购买教育服务存在的文化认同困境可能会降低他们参与购买活动的积极性与主动性，在教育服务受众需求获取和购买内容确立上导致目标偏差。

2. 公民对教育社会组织存在文化认同困境

政府购买教育服务意味着教育服务"生产"和"供给"过程的分离，由政府让渡的部分教育职能开始向教育社会组织转移，教育社会组织作为教育服务承接主体，直接为公民生产服务，而公民则对教育社会组织服务质量进行评价，作为教育服务的消费主体和评价主体，公民对教育社会组织能否产生文化认同成为购买活动开展的基本前提。但是公民社会文化的欠缺，不仅造成了教育社会组织在孕育过程中的先天不足，还导致了后天成长中公众对教育社会组织的文化认同困境。一方面，由于自身功能不完善、自我管理水平低下以及不良社会组织产生的负面影响，公众并不能对教育社会组织的角色、能力和规范产生强烈的认同感；另一方面，因政府身份合法性和政治权威性，公众视其为教育服务的唯一生产与供给主体，至于教育社会组织，公众认为它们更多的是以谋利为目的而成立的，对其提供教育服务的志愿性和公益性存在担忧。最后，因与政府间达成的亲密关系，教育社会组织常被视为官方"派出机构"，"政民关系"也会被主动投射在"社民关系"中，对教育服务受众产生"行政化"误导。[1] 公众对教育社会组织产生的文化认同困境，会直接造成其在政府购买过程中在获取和配置教育资源上处于不利地位，进而引发自身制度建设的反应迟缓和能力滞后。[2]

（二）教育社会组织的发展困境

1. 教育社会组织独立性低下

中国的非营利组织有相当一部分是通过自上而下的方式成立和发展起来的，即由各级党政机构直接创办或者从党政机关的某些部门转化而来，因政

---

① 许源源、王通：《信任视角下社会组织认同的反思与建构》，《中国行政管理》2016 年第11 期。

② 石国亮：《中国社会组织成长困境分析及启示——基于文化、资源与制度的视角》，《社会科学研究》2011 年第 5 期。

府自持的资源优势，为了维持与政府间的亲密和稳定关系，它们更青睐于对权力和资源的依赖，在行动理念、组织设计、权责配置和机构运作上主动依附于政府。所以对于非营利组织如何能快速发展，有一个共识就是获取政府的体制性资源支持至关重要，当然这也包括具有非营利性质的教育社会组织。由于未能真正脱离政府"母体"，这种过度依赖的后果导致教育社会组织在自身建设上不是将专业能力摆在重要位置，而是首先寻求"关系"范围内政府的支持，在日常事务处理上也是以能得到政府的资源扶持和帮助作为行动基点，这种情况导致教育社会组织独立性普遍较低。有学者通过问卷调查发现，针对"你认为哪个因素最能促进教育社会组织的发展"这一问题，73.2%的社会组织表示"政府支持"最重要，高达67.3%的社会组织认为"与政府及其相关部门建立起坚实的人脉关系"是社会组织最核心的竞争力；67.5%的教育社会组织的业务收入全部来源于政府购买服务；58.8%的负责人认为和教育行政组织之间是"管控与被管控"或"领导与被领导"的关系，从属意识强烈；在41家教育社会组织中，高达60.9%的负责人具有公办身份。①

2. 教育社会组织参与度不足

进入市场经济后，中国的社会结构正逐步从总体转向分化，虽然政府也在不断强化通过职能转变和向社会放权、授权和赋权的理念与行动来达成"有限政府"的目标，但是，由于长期受到计划经济时期"全能型"行政体制的惯性影响，教育社会组织在教育治理中仍会遇到信息获取受限、业务渠道狭窄和参与深度不够等现实问题。一方面，为了节省寻找教育服务承接主体的时间成本并快速上报行动绩效，政府热衷于在既有的密切关系范围内，优先选择与政府有合作经验的教育社会组织，特别是与自身"血脉相连"和"如影随形"的官办型教育社会组织，这种"依赖性—非竞争性"的"内定式"合作方式在一定程度上会降低服务承接主体的资质遴选与能力准

---

① 胡伶：《教育社会组织发展及其中的政府行为研究——基于部分区域抽样调查的分析》，《教育发展研究》2010年第17期。

入要求，造成其他竞争者参与积极性不高。另一方面，为体现自身"政绩"，政府的公共服务行为有明显的"趋利性"，当必须在若干取舍面前进行选择时，政府将更愿意选择能为自己带来好处的服务领域和服务策略，如有学者通过对调查数据和政策环境进行交互分析发现：不同类型的非营利组织获得政府购买项目的比例不尽相同，非教育类民办非企业和社团在政府购买服务中占据一定优势，而教育类民办非企业获得服务项目的比例则比较小，参与能力也是最低的。政府的公共服务购买主要集中在与非教育类民办非企业和社团密切相关的公共服务领域，如专业和行业发展、社会服务、生态环境等能很快获取购买效益的领域，而对于收益速度较慢的教育服务来说，在政府购买活动参与程度上则大打折扣（见表4-5），所以，政府的"选择性撇脂"行为在一定程度上也会掣肘教育社会组织的参与积极性。

表4-5　不同类型非营利组织获得政府购买的情况

数据库类型	指标	是否参与过政府购买服务的项目		合计
		是	否	
社团	回答数(家)	62	712	774
	所占百分比(%)	8	92	100
教育类民办非企业	回答数(家)	23	374	397
	所占百分比(%)	5.8	94.2	100
非教育类民办非企业	回答数(家)	43	288	331
	所占百分比(%)	13	87	100
基金会	回答数(家)	3	84	87
	所占百分比(%)	3.4	96.6	100

资料来源：汪锦军《走向合作治理：政府与非营利组织合作的条件、模式和路径》，浙江大学出版社，2012，第148页。

3. 教育社会组织能力和资源不足

能力和资源是教育社会组织生存和发展的重要基础，虽然中国的教育社会组织数量正不断增长，但能有效承接教育服务生产要求和真正满足公众个性化和多样化服务需求的却屈指可数，有调查显示，高达78%的教育社会组织认为能力和资源的匮乏正成为自身发展面临的主要困境。① 在当前政府购买活动中，无论是教育委托管理，还是购买教育评估服务，教育社会组织能力和资源不足直接造成了能参与竞争的教育服务承接主体屈指可数，无法发挥市场竞争机制的"优胜劣汰"作用，出现政府"无处可买"的现象。在这种情况下，为了找寻到专业性强的教育社会组织，政府往往凭借人际关系存量进行教育服务的"内部委托"，通过向指定的教育社会组织进行定向邀标来完成购买活动，基本都没有真正意义上的招投标环节，但这极易造成教育服务的垄断生产，并滋生购买过程中的权钱交易，正如有学者认为：政府购买服务的特权腐败有两个规律：参与者越少，腐败越重，反之越轻；单笔额度越大，腐败越重，反之越轻。②

4. 教育社会组织出现"志愿失灵"

"志愿失灵"最先由萨拉蒙提出，它是指在社会组织发展过程中受内部资源、能力和外部环境的制约以及价值目标的偏差，导致其无法有效配置公共物品和公共服务，不能正常进行志愿活动的一种现象，其主要表现为慈善不足、慈善的特殊主义、慈善的"家长式"作风以及慈善的业余主义四个方面。③ 在政府购买活动中教育社会组织的"志愿失灵"主要表现如下。第一，教育社会组织作为一种非营利组织结构，在经费和资源获取上通常有政府资助、社会捐赠和教育服务收费三种形式，其中政府资助是最主要的资金来源渠道，然而对政府资源的过度依赖会左右教育社会组织的社会中立立场，进而做出"行政化"和游离于志愿目标之外的选择；一旦教育社会组织的资源命脉集中在少部分人手中时，"家长式"作风又会置民主性和科学性于不顾，在制定决策时以"个人决策"代替"集体决策"，在服务过程中以"个人权力"掩盖"公共责任"。第二，虽然教育社会组织坚持的是"非

---

① 胡伶：《教育社会组织发展及其中的政府行为研究——基于部分区域抽样调查的分析》，《教育发展研究》2010 年第 17 期。

② 储建国：《人民日报新论：政府"买服务"，不是简单"市场化"》，人民网，2013 年 8 月 5 日，http://opinion.people.com.cn/n/2013/0805/c1003-22439376.html。

③ 〔美〕莱斯特·M. 萨拉蒙：《公共服务中的伙伴——现代福利国家中政府与非营利组织的关系》，田凯译，商务印书馆，2008，第 47—50 页。

营利性"价值导向,但在资金开支与资金筹集间存在巨大缺口的现实困境下,并不能排除其参与购买活动的出发点是为了获取经济利益的可能,一旦利用与政府共享权力达成长期的合作关系,取得了教育服务的垄断生产权,市场自利性会诱导其对服务对象和服务内容进行利益排序,以彰显"能力建设"之名谋"利益摄取"之实。第三,教育社会组织的"非营利性"和"志愿性"特点决定了其组织成员应具备较高的教育伦理精神,应以追求教育的公共性和公益性特征和满足人民对普惠、优质和高效的教育服务需求作为行动的价值标准,但这些都要以一定的"经济条件"作为基础,在不能提供有吸引力的工资待遇时,很难吸引专业性人员加入,自由和散漫会充斥教育社会组织的观念和行动之中。第四,正如前文所提到的,教育社会组织的服务对象只是对"政府失灵"的一种补充,具有明显的"选择性"和"特定性"且服务范围狭小,会在一定程度上导致教育服务对象的遗漏与资源分享机会的不平等。

第五章
政府购买教育服务的微观主体关系探析

随着中国改革开放的持续深入和社会主义市场经济体制的不断完善，新的社会阶层和社会群体不断涌现，各利益主体的自主性、选择性、多边性和差异性也在不断增强，政府有必要通过与社会构建良性互动关系助推自身职能转变。"政府已经不可能再凭借法定方式和必要时的强制手段来将其意志强加于民；它们现在必须与许多对政策具有影响力的自利性团体达成共识，之后才能够进一步制定并执行政策。"① 公共物品和公共服务的"提供"是一系列与集体选择有关的事情，它所要解决的基本问题就是如何避免和减少个人偏好遭到曲解。② 明确主体利益诉求和达成主体利益共识是开展公共事务治理的基本前提。政府购买教育服务是一项涉及政府、社会、市场、公民等多元主体的合作活动，充分了解它们的价值取向和行动逻辑并有效调和彼此间的利益关系和利益矛盾，将直接影响购买政策的有效性和良性教育治理格局的形成。本章基于委托—代理理论和公私合作理论（PPP），从政府购买教育管理服务（教育服务委托管理）的实践场景出发，对政府购买教育服务中的主体利益表达和主体关系互动这一外部微观购买环境进行探讨。

---

① 〔美〕R. 盖伊·彼得斯：《政府未来的治理模式》，吴爱明、夏宏图译，中国人民大学出版社，2013，第6页。

② 〔美〕罗纳德·J. 奥克森：《治理地方公共经济》，万鹏飞译，北京大学出版社，2002，第12—13页。

第一节 政府购买教育服务"三元主体"的演变逻辑

一 "二元主体"向"三元主体"的过渡

传统的公共服务由政府生产并直接提供给公众，是典型的"二元主体"参与过程。但限于政府资源和能力的不足，政府作为单一主体的供给机制并不能在最大程度上满足公众对公共服务数量和质量的不断诉求。为了寻求解决政府供给公共服务效率低下的"良方"，在 20 世纪 80 年代，公共管理学领域出现了不少关于政府改革工具的著述，其中以萨拉蒙（Salamon）最具代表性，他在 *Beyond Privatization：The Tools of Government Action* 一书中将政府常用的治理工具进行了分类并提出公共服务可以采取市场化的手段由商业和非营利组织来生产。[1] 这标志着人们已将公司企业、民间组织与自然人参与公共服务领域的活动作为政府管理的一种新方法和一项重要工具来实施，以力图突破政府供给公共服务的单中心体制。另外，在理论工具选择上，公共治理理论以其创新的思维、制度和体制设计以及实践行动建立了一套与传统公共事务迥然不同的政府管理模式，作为"政府失灵"和"市场失灵"的补偿机制，它通过积极引入第三方力量在政府、市场、社会以及公民之间架构起了一种民主、平等、合作的"集体行为"关系状态，以力图突破政府供给公共服务的单中心体制，政府和公民之间在公共服务供给上的"二元主体"关系逐渐被打破。进入 21 世纪，公司企业、民间组织与自然人在公共服务领域内的作用得到了越来越普遍的肯定。学者们将它们在公共服务领域内与政府的关系表述为公私伙伴关系。萨瓦斯在《民营化与公私部门的伙伴关系》中提出了一个总观点：公共服务生产和提供可以通过公私合作伙伴关系来实现，有的公共服务项目通过公私伙伴关系会取得更理想的效果。[2] 阿格拉诺夫、麦圭尔在《协作性公共管

---

[1] Lester M. Salamon, *Beyond Privatization：The Tools of Government Action* (Washington, D.C.：Urban Institute Press, 1989).

[2] 〔美〕E. S. 萨瓦斯：《民营化与公私部门的伙伴关系》，周志忍等译，中国人民大学出版社，2002。

理：地方政府新战略》中提出，协作性的公共管理正处在从传统官僚体制向后官僚体制转变的前沿，其特征是纵向和横向活动的复杂结合，并广泛存在于政府组织和其他机构之中。[①] 对此，我们也需要进一步将公司企业、民间组织与自然人在公共服务领域内与政府的关系纳入协作治理的范畴进行研究。[②] 私人组织和非营利组织应该被看作政府有效的合作伙伴，并通过契约关系使它们参与公共服务的生产过程中。随着政府外部生产主体的介入，公共服务供给中的"二元主体"关系模式向"三元主体"转变的趋势日渐明晰。

与其他国家的政府购买公共服务主体制度演进路径一样，中国也经历了从"二元主体"向"三元主体"的发展过程。20世纪90年代前，政府在社会生活中特别是公共服务供给中发挥着主要作用，是典型的无所不包和无所不能的"大管家"。在这种传统的公共服务体制下，公共服务的供给和消费主体的构成相对简单，只有政府和社会公众。不可否认，以政府为唯一公共服务供给主体的模式在当时发挥着不可替代的作用，但随着经济和社会的不断发展，这种模式的弊端也在不断凸显，人们日益增长的多元化的服务诉求显然不能得到有效满足。因此，在新公共管理运动浪潮的影响下，为了缓解公共服务供需矛盾，切实转变政府职能，中国政府开始尝试实践"三元主体"的公共服务供给模式，即改变单一的政府供给格局，将部分公共服务的生产职能交由市场和社会中的机构组织来承担，通过政府和社会力量的共同合作来提高公共服务的供给质量与供给效率。[③]

二　"三元主体"的主体要素构成及其角色扮演

（一）关于"三元主体"构成的理论探讨

萨瓦斯指出，在公私伙伴关系中，有必要对消费者、生产者和安排者这

---

① 〔美〕罗伯特·阿格拉诺夫、〔美〕迈克尔·麦圭尔：《协作性公共管理：地方政府新战略》，李玲玲、鄞益奋译，北京大学出版社，2007，第36页。

② 项显生：《论我国政府购买公共服务主体制度》，《法律科学（西北政法大学学报）》2014年第5期。

③ 项显生：《论我国政府购买公共服务主体制度》，《法律科学（西北政法大学学报）》2014年第5期。

三个基本参与主体进行区分：消费者直接享用公共服务，生产者通过组织生产活动向消费者提供服务，服务安排者指定相应的生产者给消费者生产服务。① 王浦劬认为，政府向社会力量购买公共服务机制遵循和贯彻了公共服务"供给"与"生产"相分离的原则，有效分解了政府的混合职能及角色，进而塑造了公共服务供给的多元主体，使公共服务过程中原有的两个主体按照不同角色属性分解为三个到四个主体，组成系统的结构性主体：（1）政府主体，通过职能分解、转移、委托和授权，政府从公共服务的出资者、供给者、生产者、监督者合一的主体转变为公共服务的出资者和生产监督者；（2）社会力量主体，包括合法的社会组织、企业、机构等，其角色和职能是生产和供给公共服务；（3）社会公众主体，公共服务的法定享用者，并认为只有合理分解多重角色、重新塑造结构主体、赋予不同主体各自职权职责，才能构成政府向社会力量购买公共服务的主体改革机理。② 贾博认为，传统的公共服务提供过程只有政府与公民两个主体，而政府购买公共服务增加了社会力量这个新的主体，这就使原有的双方关系演变为政府、社会力量和公民之间的三方关系，政府购买公共服务的实际效果在很大程度上取决于它们的关系状况。③ 王冠从理论上划分出了政府购买公共服务的三个主体，即政府部门、派入单位和接收服务的单位（服务受众），三者间的理想关系应该是一种互为主体性的，且彼此之间处于一种平等的位置和关系之中。④ 顾江霞从利益相关者的视角出发，界定了在政府向社会组织购买服务中与之相关的三大利益主体，分别是不同层级的政府（社会服务监管方）、不同发起背景下的社会服务机构（社会服务供给方）、不同程度的代表服务对象的利益团体（社会服务需求方）。⑤ 蔡宜旦

---

① 〔美〕E. S. 萨瓦斯：《民营化与公私部门的伙伴关系》，周志忍等译，中国人民大学出版社，2002，第 68 页。

② 王浦劬：《政府向社会力量购买公共服务的改革意蕴论析》，《吉林大学社会科学学报》2015 年第 4 期。

③ 贾博：《政府购买公共服务中的主体间关系的理论分析》，《学习论坛》2014 年第 7 期。

④ 王冠：《政府购买服务的三元关系探讨》，《山西师范大学学报》（社会科学版）2011 年第 6 期。

⑤ 顾江霞：《政府购买服务契约的权力运作逻辑——基于珠三角 B 市购买社会服务的研究》，《招标与投标》2013 年第 7 期。

认为，政府向社会购买服务涉及三类参与主体，即购买主体（政府）、承接主体（社会组织）、消费主体（社会公众），在"三元主体"模式下，政府、社会组织与社会公众有序分工协作是善治的关键。[①] 项显生从主体制度的理论视角描述了当前学界和各国实践都已接受的政府购买公共服务的"三元主体"：参与主体（政府）、公共服务承接主体和公共服务受益人三类。[②]

　　政府购买教育服务作为教育服务公私合作的一种重要表现形式，将市场组织和志愿组织等社会力量引入教育公共治理中，构建教育领域中的公私部门伙伴关系，以提升政府供给教育服务的效率和质量。[③] 鉴于政府购买教育服务包含的两个本质特点：政府在教育服务中的角色实现了"生产者"和"提供者"的分离，政府与教育市场力量之间是靠"契约"为维系纽带的商品交换关系。[④] 政府购买教育服务过程必然会涉及三个基本环节，即教育服务的购买环节、生产环节和消费环节，与之对应的作用主体分别是教育服务购买主体、承接主体和消费主体。地方政府、教育社会组织和教育服务受众作为购买活动中三大作用主体的现实载体，共同构成了政府购买教育服务"三元主体"关系的分析框架（见图5-1）。

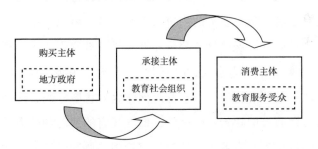

图 5-1　政府购买教育服务"三元主体"关系的分析框架

① 蔡宜旦：《"三元主体模式"下社会组织承接政府购买的现实困境与优化路径》，《青少年研究与实践》2015 年第 3 期。
② 项显生：《论我国政府购买公共服务主体制度》，《法律科学（西北政法大学学报）》2014 年第 5 期。
③ 周翠萍：《我国政府购买教育服务的现状与问题——基于上海市教育委托管理的分析》，《教育发展研究》2011 年第 3 期。
④ 周翠萍：《政府购买教育服务的内涵、类型与展望》，《全球教育展望》2010 年第 8 期。

（二）政府购买教育服务中的"三元主体"构成

1. 购买主体——地方政府

2020 年财政部出台的《政府购买服务管理办法》明确提出："各级国家机关是政府购买服务的购买主体。"① 地方政府作为国家政治制度的重要组成部分，在维护地方社会稳定和公共事务治理中扮演着关键的角色。在教育服务领域，地方政府既是教育服务的提供主体也是管理主体，政府生产和提供教育服务的能力是政府履行教育行政职能水平的集中体现。《中华人民共和国义务教育法》第七条规定："义务教育实行国务院领导，省、自治区、直辖市人民政府统筹规划实施，县级人民政府为主管理的体制；县级以上人民政府教育行政部门具体负责义务教育实施工作；县级以上人民政府其他有关部门在各自的职责范围内负责义务教育实施工作。"② 从这个层面看，中国义务教育的主要提供者和保障者是地方政府，特别是区、县级政府行使着区域义务教育的主要管理权限，是义务教育职能的实际履行者。在当前国家建设服务型政府的背景下，地方政府在教育领域中的中心任务就是要明确向公众提供什么样的教育服务以及如何来提供这些教育服务。地方政府作为制度和规则的制定者、教育服务的出资者和供给者，可以利用在教育服务活动中的合法性和权威性，保障社会公众能够享受到教育服务的权利和机会，维护教育服务购买活动的规则和公平。因此，无论是在地方政府的本质属性上还是在地方政府的职能行使上，它都应该作为教育服务购买活动中的购买主体。从购买教育服务的执行角色来看，地方政府的意志和行为表达机构是具有法律地位的且负责制定各类具体的教育管理规章制度和调配教育管理资源的地方教育行政机关。

2. 承接主体——教育社会组织

政府并不是唯一的教育服务的生产者和提供者，依法成立的国有企业、

① 《政府购买服务管理办法》，中华人民共和国中央人民政府官网，2020 年 1 月 3 日，http：//www.gov.cn/gongbao/content/2021/content_ 5582627. htm。
② 《中华人民共和国义务教育法》，中华人民共和国中央人民政府官网，2021 年 10 月 29 日，http：//www.gov.cn/guoqing/2021-10/29/content_ 5647617. htm。

非政府组织、自治组织、个人和私有企业等非政府力量都可以在教育服务领域发挥着重要作用。前文对政府购买过程中教育服务承接者进行了较详细的论述，此处不再累述，但在现实实践中，具有非营利性质的教育社会组织是最主要的教育服务承接主体。因为在教育服务生产活动中，教育社会组织通常会更关注教育时事问题和教育发展趋势，由于非营利性的价值取向和公共动机以及通过扎根于社区的、志愿参与的、独立运作的机制来实现组织的公益宗旨，教育社会组织在形态上更加灵活、应变的能力也更强，并能够注意到政府无法顾及的教育细节，在提供某项特定的教育服务时，往往也能比政府更加有效地发挥教育公共治理的功能，比如运用自身的优势资源弥补政府在教育服务供给中的缺口进而来满足不同层次的公共教育需求，通过社会供需机制来充分发挥教育资源配置的效用和效力等。因此，教育社会组织已经成为政府购买教育服务活动中主要的合作伙伴和重要的服务承接主体，它在打破政府垄断公共教育权力格局以及提高公共教育服务供给效率等方面扮演着关键角色。从具体形式来看，中国的教育社会组织主要包括教育社团、教育学会、教育基金会、民办学校和教育中介组织。[1]

3. 消费主体——教育服务受众

教育服务受众[2]作为教育服务的消费主体，既是教育服务的使用者，同时也是教育服务的受益者。在政府购买教育服务活动中，只有教育服务受众通过行使自身权利直接享用到了教育服务承接主体按照购买合约生产出的服务后，才能说明整个购买活动的完成。在构成要件上，教育服务受众可以是有现实需求的个人，也可以是特定地理区域内的所有人抑或是需要某种教育服务的组织机构。从政治学视角来看，教育服务受众和政府之间表现出一种明显的委托—代理关系，即服务受众把生产教育服务的权力委托给了政府，政府作为代理者又为它们提供相应的服务，在这种关系指引下，教育服务受众在政府供给教育服务中应具有充分的"话语权"，他

---

① 童宏保：《教育社会组织的作用》，《社会管理研究》2008 年第 12 期。

② 关于服务受众前面章节已经做了详细论述，在本章中，政府购买教育管理服务中的消费主体主要有两类，即享用教育管理服务的学生和家长以及接受教育管理服务的薄弱学校。

们进行有效的"公意"表达则直接关系到购买决策的合法性和购买结果的效用性。因此，作为政府购买教育服务的主要参与主体，如何及时捕捉教育服务受众的诉求和维护教育服务受众的利益成为政府购买活动需要首先聚焦的问题。从政府购买教育服务的价值理性层面看，教育服务受众包括三类群体，即教育资源禀赋不足的群体、特殊受教育群体和具有多元教育需求的群体。

政府购买教育服务中的"三元主体"是基于特定的主体属性和明确的社会作用产生的，它们之间有着不可分割的关系且在政府购买教育服务的不同阶段相互渗入和相互影响。政府购买教育服务活动的成功实施也必然需要"三元主体"间基于信任、协调和合作的关系以达到集体行动的最佳"齿合"状态。因此，认清"三元主体"间的复杂和动态关系是当前中国政府购买教育服务取得预期成效的重要保证。

第二节 "三元主体"间应然和实然关系冲突

一 购买主体与承接主体之间的关系

（一）应然关系

在公共治理中，一个相对理想化的合作关系被描述为："是形形色色的参与者之间的一种动态关系，这种关系建立在各个参与者相互之间具有一致性目标的基础之上。而各个合作者之间依据各自的相对优势，进行最为理想的工作分配；同时，各个合作者对于何为'最为理想的工作分配'也存在共识。合作者们通过这一途径，来积极追寻这些参与者间一致认同的目标。"[1] 基于对公共治理理论和 PPP 理论的理解，政府和教育社会组织在购买教育服务过程中的应然关系主要表现为以下四个方面。

---

[1] 汪锦军：《走向合作治理：政府与非营利组织合作的条件、模式和路径》，浙江大学出版社，2012，第54页。

第一，平等的主体关系。多中心治理理论认为，在政府把公共服务职能让渡给社会力量后，公共服务的提供主体与生产主体相分离，二者之间就由原来的"疏远"状态变成了一种以契约为纽带的、地位平等的主体合作关系。所以，在教育服务购买过程中，教育社会组织不是政府的附庸，而是具有一定专业和资源优势的独立性组织，它依据契约内容和要求，自主运作和自主管理；同样政府也根据契约规定为教育社会组织提供制度、资源和经费，并对教育社会组织的服务过程和结果进行监督与评价，同时，政府也不得将自身意志强加给社会组织，二者在各自独立的基础上形成了伙伴关系，这就意味着政府与教育社会组织之间不再是自上而下的领导和服从关系以及此消彼长的"零和"关系，而是"平等协商、良性互动、各尽其能、各司其职"的"双赢"关系。

第二，资源互补的关系。资源互补关系是指政府和教育社会组织虽然在购买活动中有共同的价值目标即为公众提供良善教育服务，但各自的战略定位和资源禀赋又不尽相同，政府主要为教育社会组织提供资金扶持，而教育社会组织则提供专业化服务，通过扮演"拾遗补缺"的角色对教育资源进行有益补充并弥补政府在教育服务领域的缺陷和不足，二者都拥有核心的资源优势，利用信息、技术、能力上的相互依赖、相互补充和共同聚合促进自身发展并提升购买成效，进而实现原来单个主体无法完成的教育服务生产和供给目标。

第三，权责制衡的关系。在政府购买教育服务过程中，一方面，政府和教育社会组织有明确的权力和权利行使边界，这个边界由法律和制度规定；另一方面，政府和社会组织也有明确的责任划分，它源于制度约束和道德内生的职责和义务。主体权力和权利是履行主体责任的前提和基础，主体责任是有效约束主体权力和权利并确保购买活动进入良性运行状态的可靠工具和必要手段。政府和教育社会组织间不是此消彼长、你强我弱的对立关系，而是边界明确、权责清晰的相互制衡和相互促进的协调关系。

第四，利益共享、风险共担的关系。PPP 理论认为，公私伙伴关系应该是公共部门和私人部门[①]在各自利益导向和资源共享的基础上，为完成共同的价值目标而建构起来的一种合作机制。在这个过程中，合作双方不仅要进行合理的资源配置，而且还要分别承担合作可能产生的各类风险，分享合作带来的成果和收益。政府购买教育服务是政府和教育社会组织基于共同的购买目标而建立起的互赖关系，这种关系既要求合作双方能在技术、程序和知识上相互衔接，同时还要求在文化、制度和价值层面达成相互认同，进而形成利益共享和风险共担的良性合作格局。[②]

（二）实然关系

1. 体制附庸关系

在国家的公共服务体系中，除了政府，实际上大部分公共服务背后都有一个庞大的供给主体，那就是事业单位。受单位制的影响，很多事业单位在组织身份上有很明显的政府痕迹，从而引发"二重政府"嫌疑。事业单位在教育服务供给中承担着主要的责任和义务，但是在由编制的限制导致的政府无法肩负起过多教育性事务工作的情况下，政府通常会选择自己出资来建设或成立教育类的社会团体或民办非企业单位，或者为了节省资金直接从教育行政部门或教育事业单位中脱离出来，再由这些组织来承接政府转移的部分教育行政职能。因此，在教育服务供给体系中，为防范委托—代理关系中的信息不对称风险，降低额外购买成本，地方政府更愿意将教育服务生产权委托给事业单位设立的内部机构，所以，一些教育社会组织也彰显出鲜明的事业单位表征。例如，各地成立的"民办教育协会"等教育社会组织，大多挂靠在教育行政机关之下，还有一些教育中介机构也是在公办学校这种事业体制背景下产生的，如上海市浦东新区依托 FS 外国语小学的优质教育资源成立了"FS 教育文化传播与管理咨询中心"，并委托该中心管理其他小学和幼儿园。由于非营利组织与政府一元统治模式下的事业单位在成立背景、

---

① 从萨瓦斯对公私合作关系的内涵分析来看，他并没有对"私"做出明确的界定，这里指的是广义的"私"，既包括营利性的私人组织，也包括志愿性的非政府组织和其他社会组织。

② 敬义嘉：《从购买服务到合作治理——政社合作的形态与发展》，《中国行政管理》2014 年第 7 期。

组织性质、资金来源、产权基础、运作模式、经营管理和监督机制等方面有着明显区别（见表5-1），在"内部人治理"关系状态下，依靠事业单位成立的各类教育社会组织本身所特有的咨询、调节、评估、监督、考评等服务功能很难能完全发挥出来。

表5-1　非营利组织与中国事业单位体制比较

类别	非营利组织	事业单位
成立背景	有限政府—市场经济—社会的三元社会结构	全能政府、计划经济的一元社会结构
组织性质	非政府、非营利、独立性、志愿性	政府管理的"单位"中的一种
资金来源	多种渠道筹资	由政府财政拨款逐渐演化为：全额、差额、自筹
产权基础	公益产权	公有产权
运作模式	基于宗旨	基于计划
经营管理	完善的经营理念和一系列独立的管理模式	免费服务和完成政府福利
监督机制	社会监督为首	行政监督
政府角色	法律环境建设；政府采购等财政支持	直接经营管理者

资料来源：贾西津《第三次改革——中国非营利部门战略研究》，清华大学出版社，2005，第183页。

这种通过自上而下的方式建立和发展起来的，或者由各级党政机构直接或间接转变而来抑或由官员直接创办的教育社会组织和政府之间表现出明显的"非竞争性—依赖性"关系特征，这种依附性类似于商业活动中的"关联交易"，也可以被称为"体制内循环"。"现阶段我国实施的治理至多是'中国式的治理'，即在一元化结构的框架内培植非政府公共组织和其他行为者，以发挥其在社会公共事务管理中的作用。"[①] 政府和教育社会组织之间这种"体制附庸"关系可能会存在以下风险：依赖型购买关系的发生基础是很少或不存在真正意义上的可替代性教育社会组织，政府购买的目的就是倾向于扶持特定教育社会组织的发展，购买过程的监督与评估会逐步趋于

---

① 臧志军：《反思与超越——解读中国语境下的治理理论》，《探索与争鸣》2003年第3期。

形式化；教育社会组织过度依赖政府扶持，不仅不利于培育自主独立的教育服务承接主体和充分竞争的教育服务市场，体制内的"官方型"教育社会组织的竞争优势也会明显大于草根型教育社会组织，打击其他竞争主体的积极性，诱导"劣币驱逐良币"现象的发生；教育社会组织在组织观念、资源获取、管理方式以及职能履行上都以政府为对照标准，造成"行政任务"多于"公共服务"，"服务形式"大于"服务内容"，"政治责任"高于"公共责任"，不仅会降低自身的服务专业性，影响服务效率和质量，其明显的行政化行为倾向也会使公众对其服务的合理性和公正性产生怀疑。

2. 定向购买关系

在中国政府购买教育服务中，政府和教育服务承接主体之间主要表现出一种典型的"非竞争性—独立性"关系即教育服务的"定向购买"关系。它一般是由政府主导、精英推动而产生的，以"定向委托"而非"定项委托"的方式进行，双方达成的合同通常不是具体和量化的。以教育服务的委托管理为例，教育管理服务的购买者和委托者之间不存在体制上的依附，二者是相互独立的单位人，委托者不是因为政府的购买需求才产生的，而是产生于政府购买意向提出之前。政府在选择委托者时，往往采用的是非竞争关系，即没有公开的招投标过程，而是通过相互选择和相互协商达成购买"合意"。这种购买关系一般适用于服务资源缺乏、政府经验不足、外部环境高度不确定性和复杂性的情况，并要求政府和教育社会组织之间应具备较高的信任度和契合度。在教育服务的定向购买关系中，政府部门通常会把资质较高、具有良好社会声誉的教育社会组织作为服务承接主体，以降低购买过程中可能产生的服务供应商风险。例如上海市浦东新区政府通过定向购买的方式，委托 CG 教育管理咨询中心来管理 DG 中学等资质较差的学校，并取得了显著成效。这种由政府和教育社会组织之间基于"一对一"的相互信任关系生成的购买模式，不仅有利于弥合教育服务合作主体间的协同沟壑，弱化正式合同的刚性控制，缓解正式契约对复杂场景的不适应性，还有利于教育社会组织通过获取充分的信赖和灵活的履约权，增强服务生产的主动性和积极性，成为当前政府购买教育服务的主流模式。但建立在熟人关系或者感性认知基础之上的定向购买会使教育服务市场的封闭缺陷扩大化，"当市场缺陷扩大的时候，就会倾向于'市场失灵'。而这样会降低市场的竞争能力，进而妨碍市场的效率"①。政府和教育社会组织双方的合同关系会转向依赖关系，很大程度上会造成政府被教育社会组织"俘获"和教育社会组织垄断服务生产等风险。

3. 非对称主体关系

第一，信息不对称。信息经济学相关理论认为，"代理人"是处于信息优势的一方，而"委托人"是处于信息劣势的一方。在政府购买教育服务活动中，由于能参与竞争的教育社会组织数量较少，作为教育服务代理人的教育社会组织相对于作为教育服务委托人的政府来说，掌握着丰富的市场信息，处于有利地位，而信息贫乏的政府则处于不利地位。这种非对称性信息会同时出现在教育服务合约签订前后两个阶段，当教育社会组织利用信息优势参与购买活动时，可能会隐藏自身"不良质量"弊端，对无法获取完整信息的政府造成利益威胁，增加行政成本，还会因政府无法选择出合适的代理人，增加政府逆向选择（合约前非对称）和教育社会组织道德风险（合约后不对称）②的发生概率，以及分散化决策、监管困难、不完全合约等问题的接连产生。

第二，资源不对称。即使中国社会处在不断发展和完善之中，但强政府、弱社会的现状依然表现突出。在这种背景下，政府和教育社会组织在资源建设上的优劣势对比是显而易见的。政府作为合法性较强的教育服务供给主体，掌握着实质性的教育资源，无论是在财政、人力和物力等硬件资源还是在其他软件资源的获取上相比教育社会组织都有先天优势，这种明显的资源优势会进一步阻碍教育社会组织在市场中的发育和发展。当政府选择教育服务承接主体时，一些教育社会组织由于自身资源的限制如专业性不够、服

---

① 〔美〕唐纳德·凯特尔：《权力共享：公共治理与私人市场》，孙迎春译，北京大学出版社，2009，第24页。

② 张维迎：《博弈论与信息经济学》，格致出版社、上海三联书店、上海人民出版社，2012，第323页。

务能力不强等而不能进入政府合作视野，政府会更倾向于依靠自身的资源或体制内的教育机构来提供相应的服务，造成购买主体和承接主体关系在政府内部的再次循环流动。另外，从资源依赖理论的视角看，政府与教育社会组织达成的合作行为是双方优质资源相互依赖的结果，但这种依赖是不对等的，政府依赖的是教育社会组织的专业化资源，而政府制定的税收政策、财政政策和监管政策则是教育社会组织最重要的依赖内容，且会直接影响其发展"命脉"。① 所以，为了寻求政府支持和提升自身声誉，教育社会组织往往有求于政府，并会花费大量时间和精力维系与政府间的关系，采取主动讨好政府的策略，比如主动承担一些职责范围外的行政工作，以求获得政府认可。资源不对称不仅使教育社会组织陷入被动和尴尬的境地，而且也很容易使教育社会组织行为游离于教育服务本身之外，造成服务目标偏差。

第三，权力不对称。在中国加强和创新社会治理以及提升政府服务能力与水平的时代背景下，教育社会组织作为重要的教育治理参与主体，在教育服务领域中的积极作用愈发凸显，但由于社会转型的不稳定和行政职能转变的不完全，政府扮演的依然是"家长式"的管控角色，在权力行使和责任分担中占据主导地位，而教育社会组织作为教育资源不足的"补充者"，很难实现平等对话和协同共进。所以，在目前既有的制度结构中它们并不是作为抗辩政府的角色而存在，比如多数影响较大的民间组织都愿意尊重主管党政部门的领导从而与之保持良好的合作关系，在一些重大问题上通常会向主管党政机关主动请示和汇报，甚至常常把主动接受主管部门的领导明确写入民间组织的章程。② 无论是民间组织与政府之间脆弱而带有偶然性的"权宜共生"，还是二者之间的"利益契合"，都刻画出政府在权力格局中的主导地位。在某种程度上，教育社会组织必须顺从政府的"指示"，否则便无法"生存"。在政府购买教育服务的过程中，政府作为权威的主导者，有权选择教育社会组织的类型、资质条件等，并就双方合作的方式和具体的契约条

---

① 于洁：《资源依赖理论视角下民办教育的角色研究——以参与"政府购买服务"的民办 D 校为例》，《教育学术月刊》2017 年第 11 期。

② 俞可平主编《市场经济与公民社会——中国与俄罗斯》，中央编译出版社，2005，第 9 页。

款等做出单向度的规定，而教育社会组织则始终处于劣势地位，它扮演的更多是被政府牵制的"木偶人"角色。"市场的引入并不必然包含公平交易的创造，在很多情况下，在公共部门中建立起来的是一种'行政市场'，即一方完全依赖于另一方，占支配地位的一方事实上是处于与其他方的等级关系之中，并且会运用命令而非交易的方式去告诉其他方该怎么做。"[①] 权力不对称会导致作为委托人的政府同时扮演"政策制定者、服务管理者和结果评判者"三重角色，并存在一定程度的道德风险，如疏于对教育社会组织的监管和绩效评价，单方违背合意内容，拖欠支付教育服务费用等；在购买过程中对社会组织进行权威施压和任务扩散，特别是在不完全契约的合作状态下，利用职能统领的优势，索取部分或全部"剩余权"，扩大权力作用空间，加大对社会组织的"吸纳"和"控制"等。[②]

综上，当前中国政府与教育社会组织在购买教育服务活动中呈现了体制附庸关系、定向购买关系和非对称主体关系的特点，在未来的发展中，在培育教育社会组织自治性的场景下构建其与政府的平等对话和协商合作的良性伙伴关系是必须重视的问题。

二　购买主体与消费主体之间的关系

（一）应然关系

从政治学视角看，在政府与公民之间的"委托—代理"关系中，公民是委托方，免费或支付一定费用享用公共服务；政府是代理方，负责向公民提供公共服务。在政府购买教育服务活动中，理想的政府和教育服务受众的关系应该是：在信息完备的条件下，教育服务受众根据自身需要向政府提出教育服务诉求，并就教育社会组织提供的服务质量向政府进行信息反馈；政府会按照教育服务受众的诉求完成相应的委托任务，保障教育服务受众享有高效率的、高质量的和高满意度的教育服务，并就购买过程中出现的各种涉

---

① 〔英〕诺曼·弗林：《公共部门管理》，曾锡环等译，中国青年出版社，2004，第115页。
② 康晓光、韩恒：《分类控制：当前中国大陆国家与社会关系研究》，《社会学研究》2005年第1期。

及公共利益的问题与教育服务受众进行充分的信息沟通。正如纳特和巴可夫所言："任何人都与公共组织有着所有权方面的利害关系，公众要求公共组织对公民诚信、公平、正直、富有责任心并及时对公民的要求作出回应。"[①]所以，政府和教育服务受众被置于平等的主体地位，教育服务受众行使教育服务委托人应有的权利，并能主动、积极地参与政府购买的相关事宜，政府基于代理人的角色，勤勉履行供给教育服务的职责，维护教育服务受众的权益，二者在各方信息的获取中相互交流，并在购买教育服务相关问题处理中达到良好的互动和协作关系，这是政府和教育服务受众之间应该表现出的一种关系状态。

（二）实然关系

在中国当下的行政模式中，政府和民众未全面形成有效互动的局面，政府的传统行政"痕迹"明显。新公共管理理论认为，传统的行政管理抹杀了个人、家庭和社会团体参与公共事务的积极性、主动性和创造性，就连公共物品的生产内容也不是消费者说了算，这就难免会造成公共物品生产与供给的高成本、低效率和浪费。[②] 在政府购买教育服务的过程中，政府是购买规则的设计者和制定者，在购买参与主体中拥有权威性的意志表达权，而教育服务受众由于受知识结构和自身素养的制约以及公共服务特殊性和外部环境等因素的影响，其对政府提供教育服务信息的了解主要来自政府的宣传或自身的体验，远不及政府拥有的信息全面，始终处于信息劣势和相对弱势的地位。在这种情况下，政府就有可能出现道德风险，违背教育服务受众的诉求和意愿，为他们提供需求程度低或根本不需要的教育服务，进而出现委托—代理价值的偏差，影响教育服务供给质量和购买公平性。另外，教育社会组织生产教育服务依赖的是与政府达成的合作契约，但在当前的契约管理机制下，从契约的签订到结束，教育服务受众并没有充分的参与权，也没有请求强制执行权，即使教育服务受众的利益受损也无计可施或直接将解决办

---

① 〔美〕保罗·C. 纳特、〔美〕罗伯特·W. 巴可夫：《公共和第三部门组织的战略管理：领导手册》，陈振明等译，中国人民大学出版社，2001，第33页。

② 陈振明：《理解公共事务》，北京大学出版社，2007，第26页。

法寄托于政府身上。所以，当前政府和教育社会组织在购买活动中是亲密的、活跃的"显性"存在，而服务的真正使用者教育服务受众则在"被安排"下显得萎靡和乏力，当前政府和教育服务受众之间这种购买和消费的现实关系使政府更看重和关心教育服务的"买"与"卖"，而忽略了教育服务受众才是购买权利的享有者和合法性地位的拥有者。

三　承接主体与消费主体之间的关系

（一）应然关系

教育社会组织作为教育服务的主要承接主体和教育服务受众之间存在一种隐性的委托—代理关系：教育服务受众把教育服务的代理权委托给政府，政府又将此代理权委托给教育社会组织。基于这层委托—代理关系，教育服务受众作为教育服务的消费者，应当在认识和履行自身义务的基础上，通过加强对教育社会组织的监督和评估促使教育社会组织不断地提高教育服务质量，从而维护和保障自身作为委托人的权益；而教育社会组织应当秉持其应有的职业道德和职业操守，坚持以教育服务受众为中心，通过生产质优价廉的教育服务满足教育服务受众的合理需求。双方应始终以公共利益为导向，在承担应尽责任的基础上，共同开发好和利用好建立在伦理道德基础上的信任资源，并致力于完善和健全教育社会组织的问责制度、教育服务受众的监督评价制度等，以持续优化委托—代理关系和责任—利益关系，构建良性的教育服务"生产—消费"关系。但在现实的表现样态上，教育社会组织和服务受众之间的关系呈现以下两个特点。

（二）实然关系

1. 教育社会组织在教育服务受众中的"不当介入"

政府购买教育服务是提高教育社会组织服务专业化水平的重要措施，作为政府信赖的教育服务生产者，其提供的服务质量不仅对自身发展和社会声誉产生直接影响，还会在教育服务受众身上产生"示范"效应。由于教育服务受众在专业知识和购买信息上的不足，教育社会组织在政府购买教育服务的过程中常常会表现出一定程度的权威性和优越感，比如要求教育服务受众和自身的价值取向保持严格的一致性，对自身的生产行为拥有高度的服从和认同等。如果教育社会组织的价值取向以公共利益为出发点，那么它在教育服务的质量、价格、规范等方面都会承担应尽的责任，教育服务受众的利益就可以得到切实维护。但是，如果教育社会组织被个人的营利性动机诱导，在介入服务受众的过程中很可能会僭越权利范围在教育服务生产中出现失范行为，从而偏离自己的受雇使命，这非但不能实现政府购买教育服务的价值目标，还会导致教育服务受众的利益受到侵犯和损害。

2. 教育服务受众对教育社会组织的"价值抵触"

以政府购买教育管理服务为例，在这种购买形式（委托管理）中，教育服务受众和教育社会组织的表现主体分别是教育管理服务的委托学校和被委托学校。政府通过购买的方式派驻委托学校的优质师资力量进入被委托学校，并对其进行全方位的管理，从理论上看，这不仅有利于提升委托学校的服务水平和扩大其社会影响力，还能提高被委托学校的办学质量和办学水平，是一件"双赢"的好事。但从实际情况来看，被委托学校视委托学校为外来者"入侵"，并对其委托管理的价值和目的抱有怀疑态度，即使迫于政府的压力勉强接受了委托管理的相关制度安排，但要实现对委托学校的完全"价值认同"仍然非常困难。由于这种"价值抵触"的存在，被委托学校会逐渐淡化自身应承担的责任和义务，并试图将原本应该由学校内部人员承担的事务交给委托学校的工作人员来承担，视委托学校为自己的"后勤部门"，利用学校原有的落后文化和价值观念来影响和同化委托学校，从而导致政府的委托管理活动效果不佳。

四　承接主体与承接主体之间的关系

（一）应然关系

通过市场竞争选择最优的教育服务承接主体是教育服务合同外包的一种理想状态：在教育市场中有多个教育社会组织具备政府要求的资质和能力来生产教育服务，政府为了选择最优的合作对象，利用竞争性招投标等方式，充分营造备选服务承接主体之间可以公开、公平竞争的制度环境，以此获取最佳合作者。在这个过程中，教育社会组织之间为了获得各自所需的资源和利益而进行争夺和较量，同时表现出一种良性的能促使自身发展的竞争关系，彼此之间在竞争的基础上通过政府的引导来进行市场信息的共享和组织资源的互补、协调，并基于共同的志愿目标为政府和教育服务受众提供质优价廉的教育服务。从政府购买教育管理服务的现实状况来判断，官办教育社会组织和民办教育社会组织作为教育服务最重要的两类承接主体在承包从政府分离和让渡出的部分教育服务生产职能时并未达到上述理想关系状态。

（二）实然关系

1. 非公平的竞争基础

从对政府的依附关系来看，中国社会组织可以分为官办、半官半民和民间社会组织三类。在教育领域，教育社会组织主要包括官办教育社会组织和民办教育社会组织两类，由于存在教育服务供给上的职能重叠，二者存在明显的竞争关系。民办教育社会组织与政府沟通相对较少，运作资金主要来自国内外基金会和企业，呈现资金筹集的多渠道特点，而官办教育社会组织是政府体制内衍生出的机构，资金和资源都依靠政府提供，并承担着部分公共管理职能，作为得力"助手"与政府保持着密切关系。从目前的制度环境和自身发展基础来看，官办教育社会组织在获取财政支持、资源建设等方面和民办教育社会组织相比更具优势。例如在财政体制上，虽然政府会通过购买的方式对民办教育社会组织进行补贴，但这些机构往往因自身实力和信息渠道不畅等很难争取到购买项目，且由于它们没有被列入财政预算内，即使能获得政府的政策支持，也很难通过正常的渠道得到拨付的购买资金，因为政府更愿意将这些资源留给少数特定的官办教育社会组织。因此，在基础教育服务领域，政府并没有更多地为民办教育社会组织积极发挥自身作用提供有效的制度安排，政府在购买活动中的合作对象选择上主要向公办的事业单位或者政府主管的学校倾斜，这就导致民办教育社会组织很容易被排挤在政府的购买范围之外。

2. 非良性的竞争关系

政府对民办教育社会组织非常有限的政策支持使它们和官办教育社会组

织之间处于一种非良性的竞争关系状态中。第一，官办教育社会组织的庞大体系对民办教育社会组织获得购买服务项目产生了极大的挤压效应，从而造成民办教育社会组织无法取得和官办教育社会组织同等的待遇。民办教育社会组织面临的这种困境会造成它们对政府颁布的购买教育服务政策持怀疑态度，并在政策的执行上做出消极行动。第二，民办教育社会组织为了争取到教育服务的生产资格权有可能会故意降低教育服务在市场中的竞争价格或在进入生产程序后为服务受众提供以次充好的教育服务等。第三，官办教育社会组织出于体制的优越性，会加大对民办教育社会组织的排挤，加剧对教育服务的垄断和保护，从而诱致政府人员寻租、设租等教育服务腐败行为，造成教育服务成本升高，降低教育服务质量和效果。所以，教育社会组织之间的良性竞争能够促使组织人员努力工作，优化购买环境，促进资源的优化配置，加速政府购买教育服务的进程。但如果政府只把单一的官办教育社会组织作为合作对象，不但会使民办教育社会组织产生"嫉妒"和"被歧视"心理以及滋生不当购买行为，在长期的教育服务合同中，这种非良性竞争关系的存在会造成官办教育社会组织的不断膨胀并不断排斥其他同质性组织进入购买活动中，从而进一步削弱服务承接主体之间的竞争。同时，政府不容易找到服务替代提供者，不仅会对教育服务质量和成本构成潜在威胁，还会使购买程序更加复杂，购买行为更加难以规范。

"三元主体"间基于信任、认同和合作达成的话语"齿合"状态是取得预期购买效果的重要保障。但当前政府购买教育服务中"三元主体"的现实关系（见图5-2）并未呈现应有的理想状态（见图5-3）：政府和教育社会组织之间不是平等的委托—代理关系，而是一种体制内生、定向购买、非对称的主体关系；政府和教育服务受众之间不是诉求—反馈、建议—沟通的双向协商关系，而是权威表达—顺从接受的单向命令关系；教育服务受众和教育社会组织之间不是监督—被监督、评估—改进的关系，而是价值抵触、不当介入的关系；教育社会组织之间不是公平竞争、协调互补的关系，而是非良性竞争的关系。"三元主体"间这种既有合作又有差异，既有互补又有冲突，还有重叠、交叉和互换的复杂关系，导致政府购买教育服务活动并未

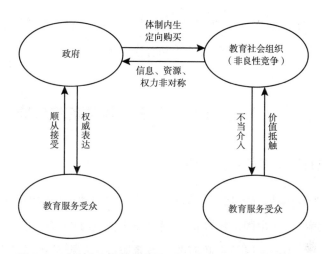

图 5-2　政府购买教育服务中"三元主体"间的实然关系

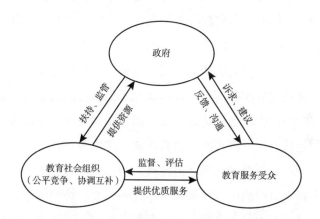

图 5-3　政府购买教育服务中"三元主体"间的应然关系

形成一个完整的主体关系循环系统。其实，政府购买教育服务作为教育服务
供给的一种创新机制，理应呈现"三赢"格局，即政府从具体的教育服务
生产中摆脱出来，将更多的精力投入监管中，以提高教育服务的供给效率；
教育社会组织通过政府的政策和资金支持，不断提升自身的专业能力和发展
空间；教育服务受众通过享受到质优价廉的教育服务，不断增强对政府和教
育社会组织的信任和认同。但是当前政府、教育社会组织和教育服务受众之
间不协调的主体互动关系并不利于三方共赢局面的形成。对此，有必要深入

挖掘"三元主体"间实然关系产生的深层次原因,重塑"三元主体"间的理性关系,促进政府购买教育服务活动有序开展。

第三节 "三元主体"间关系困境的生成原因

一 政府的主体角色定位模糊

政府作为发挥社会管理职能的重要机构,在推动市场发展和社会进步中扮演着关键角色,在中国市场经济体制建设仍待完善的情况下,明确政府在教育市场中的作用范围以及在政府购买教育服务中的行动边界是需要着重思考的。一方面,政府理应在市场、社会和公民之间扮演好属于自身权力和职责范围内的角色,但由于当前教育市场发育的不完全以及政府教育职能边界划分的模糊,为了降低购买风险和保障购买秩序,难免会造成政府过多的充当管控角色干预教育服务购买活动。另一方面,虽然政府与社会的权力结构随着政策和社会环境的改善而得到逐步优化,但二者的关系仍然表现出过渡型社会特征。政府期望教育社会组织能有效地参与教育公共治理,但是部分教育行政部门也担心如果将政府的教育职能让渡给教育社会组织会对自身的权威性和政策的一致性造成威胁,因此政府会通过调查、指导和监管等附加方式监管教育社会组织的内部管理事务,这种需要与控制的矛盾使政府无法顺利成为教育社会组织的培育者,反而是利益配置的介入者。另外,在政府与公民关系中,政府往往视自己为权威的支配者和规则的制定者,漠视教育服务受众诉求并对其施加刚性管理,这不仅会加大自身与教育服务受众之间的隔阂,还造成服务受众不关心、不参与、不干涉购买活动的消极态度。所以,在教育服务购买中政府并未扮演好决策制定者、购买保障者、利益协调者以及长效发展推动者的角色,主体角色的模糊和职能的越界,不但加大了政府对教育服务承接主体的控制力度,而且影响了教育市场的健康发育,在一定程度上也会影响公众对购买政策的认同,进而引发购买活动的合法性危机。

二　政社间的责任转移和缺失

公共服务"供应"与"生产"过程的分离，实际上带来的是政府职能和责任的"收缩"。研究政策网络的学者认为，公共行政官员日益向第三方转移各种职能，导致在一个由公共和私人部门以及各级官员组成的网络里，责任比较难以把握。[①] 从公共治理的视角看，治理失败的一个重要原因就是参与治理的主体责任不易明确，大家不知道该对谁负责，也不知道谁对该事负责。[②] 公共服务中的责任性强调公共管理机构及其人员必须履行与法定职责相对应的职能和义务，否则很容易造成责任碎片化和权责错位。在政府购买教育服务过程中，政府和教育社会组织在购买合同中是否进行了明确的责任划分是衡量政社合作关系能否得以健康维系的关键指标。

政府的责任转移。教育服务公私合作模式下，政府通过引入教育社会组织参与教育服务生产，旨在解决自身的财政压力，借助社会和市场的专业力量提高教育服务的供给质量和水平，在这个过程中，政府把教育服务的生产权交给了教育社会组织，政府也从直接提供者变成了购买者，但这只是服务方式发生了改变，并不意味着政府在整个购买项目中主体责任的减少和转移。然而在政府购买教育服务的具体实践中，政府部门模糊了自身的责任界限，认为将教育服务"外包"出去就万事大吉，既疏于对服务承接主体的监管，也忽略教育服务受众的意见反馈，淡化了政府才是购买项目的最终负责人这一基本理念，比如政府会凌驾于教育社会组织之上，通过施加政治压力，利用行政化的处事逻辑，使教育社会组织服从指定的任务安排，并从事过多的且与服务项目本身无关的工作；抑或监管过程流于形式，只通过定期"听汇报"的简单沟通方式来获取有限的信息等。政府责任的不当转移和"责任真空"有可能导致教育服务购买目标偏离公众需求、合同内容不完全、服务供给质量低下、教育服务公益性受损等问题。

---

① 〔美〕小威廉·T. 格姆雷、〔美〕斯蒂芬·J. 巴拉：《官僚机构与民主——责任与绩效》，俞沂暄译，复旦大学出版社，2007，第 135 页。

② 黄德发：《政府治理范式的制度选择》，广东人民出版社，2005，第 215 页。

教育社会组织的责任缺失。对于具有非营利性质的教育社会组织而言，首先，它不仅要对政府负责还要对教育服务受众负责，为了满足多元化的利益诉求，责任担负的多重性很容易导致责任指向的模糊性。另外，由于教育社会组织发育不完善，责任机制的制度化水平比较低，这也进一步引发了教育社会组织的责任规避现象。① 其次，在教育服务项目选择过程中，教育社会组织倾向于选择技术手段低，能获取较大收益的项目，而对于社会急需但收益较小的教育服务则表现出消极态度，这就削弱了其志愿性和公益性的基本价值，在一些教育服务生产领域出现公共责任流失。最后，由于非营利组织相关法律法规的滞后、社会公众的监督力度不足、政府权力的严格控制以及内部自律机制不健全等，教育社会组织的信息公开性和透明度都比较低，在专业化较强且政府无暇顾及的特定教育服务领域，它们会通过减少服务量增加利润，或利用关联效益掩盖投机行为，容易出现公益腐败。责任缺失是造成教育社会组织在服务受众中"不当介入"的最主要原因。

三 教育社会组织自主性低下

政府购买教育服务活动的顺利开展依赖教育社会组织的充分发展。在中国，政府是公共权力的行使者，也是国家和社会的权力中心，这在一定程度上束缚了社会组织的发展脚步。② 在教育领域中，教育社会组织虽然在数量上不断增加，规模上不断壮大，但是受外部培育环境等因素的制约，其先天发育不足，自身发展的缺陷也削弱了其行为的自主性。在与政府的关系中，出于对资金、权利、能力和声望的渴求，教育社会组织对政府产生了高度的身份依附和资源依赖，并且是一种"非对称依附"，面对政府的管控，它们更多是采取顺从、妥协和不违抗的态度，而不是将自身看作与政府平等合作的主体，教育社会组织正逐渐"内嵌"于政府之中，在失去行为"独立性"的同时，也有沦落为"次级政府"的趋势，政府与它们之间的委托—代理

---

① 陈华：《论非营利组织的公共责任机制》，《学术界》2007 年第 6 期。
② 季燕霞、袁晓涛：《非政府组织的发展与我国经济社会的民主化》，《学术论坛》2006 年第 4 期。

关系演变成了"管家—佣人"关系。① 所以，在整个教育服务购买过程中，教育社会组织并不能主动有效地与政府进行协商和谈判，购买活动已经成为政府的单边行为，这就造成了双方间强势主导和弱势参与的非对称关系形态。

四　服务受众的权利意识不足

参与式国家理论的基本观点认为，在社会活动中，不管是公共部门还是市场中的私人部门，都没有足够的行动能力和知识储备单独去解决综合的、动态的和多样化的问题，特别是官僚体制内的专家更是无法仅凭自身来获取政策制定所需的全部信息，如果把公众排除在公共决策参与的范围之外，将会造成政策上的无效或失败。② "一个完美的民主社会，既要有积极性的政府，也要有积极性的公民。"③ 因此，在公共事务中，公众应成为有力有效的助推者和参与者：发现公共问题，形成问题共识，触发公众议程，参与公共政策制定，监督、评价和反馈公共政策执行效果。而事实上，在现有的公共服务外包机制中，我们只看到了政府部门和相关组织的存在，而最重要的社会主体，也是政府公共服务的真正使用者——社会公民却难觅身影。有学者认为，现有公共服务外包机制中最大的缺失在于根本没有体现社会公民作为公共服务用户的地位，更不用说对其权利的充分尊重了。④ 其实这种现象在政府购买教育服务机制中也普遍存在。究其根源，不难发现：一方面，政府在购买教育服务的制度设计上并没有给予服务受众相应的权利义务以及参与的途径方式，无权利意识自然催生无义务意识，从而导致服务受众在政府购买教育服务中的主体意识不强；另一方面，一直以来在公共管理要素的分

---

① 齐海丽：《公共服务购买中政社关系的依赖性及治理研究》，《经济体制改革》2016 年第1 期。
② 〔美〕B. 盖伊·彼得斯：《政府未来的治理模式》，吴爱明、夏宏图译，中国人民大学出版社，2013，第 47 页。
③ 李图强：《现代公共行政中的公民参与》，经济管理出版社，2004，第 248 页。
④ 贾旭东：《基于扎根理论的中国城市基层政府公共服务外包研究》，博士学位论文，兰州大学，2010。

配上政府都是唯一的权力主导中心，政府对于教育的统一管理使得公众在长期无法介入的情况下逐渐失去了参与意识，公共意识的异化使公众对政府的依赖根深蒂固。[1] 因此，服务受众没有参与政府购买教育服务活动的权利意识也不足为奇。政府购买教育服务是涉及专业领域的复杂活动，即使以欢迎的姿态邀请服务受众提供意见和建议，他们也往往只能做出"表象"而非"本质"的判断，为了节约经济成本和提高工作效率，政府很难做到教育服务的"全纳性"，面对服务受众个性化和多元化的诉求，只能应付性回应，公众参与也是心有余而力不足。政府购买教育服务的出发点和落脚点应最终指向教育服务及其服务受众自身，教育服务需求的确定也应以政府和服务受众之间的充分沟通与有效协商达成的共识为基础。当前政府购买教育服务活动中服务受众主体意识不足以及"话语权"的缺失使其处于被动接受服务的状态，进而造成了"权威表达"—"顺从接受"关系的出现。

五　主体利益诉求的价值偏差

（一）教育服务购买中主体利益构成的复杂性

马克思曾经深刻地向我们揭示：人们为之奋斗的一切，都同他们的利益有关。[2] 因此，在公共事务的治理活动中，尽管实现公共利益是其最终目标导向，但从"经济人"假设看，并不能排除多元主体的私人动机，因其不同的利益价值取向，整个治理行为是一个在公利和私利之间交错、斡旋和平衡的矛盾体。从这个层面看，作为教育治理主要表现形式的政府购买教育服务活动已经成为政府与多个利益相关者相互对话和相互博弈的多边行动。

主体构成的复杂性。政府购买教育服务作为一个多元主体参与的"集体行动结构"，既有购买活动的倡导者和领衔者——地方政府，又有教育服务的具体承接者——教育社会组织，以及教育服务的受益者——教育服务受

---

① 高原：《论公共参与教育治理的公益性危机——利益分析框架的构建与利益问题的反思》，《现代教育管理》2015 年第 8 期。

② 《马克思恩格斯全集》第一卷，人民出版社，1995，第 269 页。

众；既有营利性的企业组织又有非营利性的志愿组织，不同属性和不同角色的参与主体在治理过程中相互交织、相互作用，在为治理过程注入"新鲜血液"的同时，也面临着"血型不符"导致的各种"排异"现象，归根结底就是主体构成的复杂性造成了主体行为的复杂性。这种复杂的主体构成除了涉及与行动主体关系结构相一致的主体间利益结构之外，还关涉超越主体间利益结构之上的公共利益以及各行动主体和公共利益之间的复杂关系。[①]

利益诉求的复杂性。利益主体构成的复杂性意味着主体诉求的复杂性，重视和保障利益诉求是提升主体参与治理活动意愿性、积极性和主动性的内在动力。从理论层面看，地方政府以实现公共教育福祉为利益诉求，服务承接主体中的教育社会组织以能为服务受众生产优质的教育服务和提升自身专业能力为利益诉求，而教育服务受众以能享受到优质的教育服务为利益诉求，为实现有效合作，各主体都应遵循基本的教育利益观——公共利益最大化。合理、合法、正当的利益诉求无可厚非，可在现实层面，以"公私合作"作为主要运作方式的政府购买教育服务活动却呈现多元主体间利益诉求的趋同性，即"自我利益"的作祟，公共利益和社会责任正在消弭，合作过程也逐渐偏离了公共治理的核心价值。正如库珀所言："在标准的商业做法中，合同各方代表自己。但当政府官员加入进来时，承包商、政府机构和公众的利益问题就会出现，一些直接参与合同过程的人并不一直会以相同的方式把公共利益看作自己关注的事。"[②] 教育服务作为一项培养人的"软性"公共服务，有别于普通公共物品，并不能简单用物品交换的"市场逻辑"来处理，如何在多元主体间寻求公共利益的平衡十分关键。

委托—代理关系的复杂性。政府购买教育服务中的利益相关主体是"三重委托—代理关系"：公众通过向国家纳税将教育任务委托给了政府，政府作为公众的代理人又以委托人的身份将生产教育服务和培养学生的任务

---

① 吕普生：《纯公共物品供给模式研究——以中国义务教育为例》，北京大学出版社，2013，第221页。

② 〔美〕菲利普·J.库珀：《合同制治理——公共管理者面临的挑战与机遇》，竺乾威等译，复旦大学出版社，2007，第11页。

委托给了教育服务承接主体，即政策层面的地方政府—教育服务受众间的委托—代理关系、经济层面的地方政府—教育社会组织间的委托—代理关系、事务层面的教育社会组织—教育服务受众间的委托—代理关系（见图5-4）。无论是哪种关系，其围绕的核心都应该是教育服务本身，目的就是解决在政府资源和能力限制的情况下，如何通过向市场和社会组织赋权，让其代替政府更好地提升教育服务质量和效率。但在政府购买教育服务过程中，鉴于公私部门目标函数的差异以及委托—代理中不完全契约的存在，公私之间的利益博弈不可避免。当追求私利的委托人和代理人之间存在利益目标不一致和信息不对称的情况时就可能滋生多种委托—代理问题。例如：因教育信息不对称造成的委托人"逆向选择"和代理人"道德风险"；因监督机制、激励机制和声誉机制的不健全而带来的主体"机会主义"（如委托者盲目的"政绩观"、代理者短见的"自利观"等）。委托—代理关系的复杂性不仅会增加主体间的交易成本，对服务受众造成不良示范，也会进一步增加购买过程的不确定性，导致利益纠纷和责任冲突。

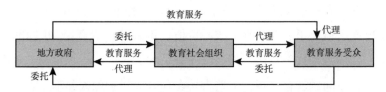

图 5-4　政府购买教育服务中的三重委托—代理关系

（二）政府的价值偏差

现代民主政府的本质属性体现为公利性，政府是公共事务的管理者、公共服务的提供者和公共利益的维护者。公共利益这一概念通常被描述为：在一个政体架构中的大多数人的共同利益，它源于这样一个思想基础，即国家制定公共政策的目的应是实现大家的福祉而不只是极个别人的福祉。[1] 公共行政的存在和发展是为了最大限度地凸显一个民主社会应具备的自由、公

---

① 〔美〕E.R. 克鲁斯克、〔美〕B.M. 杰克逊：《公共政策词典》，唐理斌等译，上海远东出版社，1992，第30页。

平、正义、秩序和公共利益等基本价值。① 所以，作为政府行政管理活动的价值支点，确保它们能充分实现是维系政府合法性的必要前提。然而，当下政府面临的最大挑战就是将实现效率最大化作为最终目标，过分关注工具理性而忽视了对价值理性的认知和追求。公共选择理论认为，政府在很大程度上也是"经济人"，它并不总是围绕公共目标而存在，也未必按照公共利益的要求而行事。在公共目的的背后还隐藏着政府对自身利益的追逐，并在外部监控和约束条件不足的情况下把这种利益发挥得淋漓尽致，这一特性被称为政府自利性，并成为政府道德风险的得力"帮凶"。② 所以，在公私合作活动中，相较于公共利益和社会效益，政府更关心能否产生政绩，合作行动也不再是一种政策工具，而更像是一种"任务"。

政府购买教育服务属于典型的市场交易行为，政府是"买家"，服务承接主体是"卖家"，整个购买活动遵循市场中的经济、效率和效益"3E"逻辑，政府作为公共利益的代表者，虽然被给予了应当成为"精明购买者"的角色期待，通过做出一个好的交易，为公民提供质优价廉的教育服务，但是，在资源依赖和追逐政绩的双重影响下，政府常常会越过自身职能边界，以"私人秩序"代替"公共秩序"，使"合作伙伴"很容易走向"生意伙伴"，政府机构及其行政人员在"经济人"的价值支配下，按照"商人"的思维方式计算教育服务的"成本—收益"，将市场经济上的交易分析扩展到政治领域，利用市场决策的理念进路配置教育服务，这种市场取向的购买活动不仅会消解政府的公共责任，还会进一步造成其购买使命和项目目标的迷失。因此，理性经济人的本性容易扭曲政府在购买教育服务中的价值取向，为了追求经济利益而放弃公共利益，使政府堕落为追求私人利益的政治工具，使政府购买教育服务活动沦落为象征性的"政治表演"和"指标邀功"行为。

---

① 张成福：《论公共行政的"公共精神"——兼对主流公共行政理论及其实践的反思》，《中国行政管理》1995年第5期。
② 陈国权：《政府自利性：问题与对策》，《浙江大学学报》（人文社会科学版）2004年第1期。

（三）教育社会组织的价值偏差

虽然教育社会组织在教育服务生产以及扩充教育资源等方面发挥着重要的助推作用，但其在教育领域中的发生和发展不可避免地受到一定程度的利益驱使，无论是为了完善自身功能还是为了承接教育权力，它都可能会偏离志愿性、公益性和非营利性的价值轨道。

一方面，从教育社会组织的"自利性"来看，虽然教育社会组织是基于公益心和责任感生产和提供教育服务，但不排除它的逐利动机。布坎南认为："我们追寻的权利、福利，不是来自官僚的恩惠，不是来自他对公众利益的考虑，而是出于他自利的打算。"[①] 在政府购买教育服务活动中，这种"自利性"主要表现在以下几个方面。首先，教育社会组织对政府的政策、资金、关系等资源的诸多依赖在很大程度上并不是基于教育服务的本源价值，而是为了争取更多的生存机会和发展空间，在资金保障不足和法律保障缺位等因素的影响下，教育社会组织内部人员就会在教育服务生产过程中背离公共利益，将组织利益和个人利益作为目标追求。其次，政府购买场域中的教育社会组织是教育服务的直接生产方，其关注焦点在于如何在资源投入向价值产出的过程中运用相关技术降低生产成本，以提高规模效益，所以，为了实现投入和产出的比值最大化就很容易出现追求经济利益的情况。同时，由于在管理过程中对教育社会组织工作效率的高要求和对自身政绩的高追求，政府试图通过合作关系产生的"连锁效益"和教育社会组织自持的"道德至高性"说服其进行最大限度的志愿性投入，以扩充项目资金来源和增加项目总体收入，这在一定程度上也会增加教育社会组织的投机行为，造成服务供给不足抑或资源浪费，其自身也会日趋被同化为一个"商业机构"。最后，政府作为买家需要努力寻找合适的卖家和质优价廉的教育服务，买卖双方在进行交易时，必然会出现讨价还价，此时教育社会组织就会出于自身利益的考虑，向政府出售以次充好的教育服务或通过对教育服务受

---

① 〔美〕詹姆斯·M. 布坎南：《经济学家应该做什么》，罗根基、雷家骕译，西南财经大学出版社，1988，第142、143页。

众的不当介入来满足个人或组织利益。

另一方面，从教育社会组织的主体独立性来看，政府购买教育服务实现了教育服务"生产主体"和"提供主体"的分离。作为两个相互独立的组织，虽然政府是购买参与主体中的权力主体，但教育生产职能的转移，赋予了教育服务承接主体即教育社会组织更多的自主管理权，如果政府赋权和赋能不当，当多元主体间的利益诉求不一致时，就可能带来"内部人治理"①的风险，即当公共领域的工作由外部而不是内部完成时，会产生严重的伦理、管理和责任问题。② 所以，在政府购买教育服务过程中，"内部人治理"不仅会导致政府公共权力被架空，教育社会组织通过权力扩张对政府形成压力，独占和锁定与政府间的关系资源，以此获取教育服务的垄断生产，进而产生"内部购买"和"关联交易"，也会使教育社会组织利用"代理权控制"将自身道德风险转嫁给政府，造成二次"机会主义"，对公共利益构成巨大威胁。③ 当然，权力过分集中于"内部人"也会导致其他购买参与主体的利益受到不同程度的损害，比如通过对同质性的教育服务承接主体进行排挤，使其不能进入政府购买的视野范围，或利用自身的专业优势和与政府间的"依附关系"对教育服务受众进行不正当介入以谋取自身利益等。政府委托教育社会组织生产教育服务并进行教育职能让渡的目的就在于通过社会力量来弥补自身能力和资源的不足，但教育服务公私合作模式是以行使公共权力、履行公共责任和维护公共利益为基本前提的，若政府赋权的方法、内容和程序不合理，导致公共权力和公共利益的转移与丧失，无疑会削弱政府在购买教育服务活动中的约束力和监控力，造成购买活动低效。

---

① "内部人治理"的概念源自企业管理中的"内部人控制"，是在现代企业中的所有权与经营权（控制权）相分离的前提下形成的，所有者与经营者利益的不一致，导致了经营者控制公司，即"内部人控制"的现象。筹资权、投资权、人事权等都掌握在公司的经营者手中即内部人手中，股东很难对其行为进行有效的监督。

② 〔澳〕欧文·E. 休斯：《公共管理导论》（第二版），彭和平等译，中国人民大学出版社，2001，第 294 页。

③ 徐小玲：《政府购买服务：现状、问题与前景——基于内地社会组织的实证研究》，《思想战线》2012 年第 2 期。

（四）教育服务受众的价值偏差

教育服务受众虽然是纯粹的利益享用者，但是购买参与主体的多元化导致了教育服务受众间不同的教育服务需求，这种需求要完全依赖于外部环境条件的支持来实现，服务受众自身没有能动实现的可能，因此在处于购买信息劣势的情况下，教育服务受众会产生自我保护的本能，将自身禁锢于已经适应的教育环境中，不愿意改变原有的教育模式，如果此时受到既得利益的过度驱使，则会对服务承接主体进入教育服务生产和供给领域采取消极或抵牾的态度来阻碍政府购买教育服务活动的正常运行。另外，由于受到传统行政体制的束缚和"全能型"政府观念的影响，教育服务受众仍习惯与政府保持高度依赖和顺从的关系，同时"搭便车"的投机心态和对行政权力产生的畏惧心理也会引发他们在购买活动中的行动冷漠，并对不能实现自身利益的"话语权"选择自动"过滤"和"屏蔽"。服务受众主体利益的价值偏差为其对教育社会组织的"价值抵触"提供了解释路径。

六　参与主体间存在信任危机

（一）政府和教育社会组织之间的信任危机

政府和教育社会组织之间的信任危机首先表现为政府对教育社会组织信任的矛盾性。政府依赖于教育社会组织来获取优质的教育资源，希冀教育社会组织能通过有效参与教育治理活动帮助自己缓解教育服务供给不足的合法性危机，但是教育社会组织具有一定的公益性与自发性，因此它在发展的过程中必然会"挤占"政府在教育服务领域的传统资源与制度空间，政府担心这种体制外力量的出现会不利于教育服务管理，从而会通过各种手段对其实施控制。[①]政府与教育社会组织之间这种需要与控制的矛盾关系，造就了二者之间的低信任度，导致政府会出于维护自身安全和行政权威的需要，依

---

① 谭日辉：《社会组织发展的深层困境及其对策研究》，《湖南师范大学社会科学学报》2014年第1期。

据与自己的亲疏关系程度来选择教育服务承接主体，所以体制内购买、熟人间购买的现象才会层出不穷。① 另外，非官办教育社会组织对政府的信任程度较低。非官办教育社会组织常常将政府看作官僚化和无效率的象征，对与政府在教育服务领域中的合作行为持怀疑态度，并担心政府会通过"责任转移"和"风险规避"过多干涉非官办教育社会组织行动的自由性和管理的自主性，导致它们并不会完全按照政府意愿和合同规定进行教育服务的生成和供给，进而使政府和非官办教育社会组织局限在狭隘的合作关系中原地踏步甚至倒退。

（二）服务受众对教育社会组织的信任危机

由于政府在一定程度上掌握着社会信用资本和权威的制度资源，公民对其存在较强的依赖心理，这种传统的社会文化心理造成了教育社会组织特别是民办教育社会组织的公信力不足。有学者就"教育社会组织发展和政府行为"这一问题进行调查，结果显示在"最大程度限制教育社会组织发展的因素"中，"社会不信任"占比达到29.3%，高于"组织自身独立能力较差"（22.0%）、"组织缺乏专业权威"（24.4%）、"有关法律法规较为缺失"（7.3%）、"准入门槛过高"（2.4%），"其他"（14.6%）。② 公众普遍信"公"不信"私"、"有事找政府"的观念已经深入人心，相对于其他组织，公众更愿意相信政府和事业单位能够更好地提供教育服务，这于无形之中使教育服务受众默认了政府和官办教育社会组织之间"体制内生"关系的合法性，这不仅导致了非官办教育社会组织的公信力普遍不足，也限制了其参与购买活动的机会和路径。另外，教育社会组织的身份模糊、能力不足和自我认同低下也是信任危机产生的原因之一，如果它们不能基于自身专业性生产出公众所期和所需的教育服务，教育服务受众对教育社会组织产生价值抵触并滋生关系隔阂也就不足为奇了。

---

① 张海、范斌：《政府购买社会组织公共服务方式的影响因素与优化路径》，《探索》2013年第5期。

② 胡伶：《教育社会组织发展及其中的政府行为研究——基于部分区域抽样调查的分析》，《教育发展研究》2010年第17期。

综上，政府购买教育服务中主体间存在的信任危机是造成政府和教育社会组织之间内生依附、定向购买、非平等购买关系等的重要诱因。另外，从当前中国政府购买教育服务的实践情况来看，即使一些地方政府迫于中央政府的政策指令使购买教育服务活动得以开展，但由于优质教育社会组织发育不完善和一些官办教育社会组织的"一揽独大"，政府和教育服务承接主体之间也不免呈现"低信任，高合作"的购买关系（见图 5-5 中的 II 区域）。其实"三元主体"间"高信任、高合作"（见图 5-5 中的 IV 区域）的理想关系是需要投入一定的制度性承诺和社会信用资本共同建设的，而非单纯地依靠功利性目的和手段来维系。

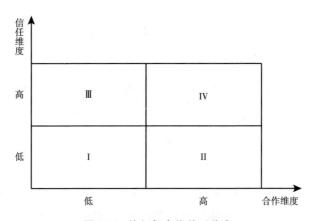

图 5-5　信任与合作关系分布

资料来源：赵学礼《企业间合作机理与信任关系构建研究》，博士学位论文，复旦大学，2008。

第六章
政府在购买教育服务中的战略资源和管理能力检视

战略管理理论认为，除了关注组织外部环境的机会和风险，组织内部的优势和劣势更显重要，政府公共政策的有效制定和公共事务的成功践行，必须拥有充足的"内功"作为支撑，即要有丰富的战略资源和优秀的管理能力。作为教育服务购买活动的推动者和管理者，能否对政府资源和管理的优劣性做出准确"诊断"，将会直接影响购买成效。"外因通过内因起作用""打铁还需自身硬"，本章的研究视野将从政府购买教育服务的外部环境转向政府内部，从战略资源和管理能力两大维度检视政府在购买活动中存在的缺陷和面临的困境，以期通过加强和完善政府自身建设为其顺利开展购买行动做好准备。

第一节 政府在购买教育服务中的战略资源考量

一 战略资源和政府战略资源

战略资源这一概念最先出现在军事领域，是指能够在战争全局中发挥重要作用的人力资源、自然资源和物质资源等的统称。随着生产力的进步和科学技术的发展，在社会现实需要的作用下，战略资源又被应用于不同领域，进而出现了企业战略资源、国家战略资源和政府战略资源等专业术语。从战略资源的自身价值和发展意义看，它不仅是使战略主体的战略构想转化为战略行为的前提条件和物质保证，在整个战略计划实施过程中占主导地位，还是战略主体潜在能力和核心竞争力的重要体现，直接影响着战略行为的发展进程和最终结果。通过借鉴战略资源的内涵和意义，我们可以这样界定政府战略资源：为了实现某一特定公共目标，政府用于推行战略计划和战略行动的、能有效发挥作用的各种资源的总和。在资源观下，政府管理活动必须依托和依赖于相应的战略资源才能达到特定目标，政府管理的力量、效益、效果主要取决于它占有怎样的战略资源，怎样配置这些战略资源以及怎样实现这些战略资源的价值，没有战略资源就没有政府管理。[①] 所以，政府未来需求的和当下所拥有的资源将直接影响政府的战略制定，对战略资源的深入分析能帮助政府在公共事务中更加清晰地审视自身资源的优势和劣势，以便能及时调整和修正战略决策和战略活动。关于政府战略资源的要素构成，休斯认为，组织内部的任何因素都有可能损害组织完成战略任务与目标的能力，因此组织必须对其自身的财务方面、运营方面、人力资源方面的现实情况有较好的认识，而资源审查与分析的关键在于准确评估组织的优势和劣势，以采取某种可能的行动方针（战略）。[②]"每个公共组织至少都拥有四种可以实现预期目标的资源：人力资源、物力资源、财力资源和技术资源。"[③] 从战略资源的构成属性来看，政府的战略资源应包括有形战略资源和无形战略资源两大类，其中有形战略资源由人力资源、物质资源、财力资源和技术资源组成；无形战略资源包含政治资源、信息资源、文化资源和关系资源（见表6-1）。政府在制定购买教育服务战略时，能否充分考虑和全面审视自身所拥有的战略资源，将直接关系到购买活动的成败。

表6-1　政府的战略资源划分

有形战略资源	无形战略资源	有形战略资源	无形战略资源
人力资源	政治资源	财力资源	文化资源
物质资源	信息资源	技术资源	关系资源

[①] 赵国俊主编《电子政务教程》（第三版），中国人民大学出版社，2015，第137页。

[②] 〔澳〕欧文·E.休斯：《公共管理导论》（第二版），彭和平等译，中国人民大学出版社，2001，第185页。

[③] 陈振明：《理解公共事务》，北京大学出版社，2007，第74页。

二　政府在购买教育服务中的战略资源构成

结合政府战略资源的类型划分和中国政府购买教育服务的当下实践，可以从人力资源、财力资源、技术资源、政治资源、信息资源和文化资源六个方面考量政府在购买教育服务活动中的战略资源。

（一）人力资源

人力资源在广义层面上又称劳动力资源，是指在社会经济发展中能够起到推动作用的具有劳动能力的人口总和。从性质上来看，人力资源包括数量和质量两大类；从现实应用的状态来看，人力资源具体包括体质、智力、知识、技能四个方面，并具有特质性、可用性、有限性三大特性。在经济学领域，人力资源被看作一切资源要素中排位第一的最宝贵资源。在管理学领域，人力资源已经上升到了组织战略的高度，并被认为是组织最重要的资产。从人力资源的构成要素和重要作用来看，教育服务购买中的政府人力资源应符合以下要求：他们必须具备从事购买活动所必需的知识素质、能力素质、政治素质和心理素质，同时还必须了解和掌握政府购买教育服务的理论知识与实践技巧；政府购买教育服务的管理者还应具有在不同环境下恰当、合理、灵活调整领导方式的能力，并且善于进行购买活动中的管理创新、技术创新及制度创新。对此，教育服务购买中的政府人力资源可以被界定为：在购买过程中政府人员所拥有的能够被组织有效利用，能够满足组织当下和未来发展需要的，能够保证购买目标实现的，能对实现购买价值起到贡献作用的智力、文化、经验、技能等的总称。

另外，从人力资源的发展意义来看，战略管理理论认为人力资源是保障战略顺利实施的关键影响因素，组织机构中人员的创新精神、管理水平、个人能力等都是战略得以有效实施的重要条件，现实中战略实施的失败、变形、走样等在一定程度上也是由人员素质不高和思想观念错误导致的。从公共治理理论来看，教育治理体系和治理能力现代化的实现不仅需要从现代制度上入手，更重要的是要从制度的执行主体，即人的现代化来实现突破。"如果一个国家的人民缺乏一种能赋予这些制度以真实生命力的广泛的现代心理基础，如果执行和运用着这些现代制度的人，自身还没有从心理、思想、态度和行为方式上都经历一个向现代化的转变，失败和畸形发展的悲剧结局是不可避免的。再完美的现代制度和管理方式，再先进的技术工艺，也会在一群传统人的手中变成废纸一堆。"[①]

由此可见，教育公共治理中人的知识专业化和思维现代化水平的高低将会对实现教育治理现代化带来直接影响。政府购买教育服务活动虽然会受到政策、制度、文化、资金等多种因素的影响，但人力资源因素终归是最主要的因素，因为购买活动的决策者、执行者以及评估者归根结底都是人在主导，而政府人员作为重要的购买参与主体贯穿于购买过程的各个环节，引领目标导向，关系最终成败。

（二）财力资源

财力资源被定义为可用于生产或投资的资金来源，它是一个组织或实体得以正常运行的基本资源之一，对其他资源起决定性作用。政府财力资源则是指在某一特定时期内国家和政府所能掌握和支配的，在一定程度上可以具体转化为资金形态的各种资源的总和。"经济基础决定上层建筑"，财力资源的基础性和支配性决定了它必然是政府提供公共服务和实现政治权威的核心要素，为有效履行服务职能，调优配备资源和加快政策执行，政府必须以一定的财力资源作为基础。在政府购买教育服务活动中，政府的财力资源主要表现为公共教育财政资源，是政府向教育活动提供的教育经费，是公共教育预算支出的重要组成部分，是推动购买进程的重要物质保障。作为一种"政府承担、定项委托、合同管理、评估兑现"的新型教育服务供给模式，教育服务生产权被委托给社会力量来承担，政府是购买政策的制定者和执行者，负责资金支持，其首要任务就是根据公众的教育服务诉求和购买目标，明确业务活动成本，进行购买经费预算，合理安排资金使用。政府财力资源的来源、构成、分配对教育服务购买中的政府价值取向和行动方向发挥着重要的导引作用，稳定的财政资源投入和科学的财政管理机制更是从根本上保障政府购买教育服务活动得以正常运行的动力源泉。

---

① 殷陆君编译《人的现代化》，四川人民出版社，1985，第 4 页。

（三）技术资源

一般意义上，技术资源是指人类在利用、控制和改造自然的一系列实践过程中，所创造出来的一切劳作手段、工艺方法以及知识体系的总和。马克思主义科学技术观认为："科学是一般生产力，技术是直接生产力。"技术是科学知识在生产过程中的具体运用，也是用来改造客观世界的措施、手段和方法。从狭义的组织角度看，技术包含两方面内涵：其一是与解决实际问题有关的服务、规则等软件方面的知识；其二是为解决实际问题而使用的设备、工具等硬件方面的知识，两者的总和就构成了这个组织的特殊资源，即技术资源。从更广义社会角度来看，技术资源属于社会人文资源，它在社会经济发展中最直接的作用表现就是推进生产工具的不断改进，不同时代生产力的标尺是不同的生产工具，这主要是由技术决定的。技术资源是政府战略资源的重要组成部分，公共服务的生产和提供依赖政府自持的技术资源，公民需求的新变化和政府管理新方法的使用都会催化政府技术资源的更新。由于动态系统性、时间限制性和未来替代性等特征的存在，技术资源会遵循"创建—重用—淘汰"的生命周期定律而不断更迭，它在被创建后需要进行持续的维护、修复和更新。在政府购买教育服务活动中，良好的技术资源可以在最大程度上保障购买过程的流畅性，最优化配置购买资源，提升购买效率和效益，有效支撑政府购买战略的具体化实施。因此，为适应公众教育服务需求的变化和应对外部教育环境发展的要求，政府有必要将学习购买技术和优化购买手段作为重要任务，并在此基础上通过内部的知识积累和与外部的经验借鉴形成优质的技术资源，在对其不断维护和创新的基础上节约购买成本，使政府成为精明的"买家"。

（四）政治资源

在政治学视野里，"政治资源"这一概念是伴随着西方行为主义政治学在政治功能和政治内涵上的不断认知与更新产生的，具有典型的阶级性、历史性、可塑性、流动性等特征。作为一种可以影响政治变迁、推进政治发展以及维持政治稳定的重要变量，在表现形态上可以分为实体性政治资源和规范性政治资源（见图6-1），其中实体部分中的政治权力是最

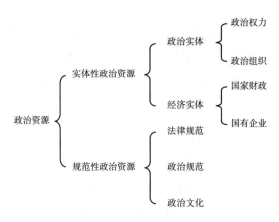

图 6-1　政治资源分类

资料来源：陈文新《政治资源的基本理论初探》，《上海行政学院学报》2006年第 1 期。

核心的政治资源。[1] 它是指为了实现一定的政治目的或某种利益和原则，政治主体对政治客体所施加的一种制约能力，依靠这种能力政治主体可以实现对社会的价值性权威分配，并保持社会的稳定和政治行动的有条不紊，作为维系社会政治生活稳定的"强心剂"，政治权力一直受到政治主体力量的高度重视。在行政学视野内，狭义层面的政治资源指的就是行政权力，它是政府资源的重要组成部分。[2] 这也是本节讨论政治资源的重点所在。行政权力作为政治权力的一种，是指国家行政机关及其工作人员，为了有效执行国家意志，以法定权力主体为载体，在宪法的原则和范围内通过贯彻执行国家法律、法令以及政策，依靠特定的强制手段实现对全社会进行管理的一种能力。在政府的战略资源中，行政权力作为公共管理和公共服务的工具与手段，通过普遍约束力和强制力在社会公共生活领域实施资源配置并进行社会管理和调控。但是，行政权力也体现着"双刃剑"的社会效用特点：一方面，它可以按照公众诉求和由此形成的公共价值要求提供良善

---

① 陈文新：《政治资源：政治发展的内在基石》，《汕头大学学报》（人文社会科学版）2008年第 5 期。

② 王平荣：《政治资源平衡及其路径选择》，《探索》2010 年第 6 期。

公共服务，切实维护公共利益，不断增进公共福祉；另一方面，行政权力运行也背离公共利益和公共价值，产生与自身相矛盾的对立力量，使行政权力丧失了原有质的规定性，出现权力异化，比如以权谋私、权钱交易等。所以，对于政府购买教育服务活动，我们不仅应看到行政权力在购买过程中发挥的积极作用，同时为了保障购买行为的合法性也不能规避因行政权力异化而带来的不虞效应。

（五）信息资源

"政府信息资源是政府为了保证公共利益的实现，在履行行政职能的过程中收集、生产、传播、使用和管理的信息资源的集合，具有公共性、公益性和'公开—保密性'三方面特点。"① 无论是政府自身生成的，还是主动采集的抑或是被动接受的，只要是能为政府部门合法拥有的，都可以构成政府信息资源的组成部分。② "政府信息是宝贵的国家资源，它为公众提供了了解政府、社会和经济历史发展、现状和未来前景的知识，是确保政府责任感、管理政府运作、维持经济健康发展的手段。"③ 在政府购买教育服务场景下，政府信息资源是指为了维护公共利益和提升行政效率在购买过程中产生的能被政府加以利用的各类信息活动要素（人员、设备、技术、环境和资金等）的集合，在具体内容上，它们包括公众需求信息、政府决策信息、服务承接主体信息、教育服务监管和评估信息等一系列和购买活动密切相关的信息；在表现形态上，它们主要通过各类政策文本、分析报告以及其他信息发布形式来实现信息的流通和共享。充分且优质的政府信息资源是辅助政府制定购买政策、协助政府管理、促进购买参与主体间沟通、指导购买实践和推动购买进程的战略性资源，其对于购买过程中的政府管理活动更具根本性和决定性。为保障政府的购买决策更加民主和科学，政府应基于政府信息资源的公共性和公益性特点以及为民、平等和效能的基本原则，加大对其的开发和利用，在信息采集、加工、公开、提供、增值、共享等方面助推政府

---

① 蒋永福：《政府信息资源开发利用若干重大问题研究》，《图书与情报》2008 年第 2 期。

② 赵国俊主编《电子政务教程》（第三版），中国人民大学出版社，2015，第 135 页。

③ 罗曼：《信息政策》，科学出版社，2005，第 242 页。

购买教育服务进程。

（六）文化资源

文化资源是文化生产和文化活动的基础和前提。广义上的文化资源是指在人类社会活动中创造出的物质财富和精神财富的总和；狭义上的文化资源指向更加具体，即能够对人们产生经济和社会效益的精神文化内容，即精神财富，包括意识观念、社会制度、社会心理、生活方式、行为规范、行动习惯等，具有独特性、多样性、精神性和可再生性的典型特点。[①] 组织文化是组织的"灵魂"，是指在组织的长期发展中形成的，为组织所特有的，组织成员能进行价值共享和共同遵守行为规范的一套信念系统。组织文化非常有力，它深深扎根于成员已经内化的价值和信念中，当坚持的信念和价值经过漫长的时期却没有受到挑战，就更不会对它们产生怀疑，并形成一种组织惯性，违背文化价值的规范则会受到一致性的压力。[②] 战略管理理论认为，通过向组织成员灌输特定的价值观念，让他们意识到战略实施与自身发展之间的密切关系，通过不断修正自己的理念偏好和行为方式，进而形成共同的价值观，只有这样才能激发他们为实现组织目标而奋斗的热情。

政府文化是组织文化在政府机构中的具体体现，是指在行政活动中政府机构及其行政人员长期形成的能对行为方式、工作态度以及工作绩效产生较深影响的各种行为习惯和价值观念。文化和文化资源并不等同，在文化后面加上"资源"这个词缀，就意味着文化被赋予了效用上的可利用性。因此，我们可以这样理解政府文化资源：政府机构及其行政人员在公共事务管理活动中形成并能被利用的各种价值观念、行为规范、思维方式等资源型文化。政府文化资源的丰富程度和质量高低能对地方政府的管理水平产生深远影响。对于政府购买教育服务这一政府管理活动而言，其影响主要表现在以下三个方面。第一，它决定了政府购买活动的智力条件。拥有良好的文化资源，政府就能在购买教育服务中配备有知识、高素养、懂技术的人员，从而

---

① 孙萍、张平主编《公共组织行为学》（第三版），中国人民大学出版社，2016，第242页。

② 〔美〕亚历克斯·米勒：《战略管理》（第三版），何瑛等译，经济管理出版社，2004，第330页。

提高购买效率。第二，它明确了政府购买教育服务的价值取向。作为购买主体的政府总是以一定的价值观念和价值尺度去认识、衡量和处理购买活动中出现的各类问题，若能在物质层面、制度层面和精神层面构建起优质的文化资源，不仅有利于政府明确购买目标、购买内容和购买对象，还有利于政府能理性平衡主体间利益关系，推动购买政策的顺利执行。第三，它规定了政府在购买活动中需要实施的手段和工具，即当购买目标确定之后，通过何种途径来实现目标在很大程度上要依赖政府所持有的文化资源。

三　政府在购买教育服务中的战略资源优势及其结构性困境

（一）政府购买公共服务和教育服务委托管理提供的技术支持与经验借鉴

1. 国内外政府购买公共服务和购买教育服务的经验

政府购买教育服务的技术资源需要运用到实践中才能体现其自身价值，政府也只有有力和有效地运用先进的购买技术才能不断促进相关活动的顺利开展。中国政府购买教育服务虽然正处在快速发展的关键时期，但由于技术条件和技术应用不完善、不成熟，与政府购买其他公共服务相比，仍显薄弱和落后。近年来，地方和学界对政府购买服务理论和实践进行了深入探索，集聚了比较多的成功案例，也积累了丰富的购买经验，这些都能为政府购买教育服务提供相应的技术支撑。笔者以 CNKI 中国学术期刊网络出版总库和万方数据知识服务平台为检索源，对"政府购买服务"这一关键词进行检索发现，从 2013 年 1 月至 2022 年 12 月底在北大中文核心期刊和 CSSCI 期刊上公开发表的论文数量约为 1388 篇，[①] 其中在 2016 年相关研究成果高达242 项，涉及的公共服务领域主要有居家养老服务、公共卫生服务、公共体育服务和公共图书馆服务；涉及的技术层面问题主要包括政社关系、模式建构、评估体系、法理规制、合同治理、财务管理、审计监督、质量控制、主体职责、风险防范等。虽然对政府购买服务的理论和实践探讨具有较强的研

---

① 因把关键词作为检索项存在一定的局限性，可能存在相近或相似的关键词，所涉及的论文数量比较多，本书尽可能提高统计的精确度，但是难免有疏漏之处，所以统计数字为大约数字，统计范围只涉及中国政府。

究对象和研究领域指向，但在当前中国政府购买服务的宏观政策背景下，这些研究成果无疑为政府购买教育服务活动提供了经验借鉴和技术参考。另外，西方发达国家如英国、美国、瑞典、哥伦比亚、德国以及日本和澳大利亚等国政府基于不同的经济、社会和政治背景，在购买青少年服务、养老服务、就业服务、医疗保健服务以及残疾人服务等领域都进行了翔实的政策规定并制定了一套包括筹资机制、合作机制、监督机制、评价机制和支付机制在内的完善的、健全的政府购买服务运行机制，特别在教育服务发展领域中，美国的"特许学校"、哥伦比亚的"租借学校"、英国的"教育行动区"等都值得中国政府部门学习其先进的教育合作理念与方法，为开展购买教育服务活动补充相应的技术手段。但值得注意的是，中国政府购买教育服务的实践一直停留在个案水平，技术经验覆盖范围有限，且教育服务与其他公共服务存在本质区别，能否全面照搬政府购买其他公共服务的方法和技术需要审慎商榷和仔细判别。所以，针对当前政府在购买方式、购买流程和对购买管理上存在的缺陷和不足，我们需要从教育服务的自身特质和教育活动的发展规律出发，通过公共服务之间以及国内和国外之间的购买活动比对，精准探索和深入研究政府购买教育服务的主体合作机制、服务供给机制、监管评价机制等密切关系政府自身技术的问题领域，使政府购买教育服务的理论和实践体现出更多的教育服务"个性"，减少和避免因对政府购买其他服务领域技术手段的简单套用而出现的"水土不服"。

2. 上海市浦东新区教育服务委托管理模式的成功实践

作为创新公共服务供给机制和优化配置区域教育资源的一种有益尝试，上海市浦东新区于 2005 年开始了由政府出资向专业化教育机构购买服务来管理公办薄弱学校的实践，通过农村和城区学校以及民办和公办学校之间的合作与帮扶，实现优质教育资源的互通和互享，为探索教育治理和推进教育公平提供了具体思路和管理模式。近年来，浦东新区的教育服务委托管理模式已被推广到上海市多个区县，当前上海市政府以签订契约方式委托品牌学校和教育类中介机构管理郊区薄弱学校的项目已达 50 多个，从政策效果来看，教育服务委托管理使薄弱学校的管理和办学水平日趋规范，学生成绩稳步提升，家长和教师的满意度也大幅度提高，并得到了社会的广泛认可和高度评价，吸引了诸多外地教育行政机构和学校前来"取经"，希冀能为本地突出的教育资源供需矛盾提供技术支持。另外，从发展意义上来看，教育服务"委托管理"机制第一次从教育资源化的视角重新审视了教育"管、办、评"三大要素所在场域的内容、目标和功能，进而为不断创新和探索教育资源配置机制开辟了新的路径。鉴于资源的可交换属性，教育服务委托管理模式通过资源的择优选择、付费购买、重新组合使公共教育资源在突破原有行政管理区划之下得到了重新优化配置，实现了优质教育资源的跨区域流动，为政府教育职能的有效履行提供了更多的实现路径。浦东新区教育服务委托管理的成功实践，无论是宏观层面前期的政策制定、中期的机制运行、后期的监管评估，还是微观层面公众需求的确立、承接主体的选择、合同的签订与履行、主体权责的划分、违规行为的处理，都在制度层面为其他地方政府购买教育服务的推行提供了较为成熟的经验借鉴和实践样本。

（二）行政权力为购买行为提供了合法性空间

经济合作与发展组织曾指出，治理就是"运用政治权威，管理和控制国家资源，实现经济和社会的发展"[1]。这表明无论是在传统社会还是在治理世界，政治权威一直存在且在发挥主导作用。从政治学视角看，政治权威是政治主体使政治客体自愿服从的一种正当性价值体系，政治权力是迫使政治客体服从的一种制度性的强制力量，没有权威的权力会在实际作用中受到很大的限制，政治权力在形式上表现为特定的公共权力。行政权力本质上是公共权力在行政活动中的具体体现，代表了公共意志和公共利益，政治权威、政治权力和行政权力的顺利生成意味着政府本身已经自持了制度上和道德上的合法性。当代地方政府行使权限的权力主要包括该如何治理地方、如何实现地方的治理、怎样通过具体的管理完成对地方的治理，分别表现为地方政府的议决权、执行权和行政权。[2] 从行政学中的"政治—行政"二分

[1]　OECD, *Development Assistance Committee Orientations on Participatory Development and Good Governance* (Paris: *OECD*, 1993), p. 14.

[2]　曾伟、罗辉主编《地方政府管理学》，北京大学出版社，2006，第71页。

视角看，政治代表了国家意志的表达，而行政则代表了国家意志的执行，所以具体到政府管理活动，我们需要在政治权威和政治权力的指引下积极发挥行政权力的内在规定性和外部规约性。公共服务是政府存在的合法性基础，政府拥有管理公共服务的权力，在教育服务领域，政府在公共教育价值分配、公民教育权利保障、教育公平维护等方面发挥着其他主体无法替代的功能和作用，这也决定了政府在购买教育服务中拥有市场组织和社会组织不能比拟的权力优势，这种优势的存在为整个购买活动创造了合法性空间，即通过有效运用行政权力积极保护教育服务受众的公共利益并对教育服务承接主体进行严格监管，维护正常的购买秩序，预防有损公共利益行为的发生。但是政府所拥有的行政权力是公民赋予的，应受到制度和伦理的约束，政府应经常审视和反思自身在购买过程中的权力行使行为，如果脱离了自身的权力和职责范围，政府购买教育服务活动的合理性和合法性必然会遭到社会质疑。

（三）信息资源获取和共享的渠道不畅

由西蒙的行为主义决策理论可知，由于信息分布的不均衡、信息传递渠道的不完善、信息搜集成本的限制、信息获取的不完整等因素影响，任何个人和组织都是有限理性的，决策者只能做到尽量了解各种备选方案的情况，而不可能做到全部掌握，从而形成了各种认知和沟通障碍。在政府购买教育服务中，政府信息获取的困难就在于政府和服务承接主体之间因委托—代理关系而产生的信息不对称，这在一定程度上导致了政府搜集购买信息时的视野狭隘和渠道堵塞，在整个信息环境中处于被动地位，并容易被服务承接主体主导的信息所牵引和误导。一旦教育服务承接主体利用信息优势获得了政府赋权和资源支持，它们很有可能会利用官方信息复制政府的垄断供给模式，在招投标等环节中另辟"寻租"途径，排斥其他组织平等进入，从而造成服务公共性的流失。因此，在市场机制下，由于信息的不对称，相比私人机构，政府常会处于信息弱势地位，政府的控制力受限，进而出现因被服务代理方套牢而被迫接受"敲竹杠"的现象，即使政府采用了某种应对措施，但面对私人市场反应的灵活性和及时性，政府也往往无能为力。① 另外，在政府信息资源共享的环节中，以 PPP 模式运行的政府购买教育服务涉及了政府和社会的跨界资源整合和信息互通互用，但由于传统行政模式弊端的深刻影响，政府依然是公共信息的最大垄断主体。当前地方政府在信息沟通和信息共享中依然停滞在科层制的纵向交流层级上，即政府信息只在政府运行的系统内部流动和传递，政府部门以外的其他组织和机构以及社会公众并不能及时、有效地获取相关信息，政府信息资源的开发利用不足，社会化增值低下。政府信息共享的不畅难免会造成信息在购买参与主体间的传递闭塞和沟通不力，进而出现合作对象遗漏、公众支持度降低、利益协商失败等购买风险。

（四）缺乏购买教育服务的专业技术人才

PPP 理论认为，公私合作项目对决策的科学性要求较高，除了项目本身要具有深厚的技术含量，项目参与以及管理人员还应具备优良的素养和能力。所以，在公私合作项目中，不仅需要有专门的职能机构对合作过程中可能产生的风险进行防范和规避，还需要有熟知政治、经济、法律以及项目管理知识和规则的专业人才。但从现实情况来看，尽管在政府部门改革和职能转变的大背景下行政人员的基本知识水平和文化素养得到了一定程度的提高，由于传统行政管理方式的保守态度和固化思维影响，他们的政治主导性明显，业务和权力间关系失衡，创新精神不足、政策认知低下、现代公共管理知识匮乏。在当前公共政策制定的过程中，政府内部行政人员的专业能力与政治权威之间的冲突，表现得比以前任何时候都明显，伴随着公务人员职能的进一步政治化，若非有较强的自我约束，他们在公共决策过程中的专业精神将很难得到维持。② 具体到政府购买教育服务中的行政人员，上述现象依然存在。有学者认为，从当前地方政府的表现来看，行政人员的行为方式、态度观念和专业修养以及合作能力都远远没有达到教育公共治理的应然

---

① 黄德发：《政府治理范式的制度选择》，广东人民出版社，2005，第 69 页。
② 〔美〕B. 盖伊·彼得斯：《政府未来的治理模式》，吴爱明、夏宏图译，中国人民大学出版社，2013，第 5 页。

状态，传统管制型政府下的行政文化和思想意识表征依然明显。[①] 从对政府购买教育服务中的行政人员专业要求来看，具有购买项目管理经验的政府官员数量有限，他们对市场经济条件下购买活动所必须掌握和具备的招投标、合同谈判、市场调查、风险管理等有关知识和技能知之甚少，即使一些地方政府对参与购买活动的行政人员进行了相关培训，但他们大多停留在理论层面，对现实层面的购买经验和管理技术把握不足。

（五）公共教育财政供给和购买资金安排的困境

公共教育财政制度作为实现公共教育治理的基础和保障，在一定程度上对教育服务的生产和供给内容起着决定性作用并影响着政府购买教育服务的行为模式。同时，合理的公共教育财政供给结构能提高有限教育资源的配置效率以及教育资金的使用效益，在优质教育资源不足的情况下最大限度地实现教育公平。但当前地方政府在公共教育财政制度安排和政府财力资源获取上的困难并不利好政府购买教育服务活动。

第一，公共教育财政未能满足基础教育纵深和高层次发展的需求。虽然当前中国已全面实现了免费的义务教育，但是教育不均衡、不平等的现象仍然非常突出。在不少偏远地区和经济落后地区，保证"人人享受到良好的、平等的教育"还只是一个美好愿景。特别是在农村地区，教育基础设施的大量投入导致基层政府债务问题在短时间内很难化解。另外，面对职业教育体制和高等教育体制在教育财政投入中的竞争，基础教育财政投入能力还较薄弱，生均财政教育经费支出比重也较落后。所以，在基础教育阶段，政府还不能及时摆脱财政投入不足的困境，由于地方教育财政资源的限制，政府购买教育服务活动的开展势必会受到一定束缚。

第二，购买教育服务资金获取受地方经济发展水平影响。地方政府要强化公共服务功能和社会职能的履行必须拥有相对充足的资源，然而地方政府财政资源的吸取量又受到区域经济发展的直接制约。如果一个地方经济发展水平低下，政府财政资源的获取也必然会受到影响，即使政府拥有良善公共

服务供给愿望，也是心有余而力不足。所以，地方政府购买教育服务的顺利践行必然是以政府经济职能的有效履行和财政资源的充分准备作为前提条件的。另外，从教育服务承接主体层面看，政府购买教育服务是通过"政府出资"的方式对教育社会组织给予财政支持，地方经济发展水平决定着政府对教育社会组织资金投入力度和财政补贴的力度，也直接影响到二者能否顺利达成购买协议。

第三，购买教育服务资金拨付困难。地方政府公共服务支出经费是具体业务部门会同财政部门根据国家和省规定的标准，按照"以收定支、收支平衡、略有结余"的资金收付制度确定部门经费预算后下拨的。在政府购买教育服务的实践活动中，财政部门负责审核本级的购买资金预算，民政部门设立专项资金向教育服务承接主体拨款并与财政部门共同对购买资金的预算、管理和使用情况进行监管，但这种购买资金拨付方式与面向事业单位的公共服务经费拨付方式之间的界限模糊，导致各业务部门之间缺乏统一、协调的意见与行动，难免会给教育领域购买资金的安排造成困难。所以，如何实现政府购买服务与事业单位分类改革之间的内容衔接和关系耦合正成为当下关注的新问题。另外，按照购买合同的约定，购买资金是分批付给教育服务承接主体的，部分款项需要在购买项目验收合格后拨付，虽然这能在一定程度上保障资金使用的安全，但对于力量薄弱的教育服务承接主体，如果拨款间隔时间过长或者政府延期拨付，造成服务承接主体垫付资金过多，会打击其参与购买活动的积极性，并影响其对教育服务的专业资源投入。

第四，政府购买教育服务的项目资金没有全部纳入财政预算。"我们现在还不能完全做到把政府的所有资源尤其是公共资产、资源全部纳入政府预算管理的范畴之内，也不能很精确地掌握要完成政府绩效目标所需要花费的成本。"[①] 目前，大多数地方政府并不能像上海市浦东新区政府购买教育服务那样在部门预算中单列出购买所需的资金，其购买教育服务的资金主要来

---

① 王天昊、赵新国、郭阳、王泽彩：《健全完善政府购买服务管理体制研究》，《中国财政》2014 年第 17 期。

源于各相关部门的工作经费，其中也有一部分属于专项拨款和预算外拨款，购买资金来源不稳定，财政资金保障制度不完备。另外，一些地方政府在购买资金的拨付和使用上往往与现任行政领导的风险意识与管理理念有密切关联，这不仅会造成购买资金筹集的波动，还会进一步增加经费审批的难度。所以，由于政府购买教育服务资金没有被全部纳入公共财政体制，这些不属于财政预算内的资金具有较强的临时性、随时性和应急性，因此不能有效保证资金使用的正当性和合法性，也不能从根本上保证政府购买教育服务的平稳和有序运行。

（六）行政权力过当使用诱发"购买寻租"和"道德风险"

政府把市场的力量引入公共服务领域并不一定会导致腐败，但是政府与私人组织之间的合作势必会增加腐败的机会。① 当政府通过各种手段来干预市场时，通常会带来相对集中的经济利益以及分散的经济费用，由于政府官员拥有实实在在的行政权力，他们就有可能会歪曲政策法规，利用向市场索取"租金"的形式来获取不当利益。② 在教育服务外包过程中，政府人员具有双重角色，不仅是具有行政职位的管理者，同时还是购买活动的参与者，这会将他们置于纵横交错的权力运作网络之中，一种是垂直的行政权力，另一种是平行的交易权力，这两种权力的平稳运作需要政府能够很好地平衡行政行为与主体利益之间的关系，否则很可能会导致他们利用特权对教育服务承接主体设置进入障碍或非正常终止购买进程等。现代寻租理论认为，政府人员利用不当的行政权力来大发横财的一切活动都可以被看作寻租活动。③ 在教育服务购买过程中，政府利用行政权力"寻租"主要表现为两个方面：一方面，招投标之前的"设租"，政府利用自身掌握官方信息的便利性，在教育服务市场中以此当作寻租资本，人为设置需求障碍来实现对服务承包商的控制，以入围承诺作为条件进行利益交换；另一方面，在招投标阶

① 王洁：《政府购买服务——现代政府公共职能的延伸》，《中国政府采购》2011年第4期。
② 〔澳〕欧文·E.休斯：《公共管理导论》（第二版），彭和平等译，中国人民大学出版社，2001，第252页。
③ 陈振明：《理解公共事务》，北京大学出版社，2007，第210页。

段、审批阶段以及项目监督和履约验收中的"寻租"，比如一些政府机构中的行政人员打着"专家"旗号在参与评标时利用职务和职权便利左右评标标准，破坏评标公正性，致使严肃的评标活动演变成"金钱游戏"。所以，在市场这只"看不见的手"无法使私人的不良行为变成符合公共利益行为的地方，可能也很难寄希望于政府这只"看得见的手"来实现这一任务。①

PPP 理论认为，政治对公私合作行动的成功与否起着决定性作用，但当前 PPP 模式中的 Public 常常被 Government 所取代，PPP 并不能做到对公共利益的真正捍卫。政府对公私合作项目的管理具有制度上的强制约束性，但行政道德主要靠非强制性的公众舆论和自律习惯加以约束，政府在这种强制性和非强制性之间的矛盾和冲突是 PPP 项目中道德风险产生的主要根源。"管理者的权力必须受到道德的制约才具有合法性，权力的实施离开了人的道德自觉性也难以真正实现其应有的作用；一方面公共组织可能是正义的代表，以其道德上的正当性进行社会管理，或者相反，公共组织可能是某一个阶级或集团利益的代表，其权力的施行违背了公众的道德愿望，但人们仍必须服从其管理的强制性。"② 政府机构及其行政人员在购买教育服务中承担着主要责任，且拥有项目审批权、资金拨付权、监督管理权、秩序维护权、自由裁量权等一系列超越服务承接主体的特权，这都会在一定程度上促使其利用这些特权破坏合同内容，产生恣意行为，比如随意变更教育服务购买计划、借购买服务之名变相举债融资、延迟拨付教育服务购买资金、模糊教育服务评估标准等；还比如某些行政人员为了提升在位政绩，往往会受短期利益的驱使，利用较高的固定投资回报率以及较长的购买周期来吸引社会力量参与教育服务购买项目，通过权力和利益交换达成项目合作，但是最终又因政府机构缺乏相应的资源和财政负担能力而以失败告终。行政权力的过当使用势必会造成政府管理的失衡，打击服务承接主体的积极

---

① 〔美〕查尔斯·沃尔夫：《市场或政府——权衡两种不完善的选择/兰德公司的一项研究》，谢旭译，中国发展出版社，1994，第 34 页。
② 高力主编《公共伦理学》（第四版），高等教育出版社，2018，第 19 页。

性，造成政府购买行为的"道德失范"和政府的信用风险①。

（七）还未形成高度认知的政府购买文化

组织文化由"专业文化"和"社会文化"共同组成，前者是指为完成组织目标由专业知识和技术等要素发展出的价值理念；后者则是指组织成员在人际互动过程中产生的相互关系、行事风格和处世态度等。有形的"专业文化"在理性原则的考量下，比较容易进行改革，而无形的"社会文化"则因为潜藏于每个人的内心、态度和行为中，不容易加以改变。② 政府作为承担社会管理职能的主体，在供给公共服务和解决社会矛盾中发挥着引导和规范作用，但在市场经济活动中，部分政府人员为了趋利避害常会选择"不求有功，但求无过"的行政价值取向，并以一种"不出事，保平安"的行动逻辑与被动低沉的行为方式应对出现的各类公共问题，这种消极的组织文化在一定程度上会阻碍公共治理活动的推进和公共服务供给机制的创新。目前政府在购买教育服务活动中的职能界定、权责划分、流程监管、绩效评估、机制建构等方面还存在诸多需要解决的问题，其参与购买活动的"专业文化"尚未形成。另外，由于传统组织文化的影响，政府人员在教育服务供给上墨守成规和循规蹈矩，新的教育公共治理观念未能有效树立，当原有价值观与制度创新要求不相符时，政府往往会基于既得利益不愿意将教育职能转移给社会力量，其思想和行为都被限定在原有的组织文化范围内，其参与购买活动的"社会文化"仍存不足，这都会影响购买活动的顺利开展。

第二节　政府在购买教育服务中的管理能力考察

行政学创始人威尔逊在《行政学研究》中曾言："行政学研究的目标，在于首先要弄清楚政府能够适当而且成功地承担的是什么任务，其次要弄清楚政府怎样才能够以尽可能高的效率和尽可能少的金钱或人力上的消耗来完

---

① 政府的信用风险是指政府不履行或者完全不履行合同的责任和义务而给购买项目带来的直接或间接的危害。

② 李图强：《现代公共行政中的公民参与》，经济管理出版社，2004，第222页。

成这些专门的任务。"[1] 前者是指政府应有明确的目标导向，后者是指政府
应具备有效的管理方式和优秀的管理能力。当前社会和市场环境的复杂性对
中国政府管理能力提出了新挑战，政府管理能力的高低对公共治理效度起着
决定性作用。在政府购买教育服务活动中，政府的管理能力是保障购买成效
和实现购买目标的关键影响因素，组织结构设置是否合理、合同能否顺利执
行、风险能否得到有效防控都与政府的管理能力息息相关。

一 政府在购买教育服务中的管理能力界定

在心理学研究范畴内，能力指的是个体为顺利完成任务而表现出来的不
易改变的心理特点，它不仅反映了个体在活动中成功完成不同任务的可能
性，更是对个体能够做什么的一种现状评估。对于政府来说，政府能力常常
和政府职能的含义更为接近，但从能力的类别来看，政府能力是指政府在履
行自己的行政职能和从事某项公共活动过程中所拥有的资源以及所能发挥的
能量总称。[2] 如果政府想在更为复杂的环境中实施治理，就必须拥有一种做
"精明买主"的独立能力，如果政府不提升这种能力，"肯定会面临两大困
境：其一，政府的权力将会拱手让给私人伙伴；其二，政府将丧失总揽全
局、统筹兼顾的能力"[3]。公共治理成败的关键在于政府能否有效运用自身能
力来判别、控制和处理治理过程中出现的各种不确定性。交易费用理论也认为，
政府的公共服务外包并不意味着一定能提高服务供给效率，因为在外包过程中
存在主体谈判、制定规则和服务监管的成本，要提高外包效率，就需要政府具
有优秀的外包管理能力。[4] 多中心治理学派认为，虽然可以从技术层面实现公
共服务"提供"与"生产"的分离，但如何从价值层面推动生产者和提供者

---

① 丁煌：《西方行政学说史》（第三版），武汉大学出版社，2017，第16页。
② 汪永成：《经济全球化进程中政府能力的供求变化与平衡战略》，《武汉大学学报》2002年
第2期。
③ 〔美〕唐纳德·凯特尔：《权力共享：公共治理与私人市场》，孙迎春译，北京大学出版社，
2009，第163页。
④ 汪锦军：《走向合作治理：政府与非营利组织合作的条件、模式和路径》，浙江大学出版
社，2012，第68页。

之间的有机连接，以防止公共服务过程的碎片化和单边化更显重要，这都要依靠政府的管理能力来实现。在向社会力量购买公共服务时，政府的管理能力主要包括以下几个方面：提高购买资金的使用效率和效益的能力、制定政府购买公共服务规则的能力、设计和实施购买合同的能力、监督和规范购买过程的能力、协调不同层级和不同部门之间关系的能力、依法管理社会力量的能力。[1] 基于此，笔者认为，政府在购买教育服务中的管理能力是指为维护教育公共利益和保障教育服务质量，政府依法运用行政权力和使用科学的管理手段，推进购买参与主体之间有效合作并顺利实现购买教育服务目标的能力。

二 政府在购买教育服务中的管理能力构成

基于对政府能力和政府在购买教育服务中管理能力的内涵理解，可以从结构维度、技术维度和责任维度出发，划分出政府在购买教育服务中的三大管理能力，即机构组织能力、合同管理能力和风险防控能力（见图6-2），每一种能力都有明确的目标指向和任务重心，共同构成了政府在购买教育服务中的管理能力基础。

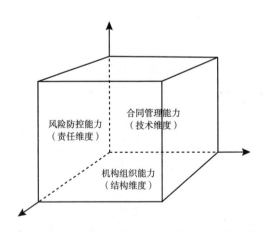

图6-2　政府在购买教育服务中的管理能力维度划分

---

① 王浦劬：《政府向社会力量购买公共服务的改革意蕴论析》，《吉林大学社会科学学报》2015年第4期。

（一）机构组织能力

古典管理学家法约尔提出，管理主要包括计划、组织、指挥、协调和控制五大职能。其中，组织又有静态和动态之分。在政府管理中，动态的组织能力指的是政府为了有效实现组织目标，运用适当的方法使政府内外部力量灵活协调的能力，它不仅包括政府与市场之间的关系协调能力，也包括政府与社会以及公民个人之间的关系协调能力，这种动态的政府组织能力，已在第四章"三元主体"关系中进行了探讨，在此不再重复论述。本节关注的组织能力主要是政府静态的机构组织能力，即行政组织的结构安排。"组织理论之父"韦伯在 20 世纪初期提出了"官僚制"（理想的行政组织体系）概念，他认为，高度理性化的组织机构是一种以分部—分层、集权—统一、指挥—服从等为特征的组织形态，具有合理的分工、层级节制的权力体系、依照规程办事的运作机制、形式正规的决策文书、组织管理的非人格化、适应工作需要的专业培训机制、合理合法的人事行政制度等特点，这是人们对组织结构最初也是最重要的一种认识。[①] 但官僚制带来的形式主义、本位主义、文牍主义和权力垄断等已然被人们诟病最多。1967 年劳伦斯和洛尔施在《组织与环境》一书中，率先提出了理性—权变的组织观念：不同的环境对组织有不同的要求，特别是环境的不确定性对组织结构和行为的影响最大。[②] 20 世纪 80 年代开始的新公共管理运动将官僚制推到了土崩瓦解的边缘，其基本理念就是行政组织的建构应该以用户为驱动并且是服务性的，巴泽雷在《突破官僚制——政府管理的新愿景》一书中对官僚组织机构与用户驱动机构间的分歧进行了详细论述，并指出传统的官僚制正走向后官僚制范式。"公共选择之父"布坎南认为"政府失败"的主要表现是政府政策的低效率和政府工作机构的低效率，政府机构的自我膨胀是导致行政效率低下的主要原因。从传统组织理论到现代组织理论，研究者都把政府的组织结构作为一个重要关切领域。虽然现代组织理论中的视角迥异，观点不一，各抒

---

① 丁煌：《西方行政学说史》（第三版），武汉大学出版社，2017，第 62—64 页。
② 张昕、李泉主编《行政组织学》（第二版），中国人民大学出版社，2019，第 50 页。

己见，但都无法否认一个共性问题：机构臃肿、职能重叠、权责模糊、沟通不畅、效率低下等在很大程度上都是由不合理的组织结构造成的。因此，组织结构是否科学合理、组织的工作程序是否顺畅、组织的运作机制是否完善等都会在很大程度上影响组织目标的实现。不同的构成要素及其排列组合方式会形成不同形式的组织结构。① 如何在行政实践活动中设置分工明确、有机协作的组织结构，进而通过合理的职、责、权配置形成运转灵活和系统严密的组织结构体系即组织机构是保障政府任务顺利完成的基础条件。

政府购买教育服务是政府在教育领域中的专门化行政活动，分析政府在购买行为中的组织机构具有重要意义。首先，政府通过契约方式将社会力量引入教育服务生产过程并建立起相应的公私合作关系，构建一个严密的、稳定的和有机的组织机构，是保证教育服务质量和效率以及推动政府购买活动成功开展的能力前提。其次，对于政府人员而言，若有一个能够使他们配合默契、合理分工并能充分发挥行政职能的组织机构更有利于推动购买目标的实现。最后，建立制度健全的组织体系，并规定体系中相关部门和人员的权责关系以及各项组织活动的关联规则将直接影响到项目实施的效率和效果。另外，从战略管理的视角来看，政府战略的不断修正和调整往往也需要组织结构能够实现相应变化，通过渐进的改革方式来设计和重组组织机构，以促进行政目标的实现。中国学者陈振明认为："组织结构的演变顺序是一个周而复始的过程：制定新战略——新出现的管理问题——组织绩效下降——建立新的组织结构——组织绩效得到改进——制定新战略。"② 在开放的社会环境中，政府体制是一个与各种社会要素相联系的生态系统，而不是一个僵化和封闭的系统，从行政组织的演变历史来看，没有任何一个特定的政府组织机构和政府运行机制是一成不变的，为了提高效率，增强对外界的反应能力，政府必须在管理手段上不断对其改进以适应环境的不断变化。③ 由此可

---

① 尹钢、梁丽芝主编《行政组织学》，北京大学出版社，2005，第44页。

② 陈振明：《理解公共事务》，北京大学出版社，2007，第74页。

③ 张成福、李丹婷、李昊城：《政府架构与运行机制研究：经验与启示》，《中国行政管理》2010年第2期。

见，一个严密、科学、高效的组织机构必然是一种能够高度融于外部环境并能保障购买活动稳定推进的结构体系。

（二）合同管理能力

伴随着商品经济的产生和发展，为了保障商品交换的信誉和安全，人们在这个过程中形成了很多用来调整相关活动的固定习惯和规则，统治阶级则用法律的形式对这些习惯和规则加以规定，合同便应运而生了。合同又被称作契约、协议或者合约。合同在不同领域中有不同的表现形式，政府合同是指政府和公民以及市场、社会中的法人主体之间为了实现某一特定的公共管理目标，基于平等、互惠的原则，通过相互协商而签订的合约。作为合同的一种，政府合同含有合同的全部要义。关于政府合同的类型，简·莱恩在《新公共管理》中认为，新公共管理等同于在政府中使用"合约主义"，并基于政府配置的目的将政府合同分为两种：第一种是交易型合同，即以等价有偿方式进行的买卖活动，签约外包制和政府采购制都是典型的交易型合同；第二种是代理型合同，指的是在雇佣关系基础上形成的合同，例如政府内部的雇佣制就是典型的代理型合同。[①] 从法理层面来看，虽然政府合同是属于私法还是公法的关系的调整范围仍存在一定的争议，但政府行政力量的加入必然让政府的合同管理活动变得更为复杂和特殊。

"在被称为'新合同主义'的理论之下，任何人们所能想象到的公共服务都可以通过合同提供，或是通过承包由外部的私营部门或志愿部门提供，或是通过承包由政府内部的其他部门来提供。"[②] "所有具有说服力的政府都越来越多地依靠签订合同者来提供服务，而且这一趋势有增无减。"[③] 作为新公共管理的核心，合同制通过诉诸市场法规的规制代替了依托于权威层级传递的控制，推动了政府治理方式从单向依赖走向双向互动、从行政指令走

---

① 〔英〕简·莱恩：《新公共管理》，赵成根等译，中国青年出版社，2004，第171、172页。

② 黄德发：《政府治理范式的制度选择》，广东人民出版社，2005，第284页。

③ 〔澳〕欧文·E. 休斯：《公共管理导论》（第二版），彭和平等译，中国人民大学出版社，2001，第142页。

向契约合作。① 合同制已成为以契约为基础的优化公共服务资源配置的治理工具。② 在公共管理活动中，依赖利益博弈和合作规则达成的正式合同已成为保障其稳定性和有效性的基本前提，但由于受到主体的有限理性、信息的不完备性和目标的不可验证性等现实因素的影响，其仍存在诸多游离于合同之外的不确定性，合同制并非完美无缺，如何对合同进行有效治理正成为公共管理者面临的主要挑战，合同管理水平更是检验政府能力的重要标准。库珀在《合同制治理——公共管理者面临的挑战与机遇》中提出了一个非常重要的观点：合同制治理是在垂直的权威模式和平行的协商模式相互交叉下运作的，随着公共服务合同外包的逐渐增多，作为公共管理主体的政府正在日益依赖于与营利组织和志愿组织之间的合同，政府的合同管理也变得复杂且具有挑战性。因此，在公共服务外包中政府要想成为一个"精明的买家"并为公众做一个好的交易不只是取决于是否签订合同、与谁签订合同，而是取决于对合同进行从头到尾的全过程管理。③

在政府购买公共服务活动中，多元主体利益诉求的冲突必然会导致各种风险的发生，政府通过实施合同管理对整个购买过程进行监管，可以有效建立一种风险防范机制来降低政府购买成本并平衡主体间的利益关系。对此，从合同管理的视角对政府购买公共服务进行全面系统的研究更显重要。政府购买教育服务是公共服务外包在教育领域中的具体践行，政府和教育社会组织间签订的购买合同属于一种典型的政府交易型合同。对教育服务合同进行有效管理是保障政府购买活动顺利开展的前提和关键。在公私合作供给公共服务的背景下，政府的合同制治理范式也对教育服务购买中政府的合同管理能力提出了巨大挑战。一方面，由于公共部门和私人组织的目标函数存在差异性以及合同参与方利益诉求的多元化，政府将面临如何通过教育服务合同管理实现合同的效率性与公共性之间平衡的问题。

---

① 陈振明：《合约制治理研究论纲》，《厦门大学学报》（哲学社会科学版）2017 年第 4 期。
② 王桢桢：《科层制治理与合同制治理：模式比较与策略选择》，《学术研究》2010 年第 7 期。
③ 〔美〕菲利普·J.库珀：《合同制治理——公共管理者面临的挑战与机遇》，竺乾威等译，复旦大学出版社，2007，第 5 页。

另一方面，从当前 PPP 模式下政府合同制治理的实践来看，在教育服务购买过程中暗藏的寻租风险、道德风险和责任风险等对政府的合同管理能力也提出了更高要求。因此，作为保障购买教育服务活动顺利完成的重要影响因素，政府应加强合同管理和内部控制能力，从政府的合同谈判能力、合同签订能力、合同履约能力、合同监管能力、合同变更和终止能力等出发提升最终购买成效。

（三）风险防控能力

风险防控是指行为主体为了实现利益目标，通过运用各种预防性手段和方法阻止可能发生的各种风险以及最大限度地控制和减弱风险发生后带来的不良影响。风险防控包括两个阶段：一是预防阶段；二是控制阶段。预防阶段是指预先做好事物发展过程中可能出现偏离主观预期轨道或客观普遍规律的应对措施，而控制阶段指的是风险正在发生或发生以后，控制主体为把损失降到最小化所采取的应对手段。作为公共服务市场化改革下的产物，"政府购买"模式在被广为推崇的同时，更需审慎应对其可能存在的风险问题，否则会消解公共服务协同共治的政策价值，抑制"政府—社会"间良性关系的形成，造成购买活动无效甚至失败。从 PPP 理论来看，由于 PPP 模式的投资规模较大，合作过程也有很长的周期性，并且关系到政府、公众和社会资本的不同利益结构，因此，如何有效控制复杂主体的利益风险，真正实现"风险共担和利益共享"已成为该领域研究的重点和难点。从国内外实践经验来看，政府不能简单地将公共服务直接推给市场，试图通过"外包"解决所有的公共服务供给效率和质量问题，因为服务外包不是"万能药"和"保险杠"，在公共服务购买过程中风险无处不在，如何防范这些风险成为政府亟待解决的问题。同理，政府购买教育服务这一 PPP 供给模式也并非完美无缺，整个购买生命周期内藏匿的风险问题更需谨慎对待，比如机会主义风险、道德风险、供应商垄断风险、不完全合同风险、政府为供应方所"俘获"的风险等。因此，在购买教育服务过程中，政府需要具备较强的风险防控能力以及先进的风险规避手段，避免有损公共利益的行为发生，正如休斯所言："如果委托人没有适当的手段确保代理人实现他们的愿望，代理人极少可能付诸行动。"① 从风险防控的内涵概念和公共服务外包风险防控的必要性出发，可以对政府在购买教育服务中的风险防控能力进行界定：政府依据制度规定对购买参与主体和整个购买过程进行系统全面的监督与检查，识别风险表现要素，探索风险发生诱因并制定风险防控措施，以顺利达到预期购买目标的能力。政府的风险防控能力不仅关系到购买活动的有效性，更是指引购买方向、修正购买偏差、匡扶购买任务的动力支撑。对此，系统探讨政府在购买教育服务中的风险防控能力，无论是对优化教育服务合作供给机制，还是对加快推动教育治理体系和治理能力现代化，都有重要的现实意义。

三 政府在购买教育服务中的管理能力挑战

（一）缺乏健全的组织机构

1. 购买机构职能集中

在当前中国实施的政府购买教育服务项目中，教育行政部门集各种职能于一身，不仅要负责编制购买计划、制定绩效目标、审核承接主体资质、签订购买合同，还要检查合同执行、监督购买资金使用、组织实施项目考评工作。以 S 市制定的《XX 区关于政府购买公共服务（含教育服务）的实施意见（试行）》为例，该意见规定政府各部门应在各自的职权范围内来制定本部门政府购买服务的具体实施意见和方案，并积极组织实施；各部门有责任对本系统范围内的购买服务项目进行管理，规定合同管理的相关内容以防止服务契约签订和履行中的风险；各部门有责任对购买过程进行跟踪监管并建立应急工作机制来确保服务质量。在教育服务领域，这种管理模式会使教育行政部门在购买活动中被充斥大量的业务内容和被赋予广泛的行政权力，虽然有财务部门协助监管购买资金的使用，但从购买活动的前期规划到中期的购买契约落实再到后期的绩效评估都主要由自身负责实施，这虽然能够减少行政环节，提高政府的购买效率，但是由于对其赋权过多，很容易导致权

---

① 〔澳〕欧文·E. 休斯：《公共管理导论》（第二版），彭和平等译，中国人民大学出版社，2001，第 15 页。

力滥用和权力寻租以及以牺牲集体利益和公共利益来维护部门与个人私利等腐败问题，不仅不利于实现教育服务公平性和均衡化的价值取向，也违背了政府购买教育服务的初衷。①

2. 项目制管理模式弊端凸显

"项目"一词首先出现在管理学领域，是指为了达到预期目标、创造独特的产品、完成特定的服务而进行的一种短期的、临时性的工作，具有目标明确性和任务取向性的特点。② 项目制是以项目为基本单位来运行的一种重要的资源配置手段和新型的国家治理制度，旨在通过国家财政的专项转移支付等项目手段，突破以单位制为代表的原有科层体制的束缚，遏制市场体制所造成的分化效应，加大民生工程和公共服务的有效投入。③ 政府购买服务领域中的项目制管理模式之所以能够引起关注，是因为它具有服务主体多元化、服务内容专业化、资源利用高效化、纵横主体关系统合化等优点，同时也与政府职能转变和服务型政府建设的精神与要求相契合。目前，政府购买教育服务多以项目制的方式来运作，其突出特点就是，通过一个能超越各职能部门的统领机构来总体掌控并推进购买活动，不仅可以对区域内的购买行动进行全面布局，灵活调配人、财、物等资源，还可以在运行机制上把握和控制关键活动节点，提高购买效率。虽然项目制管理模式具有短期性和灵活性的特点，但不具备可持续性和延展性，这种临时组建或"拼凑"起来的"委员会"和"领导小组"，首先，由于不能建立专门负责购买活动的职能机构和配备长期参与购买活动的工作人员，它并不利于政府购买教育服务长效发展机制的形成。④ 其次，对于教育服务承接主体而言，短期的主体合作不利于其参与成本的分担和服务质量的提升，影响其专业投入的主动性和服

① 项显生：《政府购买公共服务管理机构的设置问题研究》，《中共福建省委党校学报》2012年第3期。

② 项目管理协会：《项目管理知识体系指南（PMBOK指南）》（第5版），许江林等译，电子工业出版社，2013，第3页。

③ 渠敬东：《项目制：一种新的国家治理体制》，《中国社会科学》2012年第5期。

④ 周翠萍：《我国政府购买教育服务的现状与问题——基于上海市教育委托管理的分析》，《教育发展研究》2011年第3期。

务生产的积极性，同时项目制较强的"技术理性"，容易导致服务承接主体的服务偏轨、投机行为和专业垄断等。再次，项目制管理模式还具有一定的滞后性，只有上级政策下达硬性购买要求和自身急需开展相关教育服务项目时，地方政府才会利用这种临时性的管理模式象征性地进行回应，在整个购买过程中反应"迟钝"，长此以往，不利于对购买经验的积累和把握，购买活动存在游离于服务目标和服务诉求之外的风险。另外，项目制管理模式具有先天缺陷性，它不能根据相关规定做出具有法定效力的决策，没有决策权自然会造成义务和责任的流失，一旦项目在运行过程中出现失误和偏差时，责任追究就存在一定困难。最后，项目制管理模式追求的是"事本主义"逻辑下的灵活性和高效性，实行专项目标配备专项资金，但由于基础教育体制的单一性，学校的管理架构从根本上还是要按照政府的行政管理模式来设置，教育服务项目势必会受到政府集中管理方式的冲击，导致自身无法发挥项目制应有的管理优势，所以，项目制的精细化管理目标和科层制的传统管理方式在政府购买教育服务活动中形成了明显的"互限力"。①

3. 主管部门边界模糊

从当前政府购买公共服务的实践来看，其主管部门是财政部门，例如一些地方政府会在政策文件中规定，各级财政部门应发挥"领头羊"的作用，通过充分听取相关部门关于购买活动的意见和建议来负责制定本级政府购买公共服务的指导性目录，以此来明确政府购买公共服务的种类和内容。另外，财政部门应根据当地经济和社会发展水平以及社会公众对公共服务需求的不断变化适时对购买方向和购买机制进行动态调整。在教育服务领域，教育行政部门作为教育服务供给的重要主体，对购买政策的制定和执行拥有相对主动权，这就难免造成它与财政部门在购买活动中职责承担上的交叉和重叠，从而导致购买效率的低下。一些地方政府并未对购买活动的主管部门进行明确的界定，比如在 H 市制定的《政府购买学前教育服务项目实施办法》

---

① 王清：《项目撮合：项目制的新发展——以 N 区社会服务项目化运作为例》，《华中师范大学学报》（人文社会科学版）2019 年第 3 期。

中规定：作为购买主体的各级教育行政部门，应根据当地学前教育发展情况和学前教育购买服务需求，参照本办法规定的购买服务项目，确定下年度购买服务计划（包括购买项目和内容、购买方式、服务数量和质量、经费预算、绩效考核指标和方式），并报同级财政部门审批；财政部门则负责审核、审批购买主体报送的购买计划、资金预算，并安排项目资金。该办法虽然说明了教育行政部门和财政部门的相对职责，但对购买活动中主管部门的表述仍模糊不清，一旦职能部门在合作中出现问题，"管人"和"理事"任务的缺失就容易造成"踢皮球"和相互推诿的现象。

4. 协调机构设置不足

作为法约尔提出的管理五大职能之一，协调就是使事情和行动都有合适的比例，其目的就是要保证组织中各部门的努力都能相互一致起来，并且能与组织总目标相统一。① 协调机构是指组织为了完成某一特定或临时目标，成立的一种跨部门机构，在任务活动中发挥着总体谋划、统筹协调、参谋助手和整体推进的功能。

政府购买教育服务需要相关职能部门在职责分配环节上进行有机配合，如教育行政部门和民政部门需要制定购买目录并审核承接主体资质、财务部门需要审核购买预算并下拨购买经费、审计部门需要对购买活动的收支情况进行监督和审查等，任何环节的缺失都可能导致购买失败，这就要求有一个能独立于权属和层级关系之外、有别于职能部门的协调机构来维持购买规则，并就各部门之间出现的矛盾与冲突能及时进行协同与调节，从而为政府购买活动的正常运行创造良好的环境条件，促进购买目标的实现。但就目前情况来看，政府购买教育服务相关制度和机制设计的不健全，导致参与购买活动的职能部门之间缺乏有效沟通，职责分工不够明确，相互配合度较低；主管部门划分不明确，还造成了各自为政、多头管理。政府购买教育服务活动中协调机构的设置不足，不仅很难实现职能部门之间的整体联动，也制约着教育服务承接主体的服务生产实效。

---

① 丁煌：《西方行政学说史》（第三版），武汉大学出版社，2017，第49页。

（二）合同管理能力尚待提高

政府购买教育服务中实现良性合作关系的核心在于要系统建构契约化的委托—代理关系，这种关系的达成对政府的合同管理能力提出了更高要求和更多挑战。政府向社会力量购买教育服务并不意味着政府责任的转嫁，相反，在合同约束下政府对教育服务的生产和供给效果担负着更重要的责任。合同制治理的观点认为，受有限理性和机会主义的影响，政府公共权力的分散和断裂，公私行动目标和使命的迥异，主体合作过程中签订的合同在目标、标的、内容、权责等方面并不能达到完全状态，同时，官僚制中的"行政至上"的理念和体制也会侵蚀与破坏政府购买活动中的竞争市场，导致合同条款模糊和隐性契约显现，进而制约合同的实际效力，特别是对于教育服务这种效益实现周期性长的公共服务项目，若政府拥有优秀的合同管理能力则能使其购买过程中的风险性和不确定性降到最低。但当下政府的合同管理能力的有限和低下已成为制约购买成效的主要因素，且这种情况体现在政府购买教育服务的各个环节之中。

1. 在合同规范阶段，政府部门对合同的整体策划能力不足

首先，受制于传统行政管理观念，政府还未真正实现向契约管理理念的转变，也未真正意识到教育服务合同以及对其有效管理的重要性，对于何种教育服务需要采取何种合同内容和合同方式并没有进行科学且明确的界定。其次，由于权威的法律法规不足，教育服务购买中合同签订缺乏具体细则和法定依据，合同内容的规范性存在一定程度的质疑。再次，当前一些地方政府在购买教育服务活动上的"试水"多是迫于上级政策的压力而非自愿，由于有限理性的存在，政府也缺少对教育服务市场的深入调研，对服务承接主体相关信息的掌握比较滞后，在政府制定合同条款时，关键购买信息被屏蔽，在服务承接主体间出现"劣币驱逐良币"的现象，破坏了购买过程的公平性。最后，由于在合同风险规避上的技术能力与实践经验欠缺，合同文本设计比较随意，如直接交由服务承接主体代为设计等，同时，在合同细则的规定中容易出现关键指标和重要内容的疏漏，如教育服务质量标准表述不具体、绩效评估缺少量化指标、标价设定缺少科学的成本—收益分析、合作

双方的权利和义务规定不够明确等。

2. 在合同运行阶段，政府的合同监管能力不足

首先，在监管意识上，政府人员通常会囿于自身经验和与教育服务承接主体间已经形成约定俗成的监管模式而高估合同监管能力，若缺乏健全的责任追究制度，即使因合同监管缺失造成了不良后果，所在部门"兜底"和"买单"的问题处理方式只会强化其散漫和恣意的监管心态。其次，在监管主体上，政府作为购买主体应在购买过程中担负主要的监管职责，监管意识的缺失导致了监管主体的缺位，未能投入足够的专业人员进行服务过程监管，为了符合法定购买程序，政府通常会委派教育服务承接主体内部人员代替行使监管职能，这不仅会造成政府能力的"空心化"，还会造成教育服务承接主体自主权的扩张，进而出现"监守自盗"。再次，在监管手段上，因对教育服务价格制定、成本核算以及质量标准的专业性要求较强，在专业性和技术性要求较高的教育服务领域，政府的合同监管本身就存在诸多困难，所以监管过程也往往流于形式，比如只通过定期"听汇报"的简单沟通方式来获取与合同相关的有限信息。最后，在监管流程上，政府只注重对购买前期合同签订内容及其签订程序的监管，而对购买结果公布后的跟踪监督却较为松懈，造成政府不能及时了解和掌握购买项目的实施进度，不能准确识别和防范教育服务承接主体在服务过程中可能出现的实施不力、虚报成本等问题，进而产生购买项目"转包"、政府责任流失等风险，并衍生出公众对政府的信任危机。

3. 在合同终止阶段，政府的责任追究和奖惩能力缺失

在政府购买教育服务实践中，有些项目会出现服务承接主体交付日期拖延的现象。以教育服务委托管理为例，部分教育中介组织受自身能力和外界环境的影响，不能按照合同规定的日期完成委托管理任务，这在某种程度上和政府未对合同履约责任进行分解和未能及时追究合同管理人员的责任有关。由于购买项目的资金来源主要是公共资金，合同管理人员的绩效考核并不会受到资金使用效率的影响，目前考核的重点主要是购买项目的进度责任而非购买合同所规定的效益责任，政府也往往更加关注购买项

目能否如期完成，而忽视在合同管理中如何更加有效地使用购买资金和节约成本。另外，在购买合同结束以后，对于政府而言，合同的终止就意味着购买活动的完成，它们也很少会投入更多的精力和时间来分析合同实施的效果如何、有何地方需要绩效改进和跟踪矫正、如何对合同执行人员进行明确的奖惩等。

4. 在整个合同过程阶段，政府的合同风险评估与分担能力、合同变更能力不足

PPP 理论认为，PPP 项目风险的识别与合理分配是 PPP 模式成功运用的关键。政府在设计教育服务购买合同时，应该在规定合同双方权利和责任的基础上，把相应风险分配给能力最优和控制最佳的一方来承担，但在合同规范阶段，由于缺乏对市场和社会风险的精准把握，政府往往不能协同其他参与主体建立完善有效的合同风险分担机制，最终导致合同风险外溢；在合同执行阶段，受市场不稳定等因素的影响，教育服务承接主体在按照政府原定合同的规定生产教育服务时会减少受利空间，但政府又会出于缩减成本和追求绩效等自身利益考量不能给予相应的风险补偿，从而打击了服务承接主体参与政府购买活动的积极性和主动性。政府购买教育服务是政府部门为了摆脱优质教育服务"碎片化"和存量不足等困境而联合社会力量进行系统整合教育资源的过程，在合同实施过程中由于政府与教育服务承接主体以及教育服务受众之间跨界协作能力的不足，在面对突发情况时，政府不能在遵循"权变"原则的基础上灵活地变更合同内容，进而产生了各类购买风险和有损公共利益等情况。

（三）风险防控能力不足

1. 风险防控意识欠缺

当前一些政府部门习惯于在一个封闭性的指令系统中完成上级布置的额定任务，而不习惯于主动承担责任和风险。综观大多数失败的公私合作项目案例，它们反映了一个共性问题就是政府管理者缺乏对合作项目风险防控的认识。旧有的行政管理体制导致政府已习惯于固定化、惯性化和平常化的管理，在风险问题上缺乏足够的认知和丰富的预警能力，有些政府管理人员即使有风险概念，但仍存在侥幸心理，这都会对公私合作项目的推进产生阻

碍。在政府购买教育服务过程中，一方面，政府会高估自身应对购买风险和化解购买风险的能力，缺少风险管理的意识以及风险应对的准备；另一方面，由于在购买实践中还未形成严格的责任追究制度，部分政府管理人员对购买风险持无所谓态度，他们认为无论购买活动成功与否都与自身无关，即使出现问题也有所在部门兜底。无风险防控意识自然也就无风险防控能力，这不仅会造成政府在面对遇到突发事件时不能从容应对，还有可能导致风险转移等"次生风险"，造成购买项目失败。

2. 风险识别能力落后

政府对购买教育服务的风险识别是指政府在购买过程中拥有足够的风险意识下，能够对可能发生的或正在发生的购买风险进行信息搜集和甄别分析，并在此基础上对风险进行控制和处理，目的是通过对各种风险的预测和识别来有效回应并及时化解各类购买风险。准确的风险识别不仅有利于下一步的风险评估和风险分类，更有助于政府在购买项目上开展风险衡量和风险分担等工作。但当前政府在 PPP 风险管理中的专业水平缺失，导致政府对购买教育服务没有足够的知识储备和技术应对，再加上政府管理人员风险认知水平低下和受到地方政府政策价值取向以及外部购买环境复杂性的影响，政府在购买教育服务风险识别能力上一直处于落后状态。一方面，从主体维度看，行政部门、教育服务承接主体和教育服务受众共同构成了参与购买活动的"三元主体"，虽然每个主体在购买过程中都扮演特定的角色并发挥一定的作用，但政府更在乎这些购买参与主体所能产生的直观效益，而对它们暗藏的风险问题重视不足，如政府自身的意识形态风险和购买资金挪用风险、教育服务承接主体的垄断生产风险、教育服务受众的参与和认同风险、主体责任序列的"断裂"和"碎片"风险、主体间的目标置换风险等；另一方面，从过程维度看，政府购买教育服务是一个系统过程，从服务需求的确立到绩效评估的结束，忽略任何一个环节的风险，如服务内容的公共性模糊风险、价格规制风险、技术应用风险、公共秩序的管控弱化风险等都可能导致购买活动的失败，相对于购买过程，政府关注的是最终的购买结果，缺少对购买环节、生产环节与评估环节风险识别能力的培养。①

3. 风险监控能力低下

风险监控指的是政府在购买教育服务的过程中，对已经发生或正在发生的一系列风险，按照购买项目的风险管理计划所采取的监督和控制行动。购买项目的实施不仅存在计划性风险也会有很多非计划性风险，风险监控是一个动态的过程，它应该存在于整个购买生命周期内。从当前实践来看，政府在购买活动的监控上还存在以下问题。首先，监控主体的非专业性。政府作为购买活动的主要监督者，对可能产生的各类风险问题的识别与规避负主要责任，但由于当前参与监管的行政人员以及教育社会组织人员有部分是被临时安排或退休后被其重新吸纳到购买活动中的，在工具性目标的价值导向下，这种内部的"表象化"双向监管容易造成职权滥用、玩忽职守、弄虚作假、双重管理，风险监控逐渐流于形式。其次，监控周期较短。当前政府管理人员对购买过程中"风险管理"的认知还停留在购买结果产生消极影响以后的弥补性管理，即事后风险的"应急处理"和"亡羊补牢"，而不是对购买风险进行一种包括事前、事中和事后三个阶段以及计划、审批、询价、招标、签约、验收、核算、付款在内的全过程监控与防范的动态管理，这种"重治疗、轻预防"的风险监管方式会间接增加政府购买成本，造成资源投入的浪费。最后，监管体系的缺失。由于教育服务质量难以量化和价格难以估计等困难的存在，政府还未形成一套科学、有效的监控体系，比如缺少独立的第三方监管主体、监管内容识别不精准和监管技术手段落后等。

4. 风险分担能力薄弱

PPP模式的基本特征是平等合作、风险共担、利益共享、物有所值和全生命周期，其中风险共担是指在公私主体合作过程中发生的风险并不是单独由公共部门或者私人部门来全部承担，不是在确定风险承担主体时的"一边倒"或者双方"平摊"，而是合作主体需要考量自身是否更具风险控

---

① 董鸣燕：《论政府购买教育服务的制度建设与合同设计——基于对国外经验的借鉴与反思》，《中国教育学刊》2016年第9期。

制能力和风险控制优势或更能提高项目效益，从而减轻对方承担风险的压力，减少和规避项目过程中出现的各种不确定性。[①] 它关注的核心问题是，明确在未来各种不确定情景下当项目未按照原计划开展时，合作主体的责任分配问题。[②] 作为政府购买教育服务风险防控体系中的主要构成内容，对购买风险进行分担的目的就在于通过减小教育服务购买过程中风险发生的概率，减少风险可能造成的损失，进而降低政府和服务承接主体的风险管理成本。合理的风险分担不仅有利于购买参与主体间权、责、利的合理分配，增进购买互信，还有利于提升教育服务承接者在购买生命周期内的自我约束力，有助于提高教育服务生产质量。但地方政府间财政资源和购买动机的差异使得政府对购买活动风险分担存在认知偏差，服务承接主体为了趋利避害也容易出现风险分担乏力。首先，由于在制定合同时没有明确合适的受益人并提供稳定的资金支持，政府会利用自身行政"特权"以维护公私可持续合作的名义将购买风险部分或全部转移给服务承接主体，如在购买教育服务过程中，由于政府购买资金的拨款不力，教育社会组织不得不将本该提供教育服务生产的资金用在机构维护、技术咨询等各种间接成本上，服务质量低下和自身发展萎缩；其次，服务承接主体为了藏匿自身不足，获取政府信任和实现既得利益，会利用自持的市场信息优势将本该由自身承担的风险转移给政府，从而导致政府过多承担由"隐形条款"带来的风险成本；最后，迫于财政压力和预算不足，政府作为购买主体不能有效分配各种人力、财力和物力资源，当面临不可控因素和突出问题带来的购买掣肘时，为维护自身形象和彰显工作业绩，习惯于将责任、重担和风险转移给执行购买政策的各职能部门。政府在购买教育服务风险分担能力上的不足，不仅容易出现自身公共责任的流失，引发购买行为的合法性危机，还会增加自身的购买成本负担，造成购买活动的非正常化终止。

---

① 周兰萍主编《PPP 项目运作实务》，法律出版社，2016，第 15、16 页。
② 王刚：《政府购买社会服务：风险及其合理分担机制构建》，《电子科技大学学报》（社科版）2013 年第 6 期。

第七章
政府购买教育服务运行机制分析

  "政府组织的高绩效实质上取决于两方面因素：一是政府体制和机构内部诸要素的合理组合；二是政府运行机制的灵活协调，并恰当地作用于管理对象的功能效应。"[①] 结构完善和程序合理的行政活动运行机制能对增强政府应激性、提高行政效率和维护公共利益产生重要影响。作为教育服务购买活动的发起者和规则制定者，为提高整体购买效能，政府有责任建构系统化的购买教育服务运行机制，不断优化和重塑购买流程。另外，从政府购买教育服务中主体构成的复杂性和运作过程的逻辑要求来看，为了保证购买的目标和任务的顺利实现，一个科学、高效的运行机制也显得十分必要。本章将从政府购买教育服务运行机制的基本内涵出发，透析政府购买教育服务的运行机理，管窥当前中国政府购买教育服务运行机制的缺陷，并通过借鉴国外政府购买公共（教育）服务运行机制的经验来促进购买流程的持续完善。

第一节　政府购买教育服务运行机制概述

一　政府购买教育服务运行机制的相关概念考辨

  "机制"（mechanism）一词最早来源于希腊文（maechane），多用于物理学中，指机器构造和制动的原理，是机器内部构成要件之间相互作用和

---

  ① 张成福、李丹婷、李昊城：《政府架构与运行机制研究：经验与启示》，《中国行政管理》2010 年第 2 期。

互为因果的关系，以通过机器的正常运转来实现特定的功能。"机制"一词在《牛津词典》中的释义是机械装配或机体的组成"结构"和所能发挥的"共同作用"。①《辞海》对"机制"的界定为："机制，原指一部机器的内部构造和运转原理，现借指机体的工作方式，意味着人们的认知已经从表象描述深入到了本质说明。"② 从机制的概念可以看出，机制其实就是在某一系统之中各构成要素之间形成的具有稳定性、因果性和规律性的联系与作用，即通过静态结构和动态行动共同产生能促进机体协调运作和变化发展的功能。③ 从机制的使用范围来看，它已经从单纯的物理属性被广泛引申到政治、经济、文化、教育、生物、社会等不同领域内，由此产生了社会机制、经济机制等专有名词。从机制的功能属性来看，机制又有制约机制、管理机制、激励机制和保障机制等概念上的划分。社会科学领域中的"机制"一词意指可以用来发现和解释同一事物内部不同组成部分之间的联系与作用，通过协调各部分之间的关系以更好地发挥作用的具体运行方式。"机制"一词为研究社会问题提供了系统的理论视角和方法。

有学者认为，运行机制是指影响人类社会规律运动的各种因素的结构、系统、关系和功能及其相互联系，以及这些因素所能产生并发挥相应作用的过程、原理及运行模式，它是规范和制约管理活动的基本规则，是决定行为主体相互关系的总称。④ 也有学者认为："所谓运行机制是在管理体制框架下具体的、规则性的、动态的工作方式。"⑤ 从运行机制的自身特点来看，作为各类构成要素的集合体，它一方面受限于社会外部环境中行为主体的体

---

① 沈荣华主编《行政权力制约机制》，国家行政学院出版社，2006，第 3 页。

② 吴亚东、李钊：《对体系、制度、机制、体制相关概念的辨析与理解》，《现代商贸工业》2010 年第 4 期。

③ 辛鸣：《制度论：关于制度哲学的理论建构》，人民出版社，2005，第 97 页。

④ 袁礼辉、戴如莲：《高校安全工作管理体制与运行机制探析》，《遵义师范学院学报》2010 年第 4 期。

⑤ 赵林记：《高校内部管理体制中民主运行机制探析》，《福建论坛》（社科教育版）2009 年第 2 期。

制和制度选择，另一方面又基于自身独立性运用固有的机制和模式使运行系统之间保持密切的有机联系。所以，运行机制指的是某一系统性的物体或事件在进行正常范围内的运行时，各个要素之间保持的一种必需的且相互关联的规则与程序，以及由此形成的一套整体秩序。它通常包括以下两层含义：第一，运行机制是针对系统事物而言的，只有由不同的要素通过相互间的关联构成的系统才可能表现出运行机制特征；第二，虽然在某一系统中存在各种性质、功能和作用不同的要素，但这些要素始终都是为整体功能和整个系统服务的。对此，运行机制具有明显的整体性、统一性和系统性，对运行机制的研究也不能脱离这些特点。

二 政府购买教育服务运行机制的基本内涵界定

基于对机制和运行机制的概念解读，笔者认为政府购买教育服务的运行机制是指在政府购买教育服务的活动过程中所构成的能够对购买行为产生影响和作用的，并能使购买要素之间密切联系的各类作用原理及运行方式，它是引导、规范政府购买教育服务政策制定及执行的基本行动规则，是决定政府购买行为各要素之间作用关系的总称。简言之，政府购买教育服务运行机制是指政府购买教育服务系统的内部运行结构及各要素间的相互关系。它包含以下几层要义：第一，投入购买运行过程的购买要素；第二，由购买要素形成的购买结构；第三，购买结构所发挥出来的购买机能；第四，购买行为运行的基本轨迹。为保障政府购买教育服务运行机制中主体、内容、方法等复杂性要素之间的有机联系和有效衔接，顺利实现政府购买教育服务的目标和任务，建构一套系统高效的运行机制显得重要且迫切。所以，从内在价值看，它不仅是建构购买活动中"三元主体"间良性关系的"黏合剂"，还是对"购买什么、向谁购买、如何购买"等价值问题的回应；从发展意义看，它不仅是政府购买流程的具体反映，还是系统构建购买体系的过程性要求。

第二节　政府购买教育服务的内在运行机理

一　政府购买教育服务的规范运行流程

政府购买教育服务运行机理是指为维持购买活动良性运转的各类功能要素有机整合所形成的运行规则和运行原理。政府购买教育服务活动应是一个各要素紧密连接的系统性过程，任何环节和要素的缺失都会造成购买活动的低效甚至失败。从政府购买公共服务的发展逻辑和学理要求看，政府购买教育服务是一种"政府承担、定项委托、合同管理、评估兑现"的新型教育服务供给模式，据此我们可以相应地得出理论层面的政府购买教育服务运行过程。

（一）主体关系层面的运行过程

前文已经指出，在"三元主体"关系中，包含两层"委托—代理"关系，即教育服务受众委托政府生产和提供教育服务，政府又作为委托人把生产教育服务的权力委托给教育服务承接主体，这个过程可以被划分为四个阶段：第一阶段，教育服务受众提出教育服务诉求，政府进行诊断和筛选后形成政策议程，并制定合理可行的教育服务购买计划；第二阶段，政府发布教育服务购买信息，向教育服务市场发出购买标的，通过招投标与教育服务承接主体达成购买合约，且政府对购买契约负有监管责任；第三阶段，教育服务承接主体按照购买契约向服务受众提供相应的教育服务，并接受服务受众的监督；第四阶段，购买活动的评估兑现，第三方评估主体依据评估标准和购买契约对教育服务承接主体提供的服务质量和服务效果进行综合评价，并把评估结果及时反馈给政府和教育服务受众，政府则根据评估和验收结果兑现合作合同中的相应条款。在这四个阶段中，服务受众、地方政府、承接主体、评估主体之间应该是一种配合默契、沟通有效、责权分明、结构紧密的高度契合关系，彰显了政府购买教育服务的基本运行过程（见图7-1）。

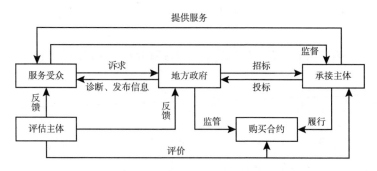

图 7-1　主体关系层面的政府购买教育服务运行过程

（二）政府层面的运行过程

作为教育服务的购买主体和管理主体，从政府（这里主要指教育行政部门）层面进一步解构教育服务的购买运行过程，对分析其内在运行机理和明晰其购买运行轨迹也十分必要。如图 7-2 所示，教育行政部门从提出购买项目需求到组织第三方评估验收并支付项目资金大致由 13 项流程要素组成：（1）教育行政部门提出购买教育服务项目需求；（2）教育行政部门根据教育服务的购买范围和购买数量确定购买预算，并报财政部门审核；（3）教育行政部门协同相关职能部门开展购买活动的可行性研究并对立项依据进行审核；（4）教育行政部门根据立项审查结果，按照相关规定编制教育服务购买目录；（5）教育行政部门向社会公布教育服务的购买内容和范围、购买价格、预算资金规模以及质量要求和各项服务指标等；（6）服务承接主体向教育行政部门提交项目申报材料；（7）教育行政部门对提出申报的服务承接主体进行资质筛查和认定，确定可参与招投标名单；（8）政府开标，并根据项目标的，委托第三方开展竞标评审；（9）向社会发布通过竞标的服务承接主体及其相关信息；（10）政府在公布期结束后和服务承接主体商定相关细则，确定最终的购买合同；（11）教育行政部门定期对项目实施过程进行管理和监督；（12）教育行政部门邀请第三方评估机构对服务承接主体生产和提供的教育服务质量以及服务受众满意度等进行专业绩效评估和验收；（13）教育行政部门根据合同和最终评估结果支付资金（资金拨付也可能发生在不同项目阶段）。

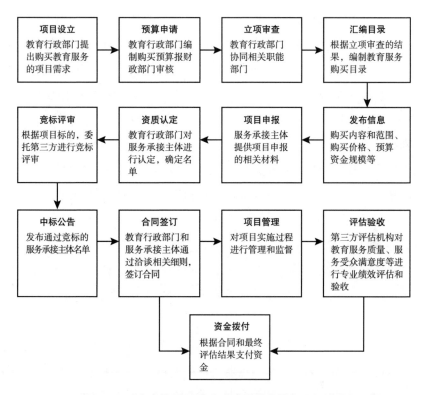

图 7-2　政府主体层面的政府购买教育服务运行过程

二　政府购买教育服务的内在运行逻辑

结合主体关系层面和政府层面的政府购买教育服务运行过程，可用购买发起、决策制定、承接主体选择、契约签订、绩效考评五个关键的流程要素来具体构建政府购买教育服务的内在运行逻辑。

（一）公众表达教育服务诉求

公众表达教育服务诉求不仅是政府购买教育服务的逻辑起点，更是政府购买教育服务的动力之源。在当前中国服务型政府建设的过程中，公众现实的、合法的和合理的公共服务诉求是明确政府行政目标和对政府绩效评估的根本依据。同时，提高政府公共服务诉求的回应性也是服务型政府建设的题中应有之义。公共选择理论认为，一切政治行为都以个人的成本—收益计算为基础，"追求个人利益最大化"也是政府行为的基本动机，它们并没有足够服务于公民和社会的理性与自觉性，需要依靠政府之外的公众力量来推动和保障公共服务生产与供给，如何及时、准确捕捉公众的公共服务诉求至关重要。在政府购买教育服务过程中，公众的教育服务诉求是政府做出购买决策和制定购买目标的刺激因子与基本依据，是对政府"是否应该购买"问题的直接回应，在现实层面决定着购买行动的必要性。同时，公众也会对最终购买结果向政府发出反馈性诉求，即公众根据评估主体反馈的评价信息和通过监督服务承接主体形成的意见与建议也会以诉求的形式表现出来，例如在教育服务满意度评价中，如果公众满意度低，为满足自身对理想服务的期待，其会向政府再次提出服务诉求。值得注意的是，公众的教育服务诉求呈现出多元化利益导向，教育服务诉求表达要符合平等、秩序、法制的基本原则，通过民主集中制的方式来达成教育服务购买方案和购买共识。

（二）**政府确立购买议程**

政策议程是指公共问题受到政府和相关公共组织的高度重视且被正式纳入政策讨论并被确定为予以解决的各种问题的过程。政策议程由公众议程和政府议程两个阶段组成，它的确立是社会问题转化为政策问题的关键环节。当前优质教育资源分配不均和教育资源供给矛盾突出已经引发了社会公众和政府的普遍关注，在教育领域各种力量的交互影响作用下，公众的教育服务诉求也触发了政府购买教育服务的政策议程。因此，公共部门决策者应充分了解民意，要能在公众中形成教育问题共识，密切关注迫切需要解决的教育问题，选择恰当的时机及时、精准地对各种教育服务诉求进行筛选、诊断和研判，使公众所想和所愿能顺利进入决策程序并被正式纳入政策讨论，政府再根据自身的资源和能力储备、教育市场发育程度以及服务承接主体资质，确定教育服务的购买边界、购买目录、购买标的、购买方法，并决定政府是否对其采取行动、何时采取行动、采取什么行动，进而做出对教育服务价格估算、购买资金预算、服务承接主体审核等的具体安排。

（三）**政府发起招投标活动**

教育服务的招、投标活动是指政府通过向社会发布购买信息吸引多个投标机构在同等条件下进行公平竞争，按照规定程序组织相关专家对竞标机构进行严格筛选和评审，以择优来确定教育服务承接主体的过程。此过程主要包括招标、开标、竞标、评标与定标五大程序。政府购买教育服务的招投标活动是一种典型的项目化运作形式，其本质就是以较低的价格来获取质优价廉的教育服务。对于政府来说，公开招标与其他采购方式相比，是最富主体竞争力和充分体现程序规范性的采购方式，能最大限度地体现政府购买行为的公开、公正、公平和透明原则。对于服务承接主体来说，公开竞标不仅使政府有更广泛地选择合作伙伴的余地，也能使参与竞标的组织和机构通过充分的竞争展现专业优势，审视自身不足。公开招、投标活动能够为所有潜在的投标主体提供更为平等的竞争机会，能更好地实现政府购买的物有所值目标，并能有效预防腐败行为。[①] 2020 年出台的《政府购买服务管理办法》规定："购买主体应当根据购买内容及市场状况、相关供应商服务能力和信用状况等因素，通过公平竞争择优确定承接主体。"[②] 教育行政主管部门作为服务购买主体在遴选教育服务承接主体时有必要采用公开招投标方式，充分发挥竞争机制作用，实现优胜劣汰和优中择优，以帮助政府提高财政资金使用效率，增加政府购买活动的经济效益和社会效益。

（四）契约双方签订购买合同

购买合同是政府与服务承接主体之间明确双方权利与义务的重要协议，是购买关系建立的书面法律凭证。购买合同的签订、执行、监管和终结是政府购买活动的重要环节，是确保其顺利开展的制度依据，它不仅可以强化政府和教育服务承接主体之间的契约精神，还能有效维护双方合法权益，更是处理购买争议、评估购买绩效和支付购买款项的重要参照标准。因此，为保障政府购买教育服务活动的规范性和合法性，教育服务的购买内容、购买期限、购买数量、购买质量、购买价格、购买资金结算方式、购买参与主体的权利和义务以及违约责任都应该通过合同的形式确定下来。具体来看，购买

---

① 倪东生编著《政府采购的有效运作》，中国物资出版社，2003，第 205 页。
② 《政府购买服务管理办法》，中华人民共和国中央人民政府官网，2020 年 1 月 3 日，http://www.gov.cn/gongbao/content/2021/content_ 5582627. htm。

合同的签订应包括通过何种形式签订、与谁签订以及签订什么内容三项关键
要素。萨瓦斯对公共服务合同签订的过程进行了详细讨论，对中国政府购买
教育服务立约活动的开展具有重要的学理借鉴意义（见图7-3）。

1. 考虑实施合同外包	2. 选择拟外包的服务	3. 进行可行性研究
4. 促进竞争	5. 了解投标意向和资质	6. 规划雇员过渡
7. 准备招标合同细则	8. 进行公关活动	9. 策划"管理者参与的竞争"
10. 实施公平招标	11. 评估标书和签约	12. 检测、评估和促进合同的履行

图7-3　萨瓦斯的服务合同立约步骤

资料来源：〔美〕E. S. 萨瓦斯《民营化与PPP模式：推动政府和社会资本
合作》，周志忍等译，中国人民大学出版社，2015，第176页。

（五）评估主体进行评估验收

从商品学原理视角看，既然教育服务生产和供给可以通过市场机制中的
购买方式来实现，那么在商品形态下的政府购买教育服务必然存在价值和使
用价值，其中价值已在政府购买议程和购买目标确立时实现，而使用价值则
需要通过对购买结果的绩效评估来体现。教育服务的购买者不一定是服务的
直接对象，也不一定是直接消费者，这就需要第三方对教育服务质量做出价
值判断，以使教育服务协议得到切实履行。[①] 从政府购买教育服务的运行流
程来看，评估验收是对政府购买教育服务过程和结果的一种量化标准检验，
通过运用一定的原则和规范的方法，制定客观、公正、公平的评估指标体系
并委托独立的第三方评估主体，对政府购买教育服务项目的质量和成效进行
衡量与评价，并将评估结果及时准确地反馈给教育服务受众、政府机构和教
育服务承接主体，政府据此采取相应的奖惩措施，并为是否开展下一轮购买
活动和政府付费提供决策依据，为政府是否为公众做出了一个好的交易提供
证据支撑。值得注意的是，第三方评估是政府进行绩效管理的主要方式，在

---

① 汤赤：《教育评估在政府购买教育服务中的作用——上海市浦东新区的探索和实践》，《教
育发展研究》2007年第4A期。

类型上一般包括独立性的第三方评估和委托性的第三方评估，作为一种必要且有效的外部评价机制，第三方评估弥补了政府自身和服务受众单向度评估的缺陷，在推动政府公信力建设和加强公众回应方面发挥了不可替代的作用。在政府购买教育服务活动中，第三方评估机构主要包括受政府委托的研究和咨询机构、专业型评估组织、教育类社会组织等。

第三节　政府购买教育服务运行机制的缺陷

一　教育服务诉求获取的单边化

从信息传递层面看，公平、公开的信息传递机制对于顺利开展政府购买教育服务活动非常重要，但在现实情况下，从获取教育服务需求信息到寻找教育服务承接主体都是政府的"单边行动"，由于缺乏必要的需求调查机制，政府购买的教育服务呈现"一厢情愿"的特点，即只是政府认为应该为公众购买的教育服务，但可能不是公众真正需要的教育服务。信息传递的单向流动也导致了教育服务生产者和教育服务需求者之间的信息不能在教育市场当中得到有效的沟通和交换，这自然会屏蔽掉一些潜在服务需求者和供给者。从政府选择层面看，在行政压力的传导下，政府往往只关注购买结果，而忽略了实质性的教育服务需求。政府在获取服务诉求时容易以精英思维代替公众思维，以关系需求代替社会需求，以经济利益代替公共利益。这种典型的"单边化"服务需求确立逻辑，可能会造成服务受众的进一步"被边缘化"，也很难在政府与教育服务承接主体间形成统一的合作原则、标准和条件。由于不能完整和有效地获取公众的教育服务诉求，政府对购买项目选择的原则、标准和条件不统一，对购买什么类型的服务、购买多少、怎么购买等都还存在一定的盲目性和随意性，容易出现大量人为变动和更改政府购买教育服务计划的现象。另外，对于存在丰富利益空间的教育服务领域，政府会习惯于超越自身职能范围并利用各种手段涉足，而对于利益获取机会较少或不能带来利益回报的教育服务领域，政府则持漠不关心的态度。

值得注意的是，教育服务诉求获取的单边化并不全部出现在购买活动前期，在教育服务承接主体的服务生产过程中仍然有所体现。为了维持与政府间的亲密和稳定关系，相比自身能力的提升，教育服务承接主体更青睐于对权力和资源的谋摄，通过主动"迎合"政府，选择性地供给有助于提升政府政绩和满足自身利益需要的教育服务，而对服务受众的真正诉求漠然置之，造成服务项目偏离购买目的和要求，若此时政府基于主体信赖产生了管理惰性，服务承接主体的行为会被视为"官方"默许，不仅会强化其"反客为主"的心理，垄断和支配教育服务的供给及定价，还会侵犯服务受众的服务选择权，并再次增加政府的服务交易成本。另外，教育服务承接主体为了应对购买合同中的任务指标与考核要求，也会罔顾公众的教育服务实际需要和差异化、个性化的教育服务内容，过度追求教育服务生产的标准化和规模效应，影响了公众对购买活动的认同和信任。党的十八大报告明确提出，"凡是涉及群众切身利益的决策都要充分听取群众意见"，要"畅通和规范群众诉求表达、利益协调、权益保障渠道"。公众作为政府购买教育服务的直接消费主体，有权利参与购买项目设计和服务内容选择，也有责任对购买项目的全过程进行监督和评价。但是，当前教育服务诉求获取的单边化倾向导致公众参与不足，"公众缺位"造成的教育服务"公共性流失"现象也比较明显。对此，有必要在教育服务购买主体、服务承接主体和服务消费主体间建立完善的信息传递机制，并在此基础上建构公众需求调查机制和目录筛选机制，以保障政府购买对象的针对性和购买内容的准确性。

二 教育服务价格估算难度较大

在 PPP 模式下，公共服务的价格是在合同整合阶段根据政府部门和中标组织对相关服务领域进行市场调研并经过合同双方反复协商与讨价还价等程序后确定的。公共组织向社会提供的公共服务或者公共产品应该以对社会和公众产生的社会效益为根本价值追求，绝不是所谓的经济效益，但是对社会效益进行准确测量也绝非易事，由于测量标准的缺乏和相关方法以及技术手段的限制，要明确社会和公众对某一种公共服务或公共产品所需的数量和政府在供给过程中的供给成本、组织规模，以及对这些组织绩效进行准确的评估等是十分困难的，有时甚至是不可能的。[1] 按照沃尔夫的观点，并没有一个公式能够说明政府活动产出的必要性及其最小限度，也没有简单而一致的标准可以用来准确衡量"非市场"规模的大小。[2] 虽然在衡量方法和技术上受限，但这并不表明公共服务成本和价格的非重要性。美国学者萨瓦斯就曾指出，某种公共物品到底应由谁来生产，即服务的"提供者"和"生产者"是否应该进行分离，取决于对该服务分离与否的成本—收益核算。因此，政府购买教育服务在价格确定上一定要达到经济上可行，即购买成本低于政府直接供给成本，否则购买效益无从谈起。但教育服务作为一种非量化、强价值和高要求等特征明显的"软服务"，对其产出质量和效益的衡量并不能像市场上的实物产品那样可以事先做出相应的评价和判断，更不能直接简单套用量化统计方法来准确衡量教育服务的优劣性，故无法在合同条款中明确服务质量和效益。另外，鉴于教育服务是一项"培养人"的系统工程，具有较长的生命周期且在发展进程上具有典型的知识衔接性和收益不确定性，这也为政府合理确定其在市场交换中的价值与价格带来了很大困难。

三　竞争性招投标环节出现缺失

从当前实践来看，中国政府购买公共服务主要包括两种典型方式：第一种是基于"熟人"社会的政府定向购买；第二种是在市场竞争基础上的政府招投标购买。定向购买方式又可以分为项目制购买、非项目制购买和直接资助三种形式，其中竞争性招投标的购买方式也主要通过项目制购买形式来实现。2002 年 6 月第九届全国人民代表大会常务委员会第二十八次会议通过的《中华人民共和国政府采购法》第三章第二十六条中就政府采购货物、工程和服务的方式已经进行了明确规定："（一）公开招投标；（二）邀请招标；（三）竞争性谈判；（四）单一来源采购；（五）询价；（六）国务院政

---

[1]　陈振明：《理解公共事务》，北京大学出版社，2007，第 206 页。

[2]　〔美〕查尔斯·沃尔夫：《市场或政府——权衡两种不完善的选择/兰德公司的一项研究》，谢旭译，中国发展出版社，1994，第 134 页。

府采购监督管理部门认定的其他采购方式。公开招标应作为政府采购的主要采购方式。"① 关于公共服务外包，国外学者普遍认为合同制治理的有效实施应具备三项制度保障条件，即合同、购买者和供应者及招标与竞标过程，例如，库珀认为："竞争是一种（当然不是唯一一种）使得合同外包可以花更少的钱得到更多的回报的力量。当缺少竞争的时候，这种力量也就消失了。在这样的情况下，政府可以刺激市场提供更多的竞争，或者甚至可以通过让公共机构和企业竞标自己来创造竞争。"② 在政府的合同制管理活动中，重要的制度安排就是采取竞争性招投标的合同出租，将公共服务的管理、投资、运作以及经营等方面的责任转移给市场或者社会力量。③ 可见，竞争性招投标在公共服务合同制供给过程中占据重要地位。在教育服务领域，政府购买活动的竞争性招投标应具备两大要素：第一，购买程序是明确要求公开竞争的；第二，有潜在的教育服务承接主体参与购买活动，且他们都无法保证自己一定能够取得教育服务生产权。但综观目前中国政府购买教育服务的现状，多数购买项目都是采用委托性购买，竞争性招投标环节缺失，即采用"低竞争—强关系"的定向购买模式，在合同样态上表现为"关系合同"。

虽然这种非竞争性的关系合同在某种程度上可以溢出正式合同的边界，突破严格的垂直式政府管理方式，有效降低主体间的交易成本，使购买主体与服务承接主体间保持灵活的合作关系，体现出了其特有的发展内涵、应用价值和适用空间，并演变成了一种典型的教育治理逻辑。④ 但在教育市场机制作用下，竞争性招投标的缺失仍会带来诸多风险问题。第一，基于非正式制度建立的关系合同一般会保留较大的服务自由裁量空间和后续合作余地，若缺失健全的外部规则监管和内在道德约束，教育服务承接主体一旦取得教

① 《中华人民共和国政府采购法》，中华人民共和国中央人民政府官网，2002 年 6 月 29 日，http://www.gov.cn/gongbao/content/2002/content_ 61590. htm。
② 〔美〕菲利普·J. 库珀：《合同制治理——公共管理者面临的挑战与机遇》，竺乾威等译，复旦大学出版社，2007，第 83 页。
③ 黄德发：《政府治理范式的制度选择》，广东人民出版社，2005，第 285 页。
④ 高旭、李虹韦：《关系合同的扩展、类型及交易效率研究——基于威廉姆森的关系合同理论》，《理论观察》2022 年第 3 期。

育服务的垄断供给权，会排斥其他优秀教育服务承接主体进入政府购买领域，同时"赢者通吃"的心态会使其在信息和资源上对政府有所隐瞒，并再次产生欺诈性的机会主义。第二，出于政府和教育服务承接主体间达成的信任，它们会基于主观预见和直觉思维进行非程序化的判断，试图做出令双方满意的合作决策，但这种合作决策通常是由少数人参与达成的相对合意，因前期深厚的情感积累，双方会沉浸在一种轻松和乐观的意愿氛围中，对未来可能产生的争议事项主动"摒弃"，更不愿意在正式合同中加以体现，信任关系的主观性和习惯性掩盖了秩序的客观性与规范性。第三，竞争性招投标的缺失会导致政府对教育服务产出质量和效益的衡量标准不够具体，对合同双方权责的规定不够明确，对非正常退出的惩罚警示不够规范等，合同文本"虚文性"逐步突显，同时鉴于双方较强的信任基础，合同指标的随意更改和按私人需要调整的行动规则也会屡见不鲜，而被政府亲自选中的教育服务承接机构缺乏市场竞争的"洗礼"，会造成其工作上的慵懒和懈怠，其教育服务供给效率和质量低下。第四，政府与教育服务承接主体间相互达成的协商关系也很容易走向亲密联系的"幕后"关系，政府不能公平、客观地评价教育服务承接主体的资质和生产经营能力，公私合谋下的暗箱操作，为它们提供了更多满足私人需求与利益的机会，极易滋生腐败。第五，竞争性招投标的缺失催生了单方意志合同：一是在政府主导下利用关系的排他性与教育服务承接主体达成的指令性合同；二是在教育服务承接主体主导下利用关系的存续性与政府达成的承诺性合同，在"软约束"合作关系下，"重视关系大于重视规则"正在制约政府购买教育服务的秩序理性，并已呈"驱逐"正式合同之势。

其实，在政府购买教育服务过程中未能有效开展竞争性招投标存在一定的原因。一方面，虽然依赖利益博弈和合作规则进行充分的竞争性招投标是保障购买活动稳定性和有效性的前提，但受主体的有限理性、信息的不完备性和目标的不可验证性等现实因素的影响，在购买过程中仍存在诸多游离于竞争机制之外的不确定性，所以在对某些非人格化的、僵化的和本位化的"纸面规约"进行反思的基础上，一种非正式的协议和不成文的行为准则以及超然于法律强制力之外或法律所不能及的，依靠合作主体间的私人秩序、共同规范、关系信任、联合行动和声誉影响等建立起来的自我履约机制，即非竞争性的关系合同成为教育服务合作主体的主要选择。另一方面，PPP理论认为，招投标的流程设计存在一定的复杂性，相比于传统的"二元主体"下的公共服务供给模式，这种复杂性会直接导致政府成本的增加，而通过招投标的环节来减少机会主义以及降低公私合谋风险在现实中也存在一定的困难；虽然定向购买的方式不利于政府选择最优的服务代理人，但是在投标人数量较少，项目较为复杂，并且契约的完备性不高的情况下来开展招投标活动似乎也不能保障政府一定能够甄选到优秀的服务供应商。从学理层面看，竞争模式下的合同外包通常需要必备三个条件：第一，在公共服务市场中拥有数量充足的并且可以进行资质比较的独立供应主体；第二，政府向外出售的公共服务必须具有较高的可衡量性，并能对它们的数量、质量、类型以及交易价格等做出明确且详细的说明；第三，为了能够按照及时和有效的原则来完成竞争性招投标各环节当中规定的各项复杂程序以及步骤，政府自身必须拥有足够的资源准备和较强的专业能力。[①] 对比以上三个条件，对于政府购买教育服务而言，首先，没有数量足够的、优质的教育服务供给机构；其次，教育服务作为一种"软服务"，其自身存在服务质量的不确定性高、内容不易测量等困境；最后，根据前文分析，政府的资源和能力也存在短板，这就给政府通过竞争性招投标的方式来选择教育服务承接主体造成了一定困难。结合中国政府购买教育服务的实际情况，缺乏优质的和可竞争的教育服务承接主体是造成定向购买以及招投标环节缺失的最主要原因。

四 服务承接主体准入标准的松弛

政府购买教育服务的核心目的是通过与社会力量的有效合作实现教育服务供给质量和供给效率的最优化，如果教育服务承接主体的资质标准不达

[①] 王雁红：《公共服务合同外包的运作模式：竞争、谈判与体制内外包》，《社会科学战线》2013年第3期。

标，所提供的教育服务还不及政府的单独供给，那么会导致教育服务水平低下和购买活动无价值。具备一般教育服务生产能力的社会力量只能说明其具有参与政府购买活动的资格，但能否最终进入购买环节并与政府建立合作伙伴关系则取决于自身的资质条件。准确识别并成功选择出具备优质资源和良好生产能力的教育服务承接主体正是政府购买教育服务成功的源头所在。关于服务承接主体在政府购买公共服务中的准入标准，早在 2014 年 12 月印发的《政府购买服务管理办法（暂行）》中就对其资格条件进行了较为详细的规定："依法设立，具有独立承担民事责任的能力；治理结构健全，内部管理和监督制度完善；具有独立、健全的财务管理、会计核算和资产管理制度；具备提供服务所必需的设施、人员和专业技术能力；具有依法缴纳税收和社会保障资金的良好记录；前三年内无重大违法记录，通过年检或按要求履行年度报告公示义务，信用状况良好，未被列入经营异常名录或者严重违法企业名单；符合国家有关政事分开、政社分开、政企分开的要求；法律、法规规定以及购买服务项目要求的其他条件。"[①] 但此规定只是政府对服务承接主体准入条件的宏观描述及限定，适用于所有公共服务领域，而针对教育服务，作为主要服务承接主体的教育社会组织却有其自身的准入标准困境：首先，教育社会组织在申办时还没有建立一套权威的可供参考的专业准入标准和严格的资格审查以及资格认定制度，在登记管理程序上的完善性和规范性有待提高；其次，能够参与政府购买活动的优质教育社会组织数量不足，在实际操作过程中，为了满足相关购买程序要求，不仅招投标是"走过场"，其他不具备服务生产条件的组织也在"陪跑"，严重限制了对服务承接主体的筛选和择优，影响了政府购买活动的绩效；再次，教育社会组织自身从业人员专业能力欠缺，素质参差不齐，造成资质条件审查不够明确，"矮子里面拔高子"不仅会直接导致教育社会组织供给服务的效率和质量低下，还会影响政府购买活动的权威性和公信力；最后，政府购买教育服务结

---

① 《财政部印发〈政府购买服务管理办法（暂行）〉通知》，中华人民共和国中央人民政府官网，2015 年 1 月 4 日，https://www.gov.cn/xinwen/2015-01/04/content_ 2799671.htm。

构趋向封闭，政府购买教育服务准入标准不一，针对具备政府资质或关系型教育社会组织的准入标准较为宽松，而对其他类型教育社会组织则会设置各种隐性"关卡"，"区别对待"现象明显，比如在购买活动中虽然会规定通过公开招投标的方式选择服务承接主体，但对服务承接主体的招标标准和招标方式却未明确介绍，即使有相应的标准和条件限制，但也都是"放之四海而皆准"，并不细致和具体，"熟人关系"下的利益依附式购买和政府惯性式购买现象屡见不鲜。以政府购买教育管理服务为例，并不是每一个教育服务承接主体都具备委托管理资质，因为委托管理的本质是教育服务的全面转移，并不仅仅是从技术手段上管好一所学校。服务承接主体的资质设计和认定比较简单，但涉及二者的匹配度问题，"输血"只是手段，能否在血型融合的基础上顺利实现"造血"则至关重要，所以善于"精英教育"的未必能托管好"大众教育"的困难学校，它必须有可以改变困难学校的各种能力和资源。同时，对被托管的学校也有资质认定，即学校是否需要被托管，是自身需要还是外界倒逼，是社会呼吁还是政策压力，只有通过对委托主体和被委托主体的资质进行细致入微的考量才可以确保委托管理活动的有效开展。当然，在委托主体的资质认定中，最重要的还是对托管人员的资质认定，比如在委托理念和实务操作上是否具备先进性和经验性，在教育活动中是否富有强烈的使命感和责任感等，这些影响因素都是政府在进行购买活动时必须思考的问题。

五　评价标准和评估主体的匮乏

完善的政府购买教育服务绩效评估机制应该包括两项工作，即服务项目评估和服务效果评估。[①] 服务项目评估是指评估者依据预先设定好的项目目标，对项目实施的适当性、可能产生的社会效益、社会影响以及后期的持续性进行的判定与评价。服务效果评估是针对购买合同目标实现的具体程度进行的评估，是在购买合同结束或完成合同规定的具体服务内容时对服务承接

---

① 项目评估主要发生在购买决策阶段，这里主要探讨的是购买过程中、后期的服务评估。

主体提供的服务情况进行的项目绩效评估。科学、规范的评估机制在政府购买教育服务运作过程中发挥着关键作用。但从政府购买教育服务的绩效评估现实来看，情况不容乐观。

第一，评估内容模糊化。一项完整的政府购买服务评估工作不仅包括对承接主体直接服务绩效的评估，还包括对评估标准、内容和程序的具体设计。从理论层面看，政府购买教育服务的绩效评估应依据正式合同规定的具体条款来进行，但强关系下的非竞争性购买造成了合同内容的"虚文性"，未能明确规定教育服务的购买价格、购买方式和购买成效等，导致服务项目在验收时很难按照具体的绩效目标要求进行评估。所以，在对承接某项教育服务生产职能的教育社会组织进行评估时，常常因购买内容缺少规范的评估标准，导致政府评估的随意性过大，教育服务水平与质量的评估过程空泛和粗疏。

第二，评估信息来源单一。作为教育服务的购买者和生产者，绩效评估中的信息搜集、处理和发布主要由政府和服务承接主体进行，教育服务受众在整个评估过程中容易被排挤在外，即使有通过问卷和访谈来征求他们对购买活动的意见和建议，但也只是为了在购买程序上"留痕"，而非"公意"本身，服务受众未能在绩效评估中发挥实质性作用，所以，最终购买成效仍是通过政府和服务承接主体间达成的承诺来体现。评估信息来源不足不仅无法有效保障教育服务受众的意愿表达和利益诉求，还会掩盖购买活动细节，出现购买行动"黑箱"，增加购买流程风险。

第三，评估对象出现偏移。从当前中国政府购买教育服务的实践来看，由于定向购买模式的存在及影响，政府对某些教育服务承接主体的准入资质和准入标准给予了充分信任，导致政府疏于对其生产服务进行过程性评估，只把评估重点放在能体现购买结果的内容和指标上。以教育服务委托管理为例，政府的评估对象主要集中于被托管学校，更关心其发展状况和最终托管效果，对于委托机构即教育服务承接主体的服务生产过程则持一种宽松态度。

第四，评估周期计算困难。虽然评估内容、评估信息和评估对象等外在环境因素的干扰给评估工作带来了障碍，但教育服务自持的周期延展性导致的服务产出效果无法在短时间内得以衡量的性质和特点也造成了绩效评估的困难，主要集中表现在评估周期无法精准预见和判定：一方面，对购买教育服务的中期评估应该何时进行，怎样的评估标准才是科学透明的；另一方面，长远评估带来的现实难题，因为教育的长期效应在短时间内是很难被看出来的。

第五，第三方评估主体缺失。绩效评估是政府购买教育服务过程中绩效管理的关键环节，第三方评估是绩效管理的重要手段。当前政府购买教育服务评估机构主要由政府或是附属于政府的事业单位构成，缺少独立的第三方评估组织。例如某市级政府在对购买的教育服务活动进行绩效评估时，直接委托市教育评估院或区教育局内的评估专家来进行，即典型的"政府买，政府评"评估机制。另外，为了掩饰合作过程中可能出现的各类问题，评估主体会由政府和服务承接主体"商量"后决定，受限于技术手段和利益分配等因素，这种"内定"的评估主体很难全面保证评估结果的客观与公正。

第六，评估结果的满意化。在教育服务购买过程中，政府与教育社会组织间达成的定向合作关系不仅容易出现服务承接主体的进入"壁垒"，政府也容易被其"套牢"，甚至出现关系"锁闭"，而打破这种长期的固定关系需要付出关系完全破裂的代价，更需要承担合作伙伴切换和投入不可回收带来的损失。所以，为了降低交易成本，评估结果往往呈现"皆大欢喜"的假象，即使存在诸多需要及时纠正和改善的问题，也容易被"圆满结局"掩盖，评估机制的核心要义和存在价值被逐渐异化。

六 服务承接主体退出规定的模糊

一个完整的政府购买公共服务制度体系，应当包括三个重要组成部分：第一，准入门槛；第二，过程管理；第三，退出机制。① 作为"购买链"的末端环节，健全的退出机制是保障政府购买教育服务活动可持续发展的必要条件，这里的退出机制包含两层含义：第一是教育服务承接主体完成或未完

---

① 王义：《政府购买社会服务退出机制研究》，《大连干部学刊》2015 年第 4 期。

成合同规定的项目内容后的退出，并对其进行奖惩或进一步评价其是否具有后续与政府合作的资格；第二是教育承接主体退出后，如何确保已享受或已得到扶持的教育服务受众能够摆脱自身能力和资源不足，继续因循服务承接主体主导的发展轨迹自主运作。结合教育服务委托管理的具体实践来看，上述两层含义下的政府购买教育服务退出机制仍有待完善。一方面，教育服务承接主体的平稳和有序退出不仅是防范政府购买教育服务潜在风险的内在需要，也是通过市场竞争择优机制来甄选教育服务承接主体的基本要求。但在其生产教育服务的过程中，政府作为监管主体在购买契约中并未对教育服务承接主体的退出情况做详细且明确的规定，比如，因不可抗力造成的违约行为应该如何处置，购买行为中断后已拨付的资金应该如何处理，服务承接主体自身导致的主动退出程序应该如何规范等。另一方面，以项目的方式来运作政府购买教育服务活动，虽然具有可以灵活调配资源的优势，但项目短期合同和组织长期发展的矛盾表现却越来越突出，对购买教育服务活动的长效发展产生不利影响，政府的财政投入会随着项目的结束而结束，购买活动也会随着合同期限的完成而终结，这就很难保证教育服务受众在离开服务承接主体的支持和帮助后，还能得到平稳和长远的发展。因此，作为政府购买教育服务制度链条的"末梢神经"，如果没有完善、明确的退出机制作为后期保障，政府购买教育服务的运行机制就必然是残缺不全的，这也会进一步削弱政府购买教育服务外在制度的规范性和内部系统的合理性。

第四节　国外政府购买公共（教育）服务运行机制的经验借鉴

一　教育服务购买需求确立机制

（一）英国

1992 年英国根据教育（学校）法案成立了教育标准办公室，又称 OFSTED，它是政府的一个独立部门，由女王担任督学领导，并直接对教育大臣及国会负责。该机构的主要职责是评估学校和教育机构的质量，制定政策建议，促进教育改革，确保儿童安全保护，以及推动课程发展和职业培训。教育标准办公室作为权威机构，除了负责收集教育资源相关信息，还有很大的权限对教育资源进行区域间和校际的合理调整和配置，通过选民的教育诉求来评估哪些教育职能需要让渡给市场和社会，哪些教育服务需要通过合同外包的形式交付给社会或市场来供给以缓解政府的资源和财政压力。

（二）美国

美国政府购买公共（教育）服务强调的是购买细节的规范性，其购买公共（教育）服务的范围、种类和对象都有十分明确的办法和操作规则。其公共（教育）服务采购规划需要完成以下任务：一是政府是否需要购买服务，进而来确定政府是否需要使用政府雇员；二是政府要购买什么样的服务，这个环节常常是政府容易忽略的，因为面对一些不易进行成本测量的"软服务"，政府往往不能制定出翔实的购买目录；三是政府应该通过什么方式来购买，向哪些主体购买即怎么来确定投标主体的资格；四是政府要确定使用什么形式的合同外包机制，比如需不需要通过"框架"或者多级合约（不限交付和不限数量）进行采购；五是确定中标标准，比如低价或价格附加其他因素，一般要求考虑"过往绩效"这一因素。

（三）瑞典

在瑞典的教育服务领域，通常是由学生和家长自由地选择公立学校或独立学校的教育服务，根据选择结果再由学校所在地市政府按同等标准向学校提供政府资助，这种政府和学校之间的合作方式充分体现了社会公众作为个体在选择和确定教育服务提供者时的重要作用，也更能反映社会公众的主体角色地位，政府以公众的自愿需求为导向，从而使自己的角色变得更为间接化，教育服务的供需格局也更接近一般的市场竞争。[1]

（四）日本

日本政府制定了严格的公共（教育）服务购买筛选程序和操作步骤：

---

[1]　张汝立等：《外国政府购买社会公共服务研究》，社会科学文献出版社，2014，第76页。

政府会对需要购买的公共（教育）服务项目进行详细的数据统计，包括公众的具体服务需求、政府应该供给的服务数量、服务的具体供给方式、服务质量和效果的前期规定等；开展针对公共（教育）服务的研讨，邀请公共（教育）服务行业专家、学者、政府官员共同探讨哪些公共（教育）服务项目应该进行改革，哪些公共（教育）服务需要通过政府购买的方式来提供。[①]

（五）韩国

韩国政府在购买公共（教育）服务时，对购买项目的评价和筛选由公共项目选择委员会进行，相关人员根据项目选择的评价标准，透明、公平地选择公共利益项目和补助金额，这些标准包括独特性、经济可行性、影响的广泛度、该项目是否能够有效解决社会问题满足公民需求等；项目预算支配的合理性；项目承接组织的专门技能、责任感、发展能力以及最近为公共利益服务的活动记录。[②]

二　教育服务承接主体准入机制

（一）英国

在英国，地方教育当局的教育政绩被教育标准办公室评估为"不良"时，让渡教育合同可能就会产生。2002 年的合同让渡法案和 2003 年的合同让渡法案允许地方教育当局自愿以合同的方式将自身的一些教育职能让渡给某些私人机构，但这些私人机构必须是由教育与技术部提供的经过其认证的私人机构，以确保它们具备相应的信息和技术以及执行教育服务契约所必需的能力。[③] 另外，英国政府在选择教育服务承接主体时，会运用严格的技术手段和方法在公共部门、私人部门乃至具体的公私合作项目中对其进行优劣权衡和资质评比，以保证政府能够做出最佳的选择来保障教育服务的供给质量。

---

① 张汝立等：《外国政府购买社会公共服务研究》，社会科学文献出版社，2014，第 142 页。
② 张汝立等：《外国政府购买社会公共服务研究》，社会科学文献出版社，2014，第 154 页。
③ 张汝立等：《外国政府购买社会公共服务研究》，社会科学文献出版社，2014，第 10 页。

（二）美国

美国政府购买教育服务时对承接主体的选择实行的是一种竞争择优的准入机制，为了保障社会公众能够享受到质优价廉或者某一特定的教育服务，政府会准许多个市场和社会中的组织机构成为服务供应商，并在彼此间建立一种竞争关系，由教育服务需求者来评比和判断最优的服务供应商，政府只扮演服务监管者的角色，并以此为依据制定教育服务承接主体的准入标准和资格审查制度。另外，政府为了保障教育服务提供主体的资质，还存在一种政府间互相购买的模式，即两个或多个地方政府作为教育服务的供给主体，在政府之间达成一种服务购买协议，由一个地方政府通过支付购买费用来委托另一个或几个地方政府来提供教育服务，以此来满足各市、镇公民的教育服务诉求，这种形式就是萨瓦斯提出的政府"内部间协议"。[①]

（三）瑞典

瑞典的学前教育与学童看护主要通过政府与私人机构共同合作来供给，是典型的 PPP 运作模式，对于作为教育服务提供者的私立机构来说，其审批与撤销许可是由所在自治市市政当局管理学前教育的委员会负责，该委员会的职责是必须保证教育服务提供机构的质量与安全性能够达到政府规定的要求，只有经过审批才能设立相应的组织机构，而且只有符合管理要求的教育服务提供机构才能获得由市政当局给予的与同类公立机构生均费用相当的财政资助。[②]

（四）新西兰

在新西兰，提供"替代教育"的服务机构有很多，学校可以与选定的私人部门签约，如私立学校，也可以与个人或某个财团签约。从性质上来说，这些与政府签约的机构可能是社区组织、非营利组织以及具有营利性质的教育服务提供者。但对于想要参与政府购买项目的教育服务供应方，政府

---

① 王洪兵、温颖：《美国政府购买教育服务模式的特色及启示》，《天津电大学报》2013 年第3 期。

② 庞超：《二十世纪八十年代以来瑞典基础教育改革的价值取向研究》，博士学位论文，西南大学，2012。

对其资质和能力有比较高的要求，有意向参与购买活动的学校为了增加"中标"的概率，常常会选择和其他学校一起组成规模不等的联盟来申请供给合约，而不是以单独申请"替代教育"项目的供给合约。另外，为了提高服务供应商的准入资质，国家教育资格认证机构会通过对不同类型私立学校的教育知识和技能进行有约束力的描述，以此建立起一个资格认证的管理体系，并通过一系列的"单位标准"定义和说明不同类型学校在教育服务供给中的发展目标。

三　教育服务竞争性招投标机制

（一）英国

在英国开展的地方教育职能让渡项目中，为了保证教育服务提供者能够在公正、公开的环境中展开充分的竞争以及有效遏制公私合谋现象的发生，英国政府设计了一个高透明度和高竞争度的教育服务竞价程序，由私营机构提供的教育服务必须经过严格的招标、投标程序。即使必须通过政府部门来提供的部分教育服务，也要打破地域和部门的限制，以便能够在公共机构之间展开足够的竞争。

（二）美国

美国政府购买公共（教育）服务活动已经建立了较为完善的招投标机制，具体体现在以下六个方面：第一，政府会通过"联邦商业机会网站"这一专门的信息平台提前向社会公开发布政府购买公共（教育）服务的相关通知，并主动向潜在的服务供应商发布招投标信息；第二，政府向所有能够参与招投标活动的机构或组织提供招标文件；第三，政府根据《联邦采购条例》来选择具备资格的投标主体；第四，在规则允许的情况下，由签订合同机构的政府内部员工与投标主体谈判具体事宜，但也有相关制度规定不允许在评标过程中进行谈判，以防止透明度减少和潜在腐败风险的发生；第五，政府通过权衡服务价格和其他影响因素确定中标方案的标准；第六，政府按照保密要求部分或全部公开中标合同，并及时处理未中标主体的投诉与建议。

（三）日本

日本政府在购买公共（教育）服务时严格遵循以下招投标程序。第一，内阁会在与相关业务部门充分达成共同协议的基础上制定公共（教育）服务的"市场化"购买方案；第二，购买机构会提前 50 天向社会发布购买信息以及招投标信息，以方便有购买意向的主体查询相关信息；第三，政府会同时使用日文和英文摘要的形式在官方媒介上向外界发布招投标和评标的最终结果；第四，政府召开购买服务说明会，并开始入围者的竞标准备工作；第五，通过开展公平的竞标活动来甄选能够提供公共（教育）服务的民间机构。在竞争性招投标过程中，作为独立于政府和民间机构之外并被赋予较高职权的第三方监管机构——官民竞标监理委员会在保障竞标过程的透明性、公正性以及中立性时发挥了关键的作用。①

（四）澳大利亚

澳大利亚政府购买公共（教育）服务活动主要是通过公开招投标的形式，由政府与社会上具有提供服务能力的私营企业、非营利组织共同合作来实现的。在澳大利亚的公共服务体系中，教育、就业和劳动关系部这一职能机构发挥着重要的"桥梁"作用。一方面，该部门会通过合同的方式和福利联络中心约定服务的具体内容和相关考核标准，并有权对福利联络中心进行严格的监督，以保证服务的质量；另一方面，为了保持优质服务供应商的流动，预防服务的垄断供给，该部门会每隔三年通过竞争性招投标来选取合乎标准的公共（教育）服务提供者，在整个过程中官办公共服务机构和民间公共服务机构会以平等的地位参与竞标，整个竞标程序和标书的评审与签订都会在审计署以及生产力委员会等机构的监管下来完成。在服务合同终止前 8 个月，政府部门就将下一轮合同提前向全国发标，经评估审核合格的公共（教育）服务提供者在投标截止日期内进行投标。竞争性招投标是澳大利亚政府购买公共（教育）服务的一个重要环节，并且各州政府均对招投标过程制定了严格的规定。②

---

① 韩丽荣、盛金、高瑜彬：《日本政府购买公共服务制度评析》，《现代日本经济》2013 年第 2 期。
② 张汝立等：《外国政府购买社会公共服务研究》，社会科学文献出版社，2014，第 182 页。

四 教育服务购买过程监评机制

（一）英国

在教育服务的公私合作项目中，英国地方政府与外部服务提供主体在契约签订时会明确服务的目标和标准，并通过绩效合同对服务质量进行监控。另外，英国政府还尝试使用以下方法来监督教育服务供给者：第一，通过引入市场机制中的担保制度来保障服务供给过程中政府和服务消费者的利益，比如服务提供者可以通过购买保险或向政府交付押金的形式来确保当服务供给乏力时，政府和服务消费者可以得到索赔；第二，通过使服务供给者和服务消费者持有相同的价值标准和服务信念来防止服务消费者在监督和评价上的失之偏颇；第三，教育服务消费者可以通过运用惩罚制度及手段来监督服务提供者。[1] 在监控机构上，英国设立了对教育领域非营利机构进行绩效评价的专门组织——英国非营利组织绩效评价委员会，其运作权力和职责由《慈善法案》进行规定，非营利组织所从事的活动都要受到该评价委员会的监管。另外，英国还有多个介于政府和学校之间的非官方教育服务质量监控机构，如政府成立的教育证书与课程管理局等，这类监控机构主要是对教育服务提供者进行课程和教学上的质量检测与监控，以便能及时发现偏差并提出教学改进意见和建议。[2] 同时，英国政府还十分强调对公民的回应性评价，把教育服务输出的标准定位在"高回应"上，即以顾客导向为目标通过组建公民评议小组来监控服务，以此来建构较为完善的服务绩效评估体系，并将制定的有关具体购买职责落实到政府机构、社会组织以及各层级的公务人员。另外，政府还会通过签订教育服务协议按照固定的期限向公众和议会发布工作报告。[3]

（二）美国

首先，在政府购买教育服务的过程监管和绩效评估主体方面，美国特别

---

① 曹现强：《当代英国公共服务改革研究》，山东人民出版社，2009，第156页。
② 谢炜、陈进红：《教育公共服务的国际经验及其借鉴》，《内蒙古师范大学学报》（教育科学版）2008年第3期。
③ 张汝立等：《外国政府购买社会公共服务研究》，社会科学文献出版社，2014，第29页。

注重评估和监管机构的多元化和独立性，在购买过程中同时集聚了政府、半官方和民间组织的三方力量来共同发挥作用；其次，在对购买活动进行评估和监管的具体措施方面，除了主体制度保障以外，还建立了包括信息发布、投诉反馈、监察审计、阶段性评估等在内的配套制度，以确保购买合同在履行的过程中能够得到有效的监管，同时，还增强了政府官员在监管和评估中的主体地位，通过具有一定专业和文化素养的"政府合同官员代表"来监管教育服务承包商的行为和绩效；再次，在具体的绩效评估过程中，政府会以合同中的具体项目规定为主要评估内容，以满足顾客需求为最高评估标准，以明确的问责为最终责任追溯，通过建立评估标准科学化、评估主体多元化和评估责任具体化的绩效评估体系来确保政府购买教育服务的"物有所值"。[①]

（三）瑞典

瑞典政府在通过"教育券"这一公私合作形式引入私立机构提供教育服务时，建立了严格的监督制度，与社会和其他监督主体相比，政府的监督权力尤为突出。为了保证对私人机构提供教育服务的监督力度，政府相关部门有权力通过多种方式来获取学校运作的必要信息，如查看业务文档、视察学校日常活动、对教育质量进行查访评估等，对不符合要求的教育服务承接主体，政府有权责令其整改，否则将终止购买合同。

（四）德国

在德国，监督政府购买教育服务的方式主要有五种：一是来自政府上级教育主管部门的监督；二是由联邦政府中的社会保障部门进行协调、监督，督促教育服务机构遵纪守法，并检查其财产状况；三是享有较高法律地位的专业审计机构在购买项目接近尾声时进行审计监督，并追究违法违规者的责任；四是州政府、地方政府和教育行业组织在教育服务提供体系中对教育服务资金的筹措、分配和保障进行分散的、自律的管理；五是来自不同利益群体的非营利组织之间的相互监督。[②]

[①] 王洪兵、温颖：《美国政府购买教育服务模式的特色及启示》，《天津电大学报》2013年第3期。

[②] 张汝立等：《外国政府购买社会公共服务研究》，社会科学文献出版社，2014，第113页。

（五）日本

从法律制度上看，日本政府主要通过要求社会组织提交年度事业报告书、主管机关进行现场检查等方式进行监管；从机构设置上来看，为了保障公共（教育）服务在供给过程中的透明性、客观性和公正性，政府设立了专门的监管机构，比如官民竞标监理委员会，政府所进行的购买公共（教育）服务活动都必须服从该委员会的监督和管理。另外，该委员会的专家为管理学家、经济学家以及民间企业家等精英代表，他们共同负责审核服务供应商的资格和条件以及对整个招投标的过程的监管，并及时公开和发布相关购买信息。[1] 在公共（教育）服务评价上，政府评价的重点主要是服务内容、服务成本和服务经营过程；在评价方法上，政府不仅会采用以个案、群体等为考察对象的分散的、个别的介入方法，还会采用各种复合式方法对购买项目进行评价；在评价维度上，包括服务开展之前的"事前评价"和基于"投入资源""过程""结果""效果"四大维度的"事后评价"。[2]

（六）韩国

在购买公共（教育）服务的监督和评价上，韩国政府更看重的是对项目资金使用的监管。政府将购买项目资金分为两个阶段拨付：在评价和选择阶段完成后，向参与提供服务的组织拨付80%的资金；待中期评估合格后再拨付20%的资金。中期评估的内容主要包括项目依据合同标准所完成的情况、项目管理和实施方法的合理性，并积极主动调查项目在实施过程中可能遇到的困难与问题；在项目完成后，政府还要通过严格的评估程序对项目进行验收和最终的绩效评估，同时政府在项目经费使用以及后期的评估上还制定了严厉的奖惩制度。[3]

（七）澳大利亚

在对私人机构提供公共（教育）服务的评估上，澳大利亚政府会在为

---

[1] 韩丽荣、盛金、高瑜彬：《日本政府购买公共服务制度评析》，《现代日本经济》2013年第2期。

[2] 张汝立等：《外国政府购买社会公共服务研究》，社会科学文献出版社，2014，第144页。

[3] 王浦劬、〔美〕莱斯特·M. 萨拉蒙等：《政府向社会组织购买公共服务研究——中国与全球经验分析》，北京大学出版社，2010，第285—286页。

公共（教育）服务提供者营造公平、公开的竞争环境的基础上，通过采取机构星级评定、优胜劣汰、新老服务提供者共存等管理方法定期对服务提供机构进行考核与评价；政府还设立了专门的服务绩效评估机构或者联合相关职能部门共同参与评估工作，如政府的教育、就业和劳动关系部以及审计署和生产力委员会一起负责服务承包合同的跟踪、评估和管理。

第八章
政府购买教育服务的发展路径选择

　　政府治理的有效运作离不开一整套动态的制度体系和行动策略，它一般包括制度安排、手段技术和治理能力三个层次。[①] 在政府购买教育服务活动中，制度安排层次是指购买规则以及购买参与主体间的权责配置关系；手段技术层次是政府为实现教育服务购买目标而采取的行动策略，具体体现为如何构建一个灵活、高效的购买运行机制；治理能力层次是指政府为提升购买教育服务成效应具备的素养和本领，包括政府战略资源的优化、政府管理能力的提升、服务承接主体的培育和购买文化的创新等。制度安排层次是基础，手段技术层次是保障，治理能力层次是关键，三者紧密衔接，环环相扣（见图8-1），为系统推进政府购买教育服务的顺利实践提供了策略框架。

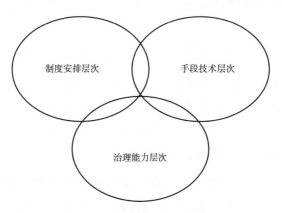

图8-1　政府购买教育服务的"三层次治理"工具

---

　　① 张璋：《政府治理工具的选择与创新——新公共管理理论的主张及启示》，《新视野》2001年第5期。

对此，本章将基于公共教育价值，借助"三层次治理"工具，积极回应购买使命、营造外部购买环境和创新内部购买机制，以期为推进政府购买教育服务深入发展提供可行方案。

第一节　设计权威性购买规则，提高购买活动合法性

一　制定政府购买教育服务国家层面的政策和法规

政策是一个国家的政权机关和政党组织以及其他社会政治团体为了达到自身所代表阶级或阶层的利益与意志，通过权威的表达形式以标准化的手段规定在某一历史时期内，应该实现的目标、恪守的行动原则、达成的明确任务以及所采取的一系列手段和措施；它实质上是阶级或阶层利益与意旨的理念化、主体化以及实践化的具体反映，法规则是政策权威性和强制性的具体体现。"政府是处在法律之下，而不是处在法律之上或法律之外。"① 依法行政是政府开展行政管理活动的根本遵循，是深化社会主义民主法治精神的基本要求。政府购买教育服务中的权力具有极大的强制性、扩张性和工具性，通过法治化手段对其予以严格控制和有效约束是必不可少的，否则极易出现权力"异化"，诱发权力"寻租"，对公共利益和教育服务受众的权益造成侵害。② "无法律即无购买"，政府购买教育服务要想获得长远发展，必须在政策和法规框架内对政府购买教育服务的行动范围进行明确界定，使已制定的政策法规获得普遍认同和服从，增强购买活动的合法性、有效性和可推广性。但综观当前中国政府购买教育服务的政策安排，虽然中央政府层面出台了相关的行动指南，在其他法条中也有所提及，但更多的是将政府购买教育服务活动内嵌于政府购买公共服务这一宏观政策框架内进行，并没有制定与政府购买教育服务

---

① 龚祥瑞：《比较宪法与行政法》，法律出版社，2003，第316页。
② 胡伟：《我国政府购买教育服务法治化的基本逻辑》，《复旦教育论坛》2021年第2期。

活动直接相关的专门法规,《政府采购法》中的相关法条是否适用于政府购买教育服务等"软性"公共服务也值得商榷。对此,一方面,需要按照推进依法治国的目标和要求,逐步细化政府购买教育服务政策体系,根据政府购买活动的客观场景和发展态势着力完善中央层面的顶层制度设计,通过修订《政府采购法》或立法的方式确立政府购买教育服务的法定内容。另一方面,中央政府应通过制定详细的政策和法规来规范政府购买教育服务的范围和内容、方式和程序、服务质量和考核标准、经费保障措施等。政策、法规的确立与完善能为政府活动确立准绳和尺度,促进购买参与主体间利益分配合理化,有效规避各类风险,推进购买制度革新,它已成为保障政府购买教育服务活动顺利开展并推动购买活动纵深发展的必经之路。

二　实现政府购买教育服务地方政府层面的制度化

制度是国家的良知,规则是群体的智商。按照新制度经济学的观点,制度指的是"由人制定的规则,它们抑制着人际交往中可能出现的任意行为和机会主义行为"[①]。从功能和作用来看,制度不仅可以限定主体在未来活动中可能发生的风险,规避因主体责任流失而引发的机会主义,同时作为社会关系的"黏合剂",还能增进主体间的相互信赖与共同合作,减少社会中因隐形条款产生的合作成本,并为人们在社会分工中的相互协作和有效配合提供了一个基本行动框架。所以,制度的重要性源于它是各种规则的集合,地方政府是制度创新的重要主体,也能更好地把社会公众所反映的价值观念输入政治系统中并使之有效地转化为制度安排,进而使公众需求和公共利益走向制度化与规范化。政府购买教育服务的制度安排是指地方政府在购买过程中依据一定的条件和程序达成的基本协议与行为规则,购买活动的"制度化程度"不仅影响着整个购买过程的规范

---

① 〔德〕柯武刚、〔德〕史漫飞:《制度经济学——社会秩序与公共政策》,韩朝华译,商务印书馆,2000,第33页。

性和稳定性，还影响着政府、服务承接主体和服务受众之间的关系状态。从实践情况来看，一方面，鉴于教育服务自身的特殊性，当前地方政府的购买意识和行动魄力不足，购买活动通常会附着于其他公共服务来开展，在教育服务层面缺少正式的和具有针对性的制度设计，并且部分基层政府具有一定的随意性，制定的购买规则还不能成为一项正式的制度安排。另一方面，虽然地方政府根据上级部门的指导意见制定了相应的购买教育服务实施办法，但制度内容较为空洞且趋同，可操作性和可持续性低下。对此，地方政府应结合本地区经济社会的实际发展情况，对社会中普惠性和紧缺型教育服务做出战略预判，使购买活动主动融入区域教育事业发展需要，制定符合区域教育发展特点的购买制度，持续提升购买活动的合法化水平。具体来看，省级政府应严格遵守中央政府制定的相关政策来负责全省范围内的教育服务购买标准，编制指导目录，并明确政府购买教育服务中的购买内容、购买对象、资金来源、合同管理和质量评估等涉及一系列操作规范的基础性问题；区、县级政府应结合区域教育发展的实际情况，按照省级政府要求，明确购买教育服务的程序、方式、种类、数量等具体性问题，以此开展具有地方特点和符合地方需要的教育服务购买活动。地方政府对购买教育服务正式制度及其规则建设的积极探索，能进一步保障国家层面政府购买教育服务的稳定性和存续性，同时也能最大限度地规避由非正式制度的偶然性和临时性可能导致的各种不利影响与潜在风险。

第二节　精准界定权责利边界，厘清参与主体间关系

新型治理秩序的核心是在决策主体多元化和最大限度地实现个体权利的基础上形成有序的社会秩序并有效推进公共事务的完成，而如何在充分回应个体利益诉求的基础上形成完善的社会秩序以应对现代治理问题，如何通过关系协调使政府、社会和公众之间形成良性互动的"伙伴关系"则是治理

结构转型必须面对的重要问题。① 政府购买教育服务作为一种政府主导，多元主体参与的教育公共治理形式，是通过向市场和社会下放教育权力并在价值、目标和手段之间进行选择的结果，其中利益冲突和行为冲突不可避免，有必要通过精准界定政府、服务承接主体和服务受众之间的权责利边界，保障"三元主体"间关系明确且适格。

一 政府在购买活动中的角色扮演

公共服务供给方式的创新引发了中国传统的政府责任体系与政府角色的变化：一是将"效率"一词引入传统政府责任体系中；二是公共服务的供给主体出现了变更。基于这两大变化，在公共服务的合同外包中，政府的角色也由服务直接提供者转向服务需求的确认者、服务内容的购买者、服务质量的检查者和评估者、公共资金的谨慎支出者。② 随着人们受教育水平的提高以及对公共权利和公共利益的追求，他们在公共活动中的关注点正在从"政府做了什么"向"政府应该做什么"和"政府不应该做什么"转移，这就倒逼政府应加快角色范式转换，在首先明确自身职能和任务范围的基础上，再思考采取何种管理方式高效率和高质量地完成这些任务。政府购买教育服务是教育服务供给方式的重要创新，是转变政府教育职能的有益尝试，明晰政府的角色定位，不仅是有效开展购买活动的关键，也是政府成为"精明买家"必须思考的前提性问题。

（一）购买规则的制定者

"新合同主义"理论认为，在政府合同中政府应将通过有效规制市场行为来保护公众利益和保障市场秩序作为主要任务，在此过程中政府扮演的是权威政策的制定者，而非公共产品的亲自供给者。在公共治理活动中，政府可以在体制框架内机动、灵活地运用各类治理工具并进行制度性安排，影响和协调其他参与主体行为，通过积极发挥"领航者"的作用，引导和改变

---

① 贾西津：《第三次改革——中国非营利部门战略研究》，清华大学出版社，2005，第188页。
② 杨欣：《公共服务合同外包中的政府责任研究》，光明日报出版社，2012，第101页。

目标群体的行为活动，以达到治理的预期目的。① 政府购买教育服务实质上是教育服务"生产者"与"提供者"的分离，教育服务生产主体由政府开始转向市场和社会，教育服务供给过程也从传统的政府单一供给向多元主体合作供给转变，这些转向赋予了政府必须承担更多的权威性价值分配职能，为了构建合作共赢和互利共生的教育治理新格局，政府在保障教育服务质量和提升教育服务水平中应扮演好主导性的"元治理"角色，通过正当使用行政调配权，制定合理的购买规则，以便能及时应对购买过程中的各种不确定性和潜在风险。另外，因外部经济、政策和文化环境的不稳定性，为了保障政府购买教育服务活动的正常运行，也有必要制定有预见性的购买规则作为购买活动开展的基础。因此，对于政府购买教育服务活动而言，政府要扮演的首要角色就是购买规则的制定者，规范制定购买准则，切实维护购买秩序，充分发挥自身在教育公共治理中的驾驭能力，为购买活动营造良好的规则环境。

（二）主体利益的协调者

在公共服务公私合作中，尽管基本制度可以保障主体共同行动的稳定性，但这并不足以证明已经形成完善的合作机制，合理的利益分配机制也必不可少。休斯认为，政府的主要任务就是及时平衡公众参与需要与公共决策需要之间的关系，并就参与者提出的意见和建议制定相关的标准与准则，对于公共管理者而言，他们不应仅仅关注政策方案的实施情况，而应当以参与者的身份进入一个能够进行明确利益表达且能够重新创造其公共价值的民主的治理系统中。② 政府购买教育服务涉及政府、社会组织、市场以及公民个人等多个参与主体，主体构成的多元性必然造成利益关联的复杂性，特别是各主体在价值观念、行动目标、行为方式、组织机构上存在的巨大差异，难免会造成利益分配上的摩擦和冲突。因此，为了保证主体间的目标一致和行为统一，政府作为购买活动的制度安排主体，除了制定明确的正式规则以外，还需在购买教育服务中扮演有效的利益协调者角色，准确识别购买过程

---

① 孙柏瑛：《政策网络治理：公共治理的新途径》，《中国行政管理》2008 年第 5 期。

② 〔澳〕欧文·E. 休斯：《公共管理导论》（第二版），彭和平等译，中国人民大学出版社，2001，第 126、127 页。

中的利益矛盾，主动引导、调和、补偿和规范多元化的利益诉求，在维护共同利益的基础上，综合考虑眼前利益和长远利益以及局部利益和整体利益之间的关系，在充分发挥自身横向协调和纵向指导的行政职能基础上，既要协调政府与教育服务承接主体之间的利益关系，也要协调政府与服务受众之间的利益关系，更要协调教育服务承接主体与教育服务承接主体之间的利益关系，在教育服务的"公共责任性"这根价值准绳牵引下清晰划分主体利益界限，平衡个人利益与公共利益间关系，通过有效对话和"激励兼容"，实现教育服务领域公私伙伴间的利益目标吻合与合作互利共赢。

（三）购买过程的保障者

由于服务承接主体可能存在追逐私利的倾向，政府必须担负起维护公共利益的职责，利用政治权威对购买活动的市场参与者和社会参与者实施全过程的管理，以保障教育服务的生产和提供活动能够真正服务于公共利益这一最高价值目标。首先，政府应加强对购买教育服务法律政策环境的建设，通过制定完善的购买制度，保证政府购买活动能够在有效的环境条件下运行，同时政府还应对购买制度的执行情况进行严格的监督，积极维护政府购买教育服务的制度环境。其次，政府要做好教育服务质量的监管工作，通过建立和健全有效的监管机制，扩大监督主体的作用范围，充分发动教育服务受众、社会团体、社会舆论等外部社会力量来共同承担监督责任，利用多渠道和多形式的异体监督，增强监督合力，规避购买活动中可能会发生的各类风险。再次，为保障教育服务购买成效，政府应当在整个购买过程中扮演好教育服务质量"检验官"的角色，特别是在购买合同结束后，对于能够按照合同要求保质保量完成购买项目的服务承接主体，政府应给予相应的奖励并在政策和财政上提供帮扶，对于不能完成合同规定的任务并在服务生产和提供过程中对公共利益造成严重危害的服务承接主体，政府应加以严肃惩处。最后，当因各种因素导致购买活动失败时，政府应扮演好"补救者"的角色，通过"服务回购""社会学习"等弥补性措施降低对公共利益的损害。

（四）长效发展的推动者

随着中国社会结构和经济体制的不断转型以及服务型政府的加速建设，

为公众提供优质、高效的公共服务一直是政府工作的重点任务。在购买教育服务的实践活动中，发挥主导作用的政府应始终肩负保障公众利益的职责，聚焦购买热点，建立购买共识，发起购买议程，营造购买环境，维护购买秩序。同时，针对成功的购买项目，政府应系统梳理和归纳其实现基础与支持条件，并对未来新的"生长点"进行深入挖掘，总结可供借鉴和推广的购买经验，并使之系统化和理论化；对失效和失败的购买项目应认真反思，寻找偏差和错误产生的根源，从长远发展的视角提出解决和应对之策，保障其稳定性和延续性。值得关注的是，当前中国政府通过委托管理的形式改造公办薄弱学校以及通过购买学位的方式保障进城务工人员随迁子女的基本教育权利等正逐渐被公众认知、理解和认同，政府更应"趁热打铁"，积极响应公民的教育服务诉求，全面提升自身的购买能力，努力成为持续推动教育服务购买进程的"中坚力量"。

二 "三元主体"的权限划分

公共治理理论认为，政府并不是公共事务治理的全能者，也不应该完全垄断一切合法的权力，除了政府之外，市场、社会等机构和组织只要能够得到公民的合法性认可，都可以成为行使治理权的主体，与政府一起来分担公共事务管理权和公共物品的供给权。但从现实情况看，由于在政治上的权威性和公共事务中的支配力，政府很难与社会、市场共享平等的治理权。对权限的合理区分是减少主体利益冲突并实现有效治理的基本前提。对此，基于"权力"和"权利"的内涵属性，笔者拟从教育服务购买参与的"三元主体"出发，对政府的权力范围和服务受众以及服务承接主体的权利范围进行探讨，以期对"三元主体"间应然关系的合理界定有所裨益。

（一）政府的权力

在政府购买教育服务过程中，政府作为购买主体不仅是公共权力的行使者，也是公共利益的代表者，正当介入购买活动属正常现象，但由于目标取向偏差和制度设计不足等，部分政府部门常常会依据自身利益偏好对教育服务的生产和供给环节进行过度的权力干预，重结果而忽视过程，重形式而忽略内容，从而导致购买活动逐渐走向过度行政化，严重偏离购买政策目标。所以，政府应基于有限政府、法治政府以及责任政府的价值理念，明确自身的权力行使边界和权力行使限度。首先，政府有权向市场和社会让渡教育服务生产权。"国家通过各种形式的赋权，提高非营利组织在社会治理和服务提供中的地位和作用，是当前国际公共管理发展中的一个重要潮流。"① 政府的合同制治理不同于传统的政府管制行政模式，其典型标志是公共权力从垄断走向分享。因此，政府有权力把教育服务的生产权让渡给市场或社会主体，从而使它们能够在形成相应职能的基础上充分发挥自身的资源优势，在规则范围内实现自我运作和自我管理。其次，政府具有调整权。在服务承接主体提供教育服务的过程中，一旦出现不利于购买目标实现或有损服务受众公共利益的问题时，政府有权要求服务承接主体对生产技术、管理方法、利益配置等做出调整。再次，政府具有撤销权。服务承接主体违反政府提出的购买目标，违背自身职责，造成购买效率低下、购买效果不理想或造成其他严重后果时，政府可以撤销其提供教育服务的资格并要求赔偿。最后，政府具有奖惩权。政府依据购买契约，有权对产生良好经济效益和社会效益的服务承接主体给予表彰和奖励，也有权对效益低下并产生不良社会影响的承接主体给予批评并要求改进，未按期改进或改进后仍未达到要求的服务承接主体，政府有权提前终止购买合约，因违反购买合同而对服务受众造成危害的，政府也有权进行相应的行政惩处。值得注意的是，政府有权配置剩余控制权。对契约理论做出卓越贡献的经济学家哈特认为，在不完全合同情况下，谁具有资产所有权，谁就掌握了剩余控制权，则谁最后负责解决问题。② 若要精准防控政府购买教育服务中的风险就必须清楚政府与服务承接主体各自掌控的剩余控制权，在对剩余控制权进行合理和有效配置的基础上，使教育服务购买规则逐渐趋于清晰。政府购买教育服务过程中的剩余控

---

① 敬乂嘉：《合作治理——再造公共服务的逻辑》，天津人民出版社，2009，第132页。
② 〔美〕奥利弗·哈特等：《不完全合同、产权和企业理论》，费方域、蒋士成译，格致出版社、上海三联书店、上海人民出版社，2016，第3、4页。

制权配置主要包括两种情况：第一，当购买信息在主体双方中平衡分布且已经建立了完善的信息共享机制时，政府能够驾驭服务承接主体的教育服务生产行为且能保障购买过程的良性运作，则可以将自身拥有的全部剩余控制权转移给服务承接主体，只保留评估验收和激励监管的基本权力；第二，当购买参与的主体双方信息获取不畅，政府不能准确地观察到服务承接主体的全部行为和努力程度时，为增加激励效力，政府可以将与组织工作、资源配置和基本生产相关的部分剩余控制权转交给服务承接主体，自身保留与质量监控和产出绩效等相关的主要权力。但在政府购买教育服务活动中，由于受到主体有限理性、信息不完备性和目标不可验证性等现实因素的影响，在购买过程中仍存在诸多不确定性，而政府作为公共利益的代表者，对教育服务的生产和供给质量以及购买过程中可能发生的风险担负最终责任，所以，政府应掌握全部的教育服务"质量检查验收权"和"不良行为制裁权"，同时还应根据信息共享、风险偏好以及能力建设等具体因素与服务承接主体间合理划分风险分配权和激励补偿权。

（二）服务承接主体的权利

PPP 理论认为，理想的公私合作模式要求体现出参与主体间的权力平等，一方不能使用权力去控制或压制另一方，所以社会主体和市场主体不能成为政府的附属物，否则平等、稳定和持久的合作伙伴关系就很难实现。但基于行政权力的政治性、权威性、法定性和强制性等特征，购买参与主体间很难实现平等的权利共享，因此，我们只能尽可能地实现政府"权力"和服务承接主体"权利"之间的相对平等。政府购买教育服务通过"供给"和"生产"过程的分离，使政府和服务承接主体成为两个相互独立的组织，因教育服务"生产权"向社会力量的让渡，相比政府而言，教育服务承接主体在政府购买过程中被赋予了更多的自主权。首先，服务承接主体在参与政府购买活动中具有选择权，它可以不接受不利于自己组织目标实现或收益少于其他机会的购买项目；其次，服务承接主体有权基于一种相对平行的关系就教育服务价格、服务生产绩效、购买资金拨付等具体涉及自身利益的条款和事项与政府进行谈判；再次，服务承接主体在生产教育服务的过程中享有自主管理权，包括人事权、财务核算权、对服务受众的管理权等；最后，服务承接主体在完成合同规定的任务后有权取得相应的酬劳。当然，由于政府自身原因使教育服务生产活动无法继续的，承接主体有权提出终止购买合同。

（三）服务受众的权利

公共治理理论认为，在治理活动中不仅要更多地关注高素质公民的政治参与，重视公众话语权的充分体现，还特别强调政府与公众之间的有效对话和问题共识及公众在公共事务和政策网络中所发挥的重要作用。在传统的教育服务供给方式中，政府主要采用刚性的行政手段，而政府购买教育服务的出现，突破了单一的权力中心，行政指令开始走向契约合作，政府行政权与民众选择权之间如何达到平衡已成为推动购买活动顺利进行的关键影响因素。所以，在政府购买教育服务活动中，如果只是"政府搭台，群众看戏"，难以取得购买实效，而如何实现从"群众看戏"向"群众点戏"和"群众演戏"转变则至关重要。对此，教育服务受众应该明确自身权利的重要性，改变过去只是教育服务消费者的单一形象并转变为教育服务的共同生产者，主动关注购买过程中遇到的各类问题，积极参与与购买活动相关的事务中。第一，服务受众有话语表达权，特别是针对当下自身迫切需要的教育服务，有权利通过规范、有序的渠道向政府提出正当、合理的诉求，以形成教育服务购买共识，触发教育服务购买议程。第二，服务受众有信息知晓权和服务选择权，对于政府与服务承接主体之间达成的合作程序以及合意内容，服务受众有权索取相关购买信息，也有权选择是否接受服务承接主体生产的教育服务。第三，服务受众有权了解服务承接主体的资质情况及其生产和提供教育服务过程的情况，有权要求服务承接主体对当前运行情况进行说明。第四，当服务承接主体管理不当造成服务受众利益受损时，服务受众有权要求承接主体做出相应的调整；当服务承接主体违背自身职责造成重大责任事故时，服务受众也有权要求政府终止服务承接主体生产和供给教育服务的任务并给予补偿。第五，服务受众有绩效考核权，既然政府购买教育服务作为一项公共服务项目，其意旨是为公众提供优质服务，目标是维护和实现公共利益，服务受众就有权对购买结果进行评价、考核和反馈，并将满意度作为衡量购买成效的关键指标。第六，服务受众有监督权。人民主权论认为，国家主权和行政权力源于人民权利的让渡，人民对国家和政府具有天然的监督权，即"以权利制约权力"。[①] 为了防止在购买教育服务活动中因主体间的目标函数偏差、信息不对称和服务垄断等造成的职权滥用和公共利益受损等不良现象，服务受众有权对全生命周期的购买过程进行监督，对不合理、不合法行为加以制止，当自身权益受到严重损害和威胁时，也有权通过司法程序提出行政诉讼和请求赔偿等。

三 "三元主体"的责任界定

责任和职责是两个不同的概念。责任通常是指行为主体应该做的事情和一种应尽的义务，而职责更多的是基于等级制度、职权和职能而言的，即每一个拥有职权的行为主体都要对其在职务范围内发生的行为后果负责。由于"三元主体"在购买教育服务中的相互独立性，在政府与社会组织的责任关系中，二者不是上下级之间的隶属关系，而是平等的契约合作关系。因此，笔者认为，划分主体间的"责任"边界比划分主体间的"职责"边界更加合适。从法治角度看，没有无义务要求的权利，当然也没有无责任担当的权力，拥有权力意味着必须承担相应的责任，权力和权利的授予必然伴随责任和义务的产生，权责明确和权责一致是构建购买参与主体间良性关系的基本原则。

（一）政府的责任

对于政府而言，行政责任的设置就是为了规范行政权力的运行，目的是使行政体系有序化；而行政责任的实现与作用发挥，也离不开行政权力。[②] 权力和责任是相伴相生的，权力不可能脱离责任而单独存在，否则这种权力就会失去合理性和合法性。在公共权力运行中，对公共权力的作用目标、作

---

① 夏书章主编《行政管理学》（第六版），高等教育出版社、中山大学出版社，2018，第316页。
② 张康之、李传军主编《行政伦理学》（第三版），中国人民大学出版社，2015，第254页。

用手段以及作用内容所做的明确而详细的规定就是公共权力相对应的责任。从广义层面看，政府的责任就是能够积极回应公众的公共需求，并采用相应的手段和措施来公正、有效地实现公共利益最大化。关于政府在公共服务供给中的责任，美国学者奥克森认为在整个公共服务供应过程中，政府所面临的责任问题主要分为三类：回应偏好表达、实现财政平衡和构建问责制度。[①] 中国学者郑苏晋认为政府在购买公共服务中的主要责任包括五个方面：运用公共选择机制对需要解决的公共服务问题进行决策；选择并确定公共服务生产者；明确公共服务生产数量和质量标准；确定公共服务供给方式；监督公共服务生产者行为。[②] 也有学者认为，在政府向社会组织购买公共服务的过程中，政府的具体责任通常包括：确立所需公共服务的水平以及可支付资源的限度；明确公共服务生产过程中的质量标准；采取行动来应对违反这些标准时可能发生的情况。[③] 在政府购买教育服务活动中，购买行为的发生只是教育服务供给方式和供给机制发生了转变，并不意味着政府责任的弱化、转移和推卸，政府依然是教育服务生产、供给和管理的责任主体，因此，结合不同学者对公共服务供给中政府责任的观点，笔者将从政府自身的管理责任、政府对教育服务承接主体的责任、政府对服务受众的责任出发对政府在购买教育服务中的责任问题进行讨论。

1. 政府自身的管理责任

"国家的作用是建立规则，充当确保公民得到高水平服务的管家……管制必须是原则性的和少而精的。"[④] 对于政府而言，教育服务供给和生产的分离并不意味着其自身责任的淡化，将生产过程进行外包的同时并不能推卸管

---

① 〔美〕罗纳德·J. 奥克森：《治理地方公共经济》，万鹏飞译，北京大学出版社，2005，第12页。

② 郑苏晋：《政府购买公共服务：以公益性非营利组织为重要合作伙伴》，《中国行政管理》2009年第6期。

③ 余晖、秦虹主编《公私合作制的中国试验：中国城市公用事业绿皮书 NO.1》，世纪出版集团、上海人民出版社，2005，第37页。

④ 〔德〕柯武刚、〔德〕史漫飞：《制度经济学：社会秩序与公共政策》，韩朝华译，商务印书馆，2004，第377页。

理责任。在各类购买参与主体之间履行好自身的管理责任是政府的一项重要任务。首先，政府应对购买教育服务活动进行宏观管理。通过权威规则的制定、发展规划的描绘、服务平台的建设、财政监管的深化等，加强对购买活动的政策指导和制度服务。其次，复杂的利益主体关系对政府管理提出了一定挑战，教育权力在社会中的让渡和分散、服务受众和服务承接主体之间的价值冲突、政府和服务承接主体间的力量互嵌等都在倒逼政府管理方式的嬗变，这就要求政府应进行更加细致入微的规划，加强对购买过程中的资金、合同和关系的系统化管理，而不应只是为了应付程序化的上级部门检查和结果导向的项目验收。最后，政府应加强对购买教育服务的后期管理。教育服务供给模式的改变要求政府自身的责任向更广范围的"管理者"转变，除了前期和中期的管理活动，政府还应该注重教育服务的绩效评价、服务承接主体的有序退出以及对服务受众的有效回应等后期管理工作。

2. 政府对服务承接主体的责任

（1）为服务承接主体提供良好的制度环境。在当前以市场和社会为主要参与主体的公共管理运行模式中，最为关键的就是必须通过相应的制度安排给予市场主体和社会主体应有的行动保障，从而为市场和社会有效生产与提供公共产品创造良好的制度框架和制度环境。[①] 因此在教育服务购买活动中，政府的重要责任就是为服务承接主体提供制度化的购买参与路径，通过制度层面的保障和激励，在法律和政策上为服务承接主体创造良好的购买参与环境，在能力和资源上推动服务承接主体的可持续发展。

（2）保障服务承接主体之间的公平竞争。作为服务承接主体的社会力量在生产和提供教育服务方面虽然彰显了一定的活力和效率，但在资源、权力和资金有限且不对等的情况下，为了追逐自身利益和实现合作红利，并不能保证它们在任何情况下都以追求公共利益作为行动目标，恶性竞争和服务失灵的情况不可避免。因此，政府有责任对服务承接主体的各项行为进行有效规约，以服务质量为导向，在注重资源和能力差异性的基础上，通过严格

---

① 崔运武：《论当代公共产品的提供方式及其政府的责任》，《思想战线》2005 年第 1 期。

的过程监督和绩效考评，保证服务承接主体参与购买活动的规范性和有序性。

（3）激发服务承接主体参与购买活动的积极性。当前教育社会组织和政府之间的体制附庸和定向购买关系以及官办教育社会组织和民办教育社会组织之间的非公平竞争环境，都可能导致部分教育社会组织在教育服务购买活动中懈怠。对此，政府有责任运用激励的方式激发教育服务市场活力，比如政府可以通过教育服务产权界定、税收优惠和财政补贴等方式，为服务承接主体的发育提供经济支持，引导和规范服务承接主体发展，引导它们不断拓展服务内容和创新服务方法，为提升教育服务质量和水平做好准备。

（4）对服务承接主体进行监督和评估。"政府作为委托人必须对代理人（承包人）进行监督和控制，促使承包人以最小的成本实现组织目标并降低风险。"[①] 为了保障教育服务的质量，维护服务受众的公共利益，政府应依据购买协议，对服务承接主体生产教育服务全过程进行监督，并对服务质量进行全面和严格的绩效评估，以保证服务承接主体能够按照合同约定高效完成购买任务。

（5）对服务承接主体的负外部性进行规约。某些教育服务承接主体在取得教育服务的生产权以后，可能会在教育服务市场形成垄断，对教育服务受众提供不完全的或虚假的信息来损害公共利益，所以政府有责任对教育服务承接主体进行必要的制度规约，防止其外部性溢出，保障政府购买教育服务活动的顺利推进。

3. 政府对服务受众的责任

从政治领域中的委托—代理关系来看，被公民委托的公共机构所花费的每一分公共资金都来自公民缴纳的赋税，作为公共服务提供者和公共利益代表者，政府在推行公共伦理的基础上承担着重要的"公民受托责任"，对公民委托的公共事务负责。所以，在教育服务公私合作供给过程中，政府利用

---

① 〔美〕E. S. 萨瓦斯：《民营化与 PPP 模式：推动政府和社会资本合作》，周志忍等译，中国人民大学出版社，2015，第 177 页。

纳税人的钱为公众购买教育服务，需要承担起公平、公正提供服务的公法责任，同时中国政府为人民服务的价值基础也决定了自身必然要以实现公共道德责任为根本宗旨，谨防因责任流失可能造成的教育服务供给偏差。

（1）明确服务受众范围。政府作为教育服务供给的第一责任主体，在维护教育服务公平中发挥着关键性作用，对于购买教育服务活动，为了最大限度地保障资源禀赋不足群体、特殊受教育群体和有多元教育诉求的群体能够享受到所需的教育服务，政府有责任在充分考量自身能力的基础上超越由区域差异、校际差异和人群差异带来的"教育鸿沟"，提高教育资源的普惠性和提升教育服务的可及性，能够真正以"服务受众为中心"，保证教育机会公平和教育过程正义。

（2）明确教育服务需求。在确定教育服务受众范围后政府有责任着重考量服务受众服务需求的真实性和供给的可行性。因此，政府不能盲目回应服务受众所有的教育诉求，而应针对教育服务市场的发育情况并结合区域教育发展的实际，对教育服务诉求的合法性和合理性进行仔细甄别，在保障教育公益性和维护社会稳定性的前提下，对于个性化和专业化的教育服务需求可以通过市场机制来单独供给；对于残障性和特殊性的教育服务需求可以运用志愿机制来供给；对于普惠性和复杂性的教育服务需求则可以通过市场和社会的联合机制进行合作供给。

（3）对服务受众进行信息公开。作为公共利益的代表者和维护者，政府有责任本着合法性、及时性、真实性和利益平衡的原则，为教育服务受众提供充足且详细的购买信息，特别是政府购买教育服务的项目目录、可行性标准、服务内容、资金预算和使用去向、服务绩效评价标准和评估结果等社会密切关注的基本信息均应在制度允许的条件下向服务受众公开。同时，政府还应给予服务受众必要的行动支持，比如积极、有序地引导他们参与购买价格听证会等，保障服务受众在购买过程中的知情权，进而不断提升政府和服务承接主体的行为规范与社会公信力。

（4）引导服务受众对服务承接主体进行监督和评估。作为教育服务消费主体，服务受众对教育服务生产过程和教育服务生产质量拥有一定的监督权和评价权，对此，政府应扮演好"元治理"的角色，按照法律规定，充分体现公民的民主权利，引导服务受众对购买过程提出批评和建议，通过"网络问政""政务微博"等监督方式在服务受众中建立消费者投诉制度或意见反馈机制，为政府的购买活动提供更加有效的信息支持和行动依据。

（5）维护教育服务受众的利益。公共利益是国家和政府存在的正当性理由。从教育发展史来看，无论是政府办学还是私人办学或者是公私合作办学，公益性作为教育事业的社会根本属性，并不会因办学主体性质的差异性而改变。政府购买教育服务是一种典型的公私合作方式，在确定购买内容时，首先要考虑的就是服务项目的公益性和公共性，但公共部门和私营部门之间在进行利益权衡和博弈时，极易以牺牲服务受众利益作为代价：一方面，由于供给者和消费者之间的信息不对称，教育服务的垄断生产和供给会在一定程度上损害服务受众利益；另一方面，政府和服务承接主体的"经济人"特性会使购买活动陷入个人利益与公共利益的博弈之中。因此，政府有必要通过道德和制度的约束，采取有力措施履行好维护服务受众利益的职责，督促服务承接主体生产出符合服务受众需要的教育服务。

（二）服务承接主体的责任

1. 对政府负责

政府购买教育服务通过公私合作的方式来实现有效供给教育服务的目标，政府作为购买方将生产教育服务的权力委托给服务承接主体，服务承接主体承担了本应由政府承担的部分教育行政职能和职权，因此，它有责任认真履行购买契约中规定的具体条款和相关任务，并就自身的教育服务生产行为对政府负责。另外，从委托—代理关系来看，如果说作为委托者的政府对教育服务供给质量承担主要责任，那么作为代理者的服务承接主体应对教育服务生产质量承担关键责任，一旦其在履约过程中违反双方约定，必然要对政府负责。

2. 加强自身管理

在教育服务公私合作模式下，服务承接主体责任的实现依赖于自身资源和能力的建设水平，所以，服务承接主体应恪尽职守，基于诚实信用、谨慎务实、服务有效的原则，加强自身管理，提升教育服务质量。在具体的教育服务生产过程中，服务承接主体应严格依循相应的法律法规和购买合同中的条款规定，合理使用购买资金，完善自身服务标准，提高自身专业能力。另外，服务承接主体还应在增强自律意识的基础上做好自我行为的约束与规范，不得将购买契约中规定的核心事务再次"转包"，防范自身在组织使命、发展战略和运作方式上偏离购买活动的价值目标，并遏制少数精英对教育公益性的损害。

3. 服务信息公开

服务承接主体有责任建立信息披露制度，定期将自身生产教育服务的信息，如服务生产项目、服务生产模式和服务生产标准等通过科学、合理和有序的方式向社会公开或以政府作为媒介平台向社会公示，以便形成便捷、有效的且符合公共准则的社会监督方式。另外，服务承接主体在购买合同结束时还应向政府提供服务生产绩效和项目资金使用等信息，并经政府核准后向社会公示。

4. 提供优质教育服务

虽然在政府购买教育服务活动中达成的教育服务合同仅存在于政府和服务承接主体间，服务承接主体和服务受众之间只是简单的"合同履行—服务享用"关系，但是服务受众作为最终的教育服务消费主体，拥有服务质量评价权，对服务承接主体的满意度也会直接影响政府购买活动的最终成效，对此，服务承接主体应在公共利益的价值引导下以为服务受众生产优质教育服务为己任，努力保障教育服务效益，积极提升教育服务品质。

（三）服务受众的责任

1. 遵守购买管理规定

服务受众是接受教育服务的对象，也是教育服务的消费主体，但因其价值标准取向的多样性和异质性，可能会对政府购买教育服务活动产生消极的抵触或反对态度，因此，除了政府的积极引导外，服务受众自身应树立并增强作为购买参与主体的责任意识，自觉遵守和执行政府发布的与购买活动相关的管理规定，并在相应购买环节和相关购买条件中约束自身行为。

2. 监督政府和服务承接主体

政府购买教育服务活动中政府、服务承接主体、服务受众之间的委托—代理"二重性"在一定程度上决定了服务受众监督责任的"二重性"，即服务受众不仅应履行好监督政府的责任，还应履行好监督服务承接主体的责任。服务受众监督政府的目的是保证政府购买行为的正当性、合理性和合法性，监督服务承接主体则是为了使其能够在坚守公共利益的基础上，向服务受众提供优质、高效的教育服务，同时也是为了强化服务承接主体的自律意识和自身修养，激励和引导其不断修正自身行为，切实维护服务受众权益。

四 "三元主体"的利益平衡

购买主体、承接主体和消费主体共同构成了政府购买教育服务活动中的"三元主体"，虽然它们的利益诉求在一定程度上具有目标趋同性，但又不可避免地带有主观局限性。一方面，"三元主体"会就购买活动中需要解决的重要问题达成共识，形成利益"交集"，这无疑能引领和推动购买活动朝着正确的方向发展；另一方面，由于地位和作用的差别、资源和能量以及利益和权力的不平衡，"三元主体"也会基于各自场域产生利益较量，导致矛盾和冲突。从市场竞争的内在规则看，市场主体都是以追求自身利益最大化为目的，教育服务市场也不例外。为了保证教育服务市场的规范和有序，政府需要扮演好主导性的"元治理"角色，在政府和市场、社会以及公民个人之间找到新的利益平衡点。因为在社会变革的过程中，一种新的社会需求常常会通过政府这一权威机构得到集中且合法的传输与表达，可以说政府是变革中的重要制度安排主体和利益调和主体。因此，在教育服务购买活动中，政府作为担负"三元主体"间利益统筹以及矛盾调解的最高责任主体，需要用教育公益性将各利益相关者紧密连接，并通过设计适当的激励机制和利益补偿机制来平衡主体间的利益诉求，强化他们以维护公共利益为目的的道德自觉性，在保障共同利益的同时还能实现对自身合理利益的追求，进而促进包括政府在内的不同利益主体在理性认知的基础上实现利益调和的最大化。

五 以契约规制主体的权责利范围

多中心治理理论认为，在公共服务供给主体与生产主体相分离的条件下，尤其生产主体为营利性组织或具有非政府色彩的非营利性组织时，它们和政府间的关系已经演变成了一种以契约为纽带的、地位平等的主体关系。政府购买公共服务的关键在于参与购买活动的相关主体（包括政府、社会组织、公民）之间能否在购买契约的基础之上构建明晰的权责关系，这种契约关系之上的权责关系是连接服务购买主体、服务承接主体及服务消费主体的重要纽带。[①] 尽管契约内容本身具有浓厚的价值分配色彩，但契约的执行却是以效率为导向的。因此，针对政府购买教育服务活动，有必要通过制定完善的契约来规范政府、服务承接主体和服务受众之间的权责利范围。一方面，政府与服务承接主体可以通过签订契约将购买目标和契约双方当事人的权利与责任确定下来，对于服务生产和供给过程中出现的问题，服务承接主体应履行契约规定并满足政府的问责需要；还应在契约中划分双方获利的边界，当有利益主体滥用权力或权利配置不当导致有损公共利益的情况发生时，应根据契约规定明确其应担负的责任。另一方面，由于服务受众在政府购买教育服务活动中处于弱势地位，也有必要通过契约的形式建立他们与其他主体间的权责利关系，这不仅能够强化服务承接主体的责任感，也有利于服务受众从被动接受者向主动监督者的角色转变，调动其参与购买活动的积极性。

第三节 优化政府内部战略资源，提升政府管理能力

一 有效开发教育服务购买中的政府人力资源

（一）价值层面：培育政府购买人员的公共行政精神

公共行政精神是指根植于行政人员观念和行为之中的一种道德伦理规

---

① 王浦劬、〔美〕莱斯特·M.萨拉蒙等：《政府向社会组织购买公共服务研究——中国与全球经验分析》，北京大学出版社，2010，第35页。

范，是对政治活动和社会制度的价值判断，是热心于公共事务并致力于改善公共生活和建构公共秩序以促进公民全面自由发展的高尚品质。在道德层面上，对"公共性"的追求应成为每一名行政人员的职业态度和职业信仰，它要求政府的行政管理活动必须密切关注公民的公共诉求，参与公共活动的行政人员也应把超越个人私利作为坚定的信念来全心全意为公民服务，并明确自身行为必须通过严格的道德标准来回应"公共性"的价值要求，进而推动公平、公正、伦理和回应等基本公共行政精神的实现。对此，在公共行政精神引领下，代表公民行使教育服务生产权和供给权的行政人员应以教育服务的公益性和普惠性以及购买行为的公共性作为根本价值旨归，竭力为社会公众提供能满足其合理诉求的教育服务，这就要求行政人员在购买政策制定和购买项目管理的过程中，应确立服务行政精神，坚守公共价值取向，明确主体责任和道德素养，通过有效协调个人利益与公共利益之间的关系，正确处理政府与服务承接主体之间以及政府与服务受众之间的利益关系，实现公共利益和公共福祉的最大化。

（二）能力层面：加强对政府购买人员的技术培训

"如果政府不是一个精明的买家，知道该买什么，从哪儿去买，如何评价所购买的产品和服务，那么合同承包就会失败。"[①] 教育服务外包在减少政府对低技能行政人员需求的同时，增加了对高素质管理者的需求。政府若要顺利落实以满足服务受众为核心的教育服务购买项目，就必须不断提升参与购买活动的管理人员能力，通过灌输先进的购买思维、购买理念和购买文化，改变传统的教育服务垄断供给意识，在达成充分购买共识的基础上使其成为合格的需求确认者、服务购买者和绩效监督者。首先，政府部门应采取有效的方法对参与购买活动的专职人员进行专业技术培训，邀请有购买经验的专家传授项目管理知识，在购买活动的全生命周期中设立专门的培训课程，丰富人才储备，帮助政府人员全面了解购买过程中涉及的关键环节和重要问

[①] 〔美〕E. S. 萨瓦斯：《民营化与 PPP 模式：推动政府和社会资本合作》，周志忍等译，中国人民大学出版社，2015，第 312 页。

题。① 其次，政府应将具有良好的沟通协调能力、丰富的合同管理经验以及专业的项目管理人员等优秀人才通过聘任制的方式吸纳到自身队伍中，以提高购买人员的专业胜任力。最后，在培训主体选择上，不应局限于传统的党校或高校，也可以鼓励教育类社会组织、教育类基金会和具有优质教育服务生产能力的企业等参与培训活动，帮助政府人员在熟练掌握教育服务公私合作基本规律的基础上顺利开展购买活动。

（三）制度层面：规范政府人员的购买行为

"做正确的事与正确地做事"是评价政府行政目的和行政手段时必须着重思考的两个问题，前者强调的是政府道德层面的"价值理性"，后者则以政府效率层面的"工具理性"为指引，前者是基础，后者是保障，二者的动态平衡和有效交互是一切行政活动得以顺利开展的前提。当前，可以通过"道德制度化"，用制度性承诺促进政府规范化。所以，在购买教育服务活动中，无论是政府人员的"价值取向"还是"能力选择"，从根本上都需要依靠合理的行为规范与活动规则来达成。一方面，政府需要制定购买人员共同遵守的且能按一定程序办事的规则，即不仅要规定政府人员的购买行动准则，还要规定其参与购买活动时必备的资格条件和应遵循的秩序。另一方面，政府人员的购买行为规范和活动规则总是以一定的组织机构作为现实载体，对此，政府机构内部应采取公平且富有弹性的激励措施，从制度上建立一套根植于"人"的管理机制，调整原有上下级之间控制与被控制的"机械式"管理模式，通过适度授权和组建团队营造一个责任导向、相互支持的良性组织环境。②

二　合理配置教育服务购买中的政府财力资源

（一）拓宽资金来源渠道

当前政府购买教育服务的资金来源渠道单一，势必会影响购买活动的顺

---

① 马海涛、王东伟：《完善政府购买公共服务制度的思考》，《中国政府采购》2014年第4期。
② 李文星等编著《地方政府战略管理》，四川人民出版社，2003，第271、272页。

利开展。对此，政府应采用多种方式筹措购买资金，建立以政府投入为主，多元主体参与的购买资金筹集机制，为政府购买教育服务提供稳定且有力的财力保障。一方面，可以从外部主体出发，鼓励和引导企业、社会团体、基金会以及公民个人积极参与教育服务购买活动中的资金投入和资金帮扶，通过政府和社会力量之间的合作，不断拓宽购买资金的外部支持范围，提高购买资金的使用效益，特别是经济发展落后的地方和区域，当地政府应在国家和省级政府制定的购买公共服务政策指引下积极争取更多的社会资本支持。另一方面，政府也可以通过体制内民政、体育部门留用的彩票公益金来安排一定比例的专项资金，有针对性地购买特殊人群需求的教育服务。

（二）安排预算内购买资金

政府向社会力量购买服务的资金主要来源于政府预算内资金、政府预算外资金以及专项资金三种形式，但从实际情况来看，后两种资金的使用比例要远远高于第一种。[①]《政府购买服务管理办法》已在购买预算及管理中进行了明确规定：政府购买服务所需资金应当在既有财政预算中统筹安排。因此，对于政府购买教育服务活动，将购买服务所需的财政资金纳入公共财政体制之内不仅意味着资金安排可以进入政策议程，也能有效加强政府对购买行为的监约，进而为购买资金筹集和使用的正当性、规范性以及合法性提供切实保障。如上海市财政局出台的《上海市市级政府购买公共服务项目预算管理暂行办法》规定：应把政府购买公共（教育）服务项目及时纳入政府部门的预算管理范畴，以全部纳入预算的方式划拨资金。这种专款专用的资金投入和使用机制确保了公共（教育）服务买项目从立项到监管都有对应部门负责，也保证了购买资金的使用效率。此外，还应不断提升购买资金的政府统筹层级。当前中国政府购买教育服务活动主要实行的是县级政府管理体制，由于区域间发展不均衡，在教育资源配置上容易出现严重的苦乐不均，降低了购买资金的使用效率，当教育受众出现跨区域流动时，资金保障会出现明显不足。所以，政府购买教育服务的财政事权应在整体性视角下适当上移至中央政府和省级政府，

---

① 王会贤：《政府购买服务资金从哪儿来》，《公益时报》2012年11月27日。

通过高层级政府进行购买资金的全盘布局和统筹规划，即中央政府和省级政府成为预算内安排购买资金的责任主体，特别是省级政府在保障区域教育服务均等化和教育资源均衡化方面责无旁贷，对此，应合理划分省、市和区县级政府之间承担的购买资金比例，缓解区县政府在购买活动中的财政压力，保障区县政府购买行动的有效开展。

（三）加强对资金使用的监管

为了审慎和防范购买资金在使用中的漏洞与风险，政府应对购买资金的覆盖内容和使用情况给予严格监管，提升对购买资金全过程使用的约束力，确保购买资金真正落到实处。首先，政府应强化购买教育服务活动的预算管理，设置严格的标准进行预算编制、资金的预决算审核和调查，这是对购买资金使用进行有效监管的前提。"政府购买服务要坚持先有预算、后购买服务，所需资金应当在既有年度预算中统筹考虑，不得把政府购买服务作为增加预算单位财政支出的依据。"[①] 在开展购买教育服务项目的过程中，政府应将自身与项目有关联的购买资金支出主动纳入政府的公共财政预算体系中，合理规划和精准编制财政预算报告，最大限度地保障购买资金使用的效率性、效益性、经济性和价值性。其次，需要按照"谁购买，谁监管"的主体责任原则，明确资金监管主体，必要时也可通过多方监管来保障购买工作的透明和规范，如政府可以通过跨部门合作的方式，加强与金融机构、税务部门以及财政部门之间的沟通和联络，通过资源共享拓宽信息的来源和传递渠道，以能够及时、准确地了解和掌握教育服务承接主体的资金使用情况，通过对其经济运行情况进行全面监督，降低购买资金使用时可能产生的各类风险。再次，政府应建立和健全购买教育服务资金使用的绩效评价制度，根据评价结果来决定后期购买项目的预算以及是否与教育服务承接主体开展后续合作的依据；应强化对项目运行过程的审计监督，组织相关审计部门在特定期限内对生产教育服务的市场机构和社会组织进行经济审查，全

---

① 《财政部发文坚决制止地方以政府购买服务名义违法违规融资行为》，中华人民共和国中央人民政府官网，2017年6月3日，http://www.gov.cn/xinwen/2017-06/03/content_ 5199529. htm。

面、准确地了解教育服务承接主体的项目资金使用情况，对审计中出现的各类问题严格追究责任并进行严肃整改；还应及时公开购买资金使用的信息，保障购买预算和资金使用的透明度，自觉接受社会公众特别是教育服务受众的监督，通过充分发挥其投诉权和建议权，遏制其他参与主体利用公共资金进行寻租、设租和暗箱操作等不良现象的发生。① 最后，还需要通过加大行政问责的力度来提高监管效力，当政府部门存在腐败行为和利用购买服务进行违法融资等行为时，应当及时、严厉地进行行政问责。值得注意的是，在进行购买资金监管时，要在制度规约下设置合理的监管范畴和明确的监管内容，避免政府职能的"越位"：政府过度自揽监管职责，将已经外包的教育服务生产权再次"回笼"，从而模糊购买目的和购买任务。

三　设置政府购买教育服务中的组织管理机构

在公共治理中合理设置管理机构和科学设定管理程序能有效降低治理成本。政府购买教育服务是一项新的教育公共治理实践，它是由多个关联性的职能部门在专业化分工的基础上共同作用的系统性工程，需要完善的管理体制作为基本保障。所以，应本着科学、合理、专业、有效的原则来设置政府购买教育服务活动的组织管理机构并有针对性地配置岗位职能与职责，建立"政府统一领导，财政部门牵头，民政部门协同，职能部门参与，监督部门保障"的系统化管理体制和规范化工作机制，形成各负其责和齐抓共管的管理格局，进而为政府购买教育服务活动提供强有力的组织保障。政府购买教育服务组织管理体系如图8-2所示。

（一）主管机构

要确保政府购买教育服务过程中一系列复杂事项的顺利完成，政府首先应设立一个相对独立的主管机构，并在此基础上分设负责综合性事务的综合部门，负责专项事务的购买部门和监督部门。具体来看，在组织级别的设定上，因政府购买活动对传统的部门职能进行了转移，其主管机构不应该隶属

---

① 张明：《强化我国政府购买服务预算管理和资金监管的建议》，《财政监督》2014年第6期。

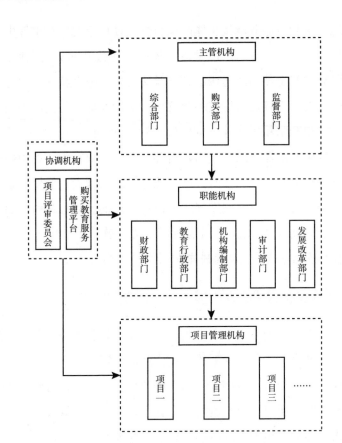

图 8-2　政府购买教育服务组织管理体系

于政府内部的某一行政部门，而应将它作为政府中的独立机构来设置，以此
规避因主管部门级别较低可能导致的协调阻碍和沟通低效；在组织类型的选
择上，从当前中国的实践来看，政府购买公共服务管理机构的组织类型主要
包括两种——委员会制和首长负责制，但是基于教育服务自身"育人"的
特殊属性和教育服务普惠性的民生价值取向，为有效、及时地向服务受众兑
现服务承诺，"决策快、执行快、监督快"的首长负责制应成为其组织类型
的首要选择；在组织体系建设上，需要严格遵循"精简、弹性、高效"的
原则，具体来看，精简原则是指要因人设岗，而不是因事设岗，根据管理的
主要职能可以把主管机构分为综合、购买和监督三个分支机构，而弹性原则

要求管理机构人员能够根据任务轻重及时做出调整，高效原则是指在职责清晰状态下，政府工作人员能够根据简便的、规范的和科学的工作程序行使自身权力，预防自由裁量权的滥用。[1] 总体来看，主管机构主要负责：第一，制定政府购买教育服务的购买目录、质量标准和保障措施，对购买活动进行可行性论证和服务需求调研；第二，优化教育服务市场环境，引导服务承接主体公平有序地参与竞争；第三，打破专业壁垒，推进教育行政部门、教育社会组织和教育服务受众在购买活动中的协同共治，通过建立规范化合作机制和标准化办事流程，持续提升购买工作效率；第四，构建政府购买教育服务的应急机制、监管机制、绩效评价机制以及追责机制等系统化管理机制，尤其应注重成立包括监察部门、服务受众代表和第三方评估机构等多主体参与的监督评价机构，对招投标环节、购买环节、生产环节和消费环节进行闭环式的全方位监评，并不断完善监评结果和现存问题的信息反馈渠道。

（二）职能机构

职能部门的主要任务是执行上级购买决策，践行具体购买行动，认真落实购买计划。具体来看，财政部门负责建立并健全政府购买教育服务的相关规则和制度，批准预算资金，建立专门购买科目，充分发挥牵头引领的作用，指导各类主体依法参与政府购买工作，并做好资金管理、监督检查以及绩效评价等工作。教育行政部门应会同民政部门负责明确服务承接主体的组织资质和准入条件，审核承接主体名录，将相关承接主体的购买服务行为纳入评估体系，并积极参与购买活动各阶段的绩效评价。机构编制部门在对政府职能和事业单位职能进行合理界定的基础上，结合教育领域内的事业单位改革，对机构编制进行严格管理，仔细审核购买目录，并确定事业单位以及官办教育社会组织参与政府购买活动的基本条件和具体范围。审计部门负责对资金使用和资金支付进行监督，以确保政府在资金管理上的规范性和资金

---

① 项显生：《政府购买公共服务管理机构的设置问题研究》，《中共福建省委党校学报》2012年第 3 期。

使用上的效益性，预防资金被截留和挪用。发展改革部门主要负责综合研究政府购买教育服务的发展政策，编制和实施购买投资计划，指导购买活动的持续改进，监测购买活动发展态势并从宏观层面对购买活动进行战略性调整。

（三）协调机构

理论上政府购买教育服务虽然可以被看作政府采购服务工作的一部分，但在实践上教育服务购买并不完全契合《政府采购法》中关于采购服务的相关规定。由于地方经济社会发展水平不尽相同，政府购买教育服务不宜采取"条条"的形式，而应该以"块块"的方式来进行。对此，为了保障购买活动的有序、合理进行，就需要协调机构来负责全过程的统筹工作。一方面，为应对由条块部门之间信息不对称带来的逆向选择和专业壁垒等风险，应成立政府购买教育服务项目评审委员会，负责对参与购买活动的服务承接主体进行严格的资质条件以及购买绩效评审，为制订购买计划和明确购买目录等事项提供决策依据，评审委员会应由财政部门、教育行政部门、民政部门、第三方评估部门以及招投标管理部门的负责人和专家组成，各部门之间按照扁平化管理、权责明确和分工协作的原则共同保障购买工作的顺利开展。另一方面，应设立能够加强不同主体统一协调的政府购买教育服务管理平台，通过主体间的内部横向联系，汇集招投标信息、项目实施信息和服务受众反馈信息，为政府购买教育服务活动提供丰富的信息支持，确保购买教育服务信息共享的制度化建设，帮助市和区县级政府就开展购买教育服务活动进行统一的规划与管理。[①]

（四）项目管理机构

一个专门的项目管理机构可以对政府购买教育服务活动中的"决策"和"执行"环节进行有效分离，进而保障购买活动的目标一致性、沟通有效性和行为可控性。在国外公共服务 PPP 模式中，公共服务投资者通常会

---

① 徐家良、赵挺：《政府购买公共服务的现实困境与路径创新：上海的实践》，《中国行政管理》2013 年第 8 期。

成立一个专门的公共服务项目运营公司，由项目公司与政府就项目融资、建设、运营以及管理签订项目协议，然后与公共服务承包商就项目的整体设计以及具体的实施过程签订合同，在整个项目管理过程中政府有随时跟进和监督的权力。针对中国政府购买教育服务的现实境况，为了有效弥补政府在购买项目中资金、技术和能力上的不足，以及克服教育服务承接主体的专业性低下等缺陷，有必要借鉴国外政府购买公共服务经验，依托专业性的项目公司成立一个政府购买教育服务的项目管理机构，并根据政府购买服务方案和协议，由该机构具体承担教育服务购买项目在建设和运营中的技术指导与管理任务。尤其在购买资金统筹方面，政府也可以通过建立公司化运作的项目融资平台，具体负责购买项目的投资、实施和融资等工作，以不断提高自身生产和供给教育服务的能力与技术水平，提升教育服务的购买效率和购买效益。[①]

四　提升政府在购买教育服务中的合同管理能力

合同是影响政府购买教育服务活动能否成功达成的核心要素，而政府的合同管理能力大小则是影响购买活动能否顺利开展的关键变量。财政部发布的《关于做好 2022 年政府购买服务改革重点工作的通知》已经明确指出，应在养老、就业、教育、卫生健康等领域加强政府购买服务的合同管理。政府购买教育服务合同应严格遵照《中华人民共和国民法典》《中华人民共和国政府采购法》《政府购买服务管理办法》等法律法规中的相关规约，完备合同达成要件，明确教育服务购买主体和教育服务承接主体的权利、义务和责任，其中政府作为购买活动的第一责任人，要加强购买合同的全生命周期管理，防范合同履约中的各类风险，确保购买行为严格按合同约定执行。关于政府在购买公共（教育）服务中的合同管理能力维度划分，学界有基本趋同的观点。Brown 和 Potoski 认为，服务外包专家主要从合同的可行性评

[①]　田先红：《项目化治理：城市化进程中的县域政府行为研究》，《政治学研究》2022 年第 3 期。

估、合同的执行、监督评估服务承包者的绩效三个阶段对政府的合同管理能力进行评价。[1] 库珀认为，公共服务外包合同的过程从横向层面上可以分为合同的整合、合同的运作与合同的分离三个阶段，所以为了规避合同风险，政府应从这三个阶段出发来加强对服务合同的管理。[2] 中国学者杨开峰（Kaifeng Yang）认为，公共服务的合同外包就是一种政策选择，因此从公共政策的生命周期这个视角出发，政府的合同管理可分为四个阶段，即议程设立（服务外包议程）、合同制定（政策制定）、合同执行（政策实施）以及合同评估（政策评估）。[3] 针对教育服务的合同管理，学者刘青峰认为教育服务合同管理是一项政府持续的决策和管理过程，以合同的生命周期为主线，可以将教育服务合同管理分为事前管理、事中管理和事后管理三个阶段。[4] 虽然国内外学者对公共（教育）服务外包合同划分的管理阶段存在一定的差异性，但都包含了三个关键阶段，即合同的制定、合同的执行和合同的评估，基于此，可以结合前文提到的政府合同管理能力困境提出相应的政策建议。

（一）提升政府的合同制定能力

1. 对合同的整体策划

政府购买教育服务合同内容丰富且复杂，合同的总体策划对购买活动的实施具有方向性的指引作用，它不仅能够帮助政府顺利完成合同项目的整体目标，避免购买的盲目性，还能促进政府根据合同要求系统、有序地开展具体购买活动，使政府内部的战略资源得到高效应用。这就要求政府不仅能对教育服务合同的起草、签订以及合同实施过程中的一些重大变革问题做出科

---

[1] Trevor L. Brown, Matthew Potoski, "Contract-Management Capacity in Municipal and County Governments," *Public Administration Review* 63 (2), 2003, pp. 153-164.

[2] 〔美〕菲利普·库珀：《合同制治理——公共管理者面临的挑战与机遇》，竺乾威等译，复旦大学出版社，2007，第 51、52 页。

[3] Kaifeng Yang, Jun Yi Hsieh and Tzung Shiun Li, "Contracting Capacity and Perceived Contracting Performance: Nonlinear Effects and the Role of Time," *Public Administration Review* 69 (4), 2009, pp. 681-696.

[4] 刘青峰：《政府购买教育服务合同管理的理论逻辑与策略选择》，《云南民族大学学报》（哲学社会科学版）2015 年第 3 期。

学有效的决策部署，还能在合同内容达成和合同技术应用上制定出切实可行的指导性方针。

2. 对合同条款的严格审核

合同的签订是政府和服务承接主体之间的双向选择行为，政府在制定合同前，除了自身需要进行相关的市场和社会调查、教育服务行情分析等准备工作以及运用相关的法律法规对合同文本结构和条款进行技术性的分析之外，还应认真检查服务承接主体所起草的合同的完备性、可行性和合理性，组织专家就合同的专业性和技术性等问题进行法律风险评估与论证，确保合同条款的全面、准确、清晰，进而使政府能在充分了解合同双方需求的基础上，充分运用合同谈判技巧，细化合同内容，规范合同文本。

（二）提升政府的合同执行能力

1. 对合同履约的检查

政府对教育服务合同的管理是系统的、动态的和全过程的，这就要求政府人员应在合同履约过程中定期检查合同的执行情况，掌握合同履约的相关变化，并针对履约过程中出现的与原合同约定不相适应的各种问题和潜在风险及时进行合同修改、合同调整、合同补充或者合同终止。

2. 对合同履行的监督

契约监督在整个合同管理中至关重要，它主要包括两部分内容：一是确保契约承包商获得购买资金且契约义务得到履行的审计监督；二是确保契约承包商遵守契约中关于服务数量和质量规定的技术与绩效监督。[1] 在政府购买教育服务活动中，对合同履行的监督是指政府针对服务承接主体提供的教育服务质量以及服务承接主体履行合同的行为进行的监督和管理。从监督方式来看，政府对教育服务合同履行的监督主要有四种方式：服务承接主体的合同履行报告、政府检查、服务受众的投诉和满意度调查以及舆论监督。[2]

---

[1] 〔美〕朱迪·弗里曼：《合作治理与新行政法》，毕洪海、陈标冲译，商务印书馆，2010，第513页。

[2] 孙连福、王丛虎、曾利：《政府购买公共服务合同履行的监管》，《中国政府采购》2014年第9期。

从国外实践来看，澳大利亚政府对就业服务合同履行的监督给我们提供了经验借鉴：政府在签订购买合同以后，教育、就业和劳动关系部会指派一名内部人员就合同的执行情况以及在合同执行过程中发生的各种问题对签约方进行联络和跟踪，与此同时，每一个和政府签约的就业服务机构也需要从内部派一名固定的联络人员来负责购买合同履行过程中的相关事宜。[①]

（三）提升政府的合同评估能力

1. 对合同内容进行质量验收

在合同结束阶段，政府应依据合同内容中规定的服务标准和服务要求，对服务承接主体提供的教育服务进行严格的质量把关和全面的质量验收，这不仅是实现服务承接主体顺利退出和政府拨付购买资金的主要依据，也是加快改进教育服务供给质量并帮助政府部门做出下一步正确决策的"助推器"。

2. 建立合同绩效评价制度

从中国当前公共服务的公私合作实践项目来看，政府在合同管理上普遍存在"重建设、轻管理、无评估"现象。针对教育服务合同，政府应通过建立合同绩效评价制度，详尽且系统地评价合同实施后的结果绩效和行为绩效，并综合衡量合同产生的经济效益和社会效益。另外，由于合同管理是一个动态的过程，其评价指标也在不断变化，这就要求政府应树立"权变"思维，依据购买活动的发展形势和内外部环境变化，对合同绩效评价制度进行持续完善和创新。

（四）加强对政府合同管理人员的教育和培训

为加快落实购买教育服务这一"政治任务"，政府人员习惯于套用刚性的行政手段来管理购买活动全过程，也习惯于在一个固化的指令系统中去完成既定目标，缺乏主动履行管理职责和持续更新行政程序的能力。在市场机制的影响下，购买主体与服务承接主体间的互依性不断增强，主体利益关系也日趋复杂，传统的合同管理方式和懒散的合同管理人员在公共教育治理活动中已显得苍白且乏力。所以，为了保障政府在购买教育服务过程中能够真

---

① 张汝立等：《外国政府购买社会公共服务研究》，社会科学文献出版社，2014，第184页。

正成为一个"精明的买家"，应尽快建立一支受过良好教育的、高素质的、训练有素的、具备一定合同管理能力和管理水平的人员队伍，在保证政府管理活动科学性、系统性和精细性的基础上增强其应对合同风险的"抵抗力"，使之成为合格的服务需求确认者、服务购买者和绩效监督者，以确保教育服务购买活动的有效落实和持续推进。① 具体来看，一方面，应在购买活动中建立规范且严格的管理人员及工作人员筛选机制，从源头上明确作为购买主体的政府应当具备的合同管理资质和合同管理能力；另一方面，政府可以选择性地开展与合同管理相关的专题培训和技能学习，提升政府人员的契约化管理意识，强化其合同规划、合同制定、合同执行、合同监管和合同评估能力，以能及时、准确地应对当购买合同与内外部环境进行不当交互时可能遭遇的各种复杂困境。政府也可以尝试向专业智库购买教育培训服务的方式为其合同管理过程提供智力支持，通过对政府管理人员进行知识和技术输入，使其能准确把握合同管理的要点和关键，进而不断提升合同管理的科学性和有效性。

五　提高政府在购买教育服务中的风险防控能力

教育服务购买过程中内部的技术风险和机制风险、外部环境风险和主体风险等都对政府的管理能力与管理技术提出了更高层次的要求。如何防范和应对购买过程中可能发生的风险直接关系到政府购买活动的稳定性和效能性。这不仅需要政府各职能部门之间的有效协调以及政府与服务承接主体、政府与服务受众之间的良性合作，更需要政府具备高屋建瓴的视野与格局，通过运用具体的战略手段，对各种购买风险做出全面且具有预见性的诊断与预防。

（一）强化政府的风险防控意识

西蒙的行为主义决策论认为，知识的不完备性、预见未来的困难性以及

---

① 〔美〕E. S. 萨瓦斯：《民营化与 PPP 模式：推动政府和社会资本合作》，周志忍等译，中国人民大学出版社，2015，第 313 页。

备选行为范围的有限性，决定了"客观理性"在实际行动中是不存在的，即人类行为所依赖的既不是古典经济学所谓的"客观理性"，也不是弗洛伊德所讲的"非理性"，而是介于理性与非理性之间的"有限理性"，所以无论是公共组织还是私人组织都只能被视为一个具备学习和适应能力的体系，而不是一个绝对理性的体系。① 因此，在公共管理活动中，限于信息获取的不完全，与对经济利益的考虑相比，决策者对待风险的态度起着更为重要的作用，而是否具备风险意识已成为公共决策成败的一个重要影响因素。对此，为了提高政府在教育服务购买中的风险管理水平和管理能力，政府应首先树立风险防控意识，对购买活动中的关键风险点和衍生出来的风险信息保持高度警惕和敏感，并能在风险发生时做出及时回应和精准应对。另外，风险的产生是多种因素共同作用的结果，它和外部文化环境以及内在心理认同都有直接的联系，政府除了要努力增强自身的风险防范意识并使之贯穿于整个购买活动过程，还应采取有效的沟通措施和教育手段，深化教育服务承接主体和教育服务受众对购买风险问题的了解，增加他们预防和处理风险的知识与能力储备，当风险发生时使其能够保持理性的心态和有序地选择防范途径加以应对。风险并不可怕，可怕的是没有风险意识，只有认识到风险管理的常态性，才能真正做到在非常状态下科学、有效的风险管理。

（二）提高政府的风险应对能力

对政府购买活动中的风险进行精准识别和全面管理是政府的一项重要职责，而采用科学、有效的方法和手段及时应对已发生风险则在一定程度上体现了政府的购买水平。因此，在应对风险的技术能力上，政府可以通过专业化的风险管理知识培训，增强购买管理人员的风险应对技巧。另外，政府还应特别注重通过吸纳不同领域的专家咨询队伍，加大对行政人员的风险管理知识输入，以便能及时纠正购买风险发生时行政人员的行为偏差。在应对风险的具体措施选择上，政府需要树立科学、谨慎的态度对可能发生的风险进行精准研判，根据风险的内在性质、表现形式和现实特点等要素筛选出需要

---

① 丁煌：《西方行政学说史》（第三版），武汉大学出版社，2017，第152页。

处理的焦点问题与关键环节，沿循风险发生的"潜伏期—出现期—应对期—缓解期—结束期"全生命周期制定出切实可行的应对方案。在应对风险的舆论引导能力建设上，政府应在遵循合法、及时、真实、利益平衡和责任原则的基础上，保持风险处理中的信息公开、透明，通过与其他购买参与主体之间的信息沟通和共享，防止风险的无序蔓延，降低风险带来的不利影响，降低风险的舆论负面效应；还应注重对风险消弭后的教训汲取和经验总结，通过学习和改进构建起有效的风险规避制度。

（三）规范政府的风险防范体系

在教育服务购买活动中，无论是增强政府的风险防控意识还是提高政府的风险应对能力都必须依靠完善的风险防范体系。具体来看，首先，要有健全的风险防范组织体系。由于风险的防范过程涉及政府多个职能部门和同一部门中的不同业务层面，因此购买风险的防范并不是某个单一部门的任务，而是与购买活动相关的诸多部门和机构共同参与且相互协调的一个系统过程，所以，风险存在的客观性决定了组织体系的建设必然是与风险管理过程相伴相生的，也决定了行政部门在承担相应购买职能的基础上必须担负的风险防范责任。其次，要有完整的风险监控体系。政府应延长和拓展对购买活动的风险监控期限与风险监控空间，运用科学的方法和技术，从内部的专门监控和一般监控以及外部的利益相关主体监控出发构建风险监控体系，在动态的购买过程中加强对关键购买阶段的风险预测、识别与防范。最后，要有完善的风险防范制度体系。风险防范制度体系的建设是规范政府风险防范体系的一个重要环节，政府需要引入合理的风险防范制度架构来促进风险管理目标的实现，这不仅要求政府充分了解购买风险的发生逻辑、现实特点和演变规律，对现有的制度体系和购买流程进行审视与诊断，还要求政府在此基础上从风险防范的目的、主体、客体、内容、原则和方法等基本要素出发，设计出具备一定合理性和合法性且能达到高度认同的风险防范规定及行动准则，并使之内化为制度文化，进而为政府能够在购买教育服务活动中依法、高效地进行风险管理提供良好的制度环境支持。

第四节 积极培育服务承接主体，持续创新购买文化

一 加强对教育社会组织的扶持

"治理理论的一个重要预设就是要有发育较为成熟的非营利性组织的存在，这是治理理论得以产生、发展并应用于公共管理实践的一个必不可少的社会条件。"[1] 体系完善和机制健全的教育社会组织是构建公共教育治理制度不可或缺的内容。然而，由于社会、经济和文化发展背景的不同，中国的教育社会组织和西方发达国家相比存在较大差异。一方面，作为承接政府教育职能的主体之一，中国的教育社会组织大多是在政府引导下，通过"自上而下"的培育而形成的，西方的教育社会组织则是在成熟市民社会的基础上，通过"自下而上"的发育而形成的；另一方面，由于中国政府在社会事务中扮演着"主导者"角色，在资源获取及配置上拥有一定优势，而教育社会组织由于先天发育和成长条件的不足，其后天发展需要政府和社会的大力帮扶，这就要求地方政府不仅要积极主动地引导和扶持教育社会组织的良性发展，还要基于地方和区域的社会经济发展现状与教育社会组织发育现状，从战略高度统筹规划其长远发展目标并积极审视其在教育治理活动中的可能作为。从政府购买教育服务的实践模式来看，实现独立竞争性购买的前提是要有足够数量和资质的服务承接主体，在"政强社弱"的现实境况下，想要真正走向"小政府、大社会"，政府在扶持教育社会组织发育和发展中具有不可推卸的责任。因此，为了推动政府购买教育服务活动的常态化和机制化发展，政府应致力于对教育服务承接主体的培育，使专业性的、资良质优的教育社会组织能够通过公平的竞争机制参与到购买活动中，以有效降低教育服务生产成本，提高教育服务供给效率，实现政府购买教育服务的

---

[1] 沈承诚、左兵团：《西方治理理论引入的社会条件分析》，《行政论坛》2005 年第 5 期。

"最佳物有所值"①。

（一）调动教育社会组织参与政府购买的积极性

中国的民间资本规模庞大，相比资金，缺失更多的是信心。PPP 理论认为，政府的有效介入能够极大地提升民间资本的投资信心，强化民间资本参与 PPP 项目的投资热情。当前中国的教育社会组织无论是在发展数量上还是在发展质量上都显滞后，如果没有政府的引导和支持来调动其参与购买活动的积极性，很难构建政府与教育社会组织之间的信任关系以及教育服务合作供给的格局。有调查显示，65.5%的教育中介组织负责人认为在机构发展中政府的支持最为重要，其中与政府建立起来的人脉关系是它们的核心竞争力。② 目前中国的政府购买教育服务活动还处于积极探索阶段，购买体系和购买机制的建设还不完善，囿于自身资源和能力以及对投入—回报的考量，部分教育社会组织对购买政策的核心要义理解不足，也没有形成统一的购买认知，参与购买活动的主动性低下。作为教育服务生产的重要责任主体，教育社会组织对教育服务受众和自身事务拥有直接管理权，政府应在坚持依法和依规的管理原则下，运用"赋权"的方式来保障教育社会组织相关管理权的彰显及使用。对此，政府应在充分尊重教育社会组织发展价值和全面了解教育社会组织利益需求的基础上，渐进式赋予其教育活动参与权和教育服务管理权，在有效的关系互动中提升它们对政府购买教育服务活动的认同，丰富它们与政府之间的合作方式，强化它们参与政府购买活动的意愿。另外，基于社会组织自治性、独立性和非营利性的特征，政府应给予教育社会组织足够的自我管理、自我负责和自我发展的空间与平台，激发教育社会组织参与购买活动的动力，通过政府和教育社会组织之间"政社分开、权责明确、依法自治"的有机统一，维护教育社会组织独立自主的地位。

---

① 1988 年，英国学者格兰迪对"物有所值"的概念进行了研究，提出政策制定者应制定精确的"物有所值"目标框架。简单来说，"最佳物有所值"不一定是最低报价。它常常被细化为 3E（经济性、效率性、有效性）原则。其本身就是一个多维目标体系，关注成本、质量、风险、收益等多方面因素，是采购对象生命周期内这些因素的最优组合。

② 胡伶：《地方教育行政部门的职能转变——基于公共治理视角的分析》，《教育发展研究》2010 年第 12 期。

（二）创建教育社会组织发育的制度环境

制度建设是改进社会治理的有效方式，是激发社会组织生长活力的重要路径。为了推动和保障购买教育服务活动的长远发展与未来存续，政府应该努力实现与教育社会组织之间的有效契合和有序合作，以主体契约的形式将教育服务的生产和供给计划纳入整体的公共服务安排之中，并为实现这一目标构建一套规范的、合理的制度框架，维护教育社会组织在政府购买活动中的行动主张。一方面，在微观的制度设计上，政府应加强涉及教育社会组织发展的法律法规建设，使教育社会组织的主体地位、作用范围和行动程序等都能得到合法性的规定和权威性的确认，进而能依循法治原则对教育社会组织进行有效管理，使教育社会组织在教育公共治理中的资源补充和主体协同作用得以充分发挥。另一方面，在宏观的制度规划上，政府应基于教育社会组织的自治体制推进相关制度建设，比如支持体制的基础制度安排、管理体制的基础制度设计、参与体制的基础制度支撑，以保证教育社会组织能在有效的制度框架下参与教育公共治理活动，进一步推动教育社会组织的健康、有序发展。[①] 具体来看，在发展资金保障上，政府可以采用多样化的制度方式为教育社会组织减负和降压。首先，可以借鉴国外非营利组织的管理经验，不断完善涉及社会组织的税收优惠政策，通过增值税减免和扩大免税范围，拓展教育社会组织的成长范围和发展空间；其次，可以进一步丰富教育社会组织的发展资金来源，鼓励社会力量、市场力量和公民个人向教育社会组织进行资金捐赠，保障教育社会组织有充足的物力资源和精神资源开展教育服务生产和供给活动；最后，对于一些组织规模大、服务质量好但当下发展困境明显的教育社会组织，政府可以采取直接补贴的方式进行资金投入，通过设置政府专项奖励资金和教育发展基金等来缓解教育社会组织的资金难题。在管理制度建设上，首先，政府要加强引导教育社会组织的自我约束和自我完善，在战略目标规划、组织要素配置、制度设计和优化以及人员教育和培训等方面不断健全组织内部的管理制度，以提升其在政府购买活动中的

---

① 伍治良：《现代社会组织体制的基础性制度建设》，《光明日报》2013 年 12 月 26 日。

教育服务承接能力；其次，为了化解教育社会组织的信任危机，规避教育社会组织的自利风险，纠正教育社会组织的目标偏差，保障教育社会组织的正常运转和促进其自身的不断发展，政府应加强教育服务市场的规范性建设，帮助教育社会组织精准规避潜在风险，并根据实际情况给予必要的政策援助；最后可以充分发挥高校、社会智库以及事业单位的资源优势，通过构建多元化的教育服务组织体系，为教育社会组织服务能力的提升提供有针对性和专业性的政策方案。总之，政府应在政策扶持和制度建设的基础上，做好对教育社会组织长远发展的战略部署，为教育社会组织的发育创造良好的制度体制环境和制度机制环境。

（三）营造教育社会组织发展的社会氛围

在教育治理场域中，教育社会组织成功参与政府购买教育服务活动不仅需要政府的积极引导，也需要社会层面的有效维系以及公众的积极支持，否则教育社会组织就会丧失存在的合法性。如何通过营造良好的社会氛围加快政府与教育社会组织以及公众与教育社会组织之间良性互动关系的构建，并在道德准则和行为准则上使教育社会组织与其他购买参与主体之间形成统合性的文化与风气，进而促进教育社会组织的发育和发展就显得十分必要。一方面，应加强对教育社会组织的宣传并普及教育社会组织的核心价值与理念。政府内部的教育、文化和宣传等职能部门应积极发挥自身的社会舆论引领作用，利用电视、报纸和网络等信息传播媒介，多途径地对教育社会组织在承接和生产教育服务时所发挥的积极作用以及产生的重要影响进行宣传，吸引社会公众对教育社会组织的关注以及对政府向教育社会组织购买服务相关活动的关注，借此深化公众对教育社会组织的认知。另一方面，对于专业性和独立性较高且发育程度较为完善的教育社会组织，政府除了在资源上给予必要的支持和帮扶之外，还应为它们创造更加公平的、公正的竞争环境，同时也应基于现实教育问题为它们提供更多的社会参与机会，通过不断提升它们的资质与管理能力来帮助其顺利承接政府转让出的教育服务职能。

二 深化教育社会组织内在建设

（一）加强自我形象建设

当前中国的教育社会组织面临的困境是由多重原因引起的，不仅有政府引导的因素和社会认同的因素，也有因疏于自我管理和自我形象建设而招致的发展掣肘。其中良好的教育社会组织形象在社会中发挥了巨大的凝聚力，培养了公众对教育社会组织的信任度和认同感，并构成了教育社会组织规范性和合法性的基础。首先，教育社会组织应以教育服务目标需求为导向，及时关注和回应公众诉求和政府诉求，有效整合自身与政府和公众之间的互惠互利关系，利用在教育服务领域发挥的志愿引领和服务递送功能，向社会提供优质的教育服务和产品，用自身的实际行动获取公众的满意和好评，进而不断增强组织形象认同，扩大自身在购买教育服务活动中的影响力和知名度。其次，在教育服务购买活动中，政府非常重视教育服务承接主体的声誉，也常常利用声誉机制来选择服务代理方。声誉作为一种符号仪式，意味着教育社会组织需要对社会做出服务承诺，它虽然不以强制性的权力作为驱使力量，但关系到自身与政府、公众之间的信任资本，并能增强组织的共同信念。从组织伦理学的视角看，社会舆论对教育社会组织行为做出的肯定性评价，即赋予的声誉越多，就越能激发组织的道德责任感。对此，政府可以通过完善声誉机制、强化声誉配置和发挥声誉约束作用来提升教育社会组织的形象，如利用等级评估或者根据服务受众的满意度对其进行表彰或惩处；也可以对教育社会组织在参与教育治理活动中的出色表现以及合乎道德标准的行为及时进行物质和精神层面的奖励，帮助它们在权利、责任和利益间找到平衡，以此来提高教育社会组织的工作积极性和行动自觉性。再次，教育社会组织可以通过咨询建议、宣传推广等专业化的公关手段来调和自身与政府和公众之间的矛盾，同时，也可以利用当下主流的新媒体，就专业资质、组织贡献和社会影响等进行对外信息传播，通过有效的信息互动，来获取政府和社会的信任与支持。最后，部分教育社会组织是依赖发起者的个人魅力和关系资源才得以生存和发展的，情感治理下的组织行动在很大程度上并不能被公众理解和接受，且组织结构也存在很大的不稳定性，因此教育社会组织应逐渐从人格化管理向制度化运作转变，通过规范化的组织功能界定和专业角色定位来不断提高自身的独立性和自主性。

（二）提升自身专业水平

教育社会组织的专业化水平是考量其能否顺利参与教育公共治理活动的前提和现实基础。但当前中国的教育社会组织无论是在业务来源上还是在资源获取上都严重依靠政府的扶持，这也在一定程度上养成了它们的发展惰性，同时由于教育服务承接功能的限制，其也很难在社会中奠定高认同度的专业地位。对此，不仅需要政府通过制定严格的教育服务准入标准，刺激教育社会组织的发展活力，提升教育社会组织的专业性，还需要教育社会组织通过发展理念的更新、政社关系的厘清和内部管理人员能力的提升来加强自身的专业化建设。第一，公共教育利益是教育社会组织的发展之基和立身之本，教育社会组织应在内部构建起受伦理道德支配和驱动的自律机制，不断强化服务社会和服务公众的信念与使命，并使之内化为组织文化和人员行为规范。具体来看，首先，可以在政府购买教育服务的正式合同中渗入必要的道德需要和道德评价，用制度性承诺提升教育社会组织规范；其次，"自我实施"约束是维持合作主体间良性关系的关键，需要不断明确"守约"所获收益远大于"违约"利益这一基本观念，增加教育社会组织的道德自主性；最后，基于政府购买教育服务的出发点和落脚点的"公共性"伦理准则，还需要从公私伙伴关系自持的"道德意蕴"来衡量教育社会组织在服务生产过程中是否以坚守公共精神作为行动基线，是否以履行公共责任作为行动标准，是否以提升公共福祉作为行动旨归。通过上述方式滋养教育社会组织的伦理精神，进而不断提升其专业化服务能力。第二，为了促进教育社会组织独立品质的形成，实现教育治理中主体间平等对话与公平合作，必须加快自身"去行政化"步伐，保证内部人事、财务、权责以及运行的自主性，通过破除权力至上观念，树立专业服务意识。第三，教育社会组织在提供服务的过程中要以教育服务受众为中心，以满足教育服务受众的教育服务需要为出发点和立足点，通过引入专业化人才和开展有针对性的技能培训来提升教育社会组织中的管理人员素养，增强自身回应教育服务受众诉求和创新教育服务生产技术的能力，最终通过彰显自身专业的优越性来提升教育服务供给水平和供给质量。

（三）加强自我管理

在教育治理现代化背景下，政府通过教育职能转变向教育社会组织授权和赋权，以期通过多元主体间的资源互补和协商对话实现教育"善治"并获取社会认同，但这需要教育社会组织严格的自我管理和较强的自我约束才能实现。从学理层面来看，教育社会组织作为一个社会自治性组织，在组织的管理机构设置和管理权限配置上应有一定的独立性，这就需要其具备一套能实现自主发展的制度化管理体制以及能推进自我优化的系统化管理机制。因此，在自我管理方面，首先，正如前文所述，为了不受如政府等其他外部力量的过多干预，教育社会组织有必要建立起能够独立运作的组织管理程序和组织管理方式。其次，为了防范教育社会组织在组织使命、发展战略、运作方式上发生目标和任务偏移，遏制少数精英对组织运行过程中公共利益的损害，还需要通过规范化的制度建设，在其内部建立起完善的法人治理结构，如清晰的产权归属，明确的权责划分，完善的组织架构等。最后，教育社会组织中的成员也应树立"命运共同体"意识，摒弃"搭便车"的不良心态，充分发挥自身主观能动性，积极参与到组织目标制定和组织未来发展中来，不断提高组织的凝聚力和向心力；组织的领导者也应精准把握组织成员所需，采用物质激励和精神激励相结合的方式激发他们进行自我管理和自我服务的热情。总之，建构起符合自身特点的组织管理体制和机制能有效降低教育社会组织在政府购买教育服务中的行动成本，提高组织工作效率和教育服务生产质量。

（四）加强自我约束

教育社会组织是在教育服务生产和供给领域能够进行自我约束的一种现代组织形式，在核心要义和存在价值上都不同于权威性的政府组织和开放性的市场组织。作为在教育治理活动中发挥重要作用的主体之一，其职责的履行和作用的体现更加依赖自律和诚信。但教育社会组织自持的专业性和独立性的内涵属性却又往往造成自我约束的悖论，即政府希望采取一定的措施对其加强规约，但又担心破坏其自主性和能动性；若放松规制，充分赋予其行动和发展空间，志愿性失灵和生存的脆弱性又会制约其发展，从而导致政府"一管就死，一放就乱"的局面。因此，通过建立健全的自我约束机制来维系自身的良性发展秩序不仅是提升教育社会组织公信力的重要举措，也是确保教育社会组织存续的关键。一方面，不同性质和不同类别的教育社会组织之间可以通过制定共性的且能够共同遵守的制度规范与行为标准即自律公约，在不破坏其自治性的基础上形成具有群体规范的内部约束机制。另一方面，教育社会组织也可以借鉴"行业协会"的发展模式，通过建立组织联合体，使其在教育社会组织间充分发挥指挥、沟通、协调和控制等管理职能，在坚持"求同存异"的原则下，使各主体获益且能彼此监约。总之，他律作为行为约束的一种外在手段，在作用范围和作用层次方面时常受限，而自律即自我约束不受外界影响，不为情感支配，全然根据自己的"良心"，为追求道德这一最终目的而发挥作用。所以，教育社会组织应在外部制度约束的宏观框架下，不断强化"自重""自省""自警""自励"，实现组织成员人格道德的升华，唯有如此才能在自身内部形成自律性的伦理导向，完成在政府购买活动中被赋予的使命。

三 培育参与主体间的信任文化

"法律、契约、经济理性只能为后工业化社会提供稳定与繁荣的必要却非充分基础；唯有加上互惠、道德义务、社会责任与信任，才能确保社会的繁荣稳定，这些所靠的并非是理性的思辩，而是人们的习惯。"[1] 合作型信任关系作为服务型社会治理的基础，反映了后工业社会人类共生共在的要求，是人类在环境高度复杂性和不确定性条件下共同行动的前提。[2] 政府购

---

① 〔美〕弗兰西斯·福山：《信任：社会道德与繁荣的创造》，李宛蓉译，远方出版社，1998，第18页。
② 张康之、李传军主编《行政伦理学教程》（第三版），中国人民大学出版社，2015，第193页。

买教育服务作为一种典型的公私合作行为，其核心理念就在于强调合作主体在缔约过程中的信任和团结，信任作为一种能够实现治理有效性的"软实力"，不仅是保障交易双方信守承诺的必备工具，也是预防伙伴关系失败的重要手段。所以，在政府购买教育服务中基于共识、承诺和责任等道德要素构建起的信任文化正是服务型社会治理形态中稳定持久型社会关系的具体映照。

（一）发展政府和教育社会组织之间的信任文化

稳定的信任关系和优质的信任文化，是保障政府和教育社会组织长久合作的动力。在中国，政府和教育社会组织之间虽然会缺乏足够的信任，但这并不能说明两者之间不存在信任合作的基础和条件，很多时候双方之间的信任关系是矛盾存在的：它们有时会对彼此的观念和行动持怀疑态度，但受公共服务目标的加持和出于自身发展目标的需要，政府和教育社会组织又不得不通过发展信任关系来实现主体合作。比如，教育社会组织会在一定程度上向政府妥协以期能在资源和资金上得到政府扶持，而政府为了弥补自身在教育服务供给中的能力不足，也会积极寻求教育社会组织的专业帮助，当双方在合作过程中找到互动交点和利益交集时，便可能发展成信任型的合作关系。所以，从国家和社会的关系结构看，非营利组织不是对抗政府的力量，其未来发展更倾向于与政府建立良性的合作互动关系而不是对抗关系。[①] 在政府购买教育服务活动中，对政府而言，第一，不能只关注为了降低风险而构建起的竞争性契约关系，也不能只关注为了缩减交易成本而发展起的委托—代理关系，而要学会打造政府与教育社会组织之间的关系资本，主动探索主体间"虚假信任"的现实表现和内在成因并深入挖掘和揭示主体间良性信任关系产生、维系和扩散的实现基础与支持条件。第二，政府和教育社会组织之间的信任关系不只是意味着二者只在协调沟通中对各种价值理念和行为标准的共享，更应当通过建构一套完整的制度体系来保障教育社会组织的权利，以及在此制度体系下双方资源、信息的有效互换和基于平等地位的

---

① 汪锦军：《走向合作治理：政府与非营利组织合作的条件、模式和路径》，浙江大学出版社，2012，第 104 页。

利益谈判。第三，鉴于政府在购买教育服务中发挥的引导性作用，当面临主体间的利益冲突时，政府应以一种理解和包容的姿态，积极帮助教育社会组织解决实际问题，在相互信任和相互尊重中营造友谊氛围与亲近关系。第四，可以在实践层面基于利益一致性、客观求实性、分工明确性、求同存异性和信息共享性等原则，从购买教育服务的目标选择、愿景树立、平等协商和责任担当出发明确信任关系确立时所需的行为保证。对于教育社会组织而言，可以通过有序的、合法的途径来寻求和政府之间的广泛交流与深度合作，通过在教育治理中的成功实践和购买活动中的良好表现证明自身资质与专业能力，不断提升政府对自身的信任，建立与政府间稳定的、持久的合作关系。

（二）塑造教育社会组织和服务受众之间的信任文化

在社会急剧变迁的时代背景下，旧有的社会规则与习惯正在剧烈的环境荡涤中被冲刷销蚀，当个人所面对的社会风险不断增大，安全感存在的基础不断被削弱，既有的价值观念不断遭到质疑时，必然会在社会中产生信任的雾瘴。[①] 在政府购买教育服务这一复杂的公共服务管理活动中亦是如此，比如由于接收信息的盲目和判断力的低下，教育服务受众就会对教育社会组织尤其是民办教育社会组织的专业资质和服务能力持怀疑态度，并弥漫着明显的不信任情绪。这就要求教育社会组织应逐步加强与服务受众之间的情感交流和信息互动，使教育服务受众对其组织属性、组织结构、组织资源以及生产教育服务的专业能力充分知情，比如在自身性质和服务供给上，可以通过合适的宣传渠道使教育服务受众了解自己是公益产权的代理者和独立资质的行为主体，不是免费的福利单位，自身的发展必然需要一定的运作成本，同样也会遭遇内外部环境不确定下的各种风险等，使教育服务受众能对自身有更全面的认知，进而消除身份抵牾，获取服务认可。同时，教育社会组织还可以通过"责任、诚信、平等、合作、创新"等核心价值宣传，引起教育服务受众在组织文化上的共鸣，通过不断规范自身行为和提高专业能力、提升活动信息的公开性和透明度等来赢得教育服务受众的信任。

[①]　张康之、李传军主编《行政伦理学教程》（第三版），中国人民大学出版社，2015，第196页。

（三）引导教育服务受众对购买活动产生信任和认同

在政府购买教育服务活动中，若要提高教育服务受众的参与度并获得其对购买活动的信任和认同，政府需要构建一个有利于政民沟通的公共网络和管理机制。首先，政府应就购买教育服务活动中出现的特殊情况，主动对教育服务受众进行事实陈述和信息交互，例如：当公众对购买政策不理解时，应予以讲解来达到认可；当政府决策发生变动时，应予以阐释以使公众知晓；当遇到困难和误解时，应予以解释并消除误会。总之，政府应本着服务的姿态和对人民的忠诚，获得教育服务受众的理解、合作、信任和支持。其次，为了保障教育服务购买方案和购买政策的民主性、科学性、合法性和稳定性，政府应定期召开有教育服务受众参与的听证会，在维护公共利益的基础上准确识别主体利益矛盾，关注个人利益诉求，提升政民共情能力，增强购买行动向心力，使购买政策真正体现民意和得到民众的信任。再次，在购买活动的主要阶段，特别是在教育服务合同签订和教育服务绩效评估中，政府应及时开展相应的民意调查并设置特定的公民参与程序，通过创新参与机制，畅通参与渠道，保障教育服务受众的合理诉求得到高效和高质量的回应。最后，政府应建立健全教育服务受众监督和投诉机制，将其意见和建议作为政府信用评价和教育社会组织信用评价的关键指标并纳入购买绩效评估体系中。

四　塑造参与主体间的契约文化

（一）政府与服务受众之间的契约文化

西方古典社会契约理论认为公共权力来源于社会共同体的授予，从公共权力的产生和分配来看，公民是公共权力的委托方，政府是公共权力的代理方，政府和公民之间存在着公共权力所有权和行使权分离所形成的委托—代理型契约关系。[①] 这种契约关系以政治的合法性为基础，以宪法为行动框架，由政府根据公民的公共服务和公共产品诉求履行契约承诺。随着市场经

[①]　林莉：《论当代中国政府与公民间契约关系的表现形式》，《云南行政学院学报》2012年第1期。

济体制的发展，契约成为人们在市场经济活动中追逐个人利益最大化时所必须采用的一种主要社会形式。[①] 在中国，由于市场经济建立时间短，市场发育程度较低，公民和政府尚未形成成熟的契约意识，基于平等、信用和责任等基本契约价值生成的政民间横向主体关系，无论是从形态塑造还是从事实描述上都不够充分。从当前中国政府购买教育服务活动来看，教育服务受众和政府之间的主体信任关系更多的是建立在政治权威之上，政府对教育服务受众也是一种单向的权力支配，教育服务受众相对于政府而言仍然处于弱势地位。一个具备契约精神的政府必然是一个能够获取社会公民信任的政府，因此，政府需要通过制定能够有效进行自我约束的制度来增强教育服务受众的契约型信任，通过规范性承诺不断加深教育服务受众对委托—代理关系下政民间契约关系的了解与认知，通过契约文化的培育凸显教育服务受众在购买活动中的主体地位和应发挥的核心作用。

（二）政府与承接主体之间的契约文化

PPP 理论认为，政府和社会资本在公私合作项目中形成的契约关系是以具体的合约为基础的，公私伙伴关系的基本理念就是强调在这种契约关系之上各参与主体能够基于平等的主体地位进行资源共享、优势互补和有效对话。依赖利益博弈和合作规则达成的正式契约成为保障购买活动稳定性和有效性的前提。对于政府而言，PPP 理论中的契约行政是指为实现公共服务目标，政府将民事契约理念及其达成方式引入公共领域，在与公共服务承接主体进行利益博弈和相互协商的基础上通过签订契约来实现公共事务的"善治"，它倡导将公共部门的公共性目标、企业的利益性目标和非营利组织的志愿性目标相结合，是政治层面下的行政行为和市场层面下的契约行为的综合勾勒与整体呈现。先进的契约行政理念和完善的契约行政条款有助于政府与社会力量间形成良性的公共服务合作关系。政府购买教育服务活动中强调的契约精神是在政府和服务承接主体之间就合作的教育服务项目形成的公平、事先约定、程序公开、责权对等、主体独立等理

---

① 李红霞：《从社会契约论到契约社会》，《理论与探索》2004 年第 5 期。

性原则，它们是构建良性购买关系需要遵循的基本准则。① 但综观一些政府购买教育服务项目，政府和服务承接主体之间的契约型关系状态并不理想，比如一些参与政府购买项目的非营利组织负责人认为，政府常常抱有"招之即来，挥之即去"的姿态行事，政府违约的情况也时有发生，购买目标的随意更改和按私人需要调整行动规则的现象也屡见不鲜。因此，要在政府和服务承接主体之间塑造优质的契约文化，就要求政府在购买过程中更多地采用契约层面的技术与方法来管理和约束主体行为，同时要把自身当作与教育社会组织平等的治理主体，双方通过遵循法治环境下的"契约精神"来建立具有法律意义上的"契约伙伴"关系。

五　发展教育服务受众的公民文化

阿尔蒙德认为："公民文化不是一种现代的文化，而是将现代与传统相结合的文化……它是以沟通和说服为基础的多元主义文化，是一致性与多样性相结合的文化"②。他集中分析了公民文化的三大特征：公民文化是一种混合文化；公民文化是一种平衡文化；公民文化是一种参与者文化。③ 其中参与型公民文化的核心要义就是主权在民，强调塑造开放、合作和包容的政治心理，以及进行理性而有序的政治参与。但对照阿尔蒙德的公民文化理论不难发现，当前中国的公民文化由于受崇尚权威和官本位思想等传统政治文化的深刻影响，总体上仍然是一种依附型公民文化，主要体现为公民对公共目标的认知度低下，在公共活动中的行动能力不足，在政治生活上的责任感消弭等。为实现政府和社会之间的利益平衡，加快推进建设社会主义政治文明，如何积极培育有序参与型的公民文化就至关重要。在教育公共治理活动中，公众的积极参与特别是教育服务受众在购买活动中的"话语表达"是

---

① 贾西津：《以契约精神发展公共服务购买》，《中国社会组织》2013 年第 10 期。

② 〔美〕加布里埃尔·A. 阿尔蒙德、西德尼·维巴：《公民文化——五个国家的政治态度和民主制度》，张明澍译，商务印书馆、人民出版社，2014，第 5、6 页。

③ 张钦朋：《阿尔蒙德公民文化理论述评》，《内蒙古大学学报》（哲学社会科学版）2010 年第 4 期。

政府购买教育服务顺利运作的基础和前提。这就要求政府首先应培养服务受众的公共参与意识，为服务受众提供充分的且能够参与购买活动的机会，引导他们对购买政策做出正确的价值判断，激发他们对购买行动的持续关注，使服务受众能够主动、自觉地参与到政府购买教育服务的相关事务中来。其次，政府应以教育服务诉求为导向，同教育服务受众共同建立对话协商机制，积极规划和营造一个有利于和服务受众之间进行公共对话的空间，以增强双方之间的共识感和共责感。因此，在政府购买教育服务活动中，服务受众存在的意义应该是如何去积极地"做公民"，而非消极地"是公民"。① 做公民就是指公民能够通过理性的思维和自由的意志参与政府购买活动，探讨政府购买问题，监管政府购买行为。再次，政府应以"顾客需求"为导向，主动收集服务受众就政府购买教育服务问题提出的相关意见和建议，利用先进的信息搜集手段调查和聆听服务受众需求，保证教育服务的高标准生产和供给，以满足"顾客"需要而非"政绩"需要。最后，教育服务受众也应该认识到教育服务是关系到自身和社会全体公众的共同福祉，不仅要从心理上摆脱对政府包揽供给教育服务的强烈依赖，还应在社会角色扮演上实现从"民"向"公民"的转变，通过培养能够维护自身正当利益的积极态度、精神风貌和行为能力，以"主人翁"的身份和姿态自觉地去参与到政府购买教育服务的相关事务中来。

第五节　系统建构购买运行机制，规避购买过程风险

一套完整的政府购买教育服务运行机制需要从需求调查机制、目录筛选机制、承接主体准入机制、招投标机制、动态项目实施机制、绩效评估机制、承接主体退出机制来建构，以此规避购买过程中可能出现的各类潜在风险。② 需求调查机制充分考察服务受众诉求，防止政府提供公众不需要或需

① 李图强：《现代公共行政中的公民参与》，经济管理出版社，2004，第 182 页。
② 陈建国：《政府购买公共服务过程管理研究》，《理论探索》2012 年第 4 期。

求度不高的教育服务；目录筛选机制通过对教育服务的性质和内容、监管的难易度以及购买目录进行筛选，防止购买资金的肆意滥用和购买内容偏离公众所需；承接主体准入机制通过对服务承接主体资质进行严格审查，从源头上保证教育服务的生产质量；招投标机制可以提升服务承接主体间的竞争性，防止公私合谋和权力寻租等的发生；动态项目实施机制通过赋予购买活动灵活性和权变性，能提升其对环境的适应力，确保购买活动的持续革新；绩效评估机制通过建立多元评价主体参与的科学评价体系规范购买参与主体行为；承接主体退出机制通过加强政府购买教育服务的后期管理来促进购买活动的长效发展。[1] 在健全核心运行机制的基础上，还需对信息沟通机制、价格估算机制、监管机制、利益协调机制、风险分担机制、问责机制等配套机制进行完善，以保障政府购买教育服务的效益和水平（见图8-3）。

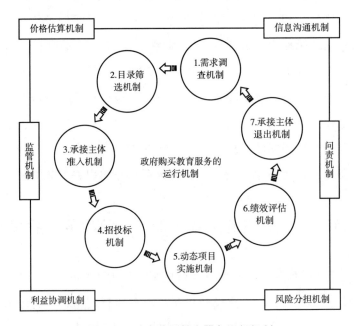

图8-3 政府购买教育服务运行机制

---

① 毛明明、罗崇敏：《我国政府购买教育服务的战略思考——基于一个SWOT概念模型的分析》，《广西社会科学》2015年第9期。

一　健全核心层面的购买运行机制

（一）需求调查机制

党的十八大报告明确提出，"凡是涉及群众切身利益的决策都要充分听取群众意见"，要"畅通和规范群众诉求表达、利益协调、权益保障渠道"。政府公共服务的战略导向强调服务生产者和供给者要充分理解服务受众当下的以及长远的服务诉求，这不仅是党和国家落实"以人民为中心"发展思想的基本体现，也是建设服务型政府和民主型社会的具体要求。作为政府购买教育服务活动顺利践行的首要环节，对服务受众的教育服务需求偏好进行深入调查和仔细分析，一方面，能对教育服务的购买数量和购买内容进行明确，理清政府"购买清单"，建立"百姓集中点菜，政府定制下单，社团分批做菜"的购买流程，以有效规避政府的非公共性购买动机。[①] 另一方面，可以基于教育服务需求的连续性、转移性和替代性等特点，实现购买活动的动态调整和灵活应变。此外，重视服务受众对教育服务需求的真实表达，也更便于政府形成明确的教育服务供给目标，为科学、民主地制定购买政策提供证据支撑。因此，为了保证政府提供更具针对性和专业性的教育服务，第一，政府应当充分吸纳服务受众参与政府购买教育服务各环节中，以"推己及人"的姿态，采用"自下而上"的方式，通过"沉浸式"参与体验准确获取其服务需求。第二，基于对购买目标的理解，政府需要充分考虑服务受众的现实教育主诉，使教育服务的需求选择不仅能体现出教育的内在规定性和发展规律性，还能体现出"任务偏好"之上的"公民偏好"，在服务内容选择和服务供给过程上真正做到"以人民为中心"，推动购买行为与服务诉求间的话语衔接与目标趋同，以应对可能由购买目标的模糊性与多重性造成的服务类型、标准与质量不明确等风险。第三，政府应在充分听取购买参与主体的意见和建议的基础上，利用智能化信息平台和评估数据库来

[①]　刘晗、吴坚：《超越"双重缺陷"：政府购买家庭教育指导服务的定制供给模式》，《教育探索》2022 年第 8 期。

广泛搜集教育服务需求，通过科学化的数据计算，客观地确定教育服务的购买内容，实现公众需求向政策议程的转换，为下一步的购买目录制定做好准备。

（二）目录筛选机制

政府购买教育服务的目录筛选机制是指政府作为购买主体通过召集和组织教育服务领域的专家学者、服务受众和教育社会组织中的精英代表在对教育服务性质、教育服务类型、教育服务内容、教育服务数量、实现购买目标的可行性、政府监管的难易度等进行综合评估的基础上编制购买目录并对购买目录进行科学筛选，以选定最符合公意且在政府能力范围内的教育服务。通过严格的目录筛选能有效防止公共财政资金的滥用，预防政府提供公众不需要或者需求度不高的教育服务等风险。从中国政府购买教育服务的实践来看，虽然一些地方政府在购买项目试点中设置了教育服务购买目录，但缺少能够达成普遍共识的目录标准，这在一定程度上造成了教育服务的供需衔接不畅和政府投入资源的浪费。对此，政府部门应根据当下社会经济的实际发展状况和公共财政预算情况，以及政府教育职能转变和基本公共教育服务均等化的具体要求来建立完善的政府购买教育服务目录筛选机制。首先，应初步甄选出社会需求量大、服务绩效容易鉴定、便于政府管理且能在服务承接主体之间展开充分竞争的教育服务项目，由服务受众、专家学者和教育社会组织以及政府代表共同参与遴选，并将相关信息向社会公示。[①] 其次，要在对教育服务的内容和性质、教育服务市场的发育和竞争程度、监控和评价购买过程的难易度等进行充分考察和评估的基础上，制定教育服务购买项目的筛选标准，以确定具体的教育服务项目。再次，由政府管理机构、资金统筹机构以及购买活动参与主体代表组成的项目评审和项目监督委员会，通过运用网络异地分散筛选和德尔菲法筛选等具体调查方法来设定项目目标、服务指

---

① 李一宁、金世斌、吴国玖：《推进政府购买公共服务的路径选择》，《中国行政管理》2015年第2期。

标、质量要求等基本要素，确定最终的政府购买教育服务指导性目录和分级目录，并及时向社会发布，自觉接受社会的评议和监督。最后，值得注意的是，地方教育行政部门应严格按照国家和上级部门下发的相关政策要求，规范开展购买工作，严禁将超出政府购买教育服务范围特别是已经被明确列入负面清单的教育服务项目再次纳入购买目录。

（三）承接主体准入机制

影响公共服务契约能否顺利签订和成功履行的重要因素之一是服务代理机构是否拥有强大的专业能力和良好的服务信誉。所以，政府在开始签约之前，有必要对承接主体进行全面评估，以确保它能胜任合作契约中所规定的各种复杂任务。对于教育服务契约而言，为了体现公共教育均等化、普惠性的基本价值，相比企业、个人等市场化主体，政府更应对承接主体的准入设立严格的标准，通过强化资质和条件审核，从源头上保证教育服务生产质量。第一，在准入主体基本要求上，政府需要具备甄别优秀承接主体的眼光和能力，即选择具有明确目标和强烈使命感、自身能保持独立性、具备专业知识且运作模式相对成熟的教育社会组织作为承接主体，并将其在教育服务生产过程中的行动目的、方法和结果是否尊重与符合教育发展的基本规律作为基本评判依据，以此来遏制可能产生的教育服务代理者风险。第二，在准入主体性质上，理想的承接主体应当具备独立性、专业性和非营利性等特征，并且是专门从事教育管理服务或有能力提供优质教育服务的机构，以确保生产教育服务的水平和质量。第三，在准入主体资质上，应对承接主体的社会诚信度、服务信誉度、资金资源投入、人员专业性、创新潜质、服务成果等基本资格与资质条件进行明确限定，以保障承接主体的生产能力符合政府购买要求，为了规避因资质不健全而引发的购买风险，政府也可以要求承接主体预先支付风险保证金，直至购买活动结束后再予以归还，以此来约束承接主体的服务生产行为。第四，在准入主体来源上，政府需不断拓宽承接主体的准入渠道和准入范围，打破购买参与主体间的信息隔阂，在保证购买项目相关信息公开、透明的基础上，使有参与投标意向的优秀承接主体能够顺利进入竞标环节，扩大承接主体的可选择范围，预防"劣币驱逐良币"

现象的发生；政府在筛选承接主体时，也应做到程序公正，自觉接受社会监督，确保选择到信誉和实力俱佳的服务合作伙伴。第五，在准入手段应用上，需要针对承接主体建立严格的专业审查机制，可以邀请教育政策和教育治理领域的专家、学者和一线教育人员参与承接主体的准入过程，通过明确不同性质和不同类型承接主体的准入资质与准入标准，为政府精准选择教育服务代理者提供行动依据；还应建立与承接主体活动轨迹和发展过程相匹配的数据库，并定期发布与其资质和服务质量相关的资料信息，供政府进行购买决策时参考。

（四）招投标机制

民营化在新公共管理运动中所展现出的精髓就在于引入私营部门、第三部门等力量和资源，通过多元主体之间的竞争打破政府对公共服务的垄断供给，从而提高公共服务供给绩效。[①] 实现公共服务承接主体之间的有效竞争是成功实施公共服务民营化的关键。针对政府购买教育服务活动，为了选择出最优的教育服务承接主体，防止公私合谋和"权力寻租"等风险的发生，保障购买活动的公开性、独立性和竞争性，制度完善和程序规范的招投标机制尤为重要，其学理层面的要求是：首先，应对招投标环节中的政府公共权力进行严格约束，评标过程也应交由独立的第三方主体来进行；其次，应通过相应的网络平台分散对教育服务承接主体标书的匿名评审，以扩大评标专家的异地构成范围，增进标书评比的公正性；再次，应实现政府购买教育服务招投标过程中参与主体的多元化，保证审计部门、纪检监察部门以及服务受众代表的全过程性参与，进而系统、全面地审视与规避招投标环节中可能出现的暗箱操作和腐败行为；最后，为保证购买教育服务招投标过程的公开性和透明度，政府应把招投标信息以及筛选出的购买项目实时向公众公示，并主动接受社会监督及意见反馈。然而，由于教育社会组织数量上发育不足，质量上参差不齐，实现标准化的竞争性招投标程序还存在一定困难，所

---

① 毛寿龙、陈建国：《经济合作与发展组织国家公共服务民营化研究（上）》，《兰州大学学报》（社会科学版）2009 年第 5 期。

以它只能成为建构政府购买教育服务运行机制的充分条件，而非必要条件。当下实践也已表明，相比追求"经济和效率"的强制性竞标购买模式，"最佳价值"导向下的"可选择性"购买模式超越了经济理性，并逐渐成为政府开展购买公共服务活动的新手段。因此，对于政府购买教育服务，绝不能把节约购买成本作为唯一目标，如何提高教育服务质量和实现公共利益最大化才是政府购买活动应该追求的核心要义与终极目标。当因没有足够数量的服务承接主体导致达不到竞争性招投标条件时，政府也可以通过邀标、谈判、定向购买等非竞争性购买方式，甚至可以通过建立在情感、信任、规范和经验基础上的非正式协议来开展购买活动。但可以预见的，随着教育社会组织的不断发展和壮大，政府以竞争性招投标的方式来遴选服务承接主体无疑是未来努力的方向，因此，我们也应该积极探索竞争性购买模式，为实现购买成本最小化和公共效益最大化的目标做出积极努力。

（五）动态项目实施机制

虽然政府购买教育服务是教育服务公私合作的重要方式之一，但并不代表它就是普遍适用和一成不变的。随着教育服务市场环境的变化，教育服务承接主体的能力优劣性会逐渐凸显，政府购买教育服务的内容和范围也会随之变更，这就需要政府根据政策精神、购买技术和社会需要的变化适时调整、优化教育服务购买策略。

首先，明确项目动态调整的原则。具体来看，一是应加强对教育服务受众现实诉求的持续关注，根据服务受众的需求变动适时增加或缩减购买项目；二是购买活动应紧密结合政府下发的相关政策，根据政策指导调整购买目录；三是购买活动应在政府财政能力范围内，根据地方经济发展水平匹配购买内容；四是购买活动要与市场、社会中的教育服务承接主体发育水平相适应；五是应根据购买活动在实际操作中风险的多寡与技术的难易程度进行项目取舍。

其次，严格按需调整教育服务购买内容。由于政府购买教育服务活动是一个持续发展和动态变化的过程，随着教育服务市场的不断成熟和教育社会组织的发育完善，政府部门应根据公共教育的职能转变和未来改革方向，在全面考察和细致考量公众教育服务需求的基础上，对未纳入购买范围的项目再次进行可行性分析，符合条件的服务项目可重新进入政府购买计划，而需求度不断降低、实施成效不佳的教育服务项目则可以逐渐从购买目录中撤出。

再次，渐进式调整教育服务购买内容。渐进决策理论由美国著名的政治学家和经济学家林德布洛姆提出，他认为决策者在制定政策时应该在既有政策的基础上，采用渐进调试的方式对现有政策加以修正，在保证社会稳定的前提下，通过不断改变，逐步实现决策目标；渐进决策遵循三个基本原则，即按部就班、积小变大和稳中求变。① 在教育服务购买活动中，由于政府有限理性的现实存在，其制定的购买目录和购买内容必然会受到价值观、市场、政治、技术的影响与制约。面对社会公众不断变化的教育服务诉求，如果只是刚性地遵照购买目录中设定的标准和内容难免会导致政府购买思维和行为方式的固化。另外，对于已经明确的购买目录，也可能会因为现行计划的变更导致在实际操作过程中困难重重。因此，政府有必要树立历史和现实相结合的管理理念，遵循"先易后难，积极稳妥"的渐进式实施原则，先选择一些发展条件相对成熟且易于管理的教育服务项目作为试点来推行，在持续修正的基础上再逐步增加，通过量变引起质变，逐步对购买项目进行革新。

最后，项目实施过程中的动态监控。政府向社会力量购买教育服务意味着政府与服务承接主体之间构成了经济学意义上的"委托—代理"关系，但这种关系很容易产生信息不对称下的主体道德风险和逆向选择，如服务承接主体极有可能利用政府"理性的无知"来谋取不当的个人或组织利益，耗费政府较高的监督成本。② 为了预防购买参与主体的"机会主义"风险，不仅需要赋予教育服务受众监督、评价和反馈购买活动的权利，还应在教育服务受众、服务承接主体和政府部门间建立起项目实施情况的沟通渠道，以

---

① 丁煌：《西方行政学说史》（第三版），武汉大学出版社，2017，第206页。
② 〔德〕柯武刚、〔德〕史漫飞：《制度经济学：社会秩序与公共政策》，韩朝华译，商务印书馆，2000，第77—78页。

326

可见的方式不定时收集政府和服务承接主体在购买活动中的动态信息，以降低购买成本，提高购买效率。

（六）绩效评估机制

第一，强化绩效目标管理。为了实现满意的政府购买教育服务效果，购买活动应紧紧围绕前期的绩效目标制定、中期的绩效目标监管和后期的绩效目标考评三大环节来进行全过程的教育服务绩效目标管理。首先，在购买项目得以落实之前，政府主管部门应基于 SMART 原则①制定购买活动的总体绩效目标和分阶段绩效目标；其次，绩效目标的制定应符合"自下而上"的行动逻辑，注重下级的积极参与，将传统的从上到下分派目标变成上下协商制定目标，实现组织总目标和部门、个人分目标的有机结合，在绩效目标达成过程中实行"自我管理"和"自我控制"；再次，政府应通过构建相应的目标跟踪制度及时监控教育服务生产和供给过程中的绩效目标实现状态；最后，当一项教育服务购买项目结束以后，政府应联合相关部门特别是独立的评估部门对主要绩效目标的完成情况以及其他附加指标进行综合评价，并将绩效目标的完成结果作为人员考评依据。

第二，构建完善的绩效评估指标体系。政府购买教育服务活动的绩效考核指标体系可以由四个维度构成，即购买业绩、购买效率、购买效能和购买成本。具体来看，购买业绩指标应包括教育服务生产和供给的数量与质量、政府购买目标的实现情况、购买政策制定的水平与具体实施效果、教育服务受众对购买活动的满意度四个二级指标。购买效率指标是指政府进行购买活动时所取得的效果与所耗费的人力、物力、财力和时间之间的比例关系，应包括购买活动耗费的单位成本、生产教育服务的数目、购买政策执行的开支以及政府办公时的物品损耗费用四个二级指标。值得注意的是，效率作为绩效考核的重要指标，主要被用于可量化分析的教育服务生产活动，但教育服务是一种培养人的"软服务"，具有一定的教育成效

---

① 目标必须是具体的（specific）、可以衡量的（measurable）、能够实现的（attainable）、和其他目标具有相关性的（relevant）、有明确的截止期限（time-bound）的。

延迟性和教育过程不确定性，在这种情况下难以被量化，更不能使用购买效率指标进行简单衡量，此时就需要使用购买效能指标加以评估。政府购买教育服务效能是指该活动对目标群体现行状态或行为改变的影响程度以及对社会的改变程度，是有形产出和无形产出的综合体现，它回答的核心问题是"情况是得到改善"。购买效能指标主要包括教育服务均等状况的改变程度、购买政策目标的实现程度、学生发展的实现程度和社会效益的实现程度四个二级指标。另外，在狭义层面，对政府效能层面的绩效考核主要包括两个方面：一是政府行政行为的合理化水平；二是政府的行政效能，主要包括政府的管理水平、制度建设水平和依法行政程度等。[①] 购买成本指标的设置依据有两个来源：为了维系政府购买活动正常运转所产生的费用和为了履行政府购买活动职能所产生的投入。具体来看，成本指标主要包括购买项目具体占用的人力、物力和财力以及专项支出。总之，政府需要依据教育服务的购买标准和预计达到的目标来设计包括购买业绩、购买效率、购买效能和购买成本等在内的多元化绩效指标，同时根据每个指标的重要程度来配置相应权重，以此构建能够全面、规范、有效评价教育服务购买过程的绩效评估指标体系。[②]

第三，使用科学的绩效评估方式。政府购买教育服务通过向社会力量赋权，实现了教育服务"生产者"和"提供者"的分离，推动了教育服务参与主体从"单一"向"多元"的转变，加快了教育服务供给方式从"垄断"向"合作"的过渡。在这种新公共管理主导的顾客、服务、创新、授权和灵活性等理念影响下，传统的自上而下的单向度绩效评估方式正在转变为新型的全方位绩效评估方式。这就需要遵循经济、效率、效能、公平、民主的价值标准，坚持过程评估与结果评估相结合、有形产出评估和无形产出评估相结合、社会效益评估和经济效益评估相结合以及定性评价与定量评价相结合的基本原则，采用个体绩效评估方式和系统绩效评估方式对政府购买

---

① 夏书章主编《行政管理学》（第六版），高等教育出版社、中山大学出版社，2018，第408页。

② 温俊萍：《政府购买公共就业服务机制研究》，《中国行政管理》2010年第10期。

教育服务活动进行科学评估。个体绩效评估的对象主要针对参与购买活动的个人、群体和组织，评估方法包括自我报告法、工作标准法、面谈考核法、绩效合约法、360度考核法等；系统绩效评估的对象针对的是组织战略，可以运用关键绩效指标（KPI）法和平衡计分卡（BSC）法使教育服务购买战略具体落实到政府、服务承接主体和教育服务受众，在评估系统的引导和帮助下，成功实现购买目标。另外，鉴于政府购买教育服务是一项系统性活动，也可以采用全生命周期绩效考核方式，通过明确政府购买教育服务的具体流程，进行包括前期评估、中期评估和终结评估在内的多次绩效评估，具体来看，就是结合购买活动中的"立项和预算—招标和投标—确定服务承接主体—签订购买合同—服务项目执行—服务成果评价—项目结算"过程，按照"投入—执行—输出"的基本程序，从采购绩效、监管绩效和结果绩效三个基本维度进行全生命周期的绩效评估。[①]

第四，实现多元主体评估。在教育服务购买活动中，由于参与主体构成的复杂性，政府单一且机械式地进行绩效评估已不合时宜，这就需要充分考虑多元主体的利益诉求，并做出及时回应。比较理想的绩效评估模式应该是通过多元主体间的协同评估来发现购买活动存在的问题并制定有针对性的改进措施。其一，需要在政府主导的基础上，构建教育服务购买主体、承接主体、消费主体、社会公众以及独立的第三方评价机构等多个利益相关主体全面参与的评价机制，保证在不同主体利益博弈中实现绩效评估结果的公共理性最大化；其二，支持具有市场性质的专业教育服务机构以及具有非营利性质的行业协会、基金会、专业学会等开展相应的服务评价，保证评估信息来源的广泛性和评估程序的规范性；其三，对于重点领域的教育服务购买项目，应有审计部门、财政部门、监察部门等专家代表组成的项目评估委员会，对服务项目的执行和完成情况进行全面考察，保障各项评估环节的有效衔接和评估过程的完整性；其四，政府应摒弃以"经济效益"和"自身政绩"为主导的评估标准，树立"以人为本"的服

[①]　王宇晴、王凤秋：《政府购买教育服务的绩效评估研究》，《教育探索》2021年第9期。

务理念，通过构建上下结合的双向评估机制，充分发挥教育服务受众在多元主体评估中的"话语权"，赋予教育服务受众一定的评估指标权重；其五，政府可以鼓励和引导竞标失败的服务承接主体参与绩效评估，因为其与竞标成功的服务承接主体相比，在组织性质和服务内容上具有一定相似性，对教育服务生产流程也较为熟悉，所以它们在绩效评估上也会更谨慎和细致。

第五，引入独立的第三方评估主体。实践经验证明，第三方评估作为公共管理活动中一种必要且有效的外部制衡机制，不仅能够弥补传统形式上政府自我评估造成的"形式主义"和"政绩至上"等缺陷，而且在促进服务型政府和法治型政府建设方面发挥着不可替代的助推作用。在教育服务购买活动中，政府既当"运动员"又做"裁判员"的现象并不鲜见，是一种典型的政府主导下的绩效评估模式。为了保证绩效评估结果的客观性、公正性和权威性，其前提条件就是引入能保持价值中立和关系独立的第三方评估主体，即选择能够与"三元主体"（购买主体、承接主体、消费主体）之间保持经济上独立、人事关系上独立、承接评估项目上独立的，且不受利益倾向影响的评估主体参与绩效评估过程。一方面，在基本要求上，为了保障评估结果的有效性，对第三方评估主体的资质审查尤为重要，这就需要在专业评估素养和专业评估能力上进行严格要求，预防因第三方评估主体与政府、教育社会组织和教育服务受众之间的相互串联而进行的虚假绩效评估。另一方面，在主体选择上，第三方评估主体应该是以公共教育问题为主要研究对象、以服务和帮助政府在购买教育服务活动中进行科学决策为宗旨的实体性咨询、调查和研究机构，按照 2018 年发布的《财政部关于推进政府购买服务第三方绩效评价工作的指导意见》中的相关要求，可以在教育服务领域"择优选择具备条件的研究机构、高校、中介机构等第三方机构开展评价工作"[1]。

---

[1] 《财政部关于推进政府购买服务第三方绩效评价工作的指导意见》，中华人民共和国中央人民政府官网，2018 年 8 月 14 日，https://www.gov.cn/xinwen/2018-08/14/content_ 5313729.htm。

第六，切实发挥好评估结果的作用。政府购买教育服务绩效评估任务的完成并不意味着购买活动的结束，按照美国管理学家戴明提出的 PDCA 循环①要求，对组织中产品和服务的改进不是一劳永逸的，而是持续性的，针对组织活动的成功经验需要做出总结，出现的未解决的新问题需要转入下一个任务过程中，通过周而复始的循环，达到产品和服务的最优化。所以，在政府购买教育服务活动中，针对绩效评估结果，我们需要认真分析、解读和反思，并将其运用到实际工作中，真正体现出绩效评估的目的和意义。一方面，需要重视教育服务受众、教育社会组织、第三方评估主体等在绩效评估中的信息反馈，对于在评估过程中暴露出的明显漏洞和典型问题，政府应制订切实可行的改进计划与补救措施，并将其渗入未来的购买政策和购买方案中，防止类似情况的再次发生。另一方面，需要积极探索绩效评估结果的综合运用机制，利用共享信息平台扩大评估结果在社会中的影响范围，并将其作为人员奖惩、后续合作、购买经费安排和年度预算安排的重要依据。

（七）承接主体退出机制

首先，要明确服务承接主体的退出条件。在何种情形下可以终止教育服务合同并取消服务生产权是构建服务承接主体退出机制时首先要考虑的问题。对此，需要着重考量服务承接主体在教育服务购买活动中的法律政策遵守度、合约条款达成度、资质吻合度、行为规范度、服务成效度、公共利益满足度等关键要素，在此基础上再详细确定合同到期后的正常退出条件和合同未到期的非正常退出条件。

其次，要有正当的退出程序。退出意味着教育服务合同的终止，退出程序的正当性是构成整个购买行为合法性的必要条件之一。具体来看，主要包括以下几种情形：第一，如果政府和服务承接主体顺利完成了合同任务且评估合格，服务承接主体获得购买经费拨付后自动终止与政府间的合作关系；

---

① PDCA 循环又称"戴明环"，在质量管理中被广泛应用，其中 P 表示计划，D 表示执行，C 表示检查，D 表示行动（或处理），参见姜杰《西方管理思想史》（第二版），北京大学出版社，2011，第 143 页。

第二，如果是因政府和服务承接主体在利益上的合谋导致的购买活动失败，应由纪检部门和监察机关调查并宣布购买无效后退出；第三，如果是服务承接主体单方面违约导致教育服务生产活动无法正常进行的，政府可以提出终止购买合同；第四，如果是政府单方面违约，比如不能按照合同约定及时兑付购买资金或为了私利损害服务承接主体的正当利益失时，服务承接主体可以提出终止合同。若政府对服务承接主体的退出存有异议，则可以按照合同规定的纠纷解决条款进行调解和仲裁；若合同中没有做出明确的规定，则可以通过司法途径来解决。

再次，对非正常退出的处理。政府购买教育服务活动中参与主体的非正常退出不仅意味着购买合同的无效，也意味着合作关系的结束，这种情况不仅会阻碍教育服务项目的正常运作，还会给政府和服务承接主体带来心理、信誉、经济上的损失。在处理方式上，如果是政府单方面违约，服务承接主体有权要求政府予以合理的经济补偿；如果是服务承接主体违约，政府除了要收回已拨付的资金和予以行政处罚外，还应加大其失信曝光度，将其拉入竞标黑名单，暂时或永久取缔其参与政府购买活动的权利和资格。另外，为了尽可能降低因非正常退出产生的次生伤害和隐性成本，政府也可以通过有针对性的专业学习和业务培训，掌握关键的服务生产技术，以"服务回购"和"逆向替代"的方式，利用自身的社会资源整合能力，对不合格的服务承接主体取而代之。[1]

最后，正常退出应符合教育发展规律。政府购买教育服务参与主体的正常退出是指政府和服务承接主体按时并保质保量地完成了购买合同所规定的各项任务，双方脱离了教育服务的委托—代理关系。但要真正实现服务承接主体对服务受众从"输血"到"造血"的功能性转变，退出时间和退出方式都需要符合不同性质和不同阶段教育的发展规律，否则很容易导致购买活动"行百里者半九十"，造成"一买就好，一撤就乱"的怪圈循环。

---

[1] 杨宝、杨晓云：《从政社合作到"逆向替代"：政社关系的转型及演化机制研究》，《中国行政管理》2019 年第 6 期。

二 完善配套层面的购买运行机制

(一)监督机制

政府通过签订合同的方式将教育服务生产权赋予服务承接主体,但服务目标是否与合同条款一致,服务内容是否会偏离公共利益,主体责任是否会发生转移、行政权力行使是否会出现异化等都在倒逼政府重新审视购买活动中的监管问题。完善的监督机制是确保购买活动成功践行的关键,它不仅有利于提高行政效率和政府公信力,还有利于督促服务承接主体生产质优价廉的教育服务,帮助政府成为一个"精明的买家"。

1. 监督主体多元化

可以建立一套由具有法定监督权的内部监督主体和外部监督主体构成的协同性监督体系,形成监管合力。其中内部监督主体包括一般监督主体和专门监督主体,一般监督主体是指政府自身,即就购买活动在政府内部进行的上下级之间监督和业务层面上职能部门之间的监督以及政府对服务承接主体生产活动进行的日常监督;专门监督主体是在政府内部设立的专门监督机关,即行政监察机关对购买活动进行的监督。外部监督主体是指政府以外的其他监督主体,即权力机关、司法机关、政党机构和社会大众对政府及其购买活动进行的多渠道、多形式的异体监督。在主体多元化的监督体系中,政府作为购买者应积极发挥监督引领作用,通过制定与监督问题相关的政策和制度,保障监督过程的规范性和权威性,使监督活动有法可依、有据可循。同时,还应强化和拓展教育服务受众的监督意识与监督渠道,在监督过程中彰显以"公共利益"为核心价值的社会理性,通过民主性、代表性和有序性的话语表达,帮助政府纠正教育服务购买偏差,防范教育服务购买风险。最后,要确保多元监管主体之间各司其职,规避由主体间监管范围模糊和监管权责流失导致的不作为现象。

2. 监督流程规范化

一套完整的政府购买教育服务监督流程应该包括事前监督、事中监督和事后监督三大环节。事前监督指的是在服务承接主体确立之前,监督主体有责任对服务承接主体的遴选、招投标过程进行监督，以确保能筛选出资质和能力俱佳的服务承接主体。事中监督是指监督主体对服务承接主体生产教育服务的全过程进行监督，以保证服务承接主体能够严格按照合同约定保质保量地完成相关任务，防止服务承接主体因追逐私利而诱发道德风险或利用关联效益掩盖投机行为等有损公共利益现象的出现。在事后监督中，监督主体要严格按照购买契约的要求对购买资金的使用进行审计并对服务绩效评价的过程进行监督，对资金滥用和绩效评估不合格的服务承接主体追究相应责任。

3. 监督方式多样化

在监督方式的选择上，应主要采用法律制度监督和合同契约监督相结合，同时辅以信息化监督的方式来进行。法律制度监督和合同契约监督能在一定程度上保证监督过程的规范性和监督结果的公正性，而信息化监督方式则更为灵活和常态，它能及时发现和回应购买活动中已经发生或可能出现的各类问题与风险，进而提升监督活动的精细化水平。如与传统的、官方的监督方式相比，新媒体时代下的舆论监督作为一种新兴的监督力量更具广泛性和深度性，在政府购买教育服务活动中，它不仅能有效彰显公众的知情权、参与权和表达权，也能为保障购买过程的透明性、公开性和公正性注入新的动力。虽然信息化手段具有明显的优势，但也面临信息不实、言论不当和恶意攻击等诸多挑战，容易对社会公众产生误导，因此，政府应对其施加正确引导并加强信息互动平台的建设，切实保护购买参与主体的合法权益。

4. 政府和承接主体之间的双向监督

中国的 PPP 实践经验表明，公共服务公私合作模式中政府和私人部门之间的关系在一定程度上并不对等，政府作为公共权威的代表往往成为唯一的项目监督主体，而私人部门则缺失相应的监督能力和监督途径。对此，在教育服务购买活动中我们需要重塑政府和服务承接主体间独立、平等的主体合作关系，改变以政府为主导的单向度监督模式，建构起能够推进政府和服务承接主体间合作共赢和互利共生的双向协同监督机制，即通过政府监督促进服务承接主体高质量生产教育服务，通过服务承接主体监督预防政府行政行为失范。

5. 监督重点明确化

在政府购买教育服务活动中，有两大领域最容易出现问题，也最需要施加严格的监督，即权力的运用和资金的使用。关于权力，阿克顿曾提道："权力导致腐败，绝对权力导致绝对腐败。"孟德斯鸠也认为："一切拥有权力的人都容易滥用权力，这是万古不易的一条经验。"部分政府人员在使用公共权力时会背离公共利益目的，利用公共权力谋取私人利益或小团体利益，使公共权力丧失了原有的"质的规定性"，进而出现公共权力异化，其中"以权谋私"是其主要表现形式。权力腐败往往与追逐经济利益"一拍即合"，由于购买资金的公共属性，资金挪用、资金套用、私自侵占、虚假交易、违规举债等现象也时有发生。对此，在权力运用方面，不仅需要织密制度的"牢笼"，用完善的法律和法规阻止和惩罚权力滥用行为，还需要通过思想教育的形式培养行政人员的道德品格，不断提高其内在的伦理精神。在资金使用方面，财政、审计和监察部门应加强对政府购买教育服务资金预算和使用情况的专门监督，项目综合管理机构负责日常监督和监察。同时，服务承接主体也应当建立健全财务管理制度，确保资金的规范管理与合理使用。对于违反资金管理规定的行为，无论是政府还是服务承接主体，都需要追究其相应的法律责任，涉嫌犯罪的，依法将其移交司法机关进行严肃处理。

（二）利益协调机制

为有效解决委托—代理过程中由信息不对称造成的"道德风险"和"逆向选择"，需设计一套最优激励机制，引导代理人主动完成委托目标，并确保双方在利益最大化的基础上实现"激励兼容"。建设完善的利益协调机制是实现最优激励的重要路径，在政府购买教育服务活动中，政府（委托人）与服务承接主体（代理人）之间的利益协调机制应从以下三个方面来构建。

第一，建立利益引导和整合机制。政府作为权威的利益调节主体应该在维护公共利益和全局利益的前提下，平衡与服务承接主体间的利益关系。具体来看，首先，政府需要准确识别自身与服务承接主体间的利益矛盾，在维护共同利益的基础上，提升共情能力，增强行动向心力；其次，政府应综合考量眼前利益和长远利益，利益描述和利益承诺既要有前瞻性和发展性，也要有现实性和时效性，不仅能用长远利益号召服务承接主体致力于实现未来愿景，而且能用眼前利益满足其当下诉求；再次，政府要正确对待局部利益和整体利益，整体利益反映了购买参与主体间的共同关切，除了要保证利益配置过程的开放和透明，还要力求利益配置结果的公正和公平，而局部利益从属于整体利益，要在符合公认规则与道德准则的基础上实现部分群体与全体成员的利益均衡；最后，政府需要不断增强同理心，从多维视角理解自身与服务承接主体间的思想和认知差别，以代入体验和推己及人的姿态了解服务承接主体的合作预期，及时回应其现实需求。

第二，建立利益共享和补偿机制。政府购买教育服务体现了一种典型的政社合作型关系，这种关系不仅强调目标一致性，还注重责任共担和利益共享。在当代宪政制度框架内，私人利益也是受到法律保护的，为了提升服务承接主体参与政府购买教育服务活动的积极性和主动性，激发服务承接主体生产教育服务的动力和活力，政府应当在保障总体利益和公共利益的基础上，承认并充分实现服务承接主体合理、合法的个人利益，即在物质资料和精神产品上与政府共享购买活动带来的发展成果，而非为了节约行政成本和满足自身利益最大化而排斥服务承接主体的既得利益。同时，政府也不能为了快速实现购买目标和完成行政任务而以忽略与牺牲服务承接主体的正当利益为代价，如果其利益受到侵犯或损害时，就必须采取合理的方式给予补偿，以有效规避政社间矛盾和冲突的产生，促进良性伙伴关系的发展。

第三，建立利益调节和规范机制。无论是政府还是服务承接主体都有追逐私利的动机。为了规范购买活动中的主体行为，促进良性合作关系的生成，推动购买机制的有序运转，当政府和服务承接主体之间出现利益冲突时，政府应当秉持公平公正的行政理念，在广泛征求各主体意见和建议的基础上，选择性地运用法律手段、行政手段、经济手段或教育手段来调节关系矛盾和利益冲突，在平等协商和相互对话中平衡利益诉求，确保利益调节过程"不仅见物，更要见人"。另外，政府也应当在满足服务承接主体合理合法利益的前提下，建立能够实现柔性道德规范和刚性制度规范有机统一的利益规范机制。

（三）信息沟通机制

有效的信息沟通不仅有利于增强公私伙伴之间的合作氛围、建立良性信任关系、达成购买共识，还能保障服务受众的信息知情权和公共参与权，提升社会满意度，最为重要的是可以积极应对委托—代理关系中由信息不对称可能带来的各种不利影响和潜在风险。

1. 建设网络沟通关系

奥斯本的新公共治理理论主张公共组织应遵循"服务主导逻辑"，并在公共服务共同生产的基础上修正了奥斯特罗姆的"生产者"与"提供者"二分论，开始注重公民在公共服务中的体验感和满意度："成功的公共服务管理不只是有效地设计公共服务（这是必要条件，而不是充分条件），它还需要对使用者进行治理并做出回应，并且训练和激励工作人员以便与使用者积极互动。"[①] 在新公共治理理论的价值引导下，为了避免委托—代理中信息的不对称与信息扭曲问题，需要通过创建网络沟通关系来保障信息内容的完整性和信息交流的畅通性。网络是"由于资源的相互依赖性而联系在一起的一群组织或若干组织的联合体……影响网络变化的四个要素，即利益、成员关系、相互依赖性和资源"[②]。对此，在政府购买教育服务活动过程中，购买参与主体间可以基于利益互惠、资源互补和关系互嵌，搭建公共对话平台，形成稳定的网络沟通关系，并通过信息资源的交互与共享，实现购买参与主体间协同效用的最大化。

---

① 竺乾威：《新公共治理：新的治理模式?》，《中国行政管理》2016 年第 7 期。
② 〔英〕史蒂芬·奥斯本编著《新公共治理? ——公共治理理论和实践方面的新观点》，包国宪等译，科学出版社，2016，第 375 页。

2. 信息传递机制

在购买主体、承接主体、消费主体和监评主体间建立完善的信息传递机制是保障购买政策有效实施的重要条件之一。尤其在购买活动的前期准备阶段，为了保证服务承接主体的相关信息能够在教育市场中扩散和流动，保障购买主体能够有效获取消费主体的服务诉求，就需要利用先进的信息技术手段建设服务承接主体和消费主体信息数据库，使服务承接主体的专业资质和能力水平、消费主体所需的教育服务内容和类型等能完整、清晰地呈现给购买主体，从而降低主体间的交易成本。在中后期阶段，购买主体应主动向服务承接主体传递合同执行进度和任务达成度等信息，服务承接主体应及时向购买主体传递项目实施进度、资金配置和使用、已取得的项目成效、项目实施困境、项目重大事宜变更、未来发展愿景等信息，监评主体应以报告的形式向购买主体、承接主体和消费主体传递在监督、评价过程中出现的各类突出问题，并就易发生风险的领域提供相对客观、中立的建议，以保证主体关系的持续优化和购买预期目标的顺利实现。

3. 信息公开机制

政府管理机构应本着合法性、及时性、真实性、安全性和责任性等原则将社会和服务受众关注的购买计划、购买内容、购买方式、购买金额、服务承接主体选择、购买资金安排、绩效评估内容和结果等信息通过政府网站、政府公报、新闻发布会、政府官微、政府公众号、政府广播、电视和报刊等主流媒体进行公开，尤其是购买过程中的预算信息、预算执行信息和决算信息也应按规定向社会公开，并确保信息可查询和可追溯。另外，还可以通过建立集信息发布、项目申报、项目审批、投诉建议、监管评估、信息反馈等功能于一体的政府购买教育服务信息共享和管理平台来联合、集中发布综合性的购买信息。

（四）价格估算机制

PPP 理论认为公私合作项目中的核心问题就是如何对服务产品进行合理定价。判断价格是否合理的标准则是公私合作项目是否降低了服务生产成本、是否提升了服务供给效率、是否增加了公众满意度。如果只是单纯地迎合社会资本的偏好，而将服务价格定得过高，无疑会增加公众负担，降低政府公信力。因此，公共服务的定价应适中，应以符合购买参与主体间利益的"最大公约数"为基本标准。与其他公共服务相比，教育服务作为一种"软服务"，非量化的特征十分明显，对于服务质量不仅无法提前做出精准评判，也很难利用"程式化"的数理统计方法衡量其优劣。另外，由于教育服务发展的漫长周期，连续性和不确定性的特征也造成了政府很难与服务承接主体达成能明确衡量服务质量的购买契约。所以，如何在既符合教育服务市场运行规律，又符合教育自身发展规律的基础上明确教育服务价格及其交换价值是体现购买有效性的关键。对此，在制定购买项目中的教育服务价格时，首先需要充分考虑生产该项教育服务的总成本，利用教育服务市场机制中的供需现状对价格的涨落进行自动调节。其次，教育服务价格的确定还应综合考量区域内的居民消费水平、工资水平、物价水平以及政府的财政担负能力等，通过专业的技术机构对可能影响价格制定的各种因素进行全面评判和综合排序，提高价格制定的准确性。再次，需要基于市场经济发展规律，系统考量教育服务的需求价格和供给价格，其中供给价格由教育服务承接主体应得报酬、购买活动产生的基本成本以及适当的利润构成，需求价格主要是在保证教育连续性和教育发展规律的原则下呈现的教育服务"转换成本"。[1] 最后，还要凸显不同购买阶段对应的不同价格形态：预算价格建立在成本核算基础上，购买价格经由采购机制形成，而支付价格则是绩效评估后的最终价格。[2] 在具体的定价措施上，无锡市财政局课题组的研究成果为政府购买教育服务的价格估算提供了以下经验借鉴。一是关于定价的原则：不应当以营利为目的，要切实保护服务受众的利益；充分发挥价格机制的调节作用；适当维护服务承接主体的利益，并且以损益平衡或微利为标准；教育服务的购买总价应当控制在地方政府财政可以承受的范围内。二是关于定价的方法：对于政府购买教育服务这种成本难以全面准确核算的项目，可采

---

[1]　周翠萍：《政府购买教育服务的政策研究》，上海交通大学出版社，2013，第193页。

[2]　邓金霞：《如何确定政府购买公共服务的价格——以上海为例》，《中国行政管理》2020年第11期。

用差额补贴法进行定价，并且由政府依据地方的物价水平和居民的基本生活水平等进行差额补贴。三是购买价格＝同业价格×服务数量。①

（五）风险分担机制

在公私伙伴关系中利益和风险是休戚相关的，利益共享的同时也意味着风险共担。政府部门和社会资本在公私合作项目上的风险分担也是区别于二者进行其他市场交易活动的显著标志。PPP 理论认为，公私合作项目的最大优势就在于可以通过机制设计，减少政府和私人部门由单边行动引发的各类风险及其造成的各种损失，即每一种风险都应由最善于应对和处理该风险的主体来承担，进而实现合作成本的最小化。但从实践来看，如果简单地认为在公共服务合作领域中政府和社会资本之间已经达成了风险共担的伙伴关系则未免牵强，因为双方在合作过程中考虑更多的是如何尽可能降低自身风险，而非基于客观事实和双方能力均衡地分担风险。对此，在政府购买教育服务活动中，我们更应注重的是如何通过机制设计使政府和服务承接主体的风险得以最优化分担，从而最大限度地降低购买教育服务活动的整体风险，最终实现"一加一大于二"的风险应对效应。

从风险分担的意识来看，为了有效防范政府购买教育服务活动中风险的发生，应建立和健全多元主体参与的风险分担机制，其中政府作为购买行动的发起主体，应充分发挥其风险分担的引领作用，树立"风险防范不仅仅是政府的责任，服务承接主体和服务受众也有义务参与风险分担"的意识，使各主体都能明确自身应该承担的风险责任，并在实际购买过程中得以贯彻和落实。

从风险分担的原则来看，学界已经对 PPP 项目中的风险分担原则达成了基本共识，运用到政府购买教育服务项目中，应主要遵循以下几条基本原则：第一，风险分担应体现公平原则；第二，风险分担应控制在风险管理成本范围内；第三，由风险防控不足导致的问题和损失应及时追究相关

---

① 无锡市财政局课题组：《无锡市政府购买公共服务改革运行机制研究》，《中国政府采购》2013 年第 4 期。

责任；第四，由具备最佳控制力的一方来承担相应的风险；第五，担负的风险程度应该与所能享受到的收益相匹配；第六，对所承担的风险范围应该设置一个上限；第七，风险分担应根据内外部的环境变化及时进行动态调整。

从风险分担的条件来看，政府购买教育服务通过充分利用社会力量在专业技术和组织管理上的优势与政府在社会资源和政策资源上的优势来提供公民急需的教育服务。在双方合作过程中，需要在充分考虑二者实力和优势的基础上，从风险处理偏好、风险管理水平、风险防范技术、风险防控经验、风险应对的资金储备等进行全面评估和仔细考察，保证前中期风险防控和后期风险承担的责任能够得到合理分配。

从风险分担的内容来看，政府应主要承担购买活动的"结构性"风险，主要包括环境维度下的政策风险、文化风险、市场风险和社会风险等；机构维度下的组织构建风险、权责配置风险、服务监评风险等。服务承接主体应主要承担购买活动的"过程性"风险，主要包括流程维度下的项目建设风险、生产技术风险、服务质量风险等。而利益协调风险和各种不可抗力风险应该由双方共同承担。

从风险分担的制度来看，由于当前政府购买教育服务的法律、法规仍有待完善，关于主体风险分担无论是在制度规范层面还是在实践层面都存在思想固化和内容模糊的问题，这就需要政府加强对风险分担的制度设计，使其能在购买合约中得以全面和准确的体现，充分利用和发挥好购买合约在风险防范中的作用与价值。同时，我们还可以借鉴政府购买养老服务中风险分担的做法，将"教育服务责任险"引入政府购买教育服务活动中，以此来规范该领域的风险分担制度，提升政府和服务承接主体承担风险的主动性与持续性。

（六）问责机制

虽然中国政府购买教育服务的法治化建设正在不断深化，但公私合谋、权力腐败、不正当竞争、服务价格制定不合理等现象仍然存在。主要原因是缺乏规范、有序和有效的问责机制。责任不仅是指购买参与主体应承担的职责和应尽的义务，也是根植于其内心对忠诚、良知和认同的信仰。因为责任的存在，政府购买教育服务活动有了合法性基础，公共精神和服务观念得以复苏。但从辩证视角看，责任也意味着未做好分内之事应承受的谴责与制裁，即应当承担的后果。审视当下的教育服务购买活动，主要面临着两大责任问题：如何防止教育服务外包后政府责任的不当转移；如何确保服务承接主体担负起生产优质教育服务和切实维护公共利益的责任。在公共治理场域中，学界普遍认为"问责"是提高公共服务质量、维护公众公共利益和约束治理主体行为以及促进政府实现"善治"的有效途径。基于问责的基本内涵和价值意蕴，政府购买教育服务的问责机制指的是针对购买参与主体承担职责和义务的履行情况，对由其自身不当行为造成的不良后果和恶劣影响实施的一种责任追究制度。值得注意的是，在新公共管理理论背景下，由于多元化主体形成的网络化关系，以过程和绩效为导向的传统问责机制似乎已经不能适应公共治理的要求，在当代公共服务合作生产和供给中，问责机制的构建应聚焦于服务成效的评估，并强调对公众需求的响应和网络成员之间的互动。①

对此，在政府购买教育服务活动中，应在增强责任主体意识、牢固树立责任观念、加大责任监督力度和提升主体道德素养的基础上，从政府、服务承接主体和服务受众这三个责任主体之间形成的网络化关系出发构建问责机制，并明晰问责链条（见图8-4）。首先，应保障购买活动中相关信息的公开化和透明度，提高服务受众的公共参与能力，不断丰富和完善服务受众的监督手段以及利益表达渠道，以此来强化政府与服务受众之间的"政治问责"；其次，要通过明确政府角色及其责任，加强竞争性招投机制和科学化的绩效评估体系建设，优化购买合约条款，以此来强化政府和服务承接主体之间的"契约问责"；再次，通过赋予并扩大服务受众对服务承接主体的监督和评价权利，加强服务受众在服务过程和服务质量上的反馈与投诉机制建设，以此来强化服务受众和服务承接主体之间的"客户权力问责"；最后，

---

① 李继力：《政府购买公共服务问责架构研究——基于资源依赖的视角》，《理论文萃》2014
年第3期。

通过制定和健全问责领域的法律法规，规范失责的处理方式和追责程序，为问责机制的顺利实施提供行动依据，以此来强化多元主体之间的"制度问责"。① 总之，通过构建完善的问责机制，以期能对政府购买教育服务中受到侵害的主体及时进行合法权益补救，对被破坏的伙伴关系和合作秩序予以尽快恢复。

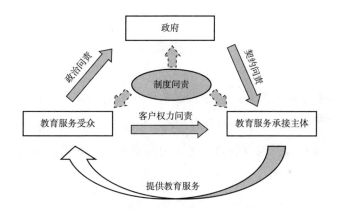

图 8-4　政府购买教育服务中的问责机制

① 胡春艳、李蕙娟：《政府购买居家养老服务的问责关系分析及建构——以湖南省为例》，《中国行政管理》2015 年第 11 期。

结　语

一　研究总结

本研究在全面回顾和评析中国政府购买教育服务既有研究成果的基础上，以公共治理理论、委托—代理理论、公私合作理论、战略管理理论为理论依托，以政府购买教育管理服务为分析对象，以政府战略管理"三角模型"为理论分析框架，通过综合运用反思与批判、规范与实证相结合的研究方法，对当代中国政府购买教育服务活动进行了系统探讨和问题剖析。本研究的发现和结论如下。

第一，穆尔的政府战略管理"三角模型"提示我们，政府在公共管理活动中应具备战略眼光和战略格局，特别是与社会力量合作供给公共服务时，政府更需审慎考量自身所处的内外部战略环境，通过树立权变思维，更好地创造公共价值。因此，研究政府购买教育服务这一复杂的公私合作行为，不能受限于片面和固化的思维，而应树立全面和系统的理念，综合考量政府面临的外部环境影响并仔细审视政府内部的核心要素储备，明确政府购买的目的是什么（做正确的事），为了实现购买目的应该采取何种办法（正确地做事），进而在坚守公共教育价值的基础上，陈述购买目标与使命，获取外部购买支持，革新内部购买机制。

第二，在使命陈述上，本研究回答了"政府购买教育服务的原因、价值和目的"这一基本命题。首先，在历史演变逻辑上，中国政府购买教育服务是沿着教育服务的政府垄断供给—市场和社会组织供给—公私合作供给—政府购买供给的演化脉络产生和发展的；其次，在现实动因上，中国政府购买教育服务的发生是外部制度环境和政府内在职能转变共同驱动的结果，其中外部制度环境驱动包含社会层面"缓解教育服务供需矛盾"和国家层面"推进教育治理现代化"两个动力因子，而政府内在职能转变的动力因子则来源于教育职能关系的混沌化、教育"管办评分离"、教育服务供给侧改革。概而言之，政府购买教育服务是"外部制度环境影响"和"政府内在职能转变"共同作用的产物，受"外部刺激—政府回应"和"内在变革—社会契合"的双重驱动。再次，基于公共价值理性，本研究确定了中国政府购买教育服务的目标群体指向、购买内容指向和服务承接主体指向。最后，本研究从政府购买教育服务价值层面、政府发展价值层面和义务教育价值层面展望了中国政府购买教育服务活动的发展愿景。

第三，在获取外部环境的购买支持上，本研究从宏观和微观的战略视角评估了政府购买教育服务的外部购买环境，发现中国政府购买教育服务活动在宏观的政策、经济和社会环境中表现出机会和风险并存的局面，而在微观的"三元主体"互动中又表现出应然和实然关系矛盾的状态。一是在政策环境中，虽然有政府购买公共服务等权威政策的引导和政府购买教育服务等地方政策的规定，但针对政府购买教育服务的具体政策却缺乏国家层面的规范，中央政府和地方政府在购买政策上的不连续性可能诱发新的政策风险；政府购买教育服务配套政策的缺乏和地方政府政策的目标偏差在一定程度上也会阻碍购买活动的顺利实施。二是在经济环境中，虽然教育经济制度变革、教育经济结构变革、国家教育经费投入和教育消费结构的变化为政府购买教育服务带来了经济机会，但地方经济发展水平不平衡、地方教育财政投入不足、地方政府经济担负乏力和教育投资结构不平衡等地方政府现存的经济问题无疑又会制约政府购买教育服务活动在区域内的推进。三是在社会环境中，多元化社会结构的逐步形成、教育社会组织的快速发展以及社会公众对教育服务改革的期许都为中国政府购买教育服务提供了社会机会，但公民的购买文化认同困境和教育社会组织的自我发展困境也折射出购买活动仍会面临一定的社会阻力。四是在"三元主体"关系互动中，受政府主体角色定位模糊、政社间的责任转移和缺失、教育社会组织自主性低下、服务受众权利意识不足、主体利益诉求的价值偏差和参与主体间存在信任危机等因素的共同作用，教育服务购买主体和承接主体之间表现出一种体制附庸、定向购买和信息（资源、权力）非对称的关系状态，承接主体和消费主体之间表现出一种"不当介入"和"价值抵触"的关系状态，购买主体和消费主体之间表现出一种"权威表达"和"顺从接受"的关系状态，承接主体和承接主体之间则表现出一种非良性竞争的关系状态。

第四，在政府内部购买机制革新上，首先，对于政府在购买教育服务活动中的战略资源，虽然有政府购买公共服务和教育服务委托管理实践提供的经验借鉴与技术支持，法定性和委托性的行政权力也赋予了购买行为一般合法性，且政府自身具有明显的政治资源优势和制度资源优势，但是在信息资源、人力资源、财力资源、权力资源、文化资源这五大战略资源上政府仍存在一定的结构性困境：由于委托—代理关系中的信息不对称和政府科层制下的纵向沟通方式固化，政府信息资源获取和共享的渠道不畅；由于业务和权力间关系失衡、创新精神不足、政策认知低下和现代公共管理知识的匮乏，政府内部的专业技术人才远没有达到学理层面所要求的条件与水平；由于受到地方经济发展水平的影响、购买资金拨付不及时及其在财政预算中的不合理安排，公共教育财政供给和购买资金安排存在一定困难；由于政府行政权力的不当使用，政府在购买活动中产生"道德失范"和"信用风险"；由于行政价值取向受到传统政治文化和官僚思想的影响，地方政府在购买教育服务活动中还未形成高度统一和理性认知的"专业文化"与"社会文化"。其次，在教育服务购买中的政府管理能力上，本研究基于结构维度、技术维度、责任维度划分了政府在购买教育服务中的机构组织能力、合同管理能力和风险防控能力三大核心管理能力，通过深入剖析发现：政府在机构组织能力上表现出购买机构职能集中、项目制管理模式弊端凸显、主管部门边界模糊、协调机构设置不足等特点；在合同管理能力上，从合同规范到合同运行再到合同终止，政府的合同策划能力、风险评估与分担能力、合同监管能力、合同变更能力、责任追究和奖惩能力都尚待固强；在风险防控能力上，风险防控意识欠缺、风险识别能力落后和风险监控能力低下，无不反映出政府在风险防控能力建设上任重而道远。最后，在政府购买教育服务的运行机制上，通过从规范层面审视政府购买教育服务运行流程，构建了购买活动的内在运行逻辑，通过理论和实际对比发现政府购买教育服务运行机制在与运行机理协同过程中表现出了要素低吻合性和逻辑缺陷性：教育服务诉求获取的单边化、教育服务价格估算难度较大、竞争性招投标环节的缺失、服务承接主体准入标准的松弛、评价标准和评估主体的匮乏、服务承接主体退出规定的模糊等，对此，可以从购买需求确立机制、承接主体准入机制、竞争性招投标机制、购买过程监评机制出发，对国外发达国家在政府购买公共（教育）服务中的有益举措方面进行了梳理和归纳，以期对中国政府购买教育服务运行机制的建设和完善提供经验借鉴与行动参考。

第五，基于公共教育价值，借助制度安排层次、手段技术层次和治理能力层次的"三层次治理"工具，明确了中国政府购买教育服务的以下五条发展路径。一是通过制定国家层面的购买政策与购买法规，以及实现地方政府层面的购买活动制度化，来完善购买规则和提高购买合法性。二是通过明确政府在购买教育服务活动中的角色、"三元主体"间的权责归属和利益平衡点，来精准界定权责利边界，厘清参与主体间关系。三是为了优化购买活动中的政府战略资源配置并提升政府管理能力，应在价值层面、能力层面和制度层面有效开发政府人力资源，合理配置财力资源；应在完善主管机构、职能机构、协调机构和项目管理机构的基础上设置能够维系购买活动有效运转的组织管理机构；应通过提升政府的合同制定能力、合同执行能力、合同评估能力以及加强对合同管理人员的教育和培训，增强政府的合同管理能力；应通过强化风险防控意识、提高风险应对能力和规范风险防范体系来提升政府的风险防控能力。四是政府应充分调动教育社会组织参与政府购买活动的积极性，在具体事务上给予教育社会组织扶持，通过具体的制度安排，营造有助于教育社会组织发展的社会氛围；教育社会组织也应不断加强自我形象建设、自我管理和自我约束，通过专业化的服务赢得政府信任和社会认同；通过塑造和培育购买参与主体间的信任文化、契约文化以及服务受众的公民文化来优化政府购买教育服务的社会文化环境。五是需要从需求调查机制、目录筛选机制、承接主体准入机制、招投标机制、动态项目实施机制、绩效评估机制、承接主体退出机制出发健全政府购买教育服务核心层面的运行机制；需要从信息沟通机制、价格估算机制、监管机制、利益协调机制、风险分担机制、问责机制出发完善政府购买教育服务配套层面的运行机制；基于"核心—配套"双维视角来系统建构完善的政府购买教育服务运行机制，以有效应对和精准规避购买过程中的现实困境与潜在风险。

二 研究展望

学术研究本身就是建立在前人研究成果基础之上不断更迭和吐故纳新的过程，不同的研究立场、视角和方法必定会呈现不一样的研究结论。政府购买教育服务，无论是在理论研究还是在实践研究方面，均是一个尚待继续发掘的领域，这个过程不仅充满了各种挑战，而且需要长期的知识积累和不断地实践反思。受研究视野和研究能力的限制，本研究只是对该问题进行了初步探讨，还存在一些不足和缺陷，这也正是后续研究需要继续努力的方向。

第一，战略管理的过程性和系统性决定了对政府购买教育服务活动的战略分析仍有进一步探讨的空间。"战略管理包括战略计划的两个方面，并把战略扩大到包含战略执行和战略控制在内的更大的范围。"① "战略管理更具综合性，它并非仅仅制定计划，而是旨在使计划与组织的所有部门结合起来。"② 可见，战略计划只是战略管理过程中的一个重要组成环节，它并没有涉及战略执行和战略评估的相关问题。"尽管政府战略管理的'三角模型'能从全面和系统的角度指出政府在进行战略行动时需要考虑的各种内

---

① 〔澳〕欧文·E. 休斯：《公共管理导论》（第二版），彭和平等译，中国人民大学出版社，2001，第 187 页。

② 〔澳〕欧文·E. 休斯：《公共管理导论》（第四版），张成福等译，中国人民大学出版社，2015，第 159 页。

外部影响因素，但它并没有建构起逻辑一致的政府战略管理过程"①，该模型的局限性在本研究中也有所体现：笔者只对政府购买教育服务前期战略规划阶段的内外部环境因素进行了分析，面对政府购买教育服务这样一个长期且复杂的工程，在后期阶段我们应如何制定出一套具体而翔实的购买战略、战略的执行和评估应该如何有效进行，进而形成一个系统化和科学化的政府购买教育服务战略管理体系，都值得我们进一步思考。

　　第二，在研究层面上，除了对政府购买教育服务进行宏观层面的价值思辨外，还需要不断扩大问题分析维度，聚焦和透视更加具体的问题。首先，从当前的理论研究空间来看，教育服务评估主体在政府购买服务活动中发挥的关键作用正逐渐引起学界的关注，如何实现"三元主体"（购买主体、承接主体、消费主体）向"四元主体"（购买主体、承接主体、消费主体、评估主体）的转变，并对教育服务评估主体在购买活动中的行动逻辑进行深入剖析，将是后续研究需要探讨的；政府购买教育服务的成功实施需要"三元主体"在信任、参与和协商的基础上努力达成良善的合作关系，实现"管理—生产—消费"各环节的共赢，而本研究更多的是注重政府层面的战略资源和管理能力状况，至于教育社会组织和服务受众，只是在外部环境分析中进行了较为宽泛的描述，即使在主体关系部分也未能对其机构设置、权责体系、组织文化、运行程序和制度规范等进行更为细致的考察。其次，鉴于笔者经济学知识的欠缺，对经济环境的分析较浅显，比如经济体制、经济结构和经济政策等是如何影响购买活动的，以及政府自身的财政状况是如何作用于购买行为的等问题仍需给予其更全面和更透彻的回应。再次，在政府管理能力上，本研究只从结构维度、技术维度和责任维度出发划分了机构组织能力、合同管理能力和风险防控能力三种核心能力，其实在公共管理活动中，政府需要的是更为综合性的管理能力，所以在政府购买教育服务过程中，政府的制度建设能力、服务监控能力、自我更新能力、主体协同能力等

---

① 赵景华、邢华：《政府战略管理的 SWOT 模型：一个概念框架》，《中国行政管理》2015 年第 5 期。

也是值得进一步挖掘的。最后，从当前实践来看，经过近十年的发展，中国政府购买教育服务活动已经走过了初步发展期，正进入巩固和创新期，除了需要继续加强对制度建设和机制建构的研究之外，如何提升服务绩效管理水平、如何实现主体合作的可持续性、如何加快大数据驱动下的精细化管理等都是后续研究的重要方向。

第三，在研究方法上，需要进一步丰富定量研究方法和学科专业方法的运用。本研究虽然也运用了相关的统计学知识对相应问题进行了数据处理，但是具体到操作层面的实证分析和定量研究仍显不足。比如对教育服务价格计算和绩效估计机制的量化设计、服务承接主体准入机制和购买活动退出机制的标准设计等都没有进行更详细的说明。另外，在具体的研究方法选取上，本研究使用的是较为宏观的社会研究方法，而在管理学、法学、经济学等学科的具体研究方法使用上比较匮乏。对此，运用更专业化的研究工具和更具学科交叉性的研究方法，必定能为深入探讨政府购买教育服务活动提供更宽广的视角。

第四，在研究对象选择上，本研究只选取了发展较为成熟的上海市浦东新区政府购买教育管理服务（教育服务委托管理）作为典型例证，而当前政府购买教育服务活动已在全国多个地方实践，浦东新区的购买经验是否能够普遍适用于其他区域，如果不适用，抵触和消解的影响因素有哪些？如果能够适用，匹配和吻合的关键因素又是什么？另外，除了关注政府购买教育管理服务外，政府购买农业转移人口随迁子女"学位"、政府购买专业化的"教育评估服务"等领域也值得重点关注。这就需要我们在后续研究中增加研究对象和扩大样本范围，从共性中揭示个性，从个性中把握共性，在比较研究中汲取购买经验、规避购买风险，使政府购买教育服务活动能够在不同的地域实践中得以顺利推进。

政府购买教育服务作为教育改革的新路径，在中国已经取得了一定程度的进展，也收获了宝贵的实践经验，但是我们仍面临着诸多现实困难和待解决的问题，正如国际著名教育学家迈克·富兰所告诫的那样："变革是一项旅程，而不是一张蓝图；变革是非直线的，充满着不确定性，有时还违反常理。"① 但可以肯定的是，随着中国政府教育职能的不断转变和国家教育治理现代化的有力推进，政府购买教育服务活动作为优化教育资源配置、化解教育供需矛盾和实现城乡教育公平的有效路径正逐渐被社会了解、认知和接受，它也必将成为学界长期关注和持续探索的重要课题之一。

---

① 〔加拿大〕迈克·富兰：《变革的力量——透视教育改革》，中央教育科学研究所、加拿大多伦多国际学院译，教育科学出版社，2000，第35页。

参考文献

Allan R J, "Public - Private Partnerships: A Review of Literature and Practice," *SIPP Public Policy Papers* (4), 1999.

Amir Hefetz, Mildred E. Warner, "Contracting or Public Delivery? The Importance of Service, Market and Management Characteristics," *Journal of Public Administration Research and Theory* 22 (2), 2012.

Benjamin Gidron, Ralph M. Kramer, Lester M. Salamon, *Government and The Third Sector: Emerging Relationships in Welfare States* (San Francisco: Jossey-Bass, 1992).

Coston, Jennifer M., "A Model and Typology of Government-NPO Relationships," *Nonprofit and Voluntary Sector Quarterly* 27 (3), 1998.

David M. Van Slyke, "The Mythology of Privatization in Contracting for Social Services," *Public Administration Review* 63 (3), 2003.

Eunju Rho, "Contracting Revisited: Determinants and Consequences of Contracting Out for Public Education Services," *Public Administration Review* 73 (2), 2013.

Harold Demsetz, "The Pravite Production of Public Goods," *The Journal of Law Economics* 13 (2), 1970.

Harry Anthony Patrinos, Felipe Barrera - Osorio, Juliana Guáqueta, *The Role and Impact of Public - Private Partnerships in Education* (Washington, D. C.: The World Bank, 2009).

Jana J. Hansen, "Limits of Competition: Accountability in Government Contracting," *The Yale Law Journal* 112 (8), 2003.

Jayanti Kumari, "Public—Private Partnerships in Education: An Analysis with Special Reference to Indian School Education System," *International Journal of Educational Development* 47, 2016.

Jennifer Alexander, Renée Nank, "Public—Nonprofit Partnership: Realizing the New Public Service," *Administration & Society* 41 (3), 2009.

Kaifeng Yang, Jun Yi Hsieh, Tzung Shiun Li, "Contracting Capacity and Perceived Contracting Performance: Nonlinear Effects and the Role of Time," *Public Administration Review* 69 (4), 2009.

Lester M. Salamon, *Beyond privatization: The Tools of Government Action* (Washington, D. C. : Urban Institute Press, 1989).

Lester M. Salamon, *Partners in Public Service: Government – Nonprofit Relations in the Modern Welfare State* (Baltimore: The Johns Hopkins University Press, 1995).

Mark H. Moore, *Creating Public Value: Strategic Management in Government* (Cambridge: Harvard University Press, 1997).

Mildred E. Warner, Amir Hefetz, "Managing Markets for Public Service: The Role of Mixed Public-Private Delivery of City Services," *Public Administration Review* 68 (1), 2008.

Nourman LaRocque, *Public – Private Partnerships in Basic Education: An International Review* (Berkshire: CFBT Education Trust, 2008).

Ophelia Kaneva, "Public – Private Partnership in School Education in Bulgaria: Opportunities and Constraints," *Economic Thought* 66 (6), 2021.

R. A. W. Rhodes, "The New Governance: Governing without Government," *Political Studies* 44 (4), 1996.

Shailaja Fennell, "Tilting at Windmills: Public-Private Partnerships in Indian Education Today," *Contemporary Education Dialogue* 4 (2), 2007.

Stephen P. Osborne, Zoe Radnor, Greta Nasi, "A New Theory for Public Service Management? Toward a (Public) Service – Dominant Approach," *The*

*American Review of Public Administration*43（2），2013.

Trevor L. Brown, Mathew Potoski, "Contract - Management Capacity in Municipal and County Governments," *Public Administration Review* 63（2），2003.

〔美〕B·盖伊·彼得斯：《政府未来的治理模式》，吴爱明、夏宏图译，中国人民大学出版社，2013。

〔美〕E. S. 萨瓦斯：《民营化与 PPP 模式：推动政府和社会资本合作》，周志忍等译，中国人民大学出版社，2015。

〔美〕R. 爱德华·弗里曼：《战略管理：利益相关者方法》，王彦华、梁豪译，上海译文出版社，2006。

〔美〕埃尔查南·科恩：《教育券与学校选择》，刘笑飞译，北京师范大学出版社，2008。

〔美〕奥利弗·E. 威廉姆森：《治理机制》，王健等译，中国社会科学出版社，2001。

〔美〕保罗·C. 纳特、〔美〕罗伯特·W. 巴可夫：《公共和第三部门组织的战略管理：领导手册》，陈振明等译，中国人民大学出版社，2001。

〔美〕保罗·乔伊斯：《公共服务战略管理》，张文礼、王达梅译，清华大学出版社，2008。

丙国强：《政府发展的价值意蕴与制度逻辑》，经济管理出版社，2007。

曹现强：《当代英国公共服务改革研究》，山东人民出版社，2009。

〔美〕查尔斯·J. 福克斯、〔美〕休·T. 米勒：《后现代公共行政：话语指向》，楚艳红译，中国人民大学出版社，2013。

陈干全：《公共服务民营化及其政府管理研究》，安徽大学出版社，2008。

陈广胜：《走向善治：中国地方政府的模式创新》，浙江大学出版社，2007。

陈华：《论非营利组织的公共责任机制》，《学术界》2007 年第 6 期。

陈天祥、郑佳斯：《把政府带回来：政府购买服务的新趋向》，《理论探索》2019 年第 6 期。

陈晓蓉、张汝立：《手段偏差与目标替代：制度逻辑视角下政府购买服务绩效评估困境》，《求实》2021 年第 5 期。

陈效民主编《走向优质均衡的本土创新——上海市学校委托管理及其评估研究》，上海教育出版社，2014。

陈振明：《公共部门战略管理途径的特征、过程和作用》，《厦门大学学报》（哲学社会科学版）2004年第3期。

陈振明主编《公共部门战略管理》，中国人民大学出版社，2011。

崔运武：《论当代公共产品的提供方式及其政府的责任》，《思想战线》2005年第1期。

〔美〕戴维·奥斯本、〔美〕彼德·普拉斯特里克：《摒弃官僚制：政府再造的五项战略》，谭功荣、刘霞译，中国人民大学出版社，2002。

〔美〕戴维·奥斯本、〔美〕特德·盖布勒：《改革政府：企业家精神如何改革公营部门》，周敦仁等译，上海译文出版社，2006。

党秀云：《公共治理的新策略：政府与第三部门的合作伙伴关系》，《中国行政管理》2007年第10期。

邓国胜：《非营利组织评估》，社会科学文献出版社，2001。

丁元竹主编《非政府公共部门与公共服务：中国非政府公共部门服务状况研究》，中国经济出版社，2005。

董鸣燕：《论政府购买教育服务的制度建设与合同设计——基于对国外经验的借鉴与反思》，《中国教育学刊》2016年第9期。

樊改霞：《教育与公共性——公共教育的现代性转型》，海峡出版发行集团、福建教育出版社，2012。

方国阳、邵建树、靳晓：《公众参与如何影响政府购买公共服务的有效性？——基于政府购买服务项目的案例分析》，《中国行政管理》2022年第4期。

方建锋：《国内外政府购买教育服务的实践形式和约束机制》，《教育发展研究》2018年第3期。

方晓田：《中国民办教育政府干预逻辑的转换——从政治逻辑、经济逻辑到社会逻辑》，《教育学报》2021年第1期。

〔美〕菲利普·J.库珀：《二十一世纪的公共行政：挑战与改革》，王巧玲、李文钊译，人民大学出版社，2006。

〔美〕菲利普·J. 库珀：《合同制治理——公共管理者面临的挑战与机遇》，竺乾威等译，复旦大学出版社，2007。

冯华艳：《政府购买公共服务研究》，中国政法大学出版社，2015。

〔美〕弗雷德·E. 弗尔德瓦里：《公共物品与私人社区——社会服务的市场供给》，郑丙文译，经济管理出版社，2007。

韩魏：《教育服务合作供给视角下的民办学校：角色定位与政策支持》，《现代教育管理》2016 年第 9 期。

胡伶：《地方教育行政部门的职能转变——基于公共治理视角的分析》，《教育发展研究》2010 年第 12 期。

胡叔宝：《契约政府的契约规则》，中国社会科学出版社，2004。

胡伟：《我国政府购买教育服务监管制度的反思与完善》，《中国教育学刊》2021 年第 2 期。

胡象明、唐波勇：《整体性治理：公共管理的新范式》，《华中师范大学学报》（人文社会科学版）2010 年第 1 期。

胡耀宗：《政府教育管理职能转变的研究路向》，《国家教育行政学院学报》2009 年第 12 期。

季燕霞、袁晓涛：《非政府组织的发展与我国经济社会的民主化》，《学术论坛》2006 年第 4 期。

贾西津：《第三次改革——中国非营利部门战略研究》，清华大学出版社，2005。

贾西津：《以契约精神发展公共服务购买》，《中国社会组织》2013 年第 10 期。

〔英〕简·莱恩：《新公共管理》，赵成根等译，中国青年出版社，2004。

姜美玲：《教育公共治理：内涵、特征与模式》，《全球教育展望》2009 年第 5 期。

蒋志明、许苏、盛明秀等：《学校委托管理的理论与实践》，北京大学出版社，2010。

〔英〕杰夫·惠迪、〔英〕萨莉·鲍尔、〔英〕大卫·哈尔平：《教育中的放权与择校：学校、政府和市场》，马虎忠译，教育科学出版社，2003。

金绍荣、刘新智：《非政府组织参与公共教育治理：目标、困境与路向》，《教育发展研究》2013年第5期。

靳希斌：《论教育服务及其价值》，《教育研究》2003年第1期。

靳希斌主编《政府教育管理职能转变与构建公共教育财政投资制度》，海峡出版发行集团、福建教育出版社，2011。

敬乂嘉：《合作治理——再造公共服务的逻辑》，天津人民出版社，2009。

句华：《公共服务中的市场机制——理论、方式与技术》，北京大学出版社，2006。

康晓光、韩恒：《分类控制：当前中国大陆国家与社会关系研究》，《社会学研究》2005年第1期。

康晓光、郑宽、蒋金富、冯利：《NGO与政府合作策略》，社会科学文献出版社，2010。

〔德〕柯武刚、〔德〕史漫飞：《制度经济学：社会秩序与公共政策》，韩朝华译，商务印书馆，2000。

孔繁斌：《公共性的再生产：多中心治理的合作机制建构》，凤凰出版传媒集团、江苏人民出版社，2008。

〔美〕莱斯特·M. 萨拉蒙：《公共服务中的伙伴——现代福利国家中政府与非营利组织的关系》，田凯译，商务印书馆，2008。

劳凯声：《社会转型与教育的重新定位》，《教育研究》2002年第2期。

李百灵：《"双减"政策下政府购买义务教育服务的困境及其消解策略》，《教育科学研究》2022年第9期。

李丹阳：《当代全球行政改革视野中的公私伙伴关系》，《社会科学战线》2008年第6期。

李图强：《现代公共行政中的公民参与》，经济管理出版社，2004。

李文星等编著《地方政府战略管理》，四川人民出版社，2003。

李文钊：《国家、市场与多中心：中国政府改革的逻辑基础和实证分析》，社会科学文献出版社，2011。

李宇环：《地方政府战略管理能力评价模型与指标体系》，《中国行政管理》2015 年第 2 期。

刘冬冬、张新平：《教育治理现代化：科学内涵、价值维度、实践路径》，《现代教育管理》2017 年第 7 期。

刘晗、吴坚：《超越"双重缺陷"：政府购买家庭教育指导服务的定制供给模式》，《国家教育行政学院学报》2022 年第 8 期。

刘京海：《墙外开花墙内香——委托管理与成功教育》，上海教育出版社，2014。

刘志新、孙莉莉、杨洪刚编著《非政府组织管理：结构、功能与制度》，清华大学出版社，2013。

吕普生：《纯公共物品供给模式研究——以中国义务教育为例》，北京大学出版社，2013。

〔美〕罗伯特·阿格拉诺夫、〔美〕迈克尔·麦圭尔：《协作性公共管理：地方政府新战略》，李玲玲、鄞益奋译，北京大学出版社，2007。

罗观翠、王军芳：《政府购买服务的香港经验和内地发展探讨》，《学习与实践》2008 年第 9 期。

毛寿龙：《政治社会学》，中国社会科学出版社，2001。

孟繁华、张爽、王天晓：《我国教育政策的范式转换》，《教育研究》2019 年第 3 期。

〔美〕尼古拉斯·亨利：《公共行政与公共事务》，孙迎春译，中国人民大学出版社，2002。

宁骚主编《公共政策学》，高等教育出版社，2003。

〔澳〕欧文·E. 休斯：《公共管理导论》（第四版），张成福等译，中国人民大学出版社，2015。

潘希武：《美国教育公共治理的公共性转型》，《比较教育研究》2012 年第 3 期。

骈茂林：《政府购买"公共教育服务"的担保责任及其实现策略》，《复旦教育论坛》2023 年第 2 期。

芮国强：《政府发展的价值意蕴与制度逻辑》，经济管理出版社，2007。

上海市浦东新区社会发展局：《中国教育改革前沿报告——浦东新区教育公共治理结构与服务体系研究》，上海教育出版社，2009。

〔英〕史蒂芬·奥斯本编著《新公共治理？——公共治理理论和实践方面的新观点》，包国宪等译，科学出版社，2016。

〔美〕斯蒂芬·J. 鲍尔：《教育改革：批判和后结构主义的视角》，候定凯译，华东师范大学出版社，2002。

〔美〕斯蒂芬·戈德史密斯、威廉·D. 埃格斯：《网络化治理：公共部门的新形态》，孙迎春译，北京大学出版社，2008。

宋官东、吴访非：《我国教育公共治理的路径探析》，《中国教育学刊》2010 年第 12 期。

孙柏瑛：《当代地方治理：面向 21 世纪的挑战》，中国人民大学出版社，2004。

孙文基、戴民辉主编《政府采购理论与实务》，苏州大学出版社，2014。

〔美〕唐纳德·凯特尔：《权力共享：公共治理与私人市场》，孙迎春译，北京大学出版社，2009。

〔美〕特里·L. 库珀：《行政伦理学：实现行政责任的途径》（第四版），张秀琴译，中国人民大学出版社，2001。

田凌晖：《公共教育改革——利益与博弈》，复旦大学出版社，2011。

汪锦军：《走向合作治理：政府与非营利组织合作的条件、模式和路径》，浙江大学出版社，2012。

王春婷、尚虎平：《政府购买服务：风险生成与实质逻辑》，《南京社会科学》2020 年第 5 期。

王东伟：《我国政府购买公共服务问题研究》，经济科学出版社，2015。

王名、乐园：《中国民间组织参与公共服务购买的模式分析》，《中共浙江省委党校学报》2008 年第 4 期。

王浦劬、〔美〕莱斯特·M. 萨拉蒙等：《政府向社会组织购买公共服务研究——中国与全球经验分析》，北京大学出版社，2010。

王浦劬：《政府向社会力量购买公共服务的改革意蕴论析》，《吉林大学社会科学学报》2015年第4期。

王晓辉主编《全球教育治理——国际教育改革文献汇编》，教育科学出版社，2008。

〔美〕威廉·N.邓恩：《公共政策分析导论》（第二版），谢明等译，中国人民大学出版社，2002。

魏中龙、巩丽伟、王小艺：《政府购买服务运行机制研究》，《北京工商大学学报（社会科学版）》2011年第3期。

文东茅：《走向公共教育：教育民营化的超越》，北京大学出版社，2008。

项显生：《我国政府购买公共服务边界问题研究》，《中国行政管理》2015年第6期。

肖雪、颜克高：《一核多元——政府购买服务中的部门间网络关系与行动逻辑》2020年第6期。

徐勇、高秉雄主编《地方政府学》，高等教育出版社，2005。

〔美〕亚历克斯·米勒：《战略管理》（第三版），何瑛等译，经济管理出版社，2004。

闫海、孟娜：《民办教育发展的财政责任——以政府购买教育服务为中心》，《现代教育管理》2013年第9期。

杨宝、王兵：《政府购买公共服务模式的中外比较及启示》，《甘肃理论学刊》2011年第1期。

杨冠琼、蔡芸：《公共治理创新研究》，经济管理出版社，2011。

杨克瑞、成伟：《市场经济与现代教育：政府购买公共服务背景下的体制突围》，《当代教育科学》2017年第10期。

叶响裙：《政府购买服务中"政社合作"关系的构建》，《新视野》2014年第3期。

尹后庆：《从教育管理走向教育治理——政府转变管理职责方式的思考》，《上海教育科研》2008年第1期。

俞可平：《治理和善治：一种新的政治分析框架》，《南京社会科学》2001 年第 9 期。

俞可平主编《治理与善治》，社会科学文献出版社，2000。

〔美〕约翰·布赖森：《公共与非营利组织战略规划：增强并保持组织成就的行动指南》（第三版），孙春霞译，北京大学出版社，2010。

〔美〕约翰·克莱顿·托马斯：《公共决策中的公民参与：公共管理者的新技能与新策略》，孙柏瑛等译，中国人民大学出版社，2010。

翟博：《教育均衡论：中国基础教育均衡发展实证分析》，人民教育出版社，2008。

〔美〕詹姆斯·M. 布坎南：《公共物品的需求与供给》，马珺译，上海人民出版社，2009。

〔美〕詹姆斯·S. 科尔曼：《社会理论的基础》（上、下），邓方译，社会科学文献出版社，2008。

张海、范斌：《政府购买社会组织公共服务方式的影响因素与优化路径》，《探索》2013 年第 5 期。

张健：《教育治理体系的现代化：标准、困境及路径》，《教育发展研究》2014 年第 9 期。

张康之、凌岚、马蔡琛、陈重延编著《公共管理导论》，经济科学出版社，2003。

张勤：《中国公民社会组织发展研究》，人民出版社，2008。

张汝立、陈书洁：《西方发达国家政府购买社会公共服务的经验和教训》，《中国行政管理》2010 年第 11 期。

张汝立等：《外国政府购买社会公共服务研究》，社会科学文献出版社，2014。

张万宽：《公私伙伴关系治理》，社会科学文献出版社，2011。

张燕：《政府购买基础教育服务的实践困境与推进对策》，《中国教育学刊》2016 年第 9 期。

张郁：《购买公共服务中契约式合作关系何以构建——基于嵌入性视角

的分析》,《地方治理研究》2023 年第 1 期。

赵景华、李代民:《政府战略管理三角模型评析与创新》,《中国行政管理》2009 年第 6 期。

〔美〕珍妮特·V. 登哈特、〔美〕罗伯特·B. 登哈特:《新公共服务:服务,而不是掌舵》(第三版),丁煌译,中国人民大学出版社,2016。

郑谦:《公共物品"多中心"供给研究——基于公共性价值实现的分析视角》,北京大学出版社,2012。

郑苏晋:《政府购买公共服务:以公益性非营利组织为重要合作伙伴》,《中国行政管理》2009 年第 6 期。

周翠萍:《政府购买教育服务的内涵、类型与展望》,《全球教育展望》2010 年第 8 期。

周翠萍:《政府购买教育服务的政策研究》,上海交通大学出版社,2013。

周光礼:《论中国政府与教育中介组织的互动关系:一个法学的视角》,《北京大学教育评论》2006 年第 3 期。

周平主编《当代中国地方政府》,人民出版社,2007。

周义程、段哲哲:《政府购买公共服务风险识别与防范的流程——主体分析框架建构》,《中国行政管理》2023 年第 3 期。

〔美〕朱迪·弗里曼:《合作治理与新行政法》,毕洪海、陈标冲译,商务印书馆,2010。

朱丽:《求解区域教育均衡发展——上海市基础教育委托管理模式探析》,《基础教育》2013 年第 2 期。

图书在版编目（CIP）数据

政府购买教育服务研究／毛明明著.--北京：社
会科学文献出版社，2023.12
ISBN 978-7-5228-2681-3

Ⅰ.①政… Ⅱ.①毛… Ⅲ.①教育事业-公共服务-
研究-中国 Ⅳ.①G52

中国国家版本馆 CIP 数据核字（2023）第 199341 号

政府购买教育服务研究

著　　者／毛明明

出 版 人／冀祥德
组稿编辑／高　雁
责任编辑／贾立平
责任印制／王京美

出　　版／社会科学文献出版社（010）59367226
　　　　　　地址：北京市北三环中路甲 29 号院华龙大厦　邮编：100029
　　　　　　网址：www.ssap.com.cn
发　　行／社会科学文献出版社（010）59367028
印　　装／三河市龙林印务有限公司

规　　格／开本：787mm×1092mm　1/16
　　　　　　印张：23　字数：353 千字
版　　次／2023 年 12 月第 1 版　2023 年 12 月第 1 次印刷
书　　号／ISBN 978-7-5228-2681-3
定　　价／148.00 元

读者服务电话：4008918866